# Dos Protoaustríacos a Menger

Uma Breve História das Origens
da Escola Austríaca de Economia

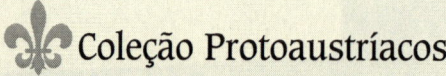 Coleção Protoaustríacos

**01.** *Dos Protoaustríacos a Menger: Uma Breve História das Origens da Escola Austríaca de Economia*
(Ubiratan Jorge Iorio)

**02.** *Tratado sobre a Alteração da Moeda e Outros Escritos*
(Juan de Mariana)

**03.** *Fé e Liberdade: O Pensamento Econômico da Escolástica Tardia*
(Alejandro A. Chafuen)

**04.** *Reflexões Sobre a Formação e a Distribuição das Riquezas e Outros Ensaios Econômicos*
(Anne Robert Jacques Turgot)

**05.** *Liberalismo Clássico e Escola Austríaca*
(Ralph Raico)

Ubiratan Jorge Iorio

# Dos Protoaustríacos a Menger

## Uma Breve História das Origens da Escola Austríaca de Economia

Nota do Editor por *Alex Catharino*
Prefácio por *Fabio Barbieri*
Proêmio por *Claudio A. Téllez-Zepeda*
Posfácio por *José Manuel Moreira*

*2ª Edição Revista e Ampliada*

Impresso no Brasil, 2017

Copyright © 2015 Instituto Ludwig von Mises © 2017 Ubiratan Jorge Iorio

*Os direitos desta edição pertencem ao*
**INSTITUTO LUDWIG VON MISES BRASIL**
Rua Leopoldo Couto de Magalhães Júnior, 1098, Cj. 46 – 04.542-001. São Paulo, SP, Brasil
Telefax: 55 (11) 3704-3782
contato@mises.org.br · www.mises.org.br

*Editor Responsável* | Alex Catharino
*Preparação de texto e Revisão técnica* | Claudio A. Téllez-Zepeda
*Copidesque* | Gustavo Nogy & Márcia Xavier de Brito
*Revisão ortográfica e gramatical* | Márcio Scansani & Larissa Bernardi
*Preparação do índice remissivo e onomástico* | Larissa Bernardi
*Revisão final* | Larissa Bernardi & Alex Catharino
*Produção editorial* | Alex Catharino & Fabiano Aranda
*Ilustrações* | Angela Fidone
*Projeto de capa* | Mariangela Ghizellini
*Projeto gráfico, diagramação e editoração* | Adriana Oshiro
*Pré-impressão e impressão* | Bok2

---

**FICHA CATALOGRÁFICA**
I64
    Ubiratan Jorge Iorio, 1946-
    Dos Protoaustríacos a Menger: Uma Breve História das Origens da Escola Austríaca de Economia /
    Ubiratan Jorge Iorio; ilustrações de Angela Fidone; nota editorial de Alex Catharino; prefácio de Fabio Barbieri; proêmio de Claudio A. Téllez-Zepeda; posfácio de José Manuel Moreira; São Paulo: LVM Editora, 2ª Edição revista e ampliada, 2017. Coleção Protoaustríacos. 576 p.

    ISBN: 978-85-93751-17-2

    1. Economia. 2. Liberalismo. 3. História do Pensamento Econômico. 4. Escola Austríaca de Economia. I. Título

                                                    CDD: 330.157

---

Reservados todos os direitos desta obra.
Proibida toda e qualquer reprodução integral desta edição por qualquer meio ou forma, seja eletrônica ou mecânica, fotocópia, gravação ou qualquer outro meio de reprodução sem permissão expressa do editor.
A reprodução parcial é permitida, desde que citada a fonte.

# Dedicatória

> *"Enquanto os rios correrem para o mar, os montes fizerem sombra aos vales e as estrelas fulgirem no firmamento, deve durar a recordação do benefício recebido na mente do homem reconhecido".*
> **Publius Vergilius Maro**

D edico este livro, com sincera e imensa alegria e gratidão, a meu querido amigo Helio Beltrão, a quem devo o sentimento espetacular, renovador e indescritível de me proporcionar condições para voltar a acreditar que, quando lutamos pelas ideias em que cremos com firmeza, sempre vale a pena. "Valeu", Don Helio!

# Sumário

- **Nota do Editor à Segunda Edição** *(Alex Catharino)* ...................... 15
- **Prefácio à Primeira Edição** *(Fabio Barbieri)* ...................... 19
- **Proêmio à Segunda Edição** *(Claudio A. Téllez-Zepeda)* ................ 25

# Dos Protoaustríacos a Menger
Uma Breve História das Origens
da Escola Austríaca de Economia

- **Introdução do Autor** .................................................. 33

## CAPÍTULO I
### Pós-escolásticos: Os Ancestrais ...................... 49
    1 - Introdução ................................................. 51
    2 - Aspectos Históricos ....................................... 52
    3 - A Escola de Salamanca e os Pós-Escolásticos
        (ou Escolásticos Tardios) .................................. 59
            3.1 - A Escolástica Tardia na Itália ..................... 63
            3.2 - A Escolástica Tardia na Espanha ................. 64
            3.3 - Frutos da Escolástica Tardia ..................... 68
    4 - Tommaso De Vio, o Cardeal Gaetano ...................... 70
    5 - As Ideias do Grande Juan de Mariana: "Austríaco",
        "Politicamente Incorreto" e "Polêmico" ................... 74
    6 - Os Últimos Pós-Escolásticos ............................. 89
    7 - A Decadência do Escolasticismo ......................... 95
    8 - Conclusões ............................................. 101
    9 - Referências Bibliográficas ............................. 104
    10 - Apêndice:
        Quadro Cronológico da Idade Média .................... 106

## CAPÍTULO II
**Sallustio Bandini (1677-1760)** .................................... 113
   1 - Introdução ................................................................. 115
   2 - Biografia de Bandini ................................................. 122
   3 - O Pensamento de Bandini ....................................... 126
   4 - Tinturas Protoaustríacas em Bandini ....................... 138
   5 - Conclusões ............................................................... 146
   6 - Referências Bibliográficas ......................................... 148

## CAPÍTULO III
**Richard Cantillon (168?-1734)** .................................... 151
   1 - Introdução ................................................................. 153
   2 - Biografia de Cantillon ............................................... 156
   3 - O Pensamento de Cantillon .................................... 160
      3.1 - Atividade Empresarial ..................................... 162
      3.2 - Sobre as Origens da Teoria Econômica ............. 164
      3.3 - Custos de Oportunidade ........................... 166
      3.4 - Teoria Monetária ....................................... 168
      3.5 - Teoria dos Ciclos Econômicos .................... 169
      3.6 - A Economia Internacional ......................... 174
      3.7 - Os ciclos são fenômenos reais, porém
            causados por fatores monetários ..................... 176
      3.8 - Cantillon e o Sistema
            de Reservas Fracionárias ................................. 181
      3.9 - Um resumo da teoria
            dos ciclos de Cantillon ..................................... 183
   4 - Cantillon, um Verdadeiro Protoaustríaco ................. 185
   5 - Conclusões ............................................................... 189
   6 - Referências Bibliográficas ......................................... 191

## CAPÍTULO IV
## Anne Robert Jacques Turgot (1727-1781) ..............193
1 - Introdução ...............................................195
2 - Biografia de Turgot ..................................197
    2.1 - Turgot Intendente ..............................199
    2.2 - Turgot ministro de Luís XVI .....................201
3 - O Pensamento Filosófico, Político
e Econômico de Turgot ..................................208
4 - Turgot como um Protoaustríaco ....................217
    4.1 - Valor, trocas e preços .........................217
    4.2 - Teoria da produção e distribuição ...............219
    4.3 - Teoria do capital, empreendedorismo,
    poupança e taxa de juros ..............................220
    4.4 - Teoria monetária ................................224
    4.5 - Fazendo justiça a Turgot .......................225
5 - Conclusões ..............................................226
6 - Referências Bibliográficas ............................228

## CAPÍTULO V
## Ferdinando Galiani (1728-1787) ...............231
1 - Introdução ...............................................233
2 - Biografia de Galiani ...................................235
    2.1 - Galiani e a Escola Napolitana ..................238
3 - O Pensamento Filosófico, Político e
Econômico de Galiani ...................................241
4 - Galiani como um Protoaustríaco ....................245
    4.1 - Valor, utilidade e escassez .....................246
    4.2 - Teoria dos juros ...............................252
    4.3 - Política econômica .............................252
    4.4 - Moeda, câmbio e circulação:
    o Della moneta ........................................253
    4.5 - Galiani e o Laissez-faire .......................258
5 - Conclusões ..............................................259
6 - Referências Bibliográficas ............................262

## CAPÍTULO VI
**Melchiorre Delfico (1744-1835)** ...................................265
   1 - Introdução ..................................................267
   2 - Biografia de Delfico ....................................269
   3 - O Pensamento de Delfico ............................272
   4 - Delfico como Protoaustríaco ........................276
   5 - Conclusões .................................................284
   6 - Referências Bibliográficas ...........................288

## CAPÍTULO VII
**Jean-Baptiste Say (1767-1832)** .................................289
   1 - Introdução ..................................................291
   2 - Biografia de Say ..........................................295
   3 - O Pensamento de Say .................................297
   4 - Say como um Protoaustríaco .......................300
        4.1 - Teoria monetária e bancária ...............300
        4.2 - A "Lei de Say" ......................................303
        4.3 - Mas o que é, afinal, a Lei de Say? .................306
        4.4 - A Lei de Say e a TACE
        (Teoria Austríaca dos Ciclos Econômicos) ...........308
        4.5 - Empreendedorismo, capital e juros ..............311
        4.6 - Valor e utilidade ..................................313
        4.7 - Tributação ...........................................314
        4.8 - Direitos de propriedade .......................317
   5 - As Controvérsias: Sismondi, Ricardo, Malthus
      e o Contexto Histórico da Época ......................318
   6 - Conclusões .................................................324
   7 - Referências Bibliográficas ...........................327

## CAPÍTULO VIII
## Frédéric Bastiat (1801-1850) ........................................329
    1 - Introdução ..................................................331
    2 - Biografia de Bastiat ....................................335
        2.1 - Os primeiros ataques a Bastiat ...................337
        2.2 - O debate com Proudhon .............................338
        2.3 - A batalha pela vida ....................................341
    3 - O Pensamento Filosófico,
        Político e Econômico de Bastiat .....................345
        3.1 - Ação humana, propriedade e valor ................350
        3.2 - O pensamento de Bastiat em aforismos ..............353
        3.3 - Política ........................................................354
        3.4 - Economia ...................................................357
        3.5 - Os engenheiros sociais ................................359
    4 - Bastiat como um Protoaustríaco .....................360
        4.1 - O caráter subjetivo dos custos ....................366
        4.2 - A economia como ação humana ................368
        4.3 - Teoria do capital ........................................369
        4.4 - A pilhagem do Estado ................................371
        4.5 - Direitos naturais e liberdade de trocas ................371
        4.6 - Competição e descoberta .........................373
        4.7 - O falso altruísmo .......................................373
    5 - Conclusões ...............................................380
    6 - Referências Bibliográficas .........................382

## CAPÍTULO IX
## Jaime Luciano Antonio Balmes y Urpiá (1810-1848) ........................................................385
    1 - Introdução ..................................................387
    2 - Biografia de Balmes ....................................389
    3 - O Pensamento de Balmes ..........................392
    4 - Balmes como Protoaustríaco .....................400
    5 - Conclusões ...............................................402
    6 - Referências Bibliográficas .........................404

## CAPÍTULO X
## Hermann Heinrich Gossen (1810-1858) .............407
   1 - Introdução ..............409
   2 - Biografia de Gossen ..............411
   3 - O Pensamento de Gossen ..............413
      3.1 - As "Leis de Gossen" ..............421
   4 - Gossen como Protoaustríaco ..............423
      4.1 - A falta de confiança no Estado ..............424
      4.2 - A defesa da propriedade privada ..............425
      4.3 - O esboço da teoria austríaca do capital ..............425
      4.4 - Subjetivismo e utilidade marginal ..............426
   5 - Conclusões ..............426
   6 - Referências Bibliográficas ..............427

## CAPÍTULO XI
## Gustave De Molinari (1819-1912) ..............429
   1 - Introdução ..............431
   2 - Biografia de Molinari ..............432
   3 - O Pensamento de Molinari ..............438
   4 - Molinari como Protoaustríaco ..............448
      4.1 - Molinari, Vilfredo Pareto e uma anedota ..............461
      4.2 - A anedota ..............464
   5 - O Que Está Vivo
      e o Que Está Morto em Gustave de Molinari ..............465
      5.1 - Outro radicalismo ..............466
      5.2 - O liberalismo como ciência ..............474
      5.3 - Propriedade e liberdade ..............477
      5.4 - Mercado de trabalho e monopólio ..............487
      5.5 - Competição entre governos ..............493
   6 - Conclusões ..............501
   7 - Referências Bibliográficas ..............502

## CAPÍTULO XII
## Carl Menger (1840-1921): O Fundador ...................503
   1 - Introdução ...............................................................505
   2 - Biografia de Menger ................................................510
   3 - O Pensamento de Menger .......................................517
   4 - Menger, Fundador da Escola Austríaca ...................524
   5 - Conclusões .............................................................529
   6 - Referências Bibliográficas .......................................531

- **Posfácio à Primeira Edição** *(José Manuel Moreira)* ......................533
   1 - Da Utilidade Marginal de Galiani
      e Gossen a Smith e Steuart ...............................................535
   2 - Defesas Austríacas do Capitalismo
      e Argumentos mais Antigos ..............................................539
   3 - Smith: Sistemas Morais, Virtude
      e Críticas ao Utilitarismo ...................................................543
   4 - O Liberalismo como Sistema Amoral? .......................544
   5 - Erro e Elogio. Aversão à Ostentação
      e Desconfiança do Poder ...................................................548

- **Índice remissivo e onomástico** ..........................................553

# Nota do Editor
# à Segunda Edição

A presente edição do livro *Dos Protoaustríacos a Menger: Uma Breve História das Origens da Escola Austríaca de Economia* do economista e professor carioca Ubiratan Jorge Iorio, lançada agora pela LVM Editora, é uma versão revista e ampliada da obra homônima publicada originalmente, em 2015, pelo Instituto Ludwig von Mises Brasil (IMB). O objetivo do trabalho nunca foi o de ser um aprofundado estudo acadêmico sobre os pensadores analisados, mas apenas uma despretensiosa obra introdutória de divulgação científica.

No entanto, pelo caráter pioneiro, este volume se tornou referência para inúmeros estudiosos, sendo utilizado como bibliografia obrigatória para trabalhos acadêmicos, para aulas em disciplinas universitárias e para o curso de pós-graduação em Escola Austríaca promovido pelo IMB, no qual já foram iniciadas turmas em 2016 e em 2017. Este fato levou o autor a fazer, com o apoio do professor Claudio A. Téllez-Zepeda, uma profunda revisão na obra com o objetivo de torná-la mais acadêmica, mas sem perder o caráter didático e o agradável estilo da versão original. Nesta nova edição revista e ampliada foram mantidos o prefácio do professor Fabio Barbieri e o posfácio do professor José Manuel Moreira. Foram acrescidos um proêmio do já mencionado professor Claudio A. Téllez-Zepeda e esta nota do editor. Com a finalidade de colaborar com o trabalho de professores, alunos e pesquisadores, foi incluído um extenso índice remissivo e onomástico, no qual são elencados conceitos, autores, obras e locais citados no livro.

Utilizando argumentos lógicos, vasta erudição e linguagem ascessível, semelhante a um diálogo pessoal com os leitores, o livro *Dos Protoaustríacos a Menger: Uma Breve História das Origens da Escola Austríaca de Economia* esclarece inúmeras questões não apenas sobre Economia, mas também acerca dos campos da Filosofia, da História, do Direito e da Ciência Política, dentre outras áreas do saber. Neste volume o professor Ubiratan Jorge Iorio apresenta a biografia e o pensamento de diversos autores que influenciaram ou anteciparam as reflexões de Carl Menger (1840-1920), de Eugen von Böhm-Bawerk (1851-1914), de Ludwig von Mises (1881-1973), de F. A. Hayek (1899-1994), de Murray N. Rothbard (1926-1995) e tantos outros expoentes da rica e crescente tradição austríaca de pensamento filosófico, econômico e político. Além disso, conclui analisando o papel fundamental de Menger na formação desta corrente intelectual, ao longo de doze capítulos em que são discutidas as contribuições de Sallustio Bandini (1677-1760), de Richard Cantillon (168?-1734), de Anne Robert Jacques Turgot (1727-1781), de Ferdinando Galiani (1728-1787), de Melchiore Delfico (1744-1835), de Jean-Baptiste Say (1767-1832), de Frédéric Bastiat (1801-1850), de Jaime Balmes (1810-1848), de Hermann Heinrich Gossen (1810-1858) e de Gustave de Molinari (1819-1912), bem como as raízes escolásticas da Escola Austríaca, expostas no primeiro capítulo, que ao se voltar para o legado de Santo Tomás de Aquino (1225-1274), remete à herança deixada à corrente, dentre outros, por São Bernardino de Sena (1380-1444), Tommaso de Vio (1469-1534) e Juan de Mariana (1535-1624).

Baseada neste trabalho do professor Ubiratan Jorge Iorio, a LVM Editora decidiu lançar a Coleção Protoaustríacos, que contará com obras de autores que influenciaram ou anteciparam os ensinamentos da Escola Austríaca de Economia, além de comentários sobre estes pensadores ou as correntes às quais estão vinculados. Deste modo, pretende-se preencher uma importante lacuna bibliográfica em língua portuguesa nas áreas de Filosofia, História, Direito, Ciências Sociais e Economia.

Indubitavelmente, as pesquisas, os escritos e as aulas do professor Ubiratan Jorge Iorio, juntamente com o trabalho realizado pelo IMB nos últimos dez anos, foram imprescindíveis para a atual popularidade da Escola Austríaca em nosso país. A primeira exposição sistemática acerca desta corrente foi apresentada pelo economista carioca no livro *Economia e Liberdade: A Escola Austríaca e a Economia Brasileira*, lançado em 1994. Além do presente volume, o mesmo autor também publicou pelo IMB as obras *Ação, Tempo e Conhecimento: A Escola Austríaca de Economia*, em 2011, e *Dez Lições Fundamentais de Economia Austríaca*, em 2013. Não se deve esquecer sua atuação, desde 2009, como Diretor Acadêmico do IMB, desde 2013, como editor responsável da *MISES: Revista Interdisciplinar de Filosofia, Direito e Economia* e, desde 2015, como coordenador da Pós-Graduação em Escola Austríaca. Este grande pioneiro deve ser considerado como o verdadeiro decano nos estudos do pensamento econômico austríaco em nosso país, pois durante anos foi uma voz solitária no meio acadêmico, mas em nossos dias, graças ao trabalho do IMB, não se encontra mais isolado.

Sem tamanho é a gratidão pela amizade e por todo o apoio intelectual recebidos do professor Ubiratan Jorge Iorio há quase vinte e cinco anos. É um imenso prazer reeditar esta nova versão revista e ampliada do livro *Dos Protoaustríacos a Menger: Uma Breve História das Origens da Esco-*

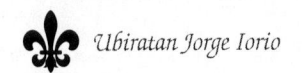

*la Austríaca de Economia*. Deseja-se ter a oportunidade de se relançar pela LVM Editora outros títulos do autor, bem como novos trabalhos dele. Toda a equipe da LVM Editora agradece pelo esforço do professor Ubiratan Jorge Iorio para transformar, por intermédio do testemunho pessoal e do trabalho incansável, o Brasil em uma sociedade mais livre, virtuosa e próspera.

São Paulo, 10 de outubro de 2017.

*Alex Catharino*
**Editor Responsável da LVM**

# Prefácio à Primeira Edição

É com grande alegria que aceito a tarefa de prefaciar este novo livro do professor Ubiratan Jorge Iorio, não apenas pela amizade e admiração pela figura central do desenvolvimento recente da tradição austríaca no país, mas também pela importância da obra, aparentemente despretensiosa e gostosa de ler. Em tempos de intensa cobrança da sociedade por resultados tangíveis e imediatos da atividade de pesquisa acadêmica, diante da qual a atividade não diretamente "aplicada" do economista teórico dificilmente tem seu valor reconhecido, devemos logo de início explicitar a importância de um trabalho na área de história do pensamento econômico, como este escrito pelo professor Iorio.

Embora a economia teórica não mostre a um indivíduo como ficar rico, ela tem o dever de lembrar ao resto da sociedade quais são as instituições que em todos os tempos promovem a prosperidade em geral e quais ideias e políticas econômicas resultam em miséria e violência. É com essa mensagem que Ludwig von Mises (1881-1973) encerra sua obra *Human Action: A Treatise on Economics*[1] [*Ação Humana: Um Tratado sobre Economia*], alertando seus contemporâneos para as consequências das escolhas políticas equivocadas e o desprezo pelas condições que tornam possíveis as conquistas da civilização.

---
[1] MISES, Ludwig von. *Ação Humana: Um Tratado de Economia.* Trad. Donald Stewart Jr. São Paulo: Instituto Ludwig von Mises Brasil, 3ª Ed., 2010.

A economia moderna, no entanto, vem fracassando terrivelmente nessa sua missão. Os alunos de cursos introdutórios, que sabem calcular elasticidades-preço da demanda, mas não entendem as implicações significativas do conceito de custo de oportunidade, não surpreendentemente acham tais cursos desinteressantes.

Esse fracasso é consequência das escolhas metodológicas do pesquisador moderno. A busca por uma economia inspirada pela ultrapassada filosofia da ciência positivista, que erroneamente interpreta os métodos das ciências naturais e almeja adotá-lo nas ciências sociais, valoriza exclusivamente modelos formais que empreguem apenas conceitos vistos como empiricamente operacionais.

O resultado dessas opções foi o abandono das questões econômicas realmente fundamentais em favor do estudo de problemas menores. Nas palavras de Ludwig M. Lachmann (1906-1990):

> *Durante o último meio século, desde quando se tornou moda imitar os tipos de pensamento da mecânica clássica, e as trevas da era dos econometristas se abateu sobre nós, os economistas sofreram de um triste estreitamento de ponto de vista*[2].

As instituições, a natureza humana, as diferentes concepções filosóficas, históricas e políticas foram ignoradas pelo *mainstream*, desde então. Mas, como nota F. A. Hayek (1899-1992):

> *Um físico que é apenas um físico pode ainda ser um físico de primeira linha e um dos membros mais valiosos da sociedade. Mas ninguém pode ser um grande economista se for apenas um economista – e eu estou mesmo tentado a acrescentar que o*

---

[2] LACHMANN, Ludwig. "On the Economics of Time and Ignorance". In: BOETTKE, Peter & PRYCHITKO, David L. (Ed.). *The Market Process*. Cheltenham: Edward Elgar, 1994. p. 51.

*Dos Protoaustríacos a Menger*

*economista que é apenas um economista provavelmente se torna um incômodo ou mesmo um perigo positivo³.*

Ao contrário dos livros-texto – que se ocupam apenas de ferramentas –, a história do pensamento econômico nos permite examinar as perguntas antes das respostas, bem como as concepções complementares sobre filosofia, política, história e psicologia que são empregadas nas explicações teóricas dos grandes economistas. Assim, mesmo se considerarmos, para fins de argumentação, a hipótese errônea de que existe uma fronteira da disciplina que incorpora todos os *insights* valiosos do passado, o desprezo pela história da disciplina implica em compreensão empobrecida da mesma.

O argumento é compartilhado por Karl Popper (1902-1994), amigo de Hayek, que o aplica a todo tipo de conhecimento científico:

> *Aliás, quase todos os cientistas criativos conhecem muita coisa sobre a história de seus problemas e, portanto, sobre história. Isso é necessário: não se pode entender de fato uma teoria científica sem a compreensão de sua história⁴.*

No espírito desse argumento, é muito bem-vindo o presente volume, que trata da história do pensamento econômico de autores que são considerados precursores da Escola Austríaca. Nas próximas páginas, desfilarão diante do leitor as explicações dos fenômenos econômicos e sociais encontrados em alguns dos grandes pensado-

---
³ HAYEK, F. A. "The Dilemma of Specialization". In: *Studies in Philosophy, Politics and Economics*. Londres: Routledge, 1967. p. 123.
4 POPPER, Karl R. "A Pluralist Approach To The Philosophy Of History". In: STREISSLER, Erich W. (Org.) *Roads to Freedom: Essays in Honour of Friedrich A von Hayek*. Londres: Routledge, 1969. p. 184-85.

res que fazem parte do rico acervo da história da nossa disciplina. O leitor travará contato com o sofisticado pensamento econômico da Escola de Salamanca e com a incrivelmente moderna economia do negligenciado pioneiro Richard Cantillon (168?-1734), entre muitos outros. Anne Robert Jacques Turgot (1727-1781), por exemplo, merece ser mencionado por sua visão geral de mundo, não apenas pelo seu pioneirismo na teoria do capital. Jean-Baptiste Say (1767-1832), por sua vez, conhecido pela maioria apenas na ótica distorcida de John Maynard Keynes (1883-1946) sobre "oferta gerar a própria demanda", revela-se um teórico bem à frente de seu tempo e cônscio da importância das instituições para a prosperidade das sociedades. Com Frédéric Bastiat (1801-1850), teremos ferramentas para interpretar ao longo de toda a história humana as causas do florescimento e declínio das civilizações, em termos de incentivos gerados pelas instituições conducentes à atividade produtora ou predadora de riqueza.

A esta altura, o leitor deve ter notado que elogio autores pouco conhecidos e relativamente pouco estudados. Isso nos leva ao segundo ponto, relativo à importância da presente obra, que gostaria de salientar. Até bem pouco tempo atrás, a história da disciplina era dominada por autores marxistas, que centravam suas investigações nos autores clássicos ingleses – Adam Smith (1723-1790), David Ricardo (1772-1823), John Stuart Mill (1806-1873) – e, ainda assim, apenas no desenvolvimento da teoria do valor-trabalho, utilizada por Karl Marx (1818-1883). Nas últimas décadas, porém, ganhou corpo na história do pensamento econômico o interesse pelo exame desses autores ingleses sob outras perspectivas, e o desejo de explorar as ideias de autores que se filiam a outras tradições teóricas. No Brasil, esse fenômeno está apenas se iniciando, e ainda é difícil encontrar espaço profissional para discussão mais ampla da de história do pensamento econômico.

O presente livro do professor Iorio deve ser festejado como mais um importante passo tanto no arejamento da disciplina como no esforço de despertar no jovem estudante, submetido aos insípidos livros-texto, o fascínio gerado pela Economia.

**Fabio Barbieri**
**Universidade de São Paulo**

# Proêmio à Segunda Edição

Na época em que comecei a me interessar pela obra de alguns autores que podem ser considerados *protoaustríacos*, em particular os escolásticos tardios da Escola de Salamanca, as coisas eram bem mais difíceis do que na atualidade. A Internet no Brasil encontrava-se ainda em seus primórdios; os mecanismos de busca mais populares eram o *Lycos*, o *Altavista* e o *Yahoo!* (a empresa Google, Inc. mal tinha sido fundada); as conexões eram discadas e a ideia de "banda larga" mais parecia algo saído dos livros de Arthur C. Clarke (1917-2008), Isaac Asimov (1920-1992) ou mesmo Douglas Adams (1952-2001). *Bons tempos, aqueles!*

Muitos dos que nasceram no pós-Guerra Fria nunca experimentaram a expectativa associada ao barulho do modem, nem a emoção quando a conexão era – finalmente! – estabelecida. Tampouco devem se recordar do tempo em que era necessário limitar as horas de conexão por causa das tarifas telefônicas. Era melhor usar a Internet durante a madrugada e nem todos os pais eram compreensivos. Arthur C. Clarke, Isaac Asimov, Douglas Adams? Muitos jovens, na atualidade, nem sequer sabem quem foram esses autores. No entanto, acompanham fielmente e conhecem os nomes de diversos *youtubers*.

Os jovens de hoje não têm a menor ideia do que era fazer uma pesquisa acadêmica naqueles tempos. Em primeiro lugar, não era fácil conseguir material na Internet. Os livros desejados nem sempre estavam disponíveis na biblioteca da universidade. Talvez fosse possível conseguir um empréstimo entre bibliotecas, mas era um processo extremamente lento e burocrático. Quem dispunha de mais recursos (e de um cartão de crédito internacional) podia comprar os livros pela Amazon e esperar "apenas" algumas semanas pela entrega via Correios. Éramos obrigados a selecionar melhor as informações, a estudar com mais atenção, a fortalecer nossa memória e nosso senso crítico. *Bons tempos, aqueles!*

Quando conseguíamos material para estudo e pesquisa, na maior parte das vezes tratava-se de textos bastante técnicos, elaborados em linguagem acadêmica tediosa e difícil, repletos de citações não traduzidas em línguas difíceis e em estilos arcaicos. Não tenho dúvidas de que isso tornava o processo de aprendizado ainda mais árduo. Trabalhávamos com fragmentos, como os papirologistas. Claro, nossos antepassados intelectuais mais imediatos estavam acostumados a trabalhar com ainda menos conforto e facilidades. Para início de conversa, eles se graduaram antes da existência de ferramentas tais como o Google e a Wikipedia. Nós éramos privilegiados! A Internet podia ser lenta, mas já existia. Mesmo assim, ainda não era um ambiente que permitia o acesso fácil a textos de divulgação. Conforme coloquei acima, precisávamos escolher muito bem o que procurar e o que adquirir. As pressões seletivas eram muito maiores na savana acadêmica e poucos mostravam a firmeza de caráter e a disposição necessária para empreender estudos e investigações que fossem além do convencional. Se já era difícil lidar com temas de Economia Austríaca propriamente dita, por tratar-se de uma corrente de pensamento pouco conhecida mesmo dentro da área econômica (apesar de suas realizações gigantescas), o que dizer sobre aqueles que prepararam o caminho, que lançaram as bases, que estabeleceram, ao longo de séculos, os fundamentos filosóficos e teóricos do pensamento austríaco?

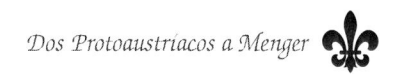

Eu queria saber mais sobre justamente esses autores. Mas havia pouquíssimas obras que forneciam uma visão panorâmica, que proporcionavam um ponto de partida para um jovem que ainda era mais curioso do que competente. Mesmo o livro de Alejandro A. Chafuen, *Faith and Liberty: The Economic Thought of the Late Scholastics* [*Fé e Liberdade: O Pensamento Econômico da Escolástica Tardia*], que na época ainda estava em sua primeira edição (publicada em 1986), limitava-se apenas a uma pequena porção dos assim chamados *protoaustríacos*. Ademais, essa obra nem sequer existia em português[5*].

Até o aparecimento deste livro do professor Ubiratan Jorge Iorio, o público brasileiro não contava com um trabalho de caráter introdutório, escrito por um autor que é internacionalmente reconhecido como um grande expoente na produção e divulgação das ideias da Escola Austríaca de Economia.

Este livro não tem o propósito de ser um trabalho exaustivo de pesquisa histórica. Trata-se, acima de tudo, de uma compilação abrangente com o objetivo de fornecer, ao público brasileiro – principalmente o público mais jovem –, um ponto de partida, tanto para enfrentar a leitura de obras acadêmicas mais técnicas, quanto para estimular o empreendimento de esforços de pesquisa originais. Ademais, a despeito de tratar-se de uma obra de caráter introdutório e voltada para o público mais jovem, estou certo de que pesquisadores mais experientes também se beneficiarão da lei-

---

[5*] Traduzida por Claudio A. Téllez-Zepeda, a obra será lançada em português pela LVM Editora como terceiro título da Coleção Protoaustríacos. (N. E.)

tura deste livro. Afinal de contas, saber comunicar é uma arte e o professor Iorio é um exímio comunicador.

Diversos capítulos e trechos que compõem este livro foram aproveitados de outros trabalhos do autor, publicados em *websites* de opinião e de instituições dedicadas à divulgação e difusão do pensamento liberal (como é o caso, por exemplo, do *website* do próprio Instituto Ludwig von Mises Brasil). Outras partes do livro foram obtidas a partir de materiais de divulgação que, nos dias de hoje – em contraste com meus *bons*, *velhos* e *saudosos* tempos –, podem ser facilmente obtidos na Internet. Trata-se de fontes não rigorosamente acadêmicas? Muitas vezes, sim. Isso é um problema? Não. Afinal de contas, décadas de contato com o pensamento austríaco, com a teoria econômica e com o estudo da história do pensamento econômica dotaram o professor Ubiratan Jorge Iorio com suficiente domínio dos autores aqui apresentados, o que assegura seu julgamento criterioso acerca do material bibliográfico que ajudou na elaboração desta obra. O nome disso, na verdade, é experiência, algo que só se adquire com muito tempo, esforço, paixão e dedicação. Algo, também, cuja falta muitos autores tentam esconder recorrendo a uma linguagem desnecessariamente difícil (embora superficial) e a futilidades academicistas.

Para conhecer satisfatoriamente uma corrente de pensamento, é fundamental identificar os principais pensadores que ajudaram a compor a base de conhecimentos sobre o qual essa corrente se constitui. Obviamente, não precisamos ser especialistas em autores tais como Juan de Mariana (1536-1624), Sallustio Bandini (1677-1760) e Melchiorre Delfico (1744-1835) para entendermos as ideias centrais da Escola Austríaca de Economia. Entretanto, também não podemos ignorá-los se o nosso propósito é sério. Um dos grandes méritos desta obra é proporcionar a seus leitores, em linguagem acessível, um contato inicial com a vida e os principais aspectos do legado desses e de muitos outros autores.

Na minha época de formação, naqueles *bons tempos*, como quisera eu ter tido acesso a uma obra como este livro que o leitor agora tem em suas mãos! Quando recebi do professor Ubiratan Jorge Iorio o convite para escrever este Proêmio, senti-me honrado. Ao mesmo tempo, pensei: *"Estarei à altura da tarefa?"* Afinal de contas, na minha boa e velha época, o mundo do elétron e do *switch*, da beleza do *baud*, as coisas não eram tão dinâmicas – e nem tão fáceis – quanto hoje. Em grande parte, não por causa das limitações decorrentes do estado da Internet no Brasil, mas sim pela falta de autores com a qualidade, a competência, a dedicação, a responsabilidade e, principalmente, a experiência necessárias para produzir um livro como este.

Claudio A. Téllez-Zepeda
**Água Quente, Teresópolis, setembro de 2016**

# Dos Protoaustríacos a Menger

Uma Breve História das Origens
da Escola Austríaca de Economia

# Introdução
# à Segunda Edição

E stamos na porta de entrada da segunda edição, revista e aperfeiçoada, de um livro sobre a história do pensamento da Escola Austríaca, desde suas origens pós-escolásticas até aquele que é considerado, com justiça, o fundador dessa fascinante abordagem da Economia, das Ciências Sociais, da Filosofia Política, do Direito e, de modo mais abrangente, da Filosofia e da própria vida. Nosso passeio, portanto – e isto jamais deverá ser esquecido ao longo do livro –, abrangerá cerca de seis séculos de história, que vão do século XIV ao final do século XIX.

Por esse motivo, parece indicado registrar algumas reflexões sobre teoria econômica e história, para que não caiamos no erro comum de julgar cada pensador que será aqui apresentado como se estivesse vivo hoje, como se fosse nosso contemporâneo, como se pudéssemos falar com ele pelo *Skype* ou pelo celular. É claro que não é assim e vou tentar explicar por quê.

Agrada-me o alerta do professor Peter J. Boettke, da George Mason University (GMU), na Virgínia, nos Estados Unidos, um dos economistas austríacos de maior renome acadêmico da atualidade, que no capítulo 11 (Back to the Future: Austrian Economics in the Twenty-First Century) e na introdução do livro *Handbook on Contemporary Austrian Economic*[6], adverte com bastante pro-

---
[6] BOETTKE, Peter J. (Ed.). *Handbook on Contemporary Austrian Economic*. Cheltenham: Edward Elgar Publishing, 2010.

priedade que a Escola Austríaca contemporânea não é um corpo unificado de pensamento, e que seria um grande erro sugerir que seja. Nesse sentido, o presente livro poderia muito bem ser intitulado ou considerado algo como "Volta ao Passado: A Escola Austríaca do Século XIV ao Século XIX". Uma caminhada repleta de aprendizado – é assim que esperamos que o leitor o absorva.

Boettke é também o autor de *Living Economics: Yesterday, Today and Tomorrow*[7], publicação que ganhou, em novembro de 2012, o prêmio de melhor livro sobre a Escola Austríaca, concedido pela Foundation for Economic Education (FEE) em associação com a Society for Development of Austrian Economics (SDAE). Nele, o autor introduz a ideia de que a ciência econômica afeta todas as esferas da vida – os mercados, as urnas eleitorais, as igrejas, as famílias ou qualquer atividade humana. Boettke acredita que a economia não é apenas um jogo para ser jogado por profissionais inteligentes, mas uma disciplina que aborda as questões práticas mais urgentes em qualquer momento histórico. Na economia estão em jogo a riqueza e a pobreza das nações, e a extensão e a qualidade de nossas vidas, pois tudo gira em torno das condições econômicas que nos condicionam. E, além do mais, afirma que a ciência econômica não é um corpo consolidado, uma rocha, mas que algo que está vivo, que se transforma e se aprimora ao longo do tempo.

O famoso historiador inglês Quentin Skinner, no influente ensaio *Meaning and Understanding in the History of Ideas*[8], já nos anos 1960, antecipava o mesmo alerta de Boettke a respeito do erro de considerarmos a História como um sistema fechado, que aqui re-

---

[7] BOETTKE, Peter J. *Living Economics: Yesterday, Today, and Tomorrow*. Oakland: Independent Institute, 2012.
[8] SKINNER, Quentin. "Meaning and Understanding in the History of Ideas". *History and Theory*, Volume 8, Number 1 (1969): 3-53.

pito: "Este procedimento dá ao pensamento de vários escritores clássicos certa coerência e a aparência geral de um sistema fechado, que este nunca alcançou, ou mesmo que tenha sido feito para alcançar".

Do mesmo modo, na visão de José Ortega y Gasset (1883-1955), famoso filósofo liberal do século XX, o estudo sistemático da História é muito importante, uma vez que, conhecendo o passado – o ambiente, os usos e costumes dos pensadores e, especialmente, em um sentido prático, os agentes pretéritos –, podemos compreender adequadamente o presente, para que no futuro tentemos evitar o que não deu certo, procuremos apreender o que deu certo e, então, aplicá-lo às novíssimas situações vigentes que, certamente, mudaram em relação às circunstâncias dos estudiosos do passado. Na verdade, nem a Escola Austríaca nem qualquer outra escola de pensamento, em qualquer área científica, jamais foram sistemas unificados: foram e ainda são, sobretudo, conjuntos de fragmentos colhidos aqui e ali, de diversos autores que, com o passar do tempo, construíram um corpo comum de conhecimentos, compartilhado pelos estudiosos de várias tendências.

Isso pode ser escrito de outro modo: a história – para usarmos a linguagem de F. A. Hayek (1899-1992), e que foi sugerida, em 1871, por Carl Menger (1840-1921) – é uma *ordem espontânea*, ou seja, um processo dinâmico de acontecimentos e decisões movidos pela ação humana, que não obedecem a estruturas previamente planejadas. Mergulhar, portanto, na história, é estudar a ação humana de nossos antepassados, aprender acerca do que erraram e acertaram e investigar por que erraram e acertaram, de acordo com as circunstâncias das épocas em que viveram. A história, assim como a linguagem e os mercados, são processos de tentativas e erros, são *procedimentos de descobertas* dinâmicos e permanentes.

Estudar a história é, portanto, investigar a ação humana pretérita, nos campos da Economia, da Filosofia Política, do Direito, da Política e, consequentemente, do poder – que, aliás, nada mais é do que a dimensão política da ação humana, como demonstra magnificamente em *Potere: La dimensione politica dell'azione umana*[9], o professor calabrês Lorenzo Infantino, da Faculdade de Economia LUISS Guido Carli, de Roma. Nesse sentido, estudar a história é investigar a ação humana no plano político, que é o poder.

Voltando a Boettke, vejamos o que escreve no capítulo 11 do livro a que aludimos:

*Kirznerianos, rothbardianos e lachmannianos são vários rótulos que têm sido utilizados para caracterizar indivíduos e as suas contribuições. Misesianos e hayekianos são metaetiquetas que têm sido muitas vezes usadas por amigos e inimigos das respectivas vertentes de pensamento dentro da Escola Austríaca moderna. Da maneira como a enxergo, a Economia Austríaca contemporânea é um programa progressivo de pesquisas e não um corpo estabelecido de pensamento, e esse é o único caminho a seguir – o que significa que não devemos nos preocupar com a fidelidade às obras de qualquer pensador passado ou presente e sim apenas buscar a verdade tal como a enxergarmos; acharmos e tomarmos ideias produtivas onde quer que possamos encontrá-las.*

Na verdade, não há nada de novo nessa afirmativa. Essa era a maneira como Ludwig von Mises (1881-1973) e o já mencionado F. A. Hayek enxergavam as ciências sociais. O cruzamento das ideias de Carl Menger e de Eugen von Böhm-Bawerk (1851-1914) com as de economistas ingleses como Philip Wicksteed (1844-1927), que

---

[9] INFANTINO, Lorenzo. Potere: *La dimensione politica dell'azione umana*. Soveria Mannelli: Rubbettino, 2013.

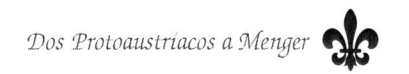

possui tinturas austríacas, ou mesmo John Stuart Mill (1806-1873), cuja famosa *quarta proposição fundamental* influenciou a Teoria Austríaca do Capital[10]; economistas suecos, como Knut Wicksell (1851-1926), de quem a Teoria Austríaca dos Ciclos Econômicos absorveu o conceito de *taxa natural de juros*; economistas franceses, como Anne Robert Jacques Turgot (1727-1781) e Frédéric Bastiat (1801-1850); belgas, como Gustave de Molinari (1819-1912); italianos, como Sallustio Bandini (1677-1760), Ferdinando Galiani (1728-1787) e Melchiore Delfico (1744-1835); espanhóis, como a maioria dos mais proeminentes pós-escolásticos e, no século XIX, Jaime Balmes (1810-1848); e economistas norte-americanos como Frank H. Knight (1885-1972) e John Bates Clark (1847-1938), era a melhor alternativa que Mises e Hayek vislumbravam a respeito da atividade intelectual de um economista. Tal cruzamento não significa completa concordância ou consistência, mas sim uma seleção capaz de melhorar as concepções sobre a Economia.

Parece irrefutável que a compreensão de textos escritos há cem, duzentos, trezentos ou mais anos, pressupõe a compreensão tanto do que os autores tinham a intenção de dizer, como da maneira com que esses autores desejavam que as ideias fossem tomadas. Logo, a capacidade de apreender um texto deve ser também a de compreender tanto o objeto ao qual o texto se refere como o modo de compreender o objeto pretendido pelo autor; caso contrário, a intenção do próprio texto, que é um ato de comunicação, não é incorporada.

---

[10] Sobre a temática, ver: IORIO, Ubiratan Jorge. "A Quarta Proposição de J. S. Mill na Teoria Austríaca dos Ciclos Econômicos". *MISES: Revista Interdisciplinar de Filosofia, Direito e Economia*. Volume III, Número 1 (Edição 5, Janeiro-Junho 2015): 87-110.

Ao estudar qualquer texto, a questão essencial com que nos confrontamos é determinar aquilo que o autor, no momento em que o escreveu para seu público imediato, pretendia alcançar; aquilo que desejava comunicar com determinada ideia ou proposta. Portanto, o objetivo essencial da tentativa de compreender as afirmativas de determinado texto deve ser a identificação da complexa – e, por vezes, implícita – intenção autoral. Consequentemente, a metodologia apropriada para a história das ideias deve se preocupar, antes de mais nada, com a demarcação de todo o conjunto de comunicações que poderia ter sido convencionalmente realizado por ocasião do enunciado dado pelo autor e, depois, com o delineamento das relações entre o enunciado e o contexto linguístico mais amplo, como um meio de decodificar a intenção real do pensador.

Uma crença quase metafísica, infelizmente bastante comum, mesmo entre acadêmicos, é a que dá origem à *mitologia da coerência* – isto é, a ideia de que as doutrinas são corpos unificados de pensamento – e leva a se esperar de um escritor que não apenas demonstre coerência *interna* – que se transforma, assim, em um *dever* de cada intérprete revelar –, mas também que todas as barreiras aparentes a essa revelação, constituídas por quaisquer contradições aparentes que o trabalho do escritor possa sugerir conter, não podem ser barreiras de fato, simplesmente porque não podem existir contradições.

Uma constante vítima dessa *mitologia da coerência*, inclusive por parte de muitos austríacos, é Hayek. Tenho lido muitas críticas a ele, no sentido de que teria sido um "social-democrata" ou um "intervencionista", o que leva os seus críticos a classificar Hayek simplesmente como um teórico liberal do século XX; entretanto, o que esses críticos deixam em segundo plano é que os pontos de vista dele e, principalmente, o público para quem escrevia e as circunstâncias da época em que estava com 40 anos de idade, em plena era dos autoritarismos, eram completamente diferentes de seus pontos de vista, do público e das circunstâncias existentes quando ele estava com 80 anos.

Skinner explica que se podem identificar dois postulados positivos e gerais. O primeiro diz respeito aos métodos adequados para estudar a história das ideias: por um lado, é um erro escrever biografias intelectuais concentrando-se nas obras de um determinado escritor, ou escrever histórias de ideias analisando a morfologia de um determinado conceito ao longo do tempo. Esse tipo de estudo é inadequado. Por outro lado, isso não nos permite concluir, como às vezes se afirma, que nenhuma forma particular de se estudar a história das ideias seja mais satisfatória do que outra qualquer. Skinner sugere então uma metodologia alternativa, que não esteja sujeita a qualquer dessas inadequações. O que propõe, em poucas palavras, é que a compreensão de textos pressupõe entender o que tais escritos pretendiam dizer e de como o autor esperava que esse significado fosse destinado pelos seus leitores.

Outra observação geral importante refere-se ao valor de se estudar a história das ideias. A possibilidade mais interessante, ao discutir tanto as causas das ações como as condições para compreender as propostas científicas, é a de um diálogo entre a discussão filosófica e as evidências históricas.

O historiador inglês sugere um ponto importante sobre o valor filosófico de se estudar a história das ideias. Por um lado, deixa claro que é ingênua qualquer tentativa de justificar o estudo do tema em termos de *problemas perenes* e *verdades universais* a serem aprendidos com os textos clássicos. Qualquer declaração de princípios é inevitavelmente a personificação de uma intenção particular, em uma ocasião especial, dirigida à solução de um problema particular, e, portanto, específica para a sua situação, de forma que tentar ignorar esse fato só pode ser sinal de ingenuidade.

A implicação principal disso não é concluir meramente que os textos clássicos não possam estar preocupados com as nossas perguntas e respostas, mas apenas com as de seus próprios autores; há também a implicação de que só existem respostas individuais a questões individuais, com tantas respostas quantas questões diferentes forem colocadas, e tantas perguntas quanto questionadores diferentes. Não há, consequentemente, nenhuma esperança de se buscar o ponto certo no estudo da história das ideias pela tentativa de aprender diretamente com os autores clássicos, concentrando-se em suas tentativas de respostas a perguntas supostamente intemporais.

Exigir da história do pensamento uma solução para os nossos problemas imediatos é, assim, incorrer em uma falácia não apenas metodológica, mas, no dizer de Skinner, em *erro moral*. Mas aprender com o passado – e jamais poderemos apreendê-lo em sua totalidade – a distinção entre o que é necessário e o que é produto apenas de nossas próprias dúvidas momentâneas é a chave para nossa própria autoconsciência. Estas são as linhas gerais da abordagem alternativa sugerida por Skinner.

Por sua vez, Betina Bien Greaves, no texto anexo ao livro *The Anti-capitalist Mentality* [*A Mentalidade Anticapitalista*] de Ludwig von Mises, lembra que em toda a obra desse grande austríaco está presente a tese de que são as ideias que fazem a história, e não a história que faz as ideias. De fato, aquele grande economista sabia que apenas ideias com bases sólidas podem servir de sustentáculos a programas de ação econômicos e políticos capazes de alcançar os resultados desejados. E sabia, naturalmente, que ideias derivadas de premissas e lógicas equivocadas levam necessariamente a interpretações errôneas da realidade, e que essas ideias resultarão numa conduta que *"não somente deixa de alcançar os objetivos desejados por seus autores e defensores como também cria um estado de coisas que – do ponto de vista das avaliações de seus autores e defensores – é menos desejável do que o estado de coisas anterior"*[11].

O prof. José Manuel Moreira, que me concedeu a honra de escrever o "Posfácio" deste livro, na página 50 de sua tese de doutoramento (resumida)[12], no terceiro tópico do capítulo I, em que trata de teoria e história, ressalta com muita propriedade que:

> *Hayek defenderá a complementaridade do tratamento histórico e teórico, mas ao mesmo tempo manterá que a aspiração a tornar a história uma ciência teórica é em si contraditória com uma outra exigência defendida por muitos historicistas (e particularmente pelos marxistas) – a de que a teoria deveria sempre ser histórica.*

E prossegue o notável economista português esclarecendo que Hayek não negava que a História lida com eventos únicos, singulares, isolados, mas que isso não é uma característica exclusiva da história da humanidade. Por essa razão, enfatizava que a distinção entre *teoria* e *história* não tem conexão com a diferença entre os objetos concretos utilizados pelos dois métodos e que, as-

---

[11] GREAVES, Betina Bien. "Ludwig von Mises: Um Tributo para um Grande Homem de Ideias em seu Aniversário de 90 anos". In: MISES, Ludwig von. *A Mentalidade Anticapitalista*. Ed. e pref. Bettina Bien Greaves; apres. F. A. Hayek; pref. Francisco Razzo; posf. Israel M. Kirzner; trad. Carlos dos Santos Abreu. São Paulo: LVM, 3ª ed., 2017. p. 181.

[12] MOREIRA, José Manuel. *Filosofia e Metodologia da Economia em F. A. Hayek – ou a Descoberta de um Caminho "Terceiro" para a Compreensão e Melhoria da Ordem Alargada da Interacção Humana*. Porto: Universidade do Porto, 1994.

sim sendo, as duas espécies de conhecimento são necessárias para que possamos compreender os fenômenos concretos, sejam eles da natureza ou da sociedade humana.

Por sua vez, Edward H. Kaplan, na resenha do livro de Paul Veyne, *Writing History: Essay on Epistemology*[13], escreve que o autor nega que a história seja uma ciência social, uma vez que qualquer ciência verdadeira utiliza um conjunto de abstrações como objeto, enquanto a história os fixa em elementos particulares concretos. O historiador os compõe como "verdadeiras novelas" e assim se assemelha mais ao romancista do que ao cientista. Isto porque, como o romancista cria ficções às quais se esforça para dar uma aparência de verdade, ele pode ter de realizar o tipo de pesquisa em documentos semelhantes aos estudados normalmente pelo historiador. Este último, obviamente, não precisa criar personagens ou incidentes, mas, tal como o romancista, tem de decidir sobre algum enredo que se encaixe em sua narrativa. Escreve o resenhista:

> *Uma ciência do homem é possível e até certo ponto já existe, mas a história não é e não pode ser essa ciência. Tal ciência deve, Veyne argumenta (citando Mises, Hayek e Schumpeter), ser praxeológica. Se os objetos da história são eventos específicos, os objetos de uma verdadeira ciência humana devem ser abstrações que podem ser manipuladas na mente, independentemente do mundo de onde foram tiradas.*

Feitas essas importantes advertências iniciais a título de proêmio – que peço ao leitor reter em mente –, convido-o com sincera alegria a conhecer um pouco mais as origens da Escola Austríaca. Afinal, sempre

---

[13] VEYNE, Paul. *Writing History: Essay on Epistemology*. Trad. Mina Moore Rinvolucri. Middletown: Wesleyan University Press, 1984 (ed. original em francês, de 1971).

ficamos felizes quando temos a oportunidade de tomar conhecimento de informações que nos ajudem a saber de onde viemos, quais são nossas origens e de quem descendemos, tais como quem foram os avós de nossos avós, quem eram os nossos tetravós e também o que faziam e o que pensavam seus antepassados.

Talvez uma das mensagens mais importantes do livro seja a constatação de que as origens do que hoje se denomina Escola Austríaca de Economia são: (a) católicas e (b) calcadas na tradição continental europeia. Essas características são muito importantes, a meu ver, porque diferenciam a Escola Austríaca das demais existentes no campo da ciência econômica.

Com efeito, o que se convenciona chamar de *mainstream economics* – em que se incluem os ramos mais divulgados e estudados da Economia, como o monetarismo e o keynesianismo em suas diversas manifestações – tem raízes marcantemente britânicas, a partir das obras de clássicos importantes, como David Hume (1711-1776), nascido em Edimburgo e o principal deles, Adam Smith (1723-1790), muito provavelmente nascido em Kirkcaldy (onde foi batizado), sendo ambos, portanto, escoceses. Os autores clássicos que se lhes seguiram, como David Ricardo (1772-1823), era londrino, o já mencionado John Stuart Mill, também era nascido em Londres e, mais tarde, William Stanley Jevons (1835-1882), nascido em Liverpool, Alfred Marshall (1842-1924) e John Maynard Keynes (1883-1946), eram ambos também ingleses. Esses pensadores, ao lado de outros, foram sem dúvida os que mais influenciaram a *mainstream economics*, o que deixa a impressão de que o berço da ciência econômica é britânico. Neste livro veremos que não é bem assim, porque a tradição austríaca (embora Cantillon, que pode ser considerado um protoaustríaco, fosse irlandês) possui fortes raízes continentais, especialmente nos pós-escolásticos espanhóis, na França, na Itália e em países de língua alemã.

Outro aspecto a ressaltar é que, tendo como ancestrais os autores pós-escolásticos, a tradição austríaca é predominantemente católica. Muitos pensam que a defesa do mercado livre é um atributo de autores protestantes, crença que foi plantada pelo famoso sociólogo e economista alemão Max Weber (1864-1920), e de que o catolicismo seria avesso à liberdade econômica. Tal suposição, no entanto, está longe de ser verdadeira, conforme deverá se tornar claro no decorrer dos capítulos seguintes.

Sobre o livro, só tenho a dizer que é bastante simples. Os doze capítulos percorrem os principais pensadores que, a meu ver, podem ser considerados como de fato protoaustríacos, desde os pós-escolásticos (especialmente os da Universidade de Salamanca) até Gustave de Molinari, o pai do anarquismo de mercado ou anarcocapitalismo, finalizando com o primeiro austríaco, Carl Menger.

Acredito que devo uma explicação antecipada aos leitores: alguns colegas me arguiram, com justos motivos, a ausência de autores clássicos na obra, como, por exemplo, David Hume, Adam Smith e Alexis de Tocqueville (1805-1859), entre outros. Embora admitindo que, sob alguns aspectos, esses grandes pensadores pudessem ter sido incluídos na obra, os critérios básicos que utilizei para a seleção dos autores foram, em primeiro lugar, sua contribuição estrita para a formação da Escola Austríaca; segundo, a metodologia que utilizaram; e, terceiro, como enxergavam a economia – tanto a ciência econômica quanto as atividades econômicas do mundo real. A exigência básica que me impus foi que atendessem em suas investigações (alguns mais, outros menos) à tríade fundamental ou núcleo básico da Escola Austríaca – ação, tempo e conhecimento –, bem como a seus elementos de propagação, a saber, o respeito à doutrina da utilidade marginal, o reconhecimento da importância das ordens espontâneas e o subjetivismo. Não sendo um livro sobre liberalismo – se o fosse, naturalmente a inclusão desses nomes e de muitos outros se tornaria obrigatória – mas um livro em que busco retratar estritamente a genealogia da Escola Austríaca, não incluí aqueles e outros autores da tradição clássica na obra, embora reconhecendo que influenciaram muitos dos autores que incluí.

Cada capítulo descreve dados gerais sobre o autor, apresentando uma breve biografia, discorre sobre seu pensamento e em seguida ressalta os elementos austríacos mais marcantes de seus escritos, finalizando com algumas observações gerais e com referências bibliográficas que possam auxiliar os que se interessarem a mergulhar no assunto com maior profundidade. Assim, creio mesmo que o livro possa servir como um razoável esquisso para futuros trabalhos acadêmicos mais profundos.

É preciso, portanto, ressaltar que meu intuito ao escrevê-lo não foi o de produzir um livro estritamente acadêmico. Foi, na verdade, bem mais modesto: simplesmente escrever uma obra para ajudar a divulgar a Escola Austríaca de Economia, o que me levou à preocupação de que a mesma pudesse interessar a leitores pouco afeitos, ou não familiarizados (ou mesmo avessos) aos ditames do academicismo, motivo que me levou, entre outros, a deslocar na primeira edição as notas de rodapés para o corpo do texto, colocando-as entre colchetes, bem como a – escapando aos padrões impostos pela Capes para publicações estritamente acadêmicas – colocar as citações sempre entre aspas e em itálico, esperando com tais procedimentos facilitar sua leitura para um número maior de pessoas. Na presente edição, contudo, as notas de rodapés foram incluídas e as menções no corpo do texto suprimidas, para atender a diversos pedidos, feitos nesse sentido.

Devo, certamente, manifestar imensa gratidão aos professores Fabio Barbieri e José Manuel Moreira, que, para minha alegria, aceitaram escrever, respectivamente, o "Prefácio" e o "Posfácio" deste livro. Os professores Barbieri e Moreira são dois baluartes da luta por nossas liberdades e dois exemplos colendos de acadêmicos com "A" maiúsculo, o primeiro no Brasil e o segundo em Portugal. Sou agradecido também à artista Angela Fidone, da Fondazione Vincenzo Scoppa (FVS), de Catanzaro, na Calábria, pela grande gentileza de ilustrar cada um dos capítulos e a capa com desenhos que levam o traço marcante de seu talento.

Por outro lado, devo registrar com gratidão que esta segunda edição foi extremamente enriquecida pelo trabalho realizado pelo professor Claudio Andrés Téllez-Zepeda que, além de ler os originais e escoimá-los de algumas impropriedades, teve a paciência de organizar as notas de rodapé criteriosa e rigorosamente, o que permitirá ao leitor encontrar maior facilidade na identificação das fontes. Como se essa árdua tarefa ainda fosse pouca, o professor Téllez-Zepeda brindou-me com a honra de escrever o Proêmio.

Registro, também, meu agradecimento muito especial a Alex Catharino, da LVM Editora, primeiro pelas críticas e sugestões sempre valiosas, algumas acatadas e outras que preferi guardar apenas na memória e não incluir no livro, reconhecendo, porém, a validade e oportunidade tanto de ambas; segundo, pela brilhante revisão final de todo o material; e terceiro pela nota editorial explicativa. Evidentemente, eventuais deslizes remanescentes devem ser lançados na conta sob minha responsabilidade.

E, naturalmente, não posso deixar de reiterar minha grande gratidão ao Instituto Ludwig von Mises Brasil (IMB), nas pessoas de seu presidente Helio Beltrão e de todos os seus membros, valorosos guerreiros na batalha incansável pelas ideias cruciais de liberdade, as mesmas que inspiraram a criação de nosso Instituto e que, mais uma vez, o levam, nesta oportunidade pela LVM Editora – a promover a publicação de uma obra de minha autoria. É – e o digo sem qualquer favor – com muito orgulho e grande senso de responsabilidade que tenho sido há anos o diretor acadêmico do IMB e Editor responsável de seu periódico acadêmico, a *MISES: Revista Interdisciplinar de Filosofia, Direito e Economia*. O IMB tem sido indubitavelmente uma força a xurdir contra a idolatria e a submissão ao Estado enraizadas em nossa sociedade e uma luz a espargir incessantemente os valores econômicos e morais que somente o respeito às liberdades individuais pode proporcionar.

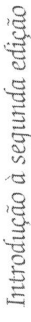

Rio de Janeiro, 21 de outubro de 2017<br>
**Ubiratan Jorge Iorio**

# Capítulo I

## Pós-Escolásticos: Os Ancestrais

# 1 - Introdução

O primeiro capítulo do excelente livro editado por Randall G. Holcombe, *The Great Austrian Economists*[14], escrito por Jesus Huerta De Soto, começa com a seguinte frase: *"A pré-história da escola austríaca de economia pode ser encontrada nas obras dos escolásticos espanhóis, em seus escritos no período conhecido como o 'Século de Ouro espanhol', que decorreu de meados do século XVI até o século XVII"*. E prossegue:

> Quem eram estes precursores intelectuais espanhóis da Escola Austríaca de Economia? A maioria deles era formada por escolásticos que ensinavam moral e teologia na Universidade de Salamanca, cidade espanhola medieval localizada a 150 km a noroeste de Madri, perto da fronteira da Espanha com Portugal. Esses escolásticos, principalmente dominicanos e jesuítas, articularam a tradição subjetivista, dinâmica e libertária a que, duzentos e cinquenta anos depois, Carl Menger e seus seguidores iriam dedicar tanta importância. Talvez o mais libertário de todos os escolásticos, especialmente em seus últimos trabalhos, tenha sido o padre jesuíta Juan de Mariana[15].

De Soto tem razão: de fato, Juan de Mariana, para os padrões de seu tempo e levando em conta que era um padre, um jesuíta, foi um autêntico revolucionário. Este capítulo apresenta um pequeno

---

[14] HOLCOMBE, Randall G. *The Great Austrian Economists.* Auburn: Ludwig von Mises Institute, 1999.
[15] Idem, *Op. cit.* p. 41-73.

resumo das contribuições dos chamados pós-escolásticos para a teoria econômica, enfatizando as ideias de Mariana. Não tenho nem longinquamente a pretensão de ser original ao escrevê-lo. Trata-se, na verdade, de um *survey* de alguns dos melhores e mais conhecidos trabalhos sobre o tema da Escolástica Tardia, acrescido de algum material que encontrei na Internet e que julguei confiável e de algumas reflexões pessoais oriundas do interesse pela tradição e os desenvolvimentos mais recentes da Escola Austríaca, que tem direcionado meus trabalhos, pesquisas, aulas e palestras ao longo das últimas duas décadas e meia.

## 2 - *Aspectos Históricos*

Infelizmente, é um lugar-comum, sempre que alguém se refere à Idade Média, se ouvir falar em "trevas" e "barbárie", quase sempre com uma expressão de escárnio e desprezo. Mas, ao contrário do mau odor que exala este preconceito herdado dos iluministas, tanto a Filosofia quanto a ciência moderna devem muito – muito mais do que se pode imaginar! – à Idade Média e à sua monumental Escolástica.

Ao final do século V, o que restava do outrora poderoso Império Romano era uma multidão dispersa de povos bárbaros e alguns fragmentos da cultura clássica, que só não desapareceram devido aos esforços dos monges copistas e de alguns grandes pensadores. Os primeiros e conturbados séculos da Idade Média europeia foram dominados pelo pensamento de Santo Agostinho (354-430) de Hipona, responsável por solidificar a fé cristã, calcado em elementos platônicos. O Bispo de Hipona influenciou pensadores como Boécio (480-525), Dionísio, o Areopagita, e João Escoto Erígena (815-877).

Na verdade, Dionísio usava este pseudônimo em alusão à vicissitude narrada por São Lucas no capítulo 17 dos *Atos dos Apóstolos*, em que escreveu que São Paulo pregou em Atenas, no Areópago, para uma elite do grande mundo intelectual grego, mas no final a maior parte dos ouvintes mostrou-se desinteressada e afastou-se, ridicularizando-o; todavia, alguns poucos, diz-nos São Lucas, aproximaram-se de São Paulo abrindo-se à fé, e entre estes poucos, São Lucas oferece-nos dois nomes: Dionísio, membro do Areópago, e uma mulher, Damaris. No século V, Pseudo-Dionísio – como também ficou conhecido – escreveu o *Corpus Areopagiticum*, com o intuito de colocar a sabedoria grega a serviço do Evangelho e ajudar no encontro entre a cultura e a inteligência gregas e o anúncio de Cristo, fazendo com que o pensamento grego se encontrasse com o anúncio da Boa Nova de São Paulo. João Escoto Erígena nasceu na Irlanda no começo do século IX e foi um expoente do "renascimento carolíngio", bem como da tradição das artes liberais que fundamentaram o ensino medieval, e também concentrou seus estudos nas relações entre a filosofia grega e os princípios do Cristianismo.

A palavra "escolástica" tem duplo significado. O primeiro, um tanto limitado, quando se refere apenas às disciplinas ministradas nas escolas medievais, a saber, o *trivium* – formado por gramática, retórica e dialética – e o *quadrivium* – composto por aritmética, geometria, astronomia e música. E o segundo tem conotação mais ampla, reportando-se à linha filosófica adotada pela Igreja na Idade Média. Esta modalidade de pensamento era essencialmente cristã e procurava respostas que justificassem a fé na doutrina ensinada pelo clero, o depositário das verdades espirituais e o orientador das ações humanas virtuosas.

O dicionário *Aurélio* on-line apresenta três acepções:

*1. Fil.* Doutrina e filosofia cristã da Idade Média, que procurou combinar a razão platônica e aristotélica com a fé e a revelação dos Evangelhos, alcançando seu auge com Santo Tomás de Aquino; ESCOLASTICISMO: *"Cria... uma Universidade de ciências maiores, pedindo ao Pe. Francisco de Borja que lhe mande bons mestres para as cadeiras de teologia, escolástica, positiva, moral..."* (Antero de Figueiredo, D. Sebastião)

*2 P. ext. Teol.* Qualquer doutrina ou filosofia fundamentadas a partir de uma crença religiosa.

*3 P.ext. Pej.* Qualquer doutrina que pregue o tradicionalismo ou o pensamento ortodoxo

*[F.: Do lat. scholastica].*

É difícil delimitar a origem da Escolástica, porque ela nunca se estabeleceu como uma doutrina filosófica restrita. Havia no ambiente católico uma divergência muito viva em questões teológicas e foi esse espírito de debate que acabou dando origem à corrente de atividades intelectuais, artísticas e filosóficas a que se convencionou chamar de Escolástica.

No século XII, essa valorização do saber refletiu-se na criação das universidades e na ascensão de uma classe letrada, e o monge agostiniano Santo Anselmo (1033-1109) é apontado como tendo sido o primeiro escolástico, seguido por Pedro Abelardo (1079-1142), Pedro Lombardo (1100-1160) e Hugo de São Vítor (1096-1141).

Na segunda metade do século XII, chegaram às universidades as traduções hispânicas de versões árabes das obras de Aristóteles (384-322 a.C.), um grande choque cultural que mudou o rumo do Ocidente e que conduziu a Escolástica para a sua "Era de Ouro", no século XIII, quando Santo Agostinho deixou de ser o eixo do pensamento cristão e a Filosofia Natural aristotélica cresceu diante da Teologia.

Os professores universitários passaram a ter fama e importância, os livros – sempre escritos em latim – se multiplicaram e com isso o modelo de ciência antiga começou a ser questionado e a desabar. Roberto Grosseteste (1175-1253) e seu discípulo Roger Bacon (1214-1292) lançaram as primeiras sementes da pesquisa científica, idealizando experimentos. As universidades de Paris, Oxford e Colônia testemunharam grandes debates e o surgimento de obras gigantescas. É o século do grande Santo Tomás de Aquino (1225-1274), de Santo Alberto Magno (1193-1280), de São Boaventura (1221-1274) e do beato Johannes Duns Scotus (1266-1308).

A grande contribuição da Escolástica à Filosofia foi sua preocupação com o rigor metodológico e dialético. Os estudantes das principais universidades precisavam passar por exames que envolviam disputas orais de argumentos, sempre regidas pela aplicação da lógica formal e a supervisão rigorosa de um mestre.

Como sugere Renan Santos:

> *Pedro Abelardo se inspirou nesse método dialético e o aprofundou em sua obra Sic et Non, que virou referência para a resolução de problemas a partir da sucessão de afirmações e negações sobre um mesmo tópico. Para isso, era imprescindível uma definição satisfatória dos termos, que evitasse ambiguidades. Tiveram muito sucesso nesse sentido os escolásticos, chegando a criar palavras totalmente novas a partir das raízes do grego e do latim, o que acabou resultando no latim escolástico. A própria evolução das ciências se deve em grande parte ao desenvolvimento desse rigor terminológico*[16].

---

[16] SANTOS, Renan. "Escolástica: A filosofia durante a Idade Média". Acessível em:

Entre os renascentistas e iluministas criou-se a ideia de que a Escolástica havia se submetido passivamente a Aristóteles. Os estudos do século XX mostraram, por fim, trata-se de uma afirmação insustentável. A verdade é que, com a chegada da imensa obra de Aristóteles, dois partidos nas universidades começaram a brotar naturalmente: os tradicionais agostinianos e platônicos, caracterizados por não aceitarem a ideia de ciências autônomas em relação à teologia; e os aristotelistas "modernos", entusiasmados de tal maneira com as investigações da Filosofia Natural, que não mediam esforços para tornar as ciências independentes da Teologia.

Essa discussão levou a grandes e memoráveis disputas acerca da complicada relação entre fé e razão, cuja ruptura definitiva ficaria finalmente a cargo do frade franciscano inglês Guilherme de Ockham (1285-1347), no século XIV.

Na assim denominada "querela dos universais", na esteira das traduções que abalaram o Ocidente, encontra-se a *Isagoga*[17], obra neoplatônica do filósofo antigo Porfírio (233-305), que versa sobre o problema dos universais em Aristóteles. Iniciava-se assim um dos mais longos debates da história da Filosofia. Recorrendo ainda a Renan Santos:

> *Quando olhamos para duas maçãs, vemos algo de comum entre elas? Ou elas são completamente diferentes? Há uma substância "maçã" separada delas, ou ela está em cada uma das maçãs? Ou a substância "maçã" não existe de forma alguma? Perguntas desse tipo é que dirigiram o debate dos universais.*

---

<http://educacao.uol.com.br/disciplinas/filosofia/escolastica-a-filosofia-durante-a-idade-media.htm>.

[17] PORPHYRE. *Isagoge*. Trad. Alain de Libera e Alain-Philippe Segonds. Paris: Vrin, 1998.

Os ultrarrealistas, dentre os quais destacam-se Santo Anselmo, Odo de Tournai (1050-1113) e Bernardo de Chartres (†1160), apresentando uma inclinação platônica defendiam a existência de uma substância, um universal "maçã" que está separado de todas as maçãs e que lhes serve de modelo. Por sua vez, os realistas moderados, mais aristotélicos, tais como Pedro Abelardo, João de Salisbury (1120-1180) e o grande Aquinate, afirmavam que o universal "maçã" existe somente nas maçãs, jamais fora delas. Finalmente os nominalistas, tais como Roscelino de Compiègne (1050-1120) e Guilherme de Ockham, negavam a existência de qualquer universal, já que "maçã" não passaria de um simples nome. Trata-se de uma discussão que se faria sentir inclusive na Modernidade, no embate entre empiristas e racionalistas.

Porém, historicamente, podemos dividir a Escolástica em três períodos: Escolástica Primitiva (séculos IX ao XII); Escolástica Média (séculos XII e XIII) e Escolástica Tardia (séculos XIV e XV e início do século XVI).

A Escolástica Primitiva teve início com o renascimento carolíngio e com o ressurgimento da escola que então se verificou, e que desenvolveu um método de ensino que posteriormente foi elaborado pormenorizadamente, formado pelas *quaestiones* (problemas sujeitos a exame) e *disputationes* (exposição de argumentos a favor ou contra). As grandes disputas centravam-se em torno de dois problemas fundamentais: o problema da relação entre a fé e razão, ou seja, entre dialéticos partidários da razão e antidialéticos, defensores da fé; e o problema da polêmica dos universais.

Na Escolástica Média surgiram diversos tipos de escolas, incluindo as primeiras universidades, e iniciou-se um intenso trabalho de tradução, especialmente na Península Ibérica, que possibilitou o conhecimento dos clássicos gregos e latinos, a Filosofia Natural e a Metafísica de Aristóteles, bem como as obras de seus estudiosos gregos e árabes. No século XIII, com a introdução, em Paris, da filosofia árabe, representada pela contribuição de Averróis (1126-1198), um especialista em Aristóteles, iniciou-se uma tendência denominada *averroísmo latino*, que preconizava a defesa da tese da "dupla verdade", isto é, de que fé e razão são verdades independentes e igualmente legítimas. Com a criação das ordens franciscana e dominicana, a Escolástica alcançou o seu ponto culminante com a obra de Santo Tomás de Aquino, da escola dominicana, que adaptou, seguindo de perto Averróis, a filosofia de Aristóteles ao pensamento cristão. De outra parte, a escola franciscana, de que São Boaventura é o expoente maior, inspirou-se no neoplatonismo e na filosofia de Santo Agostinho.

A Escolástica Tardia (o período dos pós-escolásticos) começou no século XIV e se caracterizou pela separação definitiva entre a Filosofia e a Teologia. A Teologia manteve-se em vigor na escola franciscana, representada por Scotus e Ockham, e a Filosofia concentrou-se no empírico, no particular e no sensível. A Escolástica conheceu então um notável florescimento na Espanha e em Portugal, comandado pelas ordens dominicana e jesuíta, orientadas para a nova interpretação que se fez da teoria de Santo Tomás de Aquino na Itália, especialmente pelo franciscano São Bernardino de Sena (1380-1444) e pelo dominicano Santo Antonino de Florença (1389-1459). O dominicano Francisco de Vitoria (1492-1546) fundou uma escola em Salamanca, em que se formaram notáveis teólogos *tomistas* que, juntamente com os jesuítas de Coimbra e Francisco Suárez (1548-1617), em polêmica com o escotismo e o nominalismo, defenderam uma síntese escolástica tradicional, porém de acordo com as novas tendências de pensamento da época.

No final deste capítulo, o leitor encontrará um "Apêndice" mostrando o quadro evolutivo da Filosofia Moral e Política da Idade Média, desde São Justino de Cesareia (100-165), o Mártir, até nosso "herói" Juan de Mariana. O quadro foi elaborado cuidadosamente por Alex Catharino para a aula "A Filosofia Moral e a Teoria Política de Santo Tomás de Aquino", do curso "II Ciclo sobre Pensamento Ético, Político e Econômico – Módulo I: Antiguidade e Idade Média" promovido pelo Centro Interdisciplinar de Ética e Economia Personalista (CIEEP), em parceria com a Faculdade de Filosofia do Mosteiro de São Bento, do Rio de Janeiro.

## 3 - A Escola de Salamanca e os Pós-Escolásticos (ou Escolásticos Tardios)

Feita essa pequena digressão histórica, imprescindível para os fins a que me proponho neste capítulo, posso agora abordar o tema principal – a Escolástica Tardia, os pós-escolásticos – com destaque para Juan de Mariana e sua importância para a Escola Austríaca de Economia.

Um dos mais importantes discípulo de Ludwig von Mises, o economista norte-americano Murray N. Rothbard (1926-1995), em seu excepcional tratado de História do Pensamento Econômico, *Economic Thought Before Adam Smith: An Austrian Perspective on the History of Economic Thought*[18], dedica o capítulo 4 a uma minuciosa descrição da importância daqueles pensadores dos sé-

---

[18] ROTHBARD, Murray N. *An Austrian Perspective on the History of Economic Thought – Volume I: Economic Thought Before Adam Smith.* Auburn: Ludwig von Mises Institute, 2006.

culos XIV, XV e XVI[19]. Inicia mostrando que a grande depressão de longo prazo do século XIV e da primeira metade do século XV começou a dar lugar para a recuperação econômica na segunda metade do século XV. Espanha e Portugal, os exploradores líderes dos novos continentes, tornaram-se estados-nações dominantes e impérios no século XVI. Lenta, porém inexoravelmente, as cidades-estados italianas, que representavam a vanguarda do progresso econômico e da cultura no período do Renascimento, começaram a ser deixadas para trás frente ao avanço do poder econômico e político ibérico derivado da era dos grandes descobrimentos.

No entanto, junto com a expansão comercial veio a inflação, alimentada pelo aumento imenso de ouro e prata levados para a Europa, pelos espanhóis das minas recém-descobertas do hemisfério ocidental. Uma triplicação aproximada do estoque da espécie na Europa resultou em um século de inflação, com os preços em média também triplicando durante o século XVI. O novo dinheiro fluiu pela primeira vez no Velho Continente, no principal porto espanhol de Sevilha e, em seguida, espalhou-se para os outros países da Europa, e a geografia dos aumentos de preços seguiu, naturalmente, em conformidade com essa expansão.

Inglaterra e França cresceram em força junto com as outras nações atlânticas da Europa ocidental, o que foi bastante facilitado pelo fim da Guerra dos Cem Anos entre os dois países, que na verdade teve a duração de 116 anos, de 1337 a 1453. As doutrinas do estado absoluto, anteriormente limitadas em

---

[19] Em língua portuguesa o capítulo em questão foi publicado como: ROTHBARD, Murray N. "O Pensamento Econômico da Escolástica Espanhola Tardia – Parte I". Trad. Márcia Xavier de Brito. MISES: *Revista Insterdisciplinar de Filosofia, Direito e Economia*. Volume II, Número 1 (Edição 3, Janeiro-Junho de 2014): 141-54; ROTHBARD, Murray N. "O Pensamento Econômico da Escolástica Espanhola Tardia – Parte II". Trad. Márcia Xavier de Brito. MISES: *Revista Insterdisciplinar de Filosofia, Direito e Economia*. Volume II, Número 2 (Edição 3, Junho-Dezembro de 2014): 439-58.

grande parte aos teóricos e governantes das cidades-estados italianas, agora se espalhavam por todos os estados e nações da Europa. O absolutismo triunfou em toda a Europa no início do século XVII, e Rothbard mostra que essa vitória foi alimentada pela ascensão do protestantismo e, um pouco mais tarde, pelo secularismo, a partir do século XVI.

Para compreendermos mais precisamente o *ethos* pós-escolástico, é conveniente visualizarmos, na tabela seguinte, como evolveu o pensamento econômico desde os escolásticos medievais até os nossos dias.

**Quadro Sinóptico das Modernas Escolas de Pensamento Econômico**

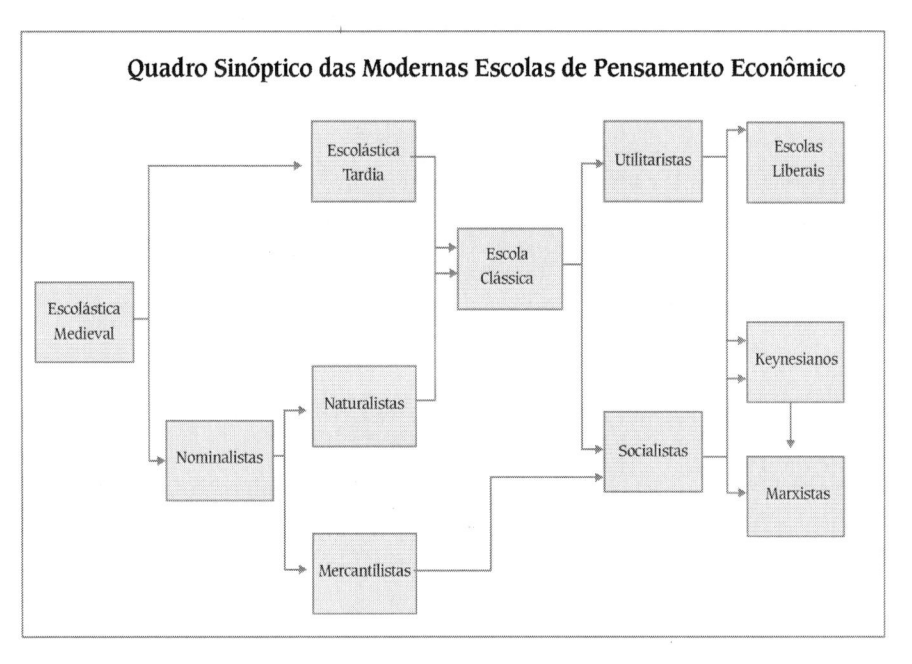

```
Escolástica Medieval ──┬── Escolástica Tardia ──┬── Escola Clássica ──┬── Utilitaristas ── Escolas Liberais
                       │                        │                     │
                       └── Nominalistas ──┬── Naturalistas ───────────┤
                                          │                           └── Socialistas ──┬── Keynesianos
                                          └── Mercantilistas                             └── Marxistas
```

O nominalismo, derivado da Escolástica Medieval, consistia em uma abordagem reducionista de problemas sobre a existência e natureza de entidades abstratas e opunha-se ao platonismo e ao realismo. Enquanto o platônico defende um enquadramento ontológico em que coisas como propriedades, gêneros, relações, proposições, conjuntos e estados de coisas são assumidos como primitivos e irredutíveis, o nominalista, por definição e maneira de enxergar o mundo, nega a existência de entidades abstratas e procura mostrar que o discurso sobre essas entidades é analisável em termos do discurso sobre concretos particulares da experiência comum. Seus autores mais expressivos foram o já mencionado Guilherme de Ockam, Jean Buridan de Bethune (1300-1358), Nicole Oresme (1325-1382) e Heinrich von Langenstein (1325-1397).

Apesar de influenciarem também o positivismo e François Quesnay (1694-1774), o fundador do *fisiocratismo*, e de se oporem ao tomismo, os nominalistas contribuíram para o desenvolvimento da Escolástica Tardia ao abordarem, principalmente, três temas: a teoria do valor (dando a ela enfoque subjetivista); a defesa do livre comércio e a defesa da propriedade privada (a defesa franciscana de que se deve abrir mão das riquezas exige que se possuam essas riquezas, o que conduz à defesa do direito de propriedade). Oresme defendeu também o que ficaria bem mais tarde conhecido como "Lei de Gresham", segundo a qual "a moeda má expulsa a moeda boa", bem como o padrão-metálico.

Vejamos agora o quadro sinóptico que mostra as origens a as influências dos escolásticos tardios, com alguns aspectos das ideias defendidas por seus principais nomes. Trata-se de um quadro semelhante ao elaborado por Alejandro A. Chafuen, em seu celebrado livro *Raices Cristianas de La Economia de Libre Mercado*[20], de 1991.

---

[20] Traduzida por Claudio A. Téllez-Zepeda, a obra será lançada em português pela LVM Editora como terceiro título da Coleção Protoaustríacos. (N. E.)

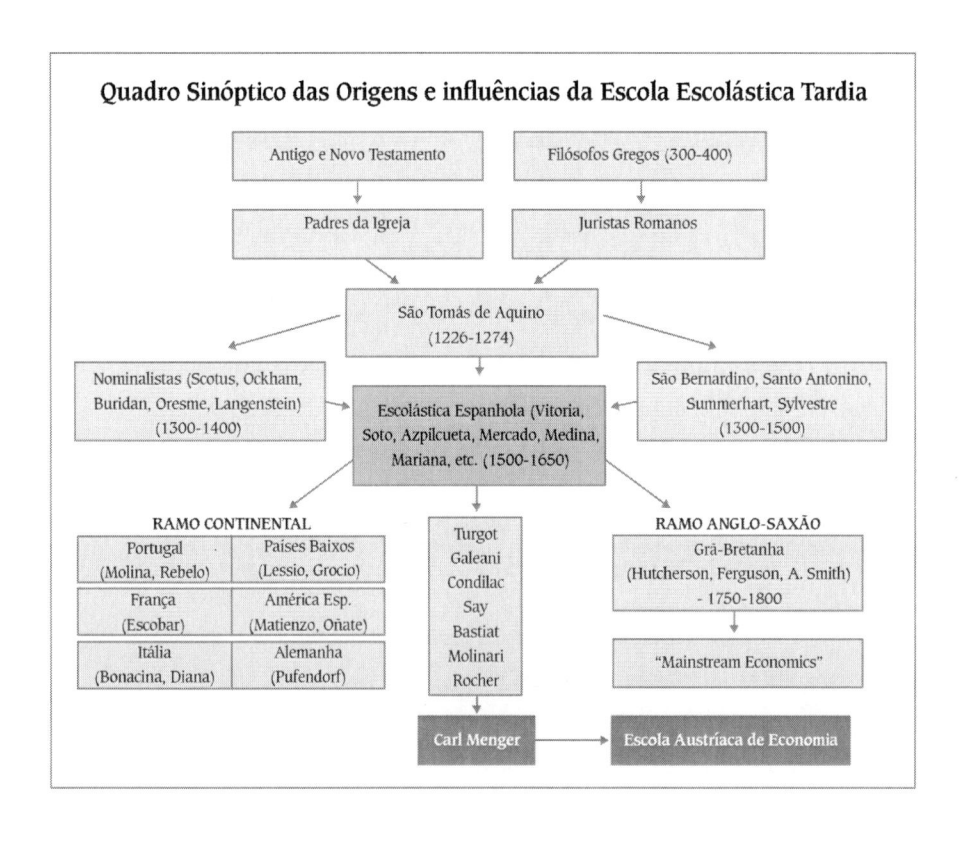

## Quadro Sinóptico das Origens e influências da Escola Escolástica Tardia

- Antigo e Novo Testamento → Padres da Igreja
- Filósofos Gregos (300-400) → Juristas Romanos
- → São Tomás de Aquino (1226-1274)
- Nominalistas (Scotus, Ockham, Buridan, Oresme, Langenstein) (1300-1400)
- São Bernardino, Santo Antonino, Summerhart, Sylvestre (1300-1500)
- Escolástica Espanhola (Vitoria, Soto, Azpilcueta, Mercado, Medina, Mariana, etc. (1500-1650)

**RAMO CONTINENTAL**
- Portugal (Molina, Rebelo)
- Países Baixos (Lessio, Grocio)
- França (Escobar)
- América Esp. (Matienzo, Oñate)
- Itália (Bonacina, Diana)
- Alemanha (Pufendorf)

Turgot, Galeani, Condilac, Say, Bastiat, Molinari, Rocher

**RAMO ANGLO-SAXÃO**
- Grã-Bretanha (Hutcherson, Ferguson, A. Smith) - 1750-1800
- "Mainstream Economics"

Carl Menger → Escola Austríaca de Economia

# 3.1 - A Escolástica Tardia na Itália

O franciscano São Bernardino de Sena sistematizou, na Toscana, a herança intelectual econômica de Santo Tomás de Aquino, sendo o primeiro teólogo, depois de Pierre Jean Olivi (1248-1298), a escrever um livro inteiro dedicado à teoria econômica escolástica. Os pontos principais de sua doutrina foram a defesa da propriedade privada (embora a considerasse artificial e não natural), a defesa do empreendedorismo, a defesa do livre comércio, a legitimação dos lucros, a teoria do valor, em que o "preço justo" é definido como sendo o preço de mercado, e os perigos da tributação excessiva[21].

Santo Antonino de Florença, um dominicano discípulo de São Bernardino, seguiu a mesma análise de seu preceptor, mas enfatizou um ponto crucial da filosofia do Aquinate – o de que qualquer transação no mercado traz benefícios mútuos para ambas as partes, pois estas resultam melhores do que antes, em termos de ficarem mais satisfeitas.

Ambos, foram contra a usura, contudo, o que contribuiu para manter esse aspecto da teoria econômica obscuro, cercado de mistérios e quase que proibido[22].

## 3.2 - A Escolástica Tardia na Espanha

Especialmente em Salamanca, a partir dos séculos XV e XVI, diversos autores, inicialmente dominicanos e mais tarde jesuítas, abordaram temas ligados à teoria monetária, propriedade privada, juros, inflação e tributação. Vejamos sucintamente (já que nosso personagem principal neste capítulo é Juan de Mariana) como avançaram.

Surge a Escolástica Tardia em Espanha, com Francisco de Vitoria, e em Salamanca seus escritos sobre Direito Internacional e suas explicações morais e econômicas da *Summa*. Os principais pontos de Francisco Vitoria são: o "preço justo" é o preço de mercado[23], e a propriedade privada, a justiça e a paz resultam de trocas voluntárias realizadas entre os agentes.

---

[21] Para mais detalhes a respeito da vida de São Bernardino de Sena, remeto o leitor a: THUREAU-DANGIN, Paul. *Saint Bernardine of Siena*. London: J. M. Dent & Co, 1906.

[22] DE ROOVER, Raymond. *San Bernardino of Siena and Sant'Antonino of Florence: The Two Great Economic Thinkers of the Middle Ages*. Boston, Massachusetts: Baker Library, 1967.

[23] GALLARDO, Alexander. *Spanish Economics in the Sixteenth Century: Theory, Policy, and Practice*. New York: Writers Club Press, 2002. p. 5.

Martin de Azpilcueta (1493-1586), o "Doutor Navarro", também dominicano, professor em Salamanca e Coimbra, desenvolveu as bases do conceito de "preferência intertemporal" e da "Teoria Quantitativa da Moeda"[24], defendeu que os preços deveriam ser livres da interferência dos governos, alertou que emissões de moeda sem lastro provocam distorções na economia e na sociedade, além de ter criticado o sistema de reservas fracionárias dos bancos.

Diego de Covarrubias y Leiva (1512-1577), Bispo de Segóvia, alertou para os efeitos nocivos de diminuições no teor metálico das moedas, criticou o sistema de reservas fracionárias dos bancos e chegou a esboçar uma teoria subjetiva do valor[25].

Luís Saravia de la Calle (século XVI) defendeu, em seu *Instrucción de Mercaderes*, publicado em 1544, as ações dos comerciantes como legítimas e antecipou o que Menger escreveu em 1871, que não são os custos que determinam os preços, mas os preços que determinam os custos:

> *Los que miden el justo precio de la cosa según el trabajo, costas y peligros del que trata o hace la mercadería yerran mucho; porque el justo precio nace de la abundancia o falta de mercaderías, de mercaderes y dineros, y no de las costas, trabajos y peligros. Luis Saravia de la Calle,* Instrucción de mercaderes. *Los que miden el justo precio de la cosa según el trabajo, costas y peligros del que trata o hace la mercadería yerran mucho; porque el justo precio nace de la abundancia o falta de mercaderías, de mercaderes y dineros, y no de las costas, trabajos y peligros*[26].

---
[24] Idem. *Ibidem*, p. 8.
[25] HUERTA DE SOTO, Jesús. *The Theory of Dynamic Efficiency*. London and New York: Routledge, 2008. p. 267.
[26] SARABIA DE LA CALLE, Luis. *Instrucción de Mercaderes*. Madrid: Joyas Bibliográficas, 1949. p. 53.

Francisco de García (1525-1585), em *Tratado Utilíssimo de Todos los Contractos, Quantos en los Negocios Humanos se Pueden Ofrecer*, publicado em Valência, em 1583, sustentou que a utilidade marginal dos bens, inclusive a da moeda, é decrescente[27].

Luís de Molina (1531-1601) advogou a liberdade de preços, criticou as regulações excessivas e as distorções provocadas pelas políticas de preços máximos e mínimos, desenvolveu o conceito de lucros cessantes (lucros perdidos de investimentos) e foi o primeiro a perceber, em 1597, que os depósitos bancários fazem parte da oferta monetária[28].

Jerónimo Castillo de Bobadilla (1547-1605), em *Politica para Corregidores y Señores de Vassallos*[29] – que foi, provavelmente, sua única obra, defendeu a competição dinâmica nos mercados como um processo e não como o estudo de casos de equilíbrio, antecipando Carl Menger, Ludwig von Mises, Ludwig M. Lachmann (1906-1990) e Israel M. Kirzner em quatrocentos ou quinhentos anos!

Juan de Mariana, sobre o qual vamos escrever pormenorizadamente mais adiante, jesuíta, "politicamente incorreto" e considerado por alguns estudiosos como o mais importante dos escolásticos tardios, destacou que a propriedade privada é muito importante para o desenvolvimento econômico e social; monopólios garantidos por leis são como que impostos cobrados sem autorização, pois distorcem os preços e empobrecem o povo; o orçamento público deve ser equilibrado, já que os déficits orçamentários resultam em mais im-

---

[27] GARCÍA, Francisco de. *Tratado utilísimo de todos los contratos, quantos en los negocios humanos se pueden ofrecer*. Valencia, 1583. p. 188-189.
[28] MOLINA, Luis de. *Tratado sobre cambios*. Madrid: Instituto de Estudios Fiscales, 1991.
[29] CASTILLO DE BOBADILLA, Jerónimo. *Politica para Corregidores y Señores de Vassallos*. Madri: Imprenta real de la Gazeta, 1597.

postos ou em emissão de moeda, com a consequente inflação; escreveu um tratado sobre a inflação (atualíssimo), mostrando o que é, sua causa e suas consequências; criticou o poder monopolístico de emitir moeda detido pelos governos; criticou também as regulamentações de preços; argumentou que o intervencionismo viola a lei natural e prejudica a coordenação do corpo social; antecipou F. A. Hayek em 400 anos, ao sustentar que a informação é dispersa e subjetiva e que não se deve centralizá-la, sob pena de perda da solidez da ordem social; e, por fim, mostrou que o valor da moeda depende de sua quantidade e de sua qualidade[30].

Francisco Suárez e Juan de Salas (1553-1612) argumentaram sobre a impossibilidade de modelos de equilíbrio: *"El precio que habrá mañana nel mercado solo Dios lo conosce"*[31].

E Juan de Lugo (1583-1660) defendeu a natureza dinâmica dos mercados como processos[32], criticando a visão teórica que os estuda como algo estático e em equilíbrio que até hoje, infelizmente, é uma ferramenta da chamada *mainstream economics*.

As ideias desses e de outros autores espalharam-se pela Europa, especialmente, no início, na Itália e em Portugal. Leonardo Léssio (1554-1623), teólogo moral, recompilou os escritos econômicos de Salamanca e os difundiu nos Países Baixos[33], e Antonio de Escobar y Mendoza (1589-1669) os difundiu em França.

---

[30] Para estudos mais aprofundados sobre Juan de Mariana, em particular a relação entre suas reflexões econômicas e políticas, remeto o leitor aos livros: BRAUN, Harald E. *Juan de Mariana and Early Modern Spanish Political Thought.* Aldershot: Ashgate, 2007; LAURES, John. *The Political Economy of Juan de Mariana.* New York: Fordham University Press, 1928.
[31] SALAS, Juan de. *Comentarii in secundam secundae D. Thomae de contractibus.* Lyon: Sumptibus Horatij Lardon, 1617. Número 6, p. 9.
[32] LUGO, Juan de. *Disputationes de iustitia et iure.* Lyon: Sumptibus Horatij Lardon, 1642. Vol. II, D. 26, S. 4, N. 40.
[33] CHAMBERLAIN, A. M. & CECIL H. *Jesuit Thinkers of the Renaissance.* Milwaukee, Wisconsin: Marquette University Press, 1939. p. 133-155.

## 3.3 - Frutos da Escolástica Tardia

A Escolástica Tardia gerou dois ramos:

**A)** Ramo Norte (anglo-saxão)

Leonardo Léssio (na Bélgica), Hugo Grócio (1583-1645) e Samuel Pufendorf (1632-1694) influenciaram John Locke (1632-1704), bem como Francis Hutchinson (1660-1739) e, portanto, Adam Smith (este, com uma mescla de subjetivismo e objetivismo) e, daí, a *mainstream economics*.

**B)** Ramo Continental (menos conhecido)

Posteriormente, a partir do século XVIII, foram publicados trabalhos muito importantes para a genealogia da Escola Austríaca, dos quais podemos destacar os de:

• **Anne Robert Jacques Turgot**, teólogo, político e ministro, um subjetivista que defendeu o livre comércio e mostrou que o papel do Estado não deve ser o de controlar as atividades econômicas; debuxou o princípio da utilidade marginal decrescente; elaborou uma crítica aos modelos de equilíbrio e formulou uma Teoria do Capital que antecipou o austríaco Eugene von Böhm-Bawerk em quase duzentos anos[34].

• **Ferdinando Galiani**, que escreveu, aos 22 anos, o tratado *Della Moneta*[35] e resolveu o famoso "paradoxo da água e dos diamantes", explicando-o com o conceito de escassez relativa.

---

[34] TURGOT, A. R. J. *Reflections on the Production and Distribution of Wealth*. The Hague: Martinus Nijhoff, 1977. O texto foi publicado em língua portuguesa como: TURGOT, A. R. J. "Reflexões sobre a Formação e a Distribuição das Riquezas – Parte I". Trad. Carlos Nougué e Daniel Aveline. *MISES: Revista Insterdisciplinar de Filosofia, Direito e Economia*. Volume III, Número 1 (Edição 5, Janeiro-Junho 2015): 199-214; TURGOT, A. R. J. "Reflexões sobre a Formação e a Distribuição das Riquezas – Parte II". Trad. Carlos Nougué e Daniel Aveline. *MISES: Revista Insterdisciplinar de Filosofia, Direito e Economia*. Volume III, Número 2 (Edição 6, Janeiro-Junho 2015): 479-500.

[35] GALIANI, Ferdinando. *Della Moneta*. Napoli: Giovanni Di Simone, 1780.

• **Etienne Bonnot de Condillac** (1714-1780), o Abade de Condillac, publicou *La Commerce et le Gouvernment: Considerés relativement l'Un à l'Autre*, em 1776 (mesmo ano de publicação de *A Riqueza das Nações* por Adam Smith), sob os auspícios de Turgot, que era então ministro. O Abade de Condillac antecedeu o que Frédéric Bastiat escreveu na primeira metade do século seguinte, ao analisar as diferenças entre os efeitos "que se veem" e os efeitos "que se devem prever".

Esses três autores possuem diversos pontos comuns: o indivíduo como eixo central; o subjetivismo metodológico; o estudo da Teologia; a defesa do livre comércio e a crítica à metodologia dos "agregados econômicos" (que dois séculos depois ficaria conhecida como Macroeconomia).

Por sua vez, Turgot, Galiani e Condillac influenciaram Jean Baptiste Say, Bastiat e Molinari em França, bem como os autores alemães da "Escola de Valor de Uso", como Wilhelm Roscher (1817-1894), da Universidade de Leipzig, mestre de Carl Menger (que dedicou o seu *Princípios de Economia Política* a ele e o cita 17 vezes, todas elogiosamente, ao longo da obra, que sustentava que os preços é que determinavam os custos (e não o oposto).

Parece interessante, à guisa de parêntesis, observarmos as citações sobre diversos autores de Carl Menger, o fundador da Escola Austríaca de Economia: Friedrich B. W. von Hermann (1795-1868) (outro pensador alemão, 12 vezes; todas elogiosamente); Adam Smith (12 vezes; 11 para criticá-lo); Say (11 vezes; 10 para criticá-lo); bem como, sempre elogiando, Condillac, Galeani e Covarrubia que, como vimos, eram escolásticos tardios.

Observando como evolveu o pensamento econômico desde Santo Tomás de Aquino e principalmente com os escolásti-

cos tardios, vemos com clareza praticamente todas as características da Escola Austríaca de Economia:
- Subjetivismo;
- Individualismo;
- Inflação e ciclos econômicos como fenômenos causados por distúrbios monetários;
- Propriedade privada;
- Mercados como processos;
- Princípio da ação humana;
- Preferências intertemporais;
- União entre Ética, Política e Economia (interdisciplinaridade);
- Ordens espontâneas;
- Liberdade de preços;
- Livre comércio;
- Informações insuficientes, dispersas e interpretadas subjetivamente;
- Tempo real (não newtoniano).

Como vemos, Santo Tomás de Aquino é a origem de tudo, e o mundo latino e católico não tem por que padecer de qualquer complexo de inferioridade quando se trata de Teoria Econômica e, especialmente, de economia de mercado.

## 4 - Tommaso De Vio, o Cardeal Gaetano

A Escolástica tardia – o período dos pós-escolásticos – foi um produto do século XVI, o século que deu início à Reforma Protestante e à Contra Reforma Católica. Se o século XIII foi bem descrito como a Idade de Ouro da filosofia escolástica, o século XVI foi a sua Era de Prata, a era de um renascimento brilhante do pensamento escolástico, antes de seu fim. Nos séculos XIV e XV surgiu o nominalismo e o enfraquecimento da ideia de uma lei racional, incluindo uma lei natural ética, descobertos pela razão do homem. Mas o século XVI assistiu a um tomismo renascente, liderado por um dos maiores homens da Igreja de sua época, Tommaso de Vio (1469-1534), o Cardeal Gaetano (ou Caetano, em português).

Ele não foi apenas o filósofo tomista e teólogo eminente de sua época, pois também era um dominicano italiano que se tornou Geral da Ordem, em 1508. Como cardeal da Igreja, foi o defensor favorito do Papa Leão X (1475-1521) em debates com o fundador do protestantismo, Martinho Lutero (1483-1534). Em seu comentário sobre a *Summa Theologica* de Santo Tomás de Aquino, Caetano, é claro, endossou a visão escolástica de que o preço justo é o preço comum de mercado, refletindo a estimativa dos compradores, e considerou que esse preço vai flutuar em decorrência de mudanças nas condições de oferta e demanda. Na tentativa de expurgar da economia escolástica qualquer vestígio da teoria da "estação da vida" de Langenstein, Caetano foi mais longe ao criticar o Aquinate por este ter denunciado a acumulação de riqueza além de certo nível como pecado de avareza. Pelo contrário, declarou Caetano, é legítimo que pessoas altamente capazes subam na escada social de uma forma que corresponda ao seu trabalho, sua inteligência, sua capacidade e suas realizações.

Em seu tratado abrangente sobre câmbio, *De Cambiis*, de 1499, Caetano fez uma defesa completa, firme, contundente e incondicional do mercado de divisas. Uma vez que o papel do comerciante é legítimo, então assim também deve ser o do banqueiro de câmbio, que simplesmente é quem se engaja numa certa espécie de

71

transação mercantil. Além disso, o comércio moderno não poderia funcionar sem o mercado de câmbio e as cidades não poderiam existir sem comércio. Por isso, inferiu, é necessário e justo que o mercado de câmbio exista. Como em outros mercados, o preço de mercado habitual é o preço justo.

No curso de sua defesa do mercado de câmbio, Caetano começou a avançar o estado da arte na teoria monetária: mostrou incisivamente que a moeda é uma mercadoria, particularmente quando os agentes se deslocam de uma cidade para outra, e, portanto, sujeita às leis de oferta e demanda que regem os preços das *commodities*. Neste ponto, Caetano fez um grande avanço na teoria monetária, em particular, e na própria teoria econômica em geral, ao ressaltar que o valor do dinheiro não depende apenas da demanda existente e das condições de oferta, mas também da expectativa atual do estado futuro do mercado. Expectativas de guerras e fome e de futuras mudanças na oferta de dinheiro – mostrou – afetam o seu valor atual. Assim, o Cardeal Caetano, um príncipe da Igreja do século XVI, pode ser considerado o fundador da teoria das expectativas na economia. Antecipou o austríacao Carl Menger e Robert Lucas, da Escola de Expectativas Racionais, em 450 e 550 anos, respectivamente.

Adicionalmente, Caetano distinguia dois tipos de "valor da moeda": o seu poder de compra em termos de bens, quando o ouro ou prata são "equiparados" com mercadorias compradas e vendidas, e o valor de uma moeda em termos de outra moeda no mercado de câmbio. Segundo ele, cada tipo de moeda tenderia a se deslocar para a região onde o seu valor é mais alto, e afastar-se da região onde o seu valor é mais baixo.

Quanto à polêmica questão da usura, embora Caetano não tenha sido tão radical como seu contemporâneo Conrad Summenhart (1455-1511) em praticamente erradicar a proibição da usura, ele se juntou a ele na defesa da doutrina da intenção implícita, e foi ainda mais radical em uma área onde Summenhart tinha recuado: *lucrum cessans* (lucros cessantes). A "intenção implícita" significa que se alguém realmente acredita que seu contrato não é um empréstimo, então não é um usurário, embora possa ser um empréstimo na prática. Isto, obviamente, abriu o caminho para a eliminação prática da proibição da usura[36]. Além disso, Caetano também se juntou a seus colegas liberais ao aprovar o contrato de investimento garantido. Mas seu grande avanço no campo da usura foi sua reivindicação de *lucrum cessans*. Empunhando a poderosa autoridade de ser o maior tomista desde o próprio "Boi Mudo" (que era como os colegas chamavam Tomás de Aquino, devido a ser corpulento e a manter-se quase sempre calado), Caetano ofereceu uma crítica minuciosa em que rejeita seu mestre. Ele, então, justifica, na verdade, não apenas os lucros cessantes, mas quaisquer empréstimos.

Dessa forma, um credor pode cobrar juros sobre qualquer empréstimo como forma de pagamento de lucros perdidos em outros investimentos, desde que o empréstimo seja para um homem de negócios. Essa divisão entre empréstimos para empresários e para consumidores foi feita pela primeira vez como um meio de justificar todos os empréstimos comerciais. A lógica era que o dinheiro retinha seu valor mais alto nas mãos dos homens de negócios em relação aos tomadores de empréstimos para consumo. Assim, pela primeira vez na era cristã, o Cardeal Caetano justificou o ato de emprestar dinheiro como um negócio, desde que os empréstimos fossem feitos a empresas. Antes dele, todos os escritores, mesmo os mais liberais, como Conrad Summenhart, justificavam a cobrança de juros apenas

---

[36] McCALL, Brian M. "Unprofitable Lending: Modern Credit Regulation and the Lost Theory of Usury". *Cardozo Law Review,* Vol. 32, N. 2 (2008): 549-613. Cit. p. 588.

quando fundada em lucros cessantes e somente para empréstimos de caridade *ad hoc*. Agora, o grande Caetano estava justificando o negócio em si de emprestar dinheiro a juros.

Com Caetano, o caminho para o movimento dos escolásticos tardios estava aberto. Restava, agora, calçá-lo.

## 5 - As Ideias do Grande Juan de Mariana: "Austríaco", "Politicamente Incorreto" e "Polêmico"

E quem mais contribuiu para essa tarefa, embora não fosse o único a fazê-lo, foi Juan de Mariana, nascido em 1536 na pequena cidade de Talavera, na diocese de Toledo. De acordo com John Laures, um padre jesuíta que publicou em 1928 o interessante livro *The Political Economy of Juan de Mariana*[37], "tudo o que sabemos sobre suas origens é que ele nasceu no ano de 1536, como o filho de pais pobres e simples. Mesmo este fato é apenas relativamente certo. Na idade de 17 anos, Mariana era um estudante na famosa Universidade de Alcalá, e em 1º de Janeiro de 1554 ele foi recebido na Sociedade de Jesus", grande ordem religiosa fundada por Santo Inácio de Loyola (1491-1556) em 15 de agosto de 1534 na capela-cripta de Saint-Denis, na Igreja de Santa Maria, em Montmartre. Mariana completou o noviciado em Simancas, em parte sob a direção de São Francisco de Borja (1510-1572), o Duque de Gandia aposentado, que um dia seria o Geral da Ordem dos Jesuítas[38].

---

[37] LAURES. *The Political Economy of Juan de Mariana. Op. cit.*
[38] Sobre a biografia de Santo Inácio de Loyola, vale a pena mencionar que, embora não fosse soldado, foi gravemente ferido na batalha de Pamplona, em 20 de maio de 1521, o que o obrigou a permanecer inválido por vários meses no castelo de seu pai. Enquanto se recuperava, lia livros para passar o tempo, e entre eles a *Vita Christi*, de Ludolfo da Saxônia (1300-1378), e a *Legenda Áurea*, de Jacopo de Varazze (1230-1298), ambos sobre a vida dos santos, em que comparavam o serviço de Deus com uma ordem cavalheiresca.

Prossegue Laures relatando que no início de 1561 o jovem Juan foi chamado para o recém-construído Colégio Romano, para ensinar Filosofia e Teologia. Um de seus alunos foi São Roberto Belarmino (1542-1621), destinado a ser um grande polemista e, posteriormente, um cardeal. Depois de quatro anos de ensino, o jovem professor foi enviado à Sicília para ensinar Teologia e introduzir um novo plano de estudos na faculdade lá estabelecida por sua Ordem. Enquanto isso, ganhou reputação como teólogo, e em 1569 foi chamado para lecionar na Sorbonne, em Paris, na época a mais famosa universidade do mundo. No entanto, sua precária saúde obrigou-o a deixar Paris quatro anos depois e voltar ao seu país natal, onde viveu durante o resto de sua longa vida, em Toledo.

Mesmo tendo se retirado do mundo, Mariana exerceu forte influência sobre a história contemporânea de Espanha e, até certo ponto, mundial. Sua reputação como teólogo e seu vasto conhecimento em quase todos os campos de aprendizagem deram-lhe um prestígio verdadeiramente extraordinário. Era frequentemente procurado por comerciantes e por autoridades temporais e eclesiásticas em busca de conselhos. Questões importantes esperavam por sua aprovação e eram realizadas sob a sua direção e seus conselhos. Seu lazer deu-lhe tempo para aprofundar e ampliar seus conhecimentos e desenvolver uma atividade literária bastante frutífera.

A segunda obra mais conhecida de Mariana, *De Rege et Regis Institutione*, surgiu em 1599 em Toledo, tendo sido elaborada por sugestão do tutor dos príncipes reais e publicada sob o patrocínio de Filipe II (1527-1598). É neste livro que Mariana discute a questão de saber se é lícito depor e até mesmo matar um monarca que se comporte como um tirano, pergunta à qual ele responde afirmativamente, como se verá mais pormenorizadamente adiante.

No ano de 1610 estourou uma tempestade de indignação contra o livro e contra a Companhia de Jesus em geral. Henrique IV (1553-1610), fundador da dinastia dos Bourbon na França, foi assassinado por François Ravaillac (1577-1610) e os inimigos da Sociedade acusaram os jesuítas de serem os supostos autores do crime. Ravaillac foi questionado sobre se ele havia sido induzido a cometer o regicídio pelo livro de Mariana sobre a realeza, mas ele negou até mesmo qualquer familiaridade com ele. No entanto, muitos ainda sustentavam que a doutrina jesuíta teria sido responsável pelo atentado e *De Rege* foi queimado em público por um carrasco. Desde então, as ideias de Mariana sobre tiranicídio têm sido imputadas a toda a Companhia de Jesus, apesar de nenhum outro jesuíta, seja em seu tempo ou mais tarde, ter aderido a essa doutrina perigosa. O Geral da Ordem, Cláudio Acquaviva (1543-1615), enfaticamente protestou contra o livro, proibindo todos os seus subordinados, de todos os tempos, a ensinar aquela doutrina.

As autoridades francesas pressionaram o rei da Espanha para tirar o livro de circulação, mas não obtiveram êxito e a obra continuou muito popular. Hoje se pode dizer que, embora o autor de *De Rege* estivesse muito equivocado em alguns aspectos, mesmo para os hábitos culturais da época, sua obra, dentre todos os tratados sobre a realeza, é uma das publicações mais marcantes do século XVI.

Ainda segundo o Padre Laures, *De Rege* trata não só da Filosofia Política e da arte de governo, mas apresenta muitas ideias econômicas. Outro tratado econômico de Mariana foi *De Ponderibus et Mensuris*, publicado pela primeira vez em 1599 e que em edições posteriores apareceu juntamente com *De Rege*, em um único volume. É uma discussão histórica de várias moedas: grega, romana, hebraica e espanhola. Um tratado estritamente econômico, *De Monetae*

*Mutatione*, apareceu em Colônia em 1609, como o quarto número do *Tractatus VII*. Ele foi escrito como uma crítica à adulteração da cunhagem de cobre espanhol por Felipe III (1578-1621). Naquele panfleto Mariana critica severamente o rei e os seus conselheiros, por roubarem as pessoas e perturbarem o equilíbrio do comércio. Ele também desenvolve com rigor naquela obra os princípios científicos da moeda e comprova suas afirmações acerca da história espanhola. Assim que este pequeno livro apareceu, denunciaram Mariana ao rei pelo crime de lesa-majestade e também imputaram a ele erros em questões de fé. Imediatamente após o aparecimento do *Tractatus VII*, o rei ordenou aos seus oficiais e embaixadores que comprassem todos os exemplares do livro que pudessem, e seu pedido foi prontamente atendido. Pouquíssimos exemplares escaparam de suas mãos, e em tudo o que puderam achar encontraram cortes nas páginas 189-221, ou seja, o tratado *De Monetae Mutatione*.

Após a morte de Mariana, o *Tractatus VII* foi, aliás, expurgado pela Inquisição espanhola. Muitas frases foram excluídas e colunas inteiras e páginas cobertas com tinta. Todas as cópias não expurgadas foram colocadas no *Index Librorum Prohibitorum et Expurgandorum* espanhol, e a maioria dos exemplares restantes foram expurgados por decretos de 1632 e 1640. Como resultado, poucos exemplares completos do *Tractatus VII* sobreviveram.

Mariana, como historiador, afirmou que a sociedade primitiva foi formada por consentimento mútuo. Alguns o criticaram, afirmando que todos os grandes impérios resultaram de conquistas e violência. Ele não nega o fato de que alguns Estados passaram a existir desta forma, porém, afirma que a maioria surgiu por mútuo consentimento e que estenderam suas fronteiras por guerras que considerava justas. Acreditava firmemente que os impérios baseados em violência e injustiça nunca podem tornar-se legítimos, mesmo através de legislações posteriores. Esta é a síntese da teoria da origem e do fim do Estado, de Mariana, que se mostra, por assim dizer, contraditória.

Tal como seu colega jesuíta Francisco Suárez, ele justifica a necessidade de existência do Estado pela impossibilidade do indivíduo e da família de suprirem todas as necessidades da vida. Seus argumentos são: (1) a sociedade política é necessária porque nenhuma família é autossuficiente; (2) se existiam divisões entre as várias famílias, não poderia haver paz e, portanto, elas deveriam ser unidas em uma sociedade. E desde que o homem precisa de uma sociedade política, ele também precisa de um poder político, pois uma sociedade sem tal poder não poderia realizar o seu fim.

Para Mariana, a sabedoria divina permite que o homem, apesar de fraco por natureza e exposto aos seus próprios recursos, possa tornar-se forte se estiver unido com os demais em uma sociedade. A partir disso é que Mariana considera a sociedade política necessária para a natureza humana. Tão logo o homem formou um corpo político, Deus concedeu-lhe o que era necessário para a vida em sociedade, ou seja, o poder político. Este poder, então, não é uma criação do homem ou algo que existia desde o princípio, mas algo acrescentado por Deus à natureza humana imperfeita e, logo, era necessário, a partir do momento em que os homens fizeram as suas mentes funcionarem para formarem sociedades políticas.

Juan de Mariana foi um ardoroso oponente da crescente onda de absolutismo na Europa e da doutrina do rei James I (1566-1625) da Inglaterra, em que os reis governam de maneira absoluta por direito divino. Ele converteu a doutrina escolástica da tirania de um conceito abstrato em uma arma para ferir monarcas reais do passado, denunciando como tiranos antigos governantes, tais como Ciro II (600-530 a.c.), o Grande, Alexandre (356-323 a.c.), o Grande e Júlio César (100-44 a.c.), que adquiriram seu poder pela injustiça e pelo roubo. Os escolásticos anteriores, incluindo Francisco Suárez, acreditavam que as pessoas pudessem ratificar tal usurpação injusta por seu consentimento após o fato, e assim tornar o seu próprio domínio legítimo. Mas Mariana não aceitava esse consentimento das pessoas. Era um defensor das liberdades individuais. Em contraste com outros escolásticos, que colocaram a "propriedade" do poder no rei, ressaltou que as pessoas têm o direito de recuperar seu poder político sempre que o rei abusar dele.

Na verdade, Juan de Mariana acreditava que, na transferência de seu poder político do estado de natureza original para um rei, o povo necessariamente deveria reservar direitos importantes para si: além do direito de reclamar a soberania, também poderes vitais como a tributação, o direito de veto a leis, bem como o direito de determinar a sucessão se o rei não tiver herdeiro. Portanto, Mariana, em vez de Suárez, é que deve ser considerado um antecessor da teoria do consentimento popular e da superioridade do povo frente ao governo, de John Locke. E também antecipou Locke, ao considerar que os homens deixam o estado de natureza para formar governos, a fim de preservar os seus direitos de propriedade privada. Juan de Mariana também foi muito além de Suárez ao postular um estado de natureza, a sociedade, anterior à instituição do governo, tese abraçada por muitos liberais do século XX.

Mas a característica mais interessante do "extremismo" da teoria política de Mariana era a sua inovação na teoria escolástica do tiranicídio. Que um tirano podia ser justamente morto pelas pessoas havia sido doutrina padrão, mas Mariana a ampliou muito, em duas maneiras significativas. Primeiro, expandiu a definição de tirania: um tirano era qualquer governante que violasse as leis da religião, que impusesse impostos sem o consentimento do povo, ou que impedisse uma reunião de um parlamento democrático. Todos os outros escolásticos, em contrapartida, tinham considerado apenas a imposição injusta de impostos como regra de tirania. Ainda mais, para Mariana qualquer cidadão podia justamente assassinar um tirano e podia fazê-lo por quaisquer meios necessários. Para ele, esse assassinato não exigiria nenhum tipo de decisão coletiva da parte de todo o povo. Porém, para ter certeza de sua decisão de assassinar algum tirano, os indivíduos não deveriam se envolver em tal propósito de ânimo leve, sem um prévio exame de consciência: primeiro, deveriam tentar reunir as pessoas para tomar essa decisão crucial, mas, se isso fosse impossível, ele deveria pelo menos consultar alguns "homens eruditos e graves", a menos que o clamor do povo contra o tirano fosse tão cruamente manifesto que a consulta se tornasse desnecessária.

Foi mais longe – antecipando Locke e a Declaração da Independência dos Estados Unidos – na justificação do direito de rebelião, afirmando que não precisamos nos preocupar com a perturbação da ordem pública causada pelo tiranicídio, pois esta é uma ação sempre perigosa e, portanto, muito poucos estão prontos para arriscar suas vidas dessa maneira. Pelo contrário, prosseguiu, a maioria dos tiranos não morreram mortes violentas e os tiranicídios foram quase sempre saudados pelas populações como atos de heroísmo.

Um tirano, escreveu ele, necessariamente teme que aqueles que aterroriza e mantém como escravos venham tentar derrubá-lo, e assim, ele proíbe os cidadãos de se reunirem em assembleias e discutirem, tirando deles, por métodos de polícia secreta, a oportunidade de falar e de se queixar livremente.

Este "homem erudito e grave", Juan de Mariana, não deixou nenhuma dúvida a respeito de sua opinião sobre o então mais recente e famoso tiranicídio: o do rei francês Henrique III (1551-1589). Em 1588, Henrique III tinha sido preparado para nomear como seu sucessor Henrique de Navarra (que assumiria o trono como o já mencionado Henrique IV), um calvinista que estaria governando uma nação fortemente católica. Diante de uma rebelião de nobres católicos, liderados por Henrique I (1550-1588), duque de Guise, apoiado pelos cidadãos católicos devotos de Paris, Henrique III chamou o duque e seu irmão, o cardeal Luís II (1555-1588), para um pacto de paz em seu acampamento, e assassinou os dois. No ano seguinte, a ponto de conquistar a cidade de Paris, Henrique III foi assassinado, por sua vez, por um jovem frade dominicano e membro da Liga Católica, Jacques Clement (1567-1589). Para Mariana, desta forma "o sangue foi expiado com sangue e o duque de Guise foi vingado com sangue real". E o regicídio foi saudado pelo Papa Sisto V (1521-1590) e pelos padres de Paris.

As autoridades francesas estavam compreensivelmente nervosas com as teorias de Mariana e seu livro *De Rege*. Finalmente, em 1610, Henrique IV (ex-Henrique de Navarra, que havia se convertido do calvinismo à fé católica, a fim de tornar-se rei da França), foi assassinado pelo católico François Ravaillac, que desprezava o egocentrismo religioso e o absolutismo estatal imposto pelo rei. Nesse ponto, a França entrou em erupção, em uma onda de indignação contra Mariana e o Parlamento de Paris, como escrevemos linhas atrás, fez um carrasco queimar *De Rege* publicamente.

Antes de ser executado, Ravaillac foi questionado quanto a se a leitura de Mariana o levara a assassinar o rei, mas ele negou, afirmando que jamais havia ouvido falar dele.

Enquanto o rei da Espanha se recusou a atender aos apelos franceses para suprimir o trabalho "subversivo" de Mariana, o Geral da Ordem dos Jesuítas emitiu um decreto proibindo os membros da Companhia de Jesus de ensinar que é lícito matar tiranos. Este estratagema, no entanto, não impediu a eclosão na França de uma campanha bem-sucedida contra a Ordem Jesuíta, bem como a sua perda de influência política e teológica.

Juan de Mariana foi um pensador fascinante sob todos os aspectos – sua Teologia, Filosofia Política e Economia Política têm bastante claras as marcas registradas de seu temperamento, um jesuíta ascético e que amava a sua Espanha, um homem absolutamente sem medo e que não mostrava qualquer constrangimento em nadar contra a corrente. Se vivesse nos nossos dias, certamente seria taxado de "politicamente incorreto" e de "polêmico". Mas foi, antes de qualquer outro adjetivo, um homem corajoso. Vale a pena conhecermos um pouco mais a seu respeito e de seu pensamento.

Embora enfatizasse a importância da agricultura, ele estava ciente de que ela não é o único fator importante para o bem-estar nacional. O comércio e as trocas voluntárias também são absolutamente necessários para a prosperidade de um país. É verdade que é um pouco crítico quando o comércio é voltado excessivamente para a mera questão do lucro, o que mostra que ele é um teólogo e moralista. O objetivo do comércio, para Mariana, é efetuar um equilíbrio entre as necessidades e os produtos excedentes dos países, de modo que cada um terá o que necessitar. A função importante do comércio, então, é fornecer abundância para todos os países.

Deve, portanto, ser incentivado em todos os sentidos e nada deve interferir nele. Isto é tanto mais verdadeiro porque o comércio é um processo mais delicado e é o mais afetado pela menor perturbação. É – como observou – como o leite, que se estraga pela menor brisa.

Altas tarifas são, acima de tudo, prejudiciais ao comércio exterior, pois seu fardo é deslocado para o comprador, com um consequente aumento nos preços. Logo, as tarifas sobre as necessidades da vida devem ser moderadas, de modo a incentivar e facilitar as importações do exterior. Mariana se opõe, assim, às altas receitas de tarifas, pelo menos na medida em que estão em causa necessidades importantes. Os comerciantes devem aproveitar a proteção especial da lei, porque é necessária para o bem-estar do Estado.

A adulteração da moeda é outro grande inconveniente, tanto para o comércio interno quanto para o externo. Estrangeiros serão desencorajados a trazer seus produtos para a Espanha se não receberem nada em troca, a não ser moeda fraca. Rebaixar o teor de metal na cunhagem resultará em preços mais elevados. Se o rei tentar fixar um preço menor ninguém irá vender e surgirá uma perturbação geral do comércio.

Assim, Mariana, embora não sendo um defensor ardoroso do livre comércio, foi um precursor, que percebeu que altas tarifas são uma forma nefanda de enriquecer um país em detrimento dos estrangeiros. Se nosso autor defendeu um imposto alto sobre bens de luxo, isto foi principalmente pela razão de que eles destroem a boa e velha simplicidade que deve reger a vida (lembremos que Mariana era um asceta).

Encontramos ainda outra ideia moderna e também cabível na discussão de nosso autor sobre comércio. A descoberta da América e do caminho marítimo para as Índias Orientais tinha trazido um enorme aumento no comércio internacional. Mercadorias passaram a ser trocadas entre os países mais distantes e parecia que as distâncias tinham desaparecido. Esta relação comercial crescente aparece para Mariana como um símbolo de crescente caridade e um meio de unir as diversas nações do mundo.

É como um moralista que ele concorda com os outros escolásticos que um "preço justo" deve servir de base nas transações comerciais. Este preço foi fixado em tempos medievais pelo governo e foi considerado por ele errado exigir mais do que o montante legalmente fixado. Mariana vê, no entanto, que, na prática, nem sempre é possível determinar os preços de forma satisfatória, e que se não estão de acordo com a estimativa popular comum (ou seja, com o mercado), eles não podem ser impostos. Para ser justo, um preço não deve ser fixado uma vez e para sempre, deve levar em conta várias condições que mudam com a demanda e a oferta dos artigos em questão. Os preços devem, portanto, ser revistos periodicamente.

Mariana comprova sua afirmação a partir da história da Espanha. Toda vez que os reis espanhóis adulteraram a cunhagem, seguiu-se um aumento geral dos preços, e toda interferência do governo para solucionar o problema provou ser inútil. Mariana também afirma que é praticamente impossível fixar preços para tudo. Aqui, então, vemos que o nosso autor aplica o princípio econômico muito importante de que os preços regulam-se de acordo com a demanda e oferta de bens e da quantidade de dinheiro em circulação. Se a moeda é genuína (metal de bom teor) e escassa, os preços vão diminuir, e se ela for adulterada e abundante os preços vão necessariamente subir. Esta é uma aplicação da "Teoria Quantitativa da Moeda", que é o princípio fundamental de Irving Fisher para estabilizar a unidade monetária – bem como, naturalmente, uma premonição do que os austríacos nos ensinaram sobre a inflação e a deflação.

Como ressalta Rothbard, Juan de Mariana possuía uma das personalidades mais fascinantes da história do pensamento político e econômico. Honesto, valente e destemido, Mariana esteve envolvido em polêmicas durante quase toda a sua longa vida, até mesmo por seus escritos econômicos.

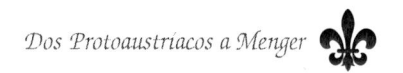

Voltando sua atenção para a teoria e prática monetária, Mariana, em seu breve tratado *De Monetae Mutatione*[39] [*Sobre a Alteração da Moeda*], de 1609, denunciou seu soberano, Felipe III, por roubar as pessoas e prejudicar o comércio através da degradação da cunhagem de cobre. Ele ressaltou que esta degradação também causou inflação crônica na Espanha, aumentando a quantidade de dinheiro no país. Felipe tinha dizimado sua dívida pública por rebaixar suas moedas de cobre em dois terços, triplicando assim a oferta de moeda de cobre. Mariana notou que o aviltamento do metal e a interferência do governo no mercado só poderiam causar graves problemas econômicos.

Só um tolo, segundo ele, tentaria separar esses valores de tal forma que o preço legal devesse ser diferente do natural. O mau governante, ponderou, ordena que uma coisa cujo valor é cinco deve ser vendida por dez. Os homens são guiados nesta matéria pela estimativa comum fundada em considerações sobre a qualidade das coisas e de sua abundância ou escassez. Seria vão para um príncipe procurar minar esses princípios de comércio. É melhor deixá-los intactos, sustentava, ao invés de agredi-los pela força em detrimento do bem comum.

Mas nosso personagem meteu-se em real enrascada, em dois sentidos: porque a questão era grave e porque a referida questão era

---

[39] JUAN DE MARIANA. *Tratado y discurso sobre la moneda de vellón*. Madrid: Instituto de Estudios Fiscales, 1987. O texto está disponível em português na seguinte edição: JUAN DE MARIANA. "Tratado sobre a Alteração da Moeda – Parte I". Trad. Luiz Astorga. *MISES: Revista Insterdisciplinar de Filosofia, Direito e Economia*. Volume II, Número 1 (Edição 3, Janeiro-Junho 2014): 163-81; JUAN DE MARIANA. "Tratado sobre a Alteração da Moeda – Parte II". Trad. Luiz Astorga. *MISES: Revista Insterdisciplinar de Filosofia, Direito e Economia*. Volume II, Número 2 (Edição 3, Junho-Dezembro 2014): 459-78.

contra o próprio rei! Mariana começa *De Monetae* com a sinceridade que lhe era característica escrevendo ter ciência de que sua crítica ao rei lhe traria grande impopularidade, mas completa afirmando que o povo está "gemendo" sob as agruras resultantes da degradação monetária e que ainda ninguém teve a coragem de criticar a ação do rei publicamente. Assim, a justiça requer que pelo menos um homem deve expressar a queixa comum do público. Quando uma combinação de medo e suborno conspira para silenciar os críticos, deve haver pelo menos um homem no país que sabe a verdade e tem a coragem de mostrá-la a todos. Mariana então começa a demonstrar que a degradação monetária é um imposto oculto muito pesado, uma senhoriagem, sobre a propriedade privada de seus súditos, e que nenhum rei tem o direito de cobrar impostos sem o consentimento do povo. Uma vez que o poder político se originou do povo, o rei não tem direitos sobre a propriedade privada de seus súditos, nem pode apropriar-se de sua riqueza por puro capricho e vontade. Mariana defende a bula papal *In Coena Domini*, promulgada em 1568 pelo Papa São Pio V (1504-1572), que havia decretado a excomunhão de qualquer governante que impusesse novos impostos.

Para ele, a qualquer rei que pratica aviltamento monetário deve se aplicar a mesma punição, como no caso de qualquer monopólio legal imposto pelo Estado sem o consentimento do povo. Sob tais monopólios, o próprio Estado, ou seu beneficiário, pode vender um produto para o público a um preço superior ao seu valor de mercado e isso é certamente uma taxação! Ele relata historicamente a degradação da moeda e seus efeitos infelizes, e ressalta que os governos devem manter todos os padrões de peso e medida, não só de dinheiro, e que seu ato de adulterar esses padrões é vergonhoso. Castela, por exemplo, tinha mudado suas medidas de azeite e vinho, a fim de cobrar um imposto oculto, e isso levou a uma grande confusão e agitação popular. O livro de Mariana, ao atacar a degradação do rei, levou o monarca a mandar o já idoso padre, então com 73 anos, para a prisão, pelo grave crime de lesa-majestade. Os juízes condenaram Mariana por crime contra o rei, mas o Papa recusou-se a puni-lo e Mariana foi finalmente solto depois de quatro meses, com a condição de que iria cortar as passagens ofensivas de seu livro e de que seria mais cuidadoso no futuro.

Mas o rei, bem conhecendo o padre e, portanto, sabendo que este ficaria apenas com as promessas, ordenou a seus funcionários que comprassem todas as cópias publicadas de *De Monetae Mutatione* e as destruíssem. Não só isso, depois da morte de Mariana, a Inquisição espanhola, como relatamos anteriormente, expurgou as cópias restantes, excluindo muitas frases e manchando páginas inteiras de tinta. Todas as cópias não expurgadas foram colocadas no Índice da Inquisição espanhola, e estas, por sua vez, foram destruídas durante o século XVII. Como resultado desta campanha selvagem de censura, a existência do texto latino deste importante livro permaneceu desconhecida durante 250 anos, e ele só foi redescoberto porque o texto em espanhol foi incorporado a uma coleção de ensaios clássicos espanhóis do século XIX. Por isso, poucas cópias completas do livreto sobreviveram, das quais a única disponível nos Estados Unidos, segundo Rothbard, está na Biblioteca Pública de Boston.

Porém, Juan de Mariana aparentemente não estava com problemas suficientes para acalmar seu temperamento: depois que ele foi preso pelo rei, as autoridades, ao apreenderem suas notas e papéis, acharam um manuscrito atacando os poderes que regem a Companhia de Jesus. Um individualista sem medo de pensar por si mesmo, Mariana claramente não concordava com o fato de ser a Companhia de Jesus quase que um corpo militar, tal a disciplina imposta a seus membros. Neste livro, *Discurso de las Enfermedades de la Compania*, criticou a Ordem Jesuíta, sua administração e sua formação de noviços e julgou que seus superiores na Ordem eram todos impróprios para a governarem. Acima de tudo, Mariana criticou a hierarquia de estilo militar, apontando que o Geral gozava de muito poder, enquanto os provinciais e outros jesuítas detinham quase nenhuma autonomia. Os jesuítas, afirmou, deveriam ter pelo menos uma voz na seleção de seus superiores imediatos.

Quando o Geral da Ordem Jesuíta, Cláudio Acquaviva, descobriu que cópias do trabalho de Mariana estavam circulando clandestinamente, tanto dentro como fora da ordem, ordenou a Mariana que pedisse desculpas pelo escândalo. O mal-humorado – porém repleto de sólidos princípios morais – Mariana, no entanto, recusou-se a fazê-lo, e Aquaviva, talvez movido por prudência ou mesmo por receio de um escândalo mais grave, preferiu não agravar o problema. Mas assim que Mariana morreu, a legião de inimigos da Ordem dos Jesuítas publicou o *Discurso* simultaneamente em francês, latim e italiano. Como no caso de todas as organizações burocráticas, os jesuítas, desde então, ficaram mais preocupados com o escândalo e com não lavar roupa suja em público do que em promover a liberdade de investigação, a autocrítica, ou corrigir quaisquer defeitos reais que Mariana pudesse ter descoberto. Mas a Ordem nunca expulsou o seu membro eminente e este nunca a deixou. Ainda assim, ele foi durante toda a sua vida considerado como um criador de problemas, mal-humorado e sempre rebelde em não querer se curvar a ordens ou pressões de seus pares.

O Padre Antonio Astrain (1857-1928), na sua história da Ordem dos Jesuítas, observa que "acima de tudo, devemos ter em mente que o personagem [Mariana] foi muito áspero e não mortificado". Pessoalmente, de forma semelhante aos italianos São Bernardino de Sena e Santo Antonino de Florença, do século XV, Mariana foi uma figura ascética e austera. Nunca frequentou o teatro e afirmou que padres e monges nunca deveriam prejudicar seu caráter sagrado, ouvindo e vendo atores. Ele também denunciou o esporte popular espanhol das touradas, o que diminuiu bastante sua popularidade. Melancolicamente, Mariana costumava enfatizar que a vida era curta, precária e cheia de aflição. No entanto, apesar de sua austeridade, possuía uma sagacidade impressionante. Assim, é famosa uma frase sua sobre o casamento: *"Alguém habilmente disse que o primeiro e o último dia do casamento são desejáveis, mas que o resto é terrível"*. Outra opinião sua parecia antecipar o que Mises, no século XX, declarou a respeito dos economistas: "[...] *não há nada tão absurdo que não seja defendido por alguns teólogos"*.

## 6 - Os Últimos Pós-Escolásticos

Além de Mariana, os historiadores costumam destacar mais dois escolásticos tardios contemporâneos a ele: Leonardo Léssio e Juan de Lugo.

Léssio, jesuíta nascido na Bélgica, sustentava que o preço justo de qualquer bem era aquele determinado pela estimativa comum de mercado. Embora admitisse que um preço determinado pelo governo também pudesse ser justo, apontou diversos casos em que o preço de mercado teria de ser escolhido em detrimento do preço legal. Primeiro, quando o preço de mercado é menor e, segundo, quando, *"na alteração de circunstâncias de aumento ou diminuição da oferta e fatores semelhantes, as autoridades forem negligentes em alterar o preço legal"*. Ainda mais fortemente, até mesmo um indivíduo poderia pedir um preço acima do teto legal caso as autoridades estivessem "mal informadas sobre as circunstâncias comerciais", o que, segundo ele, seria provável de acontecer quase sempre. Para ele, a demanda do mercado era o fator determinante dos preços e isso não dependia das despesas dos comerciantes: caso essas despesas fossem maiores (ou menores) do que o preço de venda, os comerciantes deveriam assumir os prejuízos (ou auferir os lucros).

Como ressalta Jesus Huerta De Soto, no livro editado por Randall G. Holcombe, Léssio enxergou com bastante clareza como os mercados econômicos estão inter-relacionados, inclusive o mercado cambial. Aplicou a boa teoria econômica também no campo monetário e no dos salários, que para ele deveriam ser determinados pelas leis da demanda e oferta, tal como qualquer outro preço, o que configuraria a existência de justiça. A respeito do que seria um "salário mínimo ideal", ele percebeu que a simples existência de outra(s) pessoa(s) disposta(s) a executar o mesmo trabalho recebendo aquele salário era um indicador de que esse salário não poderia ser "injusto". Sustentava também o que chamava de "salário psíquico": *"Se a obra traz consigo status social e emolumentos, o pagamento pode ser baixo porque o status e vantagens associados são, por assim dizer, uma parte do salário".*

Escreveu também que os trabalhadores são contratados pelo empregador por causa dos benefícios que lhes proporcionam, benefícios esses que devem refletir a produtividade. Assim, Léssio estabeleceu um esboço muito bem elaborado da teoria da produtividade marginal da demanda por mão-de-obra e, consequentemente, uma teoria para explicar a determinação dos salários, bem semelhante ao que foi estabelecido pelos austríacos e outros economistas neoclássicos, no final do século XIX.

Enfatizou ainda a importância do empreendedorismo na determinação do lucro: a qualidade do empreendedor, a "indústria" de combinar eficientemente fatores de produção, é escassa e, portanto, o empreendedor pode ganhar uma renda muito maior do que os que não são aquinhoados com esse dom. Léssio também fornece uma análise sofisticada da moeda, em que demonstra que seu valor depende de sua oferta e de sua demanda. Quando há excesso de oferta de uma dada moeda, ela valerá menos, tanto para a compra de bens como para a compra de moeda estrangeira e, *mutatis mutandis*, uma escassez de moeda aumenta o seu valor.

Contribuiu também para o banimento da "lei da usura", com o argumento *carentia pecuniae*, segundo o qual o credor sofre pela falta de sua liquidez durante o prazo do empréstimo e que, portanto, ele tem o direito de cobrar juros por esta perda. O tempo de renúncia à liquidez, dessa forma, é moralmente justificável. Argumenta que letras de câmbio, ou quaisquer direitos a dinheiro futuro, devem sempre ter um desconto, que é, naturalmente, a taxa de juros. Assim, para Léssio, o preço a ser recebido pela renúncia ao dinheiro em que o emprestador incorre durante o período do empréstimo deve ser estabelecido nos mercados organizados de empréstimos, hoje conhecidos como *"loanable funds markets"*.

Para diversos estudiosos do escolasticismo, com a cláusula *carentia pecuniae*, Leonard Léssio contribuiu para acabar de uma vez por todas com a proibição da usura, embora, formalmente, ainda tivesse mantido a proibição. Mas foi, sem dúvida, o teólogo cujas visões sobre a usura mais decididamente marcaram a chegada de uma nova era. Foi um precursor do mundo financeiro moderno.

O derradeiro grande nome dos escolásticos tardios de Salamanca foi o cardeal jesuíta Juan de Lugo, no século XVII, quando o poder da Espanha na Europa já estava em declínio. Estudou Direito e Teologia em Salamanca e em seguida foi para Roma lecionar no colégio jesuíta da capital italiana. Depois de ensinar Teologia em Roma por 22 anos, Lugo foi feito cardeal e tornou-se membro de várias comissões influentes da Igreja em Roma. Teórico bastante respeitado, Lugo é considerado por muitos como o maior teólogo moral desde Santo Tomás de Aquino. Escreveu um livro sobre Psicologia e outro sobre Física e sua obra mais importante sobre Direito e Economia foi a *De Justitia et Jure*, publicado em 1642, livro que passou por várias edições.

Sua Teoria do Valor é uma joia preciosa da Escola de Salamanca, que provê uma explicação subjetiva e bastante avançada para a época a respeito da determinação do valor. Os preços dos bens, observou, flutuam *"por conta de sua utilidade em relação à necessidade humana, e apenas por conta da estimativa, pois as joias são muito menos úteis do que o milho, e ainda assim seu preço é muito maior"*. É fácil perceber que essa afirmativa soa como uma premonição da teoria subjetiva do valor de acordo com a utilidade marginal e para destrinchar o "paradoxo do valor": o milho é mais abundante do que as joias e, portanto, tem maior valor de uso, mas é mais barato no preço. A resposta para o paradoxo é que as estimativas subjetivas ou avaliações diferem do valor objetivo de uso, e este, por sua vez, é afetado pela escassez relativa.

Para tornar essa explicação perfeita, faltou apenas a Lugo incluir o conceito de utilidade marginal. A subjetividade de Lugo significa que as estimativas ou valorações são feitas tanto por pessoas prudentes como também por pessoas imprudentes ou, em linguagem moderna, de maneira racional ou não racional. Portanto, o preço justo é o preço de mercado determinado pela demanda e valorização do consumidor e, se os consumidores são tolos ou avaliarem tolamente, paciência, pois o preço de mercado será um preço justo de qualquer forma.

Ao abordar o comércio, Lugo acrescenta ao conceito de custo de oportunidade os gastos mercantis. Um comerciante só vai continuar a fornecer um produto se o preço cobrir suas despesas e a taxa de lucro que ele poderia ganhar caso exercesse outras atividades.

Em sua teoria monetária, Lugo é um autêntico escolástico tardio: o valor ou poder de compra da moeda é determinado pela qualidade de seu conteúdo metálico, sua oferta e sua demanda. E a moeda sempre se move da área onde seu valor é inferior para onde seu valor é maior.

No que diz respeito à usura ele não concorda com as implicações claras de Léssio e outros de que a proibição da usura deve terminar. Por essa razão, ele se recusa a aceitar o argumento de Léssio de que o credor tem o direito de cobrar pela falta de seu dinheiro durante o período do empréstimo. Mas, por outro lado, admite poderosas armas favoráveis à cobrança de juros, a saber, o risco e o *lucrum cessans*. Chega a ampliar o conceito de risco explicitamente, e também amplia a cláusula do *lucrum cessans*, pois permite que o credor inclua não apenas o lucro provável de seu empréstimo, mas também a expectativa do lucro que poderia obter em uma aplicação alternativa.

Outro autor importante desse mesmo período foi o filósofo e jurisconsulto genovês Sigismundo Scaccia (1564-1634), cujo *Tractatus de Commerciis et Cambiis* foi publicado em 1618 e reeditado com frequência na Itália, França e Alemanha, até cerca de meados do século XVIII. O ensino de Scaccia é baseado principalmente no da Escola de Salamanca e em Léssio, embora também muitas vezes ele se refira aos escolásticos medievais. Sobre o valor dos bens, ele cita Covarrubias e Azpilcueta no sentido de que as coisas valem menos quando são abundantes e mais quando são escassas e argumenta que um artigo ser "abundante" significa que muitas pessoas o ofertam para venda, e "escasso" quando mais compradores do que vendedores surgirem nos mercados. Em seu capítulo sobre as bolsas estrangeiras, Scaccia menciona e endossa a explicação dada por De Soto para o prêmio cobrado sobre letras de câmbio negociadas na Antuérpia e em Espanha, e sustenta que a doutrina de Soto se aplica de uma forma muito lúcida para as trocas entre França e Itália.

É evidente que a teoria monetária da Escola de Salamanca espalhou-se por vários países durante as décadas iniciais do século XVII, e continuou a ser desenvolvida e aplicada nos principais tratados sobre Teologia e Jurisprudência. Embora a maioria dos membros originais da Escola tenham sido dominicanos, entre os escritores do século XVII que continuaram seu ensino havia muitos jesuítas. Como moralistas práticos, os jesuítas eram muito influentes naquele momento, uma vez que grande parte de seu trabalho estava nos confessionários. Assim, produziram um grande número de manuais para uso dos confessores, em que muitas vezes discutiam problemas complicados de ética comercial com linhas escolásticas.

Pode-se supor que suas doutrinas tenham sido filtradas através dos leigos. Como salienta Marjorie Grice-Hutchinson (1908-2003),

> *Não estou sugerindo que estes trabalhos tediosos constituíam a leitura favorita do honnête homme médio, mas só temos a quem recorrer em Pascal, em suas Cartas Provinciais, para perceber como foi grande a influência dos teólogos jesuítas sobre a vida comum e o pensamento na França naquele período[40].*

---

[40] GRICE-HUTCHINSON, Marjorie. *The School of Salamanca: Readings in Spanish Monetary Theory 1544-1605.* Oxford: Clarendon Press, 1952. p. 160-63.

Blaise Pascal (1623-1662) empregou toda a sua verve irônica atacando muitos dos escritores cuja obra analisamos (ele dedica a *Carta Oitava* para impugnar a sua doutrina da usura), e é evidente que, escrevendo em 1656, olhou para os nossos escritores espanhóis e todas as suas obras como uma força viva e perigosa para seus padrões.

Por sua vez, pensadores do calibre de Condillac, Turgot, Galiani e outros afirmaram que sua própria ênfase na utilidade e raridade era uma novidade. Todos os três escritores foram famosos por seu ensino, especialmente na Teologia e na Jurisprudência, e é difícil acreditar que não tinham lido nenhum dos pós-escolásticos. Como filósofos do século XVIII, talvez tenham relutado em reconhecer sua dívida para com os casuístas. Mas nenhuma relutância pode ser estendida a Grotius, Pufendorf, ou Hutcheson. Pode-se supor, como Hutchinson, que Galiani se deparou com os elementos essenciais da sua teoria do valor no trabalho em alguns autores anteriores, e que a inteligência e graça com que ele expressa estas verdades antigas fizeram com que parecessem inovações para seus contemporâneos. No entanto, a existência de uma teoria subjetiva do valor na obra dos escolásticos tardios e seus sucessores pode ter pavimentado o caminho para a recepção favorável concedida à grande obra de Galiani.

# 7 - A Decadência do Escolasticismo

Às portas da Renascença, a Escolástica já se encontrava moribunda. Devido ao declínio dos impérios português e espanhol, a filosofia medieval cristã praticamente desapareceu, ao passo em que ascenderam o cartesianismo, o positivismo e o agnosticismo kantiano.

O Iluminismo, movimento intelectual da elite europeia do século XVIII, que procurou fundamentar-se e utilizar o poder da razão para promover a reforma da sociedade e o conhecimento herdados da tradição medieval, muitas vezes é apontado como sendo responsável pelo fim do escolasticismo. O Iluminismo floresceu até cerca de 1790-1800; após esse período, a ênfase na razão deu lugar à ênfase na emoção e surgiu um movimento contrailuminista. No entanto, quando o movimento iluminista eclodiu, praticamente já não existiam autores escolásticos. Apenas no final do século XIX é que houve uma tentativa de resgatar o escolasticismo sob um prisma mais moderno, principalmente com Jacques Maritain (1882-1973), filósofo francês de orientação católica e tomista, cujas obras influenciaram a democracia cristã.

O ataque fatal à Escolástica veio de dois campos contrastantes – um externo e o outro interno – mas curiosamente aliados: o aumento dos grupos de protestantes calvinistas e a Igreja, que a denunciou por sua suposta decadência e defeitos de formação moral.

O brilho dos argumentos pós-escolásticos para justificar a usura não impressionou seus inimigos, nem mesmo com toda a escolástica jesuítica de "casuísmo", isto é, de aplicar princípios morais, naturais e divinos para os problemas concretos da vida quotidiana. Pode-se pensar que a tarefa da casuística deve ser considerada importante e nobre, pois, se existem princípios morais gerais, por que não deveriam ser aplicados à vida diária? Mas ambos os conjuntos de adversários conseguiram rapidamente fazer da própria palavra "casuísmo" um termo vulgarizado (o que acontece até hoje), a obediência estrita a rigorosos preceitos morais e a imposição de dogmas ultrapassados e "reacionários".

Essa dupla aliança, externa e interna, contra a Escolástica teve efeitos muito mais profundos do que a discussão sobre a usura. Na raiz do catolicismo como religião, Deus pode ser compreendido pelas faculdades do homem, ou seja, não apenas por meio da fé, mas também pela razão e os sentidos. O protestantismo e, especialmente, o calvinismo, coloca Deus severamente fora das faculdades do homem e considera, por exemplo, modalidades sensoriais de amor do homem por Deus, como pinturas ou esculturas, como constituindo atos de idolatria e blasfêmia, que precisam ser eliminados para limpar o caminho para a única comunicação adequada com Deus, que seria a pura fé na revelação. A ênfase tomista na razão como meio de apreender a lei natural de Deus e até mesmo aspectos da lei divina choca-se com a ênfase protestante na fé na vontade arbitrária de Deus.

A tendência protestante básica, com raras exceções, era opor-se a qualquer lei natural para derivar Ética ou Filosofia Política a partir do uso da razão do homem – pecaminoso e corrupto em sua razão e seus sentidos. O homem, tido como personificação da corrupção, só a fé pura em comandos arbitrários – e revelada por Deus – era aceita como base para a ética humana. Essa descrença por parte dos protestantes na lei natural os impedia de criticar as ações do Estado. Com efeito, o calvinismo e até o luteranismo foram incapazes de contestar o Estado absolutista que floresceu em toda a Europa durante o século XVI e triunfou no século XVII.

Como explica Rothbard:

*Se o protestantismo abriu o caminho para o Estado absoluto, os secularistas dos séculos XVI e XVII o abraçaram. Despojado de leis naturais críticas do Estado, os novos secularistas, como o francês Jean Bodin, adotaram o Direito Positivo do Estado como o único critério possível para a política. Assim como os protestantes antiescolásticos exaltaram a vontade arbitrária de Deus como fundamento da ética, os novos secularistas levantaram a vontade arbitrária do Estado ao status de "soberano" incontestável e absoluto. No nível mais profundo da questão de como sabemos o que sabemos, ou "epistemologia", tomismo e escolástica sofreram os assaltos contrastantes, mas aliados, dos defensores da "razão" e do "empirismo". No pensamento tomista, a razão e o empirismo não estão separados, mas aliados e entrelaçados. A verdade é construída pela razão em uma base sólida na realidade empiricamente conhecida. O racional e o empírico foram integrados em um todo coerente.*

Rothbard prossegue sua narrativa escrevendo que na primeira parte do século XVII, dois filósofos contrastantes conseguiram fortalecer o racionalismo e o empirismo, que continuam a assolar o método científico até os dias atuais. Foram eles o inglês Francis Bacon (1561-1626) e o francês René Descartes (1596-1650). Descartes foi o campeão de uma "razão" dissecada matematicamente e divorciada da realidade empírica, enquanto Bacon foi o defensor de peneirar incessantemente os dados empíricos. Rothbard afirma enfaticamente:

> *Tanto o ilustre advogado inglês, que passou a se tornar Lord Chancellor (Lord Verulam), Visconde do reino e juiz corrupto, quanto o aristocrata francês tímido e errante, concordaram em um ponto crucial e destrutivo: o rompimento da razão e do pensamento a partir de dados empíricos. Assim, a partir de Bacon surgiu a tradição inglesa 'empirista', mergulhada sem pensar em dados incoerentes, e de Descartes a tradição puramente dedutiva e, por vezes, a tradição matemática do 'racionalismo' continental.*

O resultado foi que a lei natural, que antes integrava o racional com o empírico, foi vítima de um verdadeiro assalto, resultando em uma mudança drástica e sistemática no pensamento europeu no período "pré-moderno" (séculos XVI e XVII, especialmente), ocorreu em razão disso uma mudança radical nas universidades.

Os teólogos e filósofos que escreveram e pensaram sobre Economia, Direito e outras disciplinas da ação humana durante os períodos medieval e renascentista eram professores universitários. Paris, Bolonha, Oxford, Salamanca, Roma e muitas outras universidades foram as arenas para a produção intelectual e de combate durante séculos. E mesmo as universidades protestantes do início do período moderno eram centros de ensino do Direito Natural. Mas dos grandes teóricos e escritores dos séculos XVII e XVIII quase nenhum foi professor. Eram panfletários, empresários, aristocratas errantes – como Descartes; funcionários públicos menores – como John Locke; e clérigos – como o bispo George Berkeley (1685-1753). Essa mudança de foco foi muito facilitada pela invenção da imprensa por Johannes Gutenberg (1398-1468), que tornou muito menos dispendiosa a publicação de livros e escritos e criou um mercado muito mais amplo para a produção intelectual. A impressão foi inventada em meados do século XV, e já no início do século XVI tornou-se possível, pela primeira vez, ganhar a vida como escritor independente, com a venda de livros.

Uma das consequências dessas mudanças foi o esfacelamento da Escolástica e do tomismo do pensamento ocidental, facilitado pela substituição do latim – que na Idade Média era o idioma em que todos escreviam – para o vernáculo de cada país. Esse fato contribuiu para desfazer uma comunidade intelectual que até então tinha uma linguagem comum. Os protestantes tiveram papel decisivo nessa alteração, pois julgavam que a Bíblia deveria ser lida e estudada por todos no idioma que dominassem.

Por fim, houve um verdadeiro ataque contra a Companhia de Jesus, que despontou em França com o manual Escobar. O assalto foi liderado por um grupo de cripto-calvinistas influentes dentro da Igreja Católica francesa, que desfecharam forte ataque sobre o que diziam ser a "suposta frouxidão moral da Ordem dos Jesuítas". Essa guerra aos jesuítas e sobre sua devoção à razão e à liberdade da vontade tinha começado na Bélgica e foi acelerada no final do século XVI por Michael Baius (1513-1589), chanceler da grande Universidade de Louvain. O *baianismo* atacou Leonardo Léssio e os jesuítas que lecionavam em faculdades. No início do século XVII, dois discípulos de Baius, ex-alunos dos jesuítas, tomaram a defesa de sua causa, sendo o mais importante Cornelius Jansen (1585-1638), fundador do movimento neocalvinista jansenista, que se tornou extremamente poderoso na França. Jansen, como muitos teólogos protestantes, instou abertamente a volta à pureza moral de Santo Agostinho e das doutrinas cristãs dos séculos IV e V.

O filósofo e matemático francês Blaise Pascal assumiu a causa jansenista com um ataque aos jesuítas, particularmente Escobar, por seu suposto fracasso moral em ser condescendente com a usura. Pascal ainda inventou um novo termo popular, *escobarderie*, com o qual denunciou a disciplina importante da casuística como sendo evasiva e repleta de tergiversações. Outra vítima da caneta venenosa de Pascal foi o austero jesuíta francês Etienne Bauny (1564-1649) que, em *Somme des Pechez* (1639), estendeu o enfraquecimento da proibição da usura, indo longe demais, segundo Pascal, para justificar taxas de juros superiores à taxa máxima permitida por decreto real, com o argumento de que "os devedores as aceitaram voluntariamente". Embora os jansenistas tenham sido condenados pelo Papa, a agitação indecente de Pascal contra os jesuítas produziu um efeito considerável para ajudar a acabar com a primazia do pensamento escolástico, pelo menos na França.

Em suma, a visão de mundo humanista sofreu diversos ataques, vindos de vários *fronts*, e um dos muitos efeitos perversos dessas críticas foi o que denomino de "desumanização" da Economia e das demais ciências da ação humana, fenômeno que foi aguçado na primeira metade do século XIX com o advento do positivismo de Auguste Comte. Um estrago quase que irreparável e que a Escola Austríaca até hoje tenta neutralizar.

## 8 - Conclusões

Podemos extrair conclusões gerais a partir de nosso estudo da teoria econômica da Escola de Salamanca. A principal é que algumas das principais ideias da teoria econômica moderna têm uma história mais longa do que muitas vezes se supõe. Creio que o leitor que tenha despendido tempo para estudar aqueles antigos tratados não pode deixar de ficar impressionado com a grande medida de acordo sobre os problemas fundamentais da teoria econômica, que uniram os homens de todos os países e períodos, vivendo em vários sistemas religiosos, culturais, sociais e econômicos. Marjorie Grice-Hutchinson, a esse respeito, cita Alfred Marshall.

*As novas doutrinas têm complementado o velho: o estenderam, desenvolveram, e às vezes o corrigiram, e muitas vezes lhes deram um tom diferente ou uma nova distribuição de ênfase, mas muito raramente o subverteram[41].*

Muitas vezes somos advertidos contra o pecado de desejarmos ler nossas próprias ideias em trabalhos de escritores mais velhos. Muitas vezes, de fato, a literatura econômica antiga agora parece remota sob o ângulo de nossas próprias formas de pensamento e por isso não nos desperta muito interesse. Com isso, a história das doutrinas econômicas passa a ser considerada como um luxo, como algo supérfluo, já que os refinamentos – especialmente os modelos matemáticos com sua elegância formal – da teoria moderna deixam menos tempo para isso. Os economistas nos últimos 120 anos vêm apresentando uma lamentável tendência de desprezar os autores do passado e isso vem se acelerando a partir da segunda metade do século XX, quando as técnicas econométricas se desenvolveram rapidamente e os computadores foram popularizados.

Com isso, infelizmente, a Economia, uma ciência que lida claramente com a ação humana no processo de mercado em condições de incerteza genuína passou a receber tratamento semelhante ao de uma ciência exata. Um desastre. Desumanizaram algo que é humano, sob o pretexto de estarem produzindo "ciência".

Mas há certos eventos na história do pensamento econômico que são familiares para a maioria dos estudantes. Sabemos, por exemplo, que a Saxônia foi o cenário de uma controvérsia monetária famosa no século XVI, que a Itália foi o país com a melhor teoria monetária e a pior política monetária no século XVII, que os fisiocratas inventaram um esquema elaborado chamado de *Tableau Économique*, e que os britânicos sentem orgulho de Adam Smith, David Ricardo, John Stuart Mill e Alfred Marshall, entre outros.

---

[41] Idem, *Ibidem.* p. 165-66.

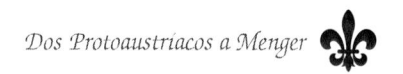

No entanto, a literatura econômica pós-escolástica, particularmente dos séculos XVII e XVIII, em Espanha, Portugal e na Itália, é tão extensa e interessante que exige que lhe façamos justiça. É uma tarefa, sem dúvida, que temos que cumprir se quisermos de fato reumanizar a Ciência Econômica.

Depois de tudo o que foi abordado neste capítulo sobre as ideias econômicas dos escolásticos tardios, desejo apenas enfatizar que suas doutrinas econômicas eram compatíveis com a da Escola Austríaca; e, segundo, reforçar – já que demonstrá-lo demandaria substancial pesquisa adicional – que suas ideias influenciaram importantíssimos pensadores não escolásticos, como Turgot, Galeani, Condilac, Say, Bastiat, Molinari, Rocher e, por fim, Carl Menger.

Espero que tenha ficado claro que foi no ambiente da Escolástica Tardia que se produziram muitas importantes concepções do jusnaturalismo e da ideia de Direito Internacional, além dos tratados de Economia que viriam a influenciar a escola marginalista e o liberalismo da Escola Austríaca nos séculos XIX e XX.

Por isso, posso encerrar com as palavras de meu amigo Alejandro A. Chafuen que, na conclusão de seu famoso livro *Economia y Etica: Raices Cristianas de La Economia de Libre Mercado,* escreve:

> *Es imposible probar que todos lós escritos de la escolástica tardia favorecían el libre mercado. Tampoco podemos concluir diciendo que para ser um buen Cristiano hay que creer em la economia libre. El hecho de que gente santa defienda uma cierta teoria no es garantia de certeza. El análisis de lós escritos de estos autores sugiere que lós economistas modernos defensores de la libertad econômica tienen para com ellos uma deuda mayor de la que se imaginan. Lo mismo podemos decir de la sociedad libre.*[42]

---

[42] CHAFUEN, Alejandro. *Economia y Etica: Raices Cristianas de La Economia de Libre Mercado.* Madri: Rialp, 1991. p. 201.

E as últimas palavras de sua conclusão são:

*La propriedad privada está fundamentada em la libertad humana, que a su vez se desprende de la naturaleza humana que, como toda naturaleza, es creada por Dios. La propriedad privada es um prerrequisito esencial para El respeto de las libertades econômicas. La misma seguirá siendo amenazada desde vários frentes y su defensa dependerá de uma nueva generación de escolásticos, hombres de buena formación em El campo de la filosofía moral y de las ciências sociales*[43].

O que posso acrescentar a essas palavras de Alex Chafuen, a não ser um "é verdade", repleto de esperança nos jovens que cada vez se interessam mais pela Escola Austríaca, a mais condizente com os valores da ética e da liberdade individual dentre todas as escolas de pensamento econômico?

É verdade, Alex! Como escreveu São Paulo aos *Coríntios* (II Cor 3,17): *Ubi autem Spiritus Domini, ibi libertas*. Esta frase do *apóstolo dos gentios*, que escolhi como lema para minha página na Internet, significa que onde estiver o Espírito do Senhor, aí estará também a liberdade.

## 9 - Referências Bibliográficas

BALDWIN, John W. *The Medieval Theories of the Just Price: Romanists, Canonists, and Theologians in the Twelfth and Thirteenth Centuries.* Philadelphia: The American Philosophical Society, 1959.

CALZADA, Gabriel. *Las Orígines de la Escuela Austriaca.* Palestra proferida em 24 de janeiro de 2008 na Universidade Francisco Marroquin. Disponível em: <http://www.newmedia.ufm.edu>

---

[43] Idem, *Ibidem*. p. 202. Grifo meu.

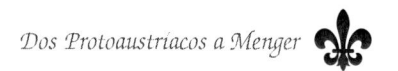

CATHARINO, Alex. *A Filosofia Moral e a Teoria Política de Santo Tomás de Aquino*. Rio de Janeiro: Centro Interdisciplinar de Ética e Economia Personalista (CIEEP). Apostila de aula ministrada em 2007.

CHAFUEN, Alejandro A. *Economia y Etica: Raices Cristianas de la Economia de Libre Mercado*. Madrid: Rialp, 1991.

CHAFUEN, Alejandro A. "O Pensamento Econômico de Juan de Mariana". Trad. Márcia Xavier de Brito. *MISES: Revista Insterdisciplinar de Filosofia, Direito e Economia*. Volume II, Número 1 (Edição 3, Janeiro-Junho 2014): 155-61.

DE SOTO, Jesus Huerta. *A Escola Austríaca*. São Paulo: Instituto Ludwig von Mises Brasil, 2ª ed., 2010. Cap. 3.

GRICE-HUTCHINSON, Marjorie. *The School of Salamanca: Readings in Spanish Monetary Theory, 1544-1605*. London: Oxford at Clarendon Press, 1952.

HOLCOMBE, Randall G. *The Great Austrian Economists*. Ludwig von Mises Institute, 1999.

IORIO, Ubiratan Jorge. *Economia e Liberdade: A Escola Austríaca e a Economia Brasileira*. Rio de Janeiro: Forense Universitária, 2ª ed., 1997.

JUAN DE MARIANA. "Tratado sobre a Alteração da Moeda – Parte I". Trad. Luiz Astorga. *MISES: Revista Insterdisciplinar de Filosofia, Direito e Economia*. Volume II, Número 1 (Edição 3, Janeiro-Junho 2014): 163-81.

JUAN DE MARIANA. "Tratado sobre a Alteração da Moeda – Parte II". Trad. Luiz Astorga. *MISES: Revista Insterdisciplinar de Filosofia, Direito e Economia*. Volume II, Número 2 (Edição 3, Junho-Dezembro 2014): 459-78.

LAURES, John, S.J. *The Political Economy of Juan de Mariana*, New York: Fordham University Press, 1928. Disponível em: <www.mises.org>

ROTHBARD, Murray N. *An Austrian Perspective on the History of Economic Thought – Volume I: Economic Thought Before Adam Smith*. Auburn: Ludwig von Mises Institute, 2006.

SANTOS, Renan. *Escolástica: A Filosofia Durante a Idade Média*. Disponível em: http://educacao.uol.com.br/disciplinas/filosofia/escolastica-a-filosofia-durante-a-idade-media.htm

# 10 - Apêndice

## Quadro Cronológico da Idade Média

| Civilização Medieval Ocidental | Filosofia Cristã |
|---|---|
| Últimas conquistas territoriais romanas (101-107 / 105-106 / 114-117) | São Justino de Cesaréia, o Mártir (100-165) |
| Perseguição de Marco Aurélio aos cristãos de Lião (177) | Santo Irineu de Lião (140-202) |
| Édito de Sétimo Severo contra o proselitismo cristão (202) | São Clemente de Alexandria (150-215) |
| Perseguição de Décio aos cristãos (250) | Tertuliano (155-230) |
| Perseguição de Valeriano aos cristãos (257-258) | Orígenes (185-254) |
| Perseguição de Diocleciano aos cristãos (303-305) | Lactâncio (240-320) |
| Édito de Galério concede clemência aos cristãos (311) | |
| Édito de Milão concede liberdade de culto aos Cristãos (313) | Eusébio de Cesaréia (260-340) |
| Concílio de Nicéia I (325) | |
| Fundação de Constantinopla (330) | São Gregório Nazienzo (330-390) |
| Godos atravessam o Danúbio (376) | São Basílio Magno (331-379) |
| Cristianismo proclamado a religião oficial do Império Romano (380) | São Gregório de Nissa (335-394) |
| Concílio de Constantinopla I (381) | Santo Ambrosio de Milão (339-397) |
| Proibição estatal dos cultos pagãos (392) | São João Crisóstomo (349-407) |
| Divisão definitiva do Império Romano entre Ocidente e Oriente (395) | Santo Agostinho de Hipona (356-430) |
| Invasão de Roma pelos Visigodos (410) | Paulo Orósio (385-420) |
| Concílio de Éfeso (431) | |
| Concílio de Calcedônia (451) | Papa São Leão I Magno (†461) |
| Fim do Império Romano do Ocidente (476) | |
| Proclamação da Teoria dos dois Gládios pelo Papa São Gelásio (494) | Papa São Gelásio I (†496) |

| | |
|---|---|
| Conversão ao cristianismo de Clóvis, rei dos francos (496) | Severino Boécio (480-524) |
| Concílio Constantinopla II (533) | |
| São Bento aprova a Regra Beneditina (534) | Papa São Agapeto I (†536) |
| Belisário reconquista Roma (536) | Imperador Justiniano (482-565) |
| Inicio das missões irlandesas ao Continente (560) | Papa São Gregório Magno (540-604) |
| Maomé vai de Meca a Medina, iniciando a Hégira (622) | Santo Isidoro de Sevilha (560-636) |
| Concílio de Constantinopla III (680-681) | |
| Os muçulmanos conquistam a Península Ibérica (711) | |
| Carlos Martel vence os Sarracenos na Batalha de Poitiers (732) | Beda, o venerável (674-735) |
| Grande Peste (742-743) | São João de Damasco (670-750) |
| Papa Estevão II sagra Pepino, o breve como rei dos francos (754) | |
| Formação dos Estados Pontifícios (754-756) | |
| Carlos Magno é coroado rei da Itália (774) | |
| Concílio de Nicéia II (787) | |
| Início do Renascimento Carolíngio (790) | Alcuíno de York (730-804) |
| Coroação de Carlos Magno como imperador do Sacro Império (800) | Jonas de Orléans (780-843) |
| Concílio de Constantinopla IV (869-870) | Sedulius Scottus (fl. 840-860) |
| Grande Fome no Ocidente (873-874) | João Escoto Eriúgena (810-877) |
| Estabelecimento da Ordem de Cluny (909) | |
| Grande Fome no Ocidente (941-942) | |
| Coroação de Oto I, o grande como imperador do Sacro Império (962) | |
| Grande Fome no Ocidente (1005-1006) | |
| Início da Escola de Medicina de Salermo (1010) | |
| Guido d'Arezzo inventa uma nova notação musical (1020) | |
| Concílio de Arras (1025) | |
| Início da Arte Românica (1030-1080) | Papa São Gregório VII (1030-1185) |

107

| | |
|---|---|
| Grande Fome no Ocidente (1043-1045) | |
| Sínodo de Sutri inicia reformas na Igreja Católica (1046) | |
| Cisma definitivo entre a Igreja Católica e as igrejas orientais (1054) | |
| Inicio do processo de eleição do Papa pelos Cardeais (1059) | |
| Invasão da Inglaterra pelos Normandos (1066) | |
| Estabelecimento da Ordem da Grande Cartuxa (1084) | Santo Anselmo de Aosta (1033-1109) |
| Cristãos reconquistam Toledo (1085) | |
| Fundação da Universidade de Bolonha (1088) | |
| Papa Urbano II prega a Primeira Cruzada (1095) | |
| Fundação da Universidade de Oxford (1096) | |
| Cruzados tomam Edessa (1097), Antioquia (1098) e Jerusalém (1099) | |
| Estabelecimento da Ordem Cisterciense (1098) | Bernardo de Chartres (†1125) |
| Concílio de Latrão I (1123) | Pedro Abelardo (1079-1142) |
| Grande Fome no Ocidente (1124-1126) | Honório Augustodunensis (1080-1156) |
| Concílio de Latrão II (1139) | Hugo de São Vítor (1096-1141) |
| Cristãos reconquistam Lisboa e criam o Reino de Portugal (1139) | São Bernardo de Clairavaux (1090-1153) |
| São Bernardo exorta a Segunda Cruzada (1147-1149) | Pedro Lombardo (1100-1160) |
| São Thomas Becket (1118-1170) assassinado a mando de Henrique II | John de Salisbury (1120-1180) |
| Fundação da Universidade de Paris (1170) | |
| Inicio do movimento herético dos valdenses (1173) | Joaquim de Fiore (1130-1202) |
| Fundação da Universidade de Modena (1175) | |
| Concílio de Latrão III (1179) | Rufino, o canonista (1150-1191) |
| Organização da Inquisição (1184-1229) | |
| Saladino reconquista Jerusalém (1187) | |
| Terceira Cruzada (1189-1192) | |

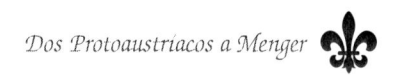

| | |
|---|---|
| Grande Fome no Ocidente (1196-1197) | |
| Quarta Cruzada (1202-1204) | |
| Estabelecimento da Ordem dos Franciscanos (1209) | |
| Fundação da Universidade de Cambridge (1209) | Alexandre de Hales (1185-1245) |
| Concílio de Latrão IV (1215) | |
| Assinatura da Magna Carta (1215) | |
| Estabelecimento da Ordem dos Dominicanos (1216) | |
| Quinta Cruzada (1217-1219) | |
| Fundação da Universidade de Salamanca (1218) | Roberto de Grosseteste (1175-1253) |
| Fundação da Universidade de Montpellier (1220) | |
| Fundação da Universidade de Pádua (1222) | |
| Fundação da Universidade de Nápoles (1224) | |
| Grande Fome no Ocidente (1224-1226) | |
| Sexta Cruzada (1228-1229) | |
| Fundação da Universidade de Toulose (1229) | |
| Fundação da Universidade de Siena (1240) | Santo Alberto Magno (1193-1280) |
| Fundação da Universidade de Valladolid (1241) | |
| Os cristãos perdem definitivamente o domínio sob Jerusalém (1244) | |
| Concílio de Lião I (1245) | |
| Sétima Cruzada (1248-1250) | Nikephoros Blemmydes (1197-1272) |
| Papa Inocêncio IV autoriza a Inquisição utilizar tortura (1252) | Roger Bacon (1214-1292) |
| Oitava Cruzada (1270) | São Boaventura (1221-1274) |
| Fundação da Universidade de Múrcia (1272) | Santo Tomás de Aquino (1225-1274) |
| Concílio de Lião II (1274) | Siger de Brabante (1240-1284) |
| Fundação da Universidade de Coimbra (1290) | Pierre Jean Olivi (1248-1298) |
| Os judeus são expulsos da Inglaterra (1290) | Raimundo Lúlio (1235-1316) |
| Fundação da Universidade Complutense de Madri (1293) | João Quidort (1250-1306) |
| Fundação da Universidade de Lérida (1300) | James de Viterbo (†1308) |

| | |
|---|---|
| Fundação da Universidade de Roma (1303) | Egídio Romano (1243-1316) |
| Os judeus são expulsos da França (1306) | Johannes Duns Escoto (1266-1308) |
| Papado em Avignon (1309-1377) | |
| Concílio de Viena (1311-1312) | Dante Alighieri (1265-1321) |
| Grande Fome no Ocidente (1315-1317) | |
| Fundação da Universidade de Florença (1321) | Marsílio de Pádua (1275-1342) |
| Guerra dos Cem Anos entre Inglaterra e França (1337-1453) | |
| Fundação da Universidade de Pisa (1343) | Guilherme de Ockham (1280-1349) |
| Falência dos grandes bancos florentinos (1343-1346) | |
| Fundação da Universidade de Praga (1348) | Jean Buridan (1300-1358) |
| Peste Negra (1348-1350) | |
| Fundação da Universidade de Pavia (1361) | |
| Fundação da Universidade Jagelônica (1364) | |
| Fundação da Universidade de Viena (1365) | John Wyclif (1330-1384) |
| Fundação da Universidade de Pécs (1367) | |
| Grande Cisma do Ocidente (1378-1417) | Nicolas Cabasilas (1322-1392) |
| Fundação da Universidade de Heildelberg (1386) | |
| Fundação da Universidade de Colônia (1388) | Santa Catarina de Siena (1347-1380) |
| Fundação da Universidade de Ferrara (1391) | |
| Fundação da Universidade de Würzburg (1402) | São Vicente Ferrer (1350-1419) |
| Fundação da Universidade de Leipzig (1409) | |
| Fundação da Universidade de St. Andrews (1412) | Jean Gerson (1363-1429) |
| Concílio de Constança (1414-1418) | |
| Fundação da Universidade de Rostok (1419) | Johanes Nider (1380-1438) |
| Fundação da Universidade de Louvain (1425) | |
| Fundação da Universidade de Poitiers (1431) | São Bernardino de Siena (1380-1444) |
| Concílio de Basiléia-Ferrara-Florença (1431-1432) | |
| Fundação da Universidade de Catânia (1434) | Frei João de Torquemada (1388-1469) |

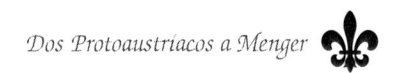

| | |
|---|---|
| Fundação da Universidade de Glasgow (1451) | |
| Muçulmanos conquistam Constantinopla (1453) | São Bernardino de Florença (1389-1459) |
| Fundação da Universidade de Greifswald (1456) | |
| Fundação da Universidade de Freiburg (1457) | Cardeal Nicolau de Cusa (1401-1464) |
| Fundação da Universidade de Basiléia (1460) | John Fortescue (1395-1477) |
| Fundação da Universidade de Uppsala (1477) | |
| Fundação da Universidade de Tübingen (1477) | Pedro de Córdoba (1460-1525) |
| Fundação da Universidade de Copenhague (1479) | Cardeal Cajetano (1468-1534) |
| Descoberta da América (1492) | |
| Fundação da Universidade de Aberdeen (1494) | Francisco de Vitória (1483-1546) |
| Fundação da Universidade de San Tiago de Compostela (1495) | Batolomeu de Las Casas (1474-1566) |
| Concílio de Latrão V (1512-1517) | |
| Reforma Luterana (1517) | |
| Ato de Supremacia: Criação da Igreja Anglicana (1534) | Santo Thomas More (1478-1535) |
| Fundação da Universidade de Santo Domingo (1538) | Mártin de Azpicueta Navarro (1493-1586) |
| Concílio de Trento (1545-1563) | Domingo de Soto (1495-1560) |
| Fundação da Universidade do México (1551) | Tomás de Mercado (1500-1575) |
| Fundação da Universidade de San Marcos (1551) | Domingos Báñez de Mondragon (1528-1604) |
| Tratado de Paz de Augsburgo (1555) | Luis de Molina (1535-1600) |
| Muçulmanos derrotados na Batalha de Lepanto (1571) | Juan de Mariana (1535-1624) |

\* **Fonte:** Quadro elaborado por Alex Catharino para o II Ciclo sobre Pensamento Ético, Político e Econômico. Módulo I: Antiguidade e Idade Média, do CIEEP, no Mosteiro de São Bento do Rio de Janeiro em 2007.

# Capítulo II
# Sallustio Bandini (1677-1760)

## 1 - Introdução

Na Piazza Salimbeni, na cidade italiana de Sena, região da Toscana, há uma imponente estátua de Sallustio Antonio Bandini. Quem foi ele? Apenas um religioso interessado em economia e administração? Fundador da Biblioteca Comunale, de Sena? Só um aristocrata, dentre tantos outros, da sociedade senesa? E na teoria econômica, um protoaustríaco ou, se tanto, um fisiocrata? Em que medida? Qual a sua contribuição para a ciência econômica, para a política, o direito e a moral? Por que Bandini permanece ignorado até hoje fora de seu país (e mesmo, podemos dizer, lá), fato que nos levou a encontrar grande dificuldade para preencher a estrutura deste capítulo? E por que, dentre os economistas austríacos conhecidos, apenas Carl Menger fez referência – elogiosa – a ele, em uma nota rodapé do oitavo capítulo de seu *Principles*, dedicado à moeda?

Este capítulo procurará responder a essas perguntas e, ao mesmo tempo, ao respondê-las, apresentar um importante economista do século XVII que, infelizmente, permanece quase que absolutamente desconhecido pelos economistas.

Para Beccarini-Crescenzi, em uma velha biografia publicada na Itália em 1877, Sallustio Antonio Bandini, natural de Sena, começou a vida optando pela carreira militar, mas depois resolveu retirar-se para o campo, trabalhar na agricultura e dedicar-se aos estudos. Aos 28 anos, em 1705, tomou as ordens sagradas e se tornou arquidiácono em 1723. Foi presidente da Accademia dei Fisiocritici [Academia dos Fisiocratas] e também se dedicou à literatura e pronunciou vários discursos na Accademia degli Intronati. Em 1737, escreveu seu famoso *Discorso economico sulla Maremma Senense*. A Maremma é uma grande região geográfica que inclui a Toscana e o Lazio, e com saída para o mar Tirreno e o Mar da Ligúria. Seu *Discorso*, oferecido em manuscrito a Francesco III (1698-1780), o Grão-Duque da Toscana, em 1739, foi impresso apenas em 1775 em Florença e depois reeditado pela Custodi, em Milão, em 1803, em sua coleção *Economisti classici italiani*, no primeiro capítulo da parte dedicada aos economistas modernos.

O texto mais completo sobre Bandini é o de Mario Mirri, publicado no *Dizionario Biografico degli Italiani*, em 1963, na língua de Dante Alighieri (1265-1321). Os demais que podem ser encontrados na Internet são um tanto superficiais, a não ser, obviamente, o próprio *Discorso economico sulla maremma Sanese*, de Bandini. Este capítulo nada mais é do que um *survey*, uma visão panorâmica que não se pretende exaustiva, do texto de Mirri que, por sua vez, também é um resumo de outros trabalhos (sem que por isso deixe de ser muito bom) e do *Discurso* de Bandini, com alguns acréscimos de outros autores.

Território muito extenso, declinante para o mar ao longo das últimas colinas ao sul, mas muito pouco povoada, a Maremma tinha passado por um forte processo de declínio econômico e de degradação física: córregos e rios muitas vezes invadiam as terras ao redor, formando áreas de águas paradas e podres, enquanto, à medida que a geografia descia em direção ao mar, os pântanos iam se tornando mais extensos.

Dividido em muitas grandes propriedades que pertenciam a famílias da aristocracia senense, a entidades religiosas, instituições de obras de caridade, comunitárias e governamentais, era administrada de acordo com um costume antigo, com recursos da *fida* e *dos terratici*. A primeira era uma prestação paga pelos pecuaristas, principalmente por pastores, para que pudessem conduzir seus rebanhos naquelas pastagens naturais, antes que o calor e as doenças os atacassem impiedosamente. E os *terratiio* eram pequenas taxas proporcionais à quantidade de grãos semeados, pagos pelos agricultores que cultivavam trigo utilizando mão de obra dos *caporali* (algo como trabalhadores informais, que ganhavam salários mais baixos) nas zonas montanhosas e mais distantes da Toscana, trabalhando na semeadura no outono e na colheita durante o verão.

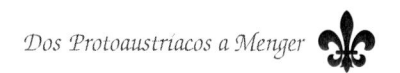

Pastores e trabalhadores agrícolas, naquelas terras desabitadas, abandonadas e sempre ameaçadas pelas doenças produzidas pelas águas pantanosas, frequentemente adoeciam e muitos morriam, mesmo depois de voltarem a suas casas nas montanhas. Os fazendeiros poderiam obter bons preços para seus grãos, ou vendendo-os no local ou a mercadores estrangeiros que chegassem às praias da Maremma. Os proprietários – ou seja, a maioria da aristocracia de Siena –, com os rendimentos a partir dos *fide* e *terratici*, viviam fora da competição que se dava em suas terras, entre agricultores, pastores e, principalmente, fazendeiros.

Naquele famoso ensaio, Bandini observou a utilidade para o grão-ducado de uma recuperação da Maremma senesa, mas percebeu o fracasso da empreitada das obras que propunha caso não fossem removidos os obstáculos morais e econômicos da região. Assim, argumentou que quanto mais simples e em pouco número fossem as regulamentações do Estado, mais úteis seriam as leis econômicas naturais e, portanto, maior o desenvolvimento da economia; que deveriam ser abolidos os impostos opressivos e as regulamentações governamentais sobre os preços; que a falta de liberdade no comércio e na indústria causava fome; que rapidez e facilidade de comércio, e não a abundância de dinheiro, é que são os fatores da riqueza de um povo; que um único imposto seria mais fácil de aplicar e custaria menos do que muitos; e que esse único imposto deveria ser cobrado sobre a terra.

Suas máximas, negligenciadas por Francesco III, inspiraram mais tarde a política do grão-duque Pietro Leopoldo (1747-1792) da Toscânia, o futuro Leopoldo II, e a situação econômica da Maremma veio a ser parcialmente solucionada, depois que o Grão-Duque encaminhou um relatório favorável às propostas de Bandini ao matemático Leonardo Ximenes (1716-1786), determinando a este que estudasse os problemas hidrostáticos característicos daquela área senesa – a Maremma, como escrevemos linhas atrás, é uma área pantanosa, localizada ao longo da costa, onde as águas não podem descer até o mar porque grande parte das praias fica bem afastada; praias fechadas por penhascos e de marés não regulares.

Leopoldo II merece ser citado como um exemplo claro de "governante esclarecido", um reformador, e suas reformas distinguiram-se por seus efeitos práticos: em sua obra de reforma, aproveitou funcionários importantes e começou a política liberal proposta por Bandini, fazendo publicar seu *Discorso* e promovendo a sanitarização das zonas pantanosas da Maremma e Val di Chiana e promovendo o desenvolvimento da *Academia de Georgofili*; introduziu a liberdade no comércio de grãos, removendo as restrições seculares que bloqueavam as culturas de cereais; e promoveu, depois de tantos séculos, a liquidação das *guildas* (asssociações de origem medieval que, em certos países europeus, agrupavam indivíduos com interesses comuns, tais como mercadores, artesãos e artistas, com o objetivo de proporcionar assistência e proteção a seus membros), o principal obstáculo ao desenvolvimento econômico e social da atividade industrial. Resumindo, um sindicalismo ou pré-sindicalismo.

Em seguida, introduziu a nova tarifa aduaneira de 1781, que abolia diversas interdições, foram substituídas por tarifas protecionistas, porém estabelecidas em níveis muito baixos em comparação com aqueles até então em vigor. A reforma do sistema fiscal, aliás, foi realizada por Pietro Leopoldo desde os primeiros anos de seu reinado e 1769 foi abolido o *appalto generale*, contrato geral em que uma das partes (o *appalpatore* ou contratante) assume, com a organização dos meios de gestão necessários e ao seu próprio risco, a obrigação de cumprir, a favor de outra pessoa (o *committente* ou *appaltante* diretor ou contratação), determinada obra ou serviço – e começou a coletar impostos diretos. Mostrou-se, porém, em dúvida entre a) a política de Angelo Tavanti (1714-1782), que até 1782, mediante o *catasto edilizio* (um registro de imóveis, formado por um conjunto de documentos, mapas e atas que descrevem o imóvel, indicando os locais e limites, nomes dos proprietários e rendas), a partir do qual eram calculados as taxas e impostos pela Conservatória do Registo Predial, o qual, após a morte de Tavanti, em 1782, pretendia tirar a propriedade da terra como base de medida de tributação, e b) a de Francesco Maria Gianni (1728-1821), seu maior colaborador a partir daquele momento, que consistia em um plano para eliminar a dívida pública através da venda dos direitos fiscais que o Estado tinha detinha sobre a terra de seus súditos.

Porém, a reforma mais importante introduzida por Pietro Leopoldo foi a abolição dos últimos retalhos medievais legais: em uma só penada aboliu o *crime de lesa-majestade*, o confisco de bens, a tortura e, mais importante, a pena de morte, mediante a aprovação de um novo Código Penal em 1786 (que ficou conhecido como a Reforma Criminal Toscana ou Leopoldina). A Toscana foi, então, o primeiro Estado do mundo que adotou os princípios de Cesare Beccaria (1738-1794), o mais importante jurista iluminista italiano, que em sua famosa obra *Dei Delitti e delle pene* [*Dos Delitos e das Penas*], de 1764, invocou precisamente a abolição da pena capital.

Feita essa pequena digressão ilustrativa, voltemos a Bandini. A posição social que alcançou, portanto, fez com que ele passasse a ser convidado a participar dos problemas da aristocracia de Siena e a aceitar, também, as obrigações e deveres de sua condição. Imediatamente após sua formatura, teve oportunidade de viajar a Roma e Mântua, chamado a atuar juridicamente em difíceis processos de heranças, comuns naquela época. Adquiriu, portanto, um grande sentido prático, e possuía a qualidade de saber usá-lo em equilíbrio com seus conhecimentos, o que o fez ganhar fama como organizador e administrador de propriedades. Como membro da Igreja, combinou em sua vida o profundo sentimento de caridade com o espírito de sensibilidade prático, organizacional e cultural, em uma perspectiva bastante moderna para a sua época.

Arquidiácono, amigo, colaborador e conselheiro do arcebispo, Bandini alcançou uma posição de realce no mundo eclesiástico de Sena. Era membro de uma família influente e relacionado com a melhor aristocracia local e, como tal, não podia deixar de dar atenção aos problemas gerais de Sena que, por ambos os lados – como religioso e economista – o tocavam. A chegada a Sena, em 1717, de Violante Beatrice da Baviera (1673-1731) deu um pouco de esperança para aqueles que permaneceram fiéis à tradição "republicana" e desejavam dotar Sena, pelo menos, de uma maior autonomia política e administrativa. Grande parte do mundo das grandes famílias de Sena foi consolado; o pai e a mãe de Bandini foram empregados na corte de Violante Beatrice (1673-1731) e ele próprio colaborou com aquele novo experimento administrativo, talvez esperando pela aceitação das propostas que já tinham sido levantadas em *Magistrato dell'Abbondanza* [Magistrado da Abundância], favoráveis a substituir os funcionários demasiado impessoais da aristocracia local.

Mostrou sempre amor claro pelo conhecimento e grande interesse de seguir, com sensibilidade e cuidado, o movimento intelectual contemporâneo. Quando, como um canônico, queria que fosse organizado o arquivo, salvando-o da dispersão e impedindo a destruição de antigos códigos e manuscritos espalhados por toda a cidade, levou em conta os ensinamentos do amigo Benvoglienti, que o inspirou em relação ao respeito aos monumentos antigos e incentivou seu interesse na pesquisa histórica erudita. Na constituição de uma biblioteca pessoal muito bem equipada, em que gastou recursos de sua prebenda de arquidiácono, com cuidados na pesquisa e na compra de livros, expressou claramente o seu desejo de oferecer a todos uma informação cultural ampla e aberta, que fosse da história eclesiástica à erudição histórica e antiga, mas também a textos importantes da filosofia moderna, trabalhos científicos de geometria, matemática e física – com textos da tradição de Galileu Galilei (1564-1642) a Isaac Newton (1643-1727) –, aos principais volumes do jusnaturalismo e das relações entre a Igreja e o Estado, aos mais recentes contributos para as ciências humanas e os direitos civis, especialmente os econômicos, com livros de John Locke, Ferdinando Galiani e Pierre Le Pesant de Boisguilbert (1646-1714).

Convencido da utilidade da difusão e da colaboração das instituições culturais modernas, Bandini comprometeu-se a promover a retomada da investigação científica e a criação de um ambiente de discussão e de troca de idéias, manifestando desejo de reconstituir a Accademia dei Fisiocritici, inativa há, pelo menos, vinte anos. E quando, enfim, foi reaberta, em 1759, sendo ele já então um octogenário, aceitou o convite do príncipe e pronunciou dois discursos em que tentou usar a linguagem mais atualizada possível, em um ambiente onde os alunos mais jovens e colaboradores então se ressentiam claramente do conhecimento das características mais gerais do Iluminismo.

## 2 - Biografia de Bandini

De acordo com Mario Mirri, em sua apresentação da vida de Sallustio Bandini em seu *Dizionario Biografico degli Italiani*[44], na qual baseio-me quase integralmente para a composição desta seção biográfica, Sallustio, o terceiro filho de Patrizio e Catherine Piccolomini, nasceu em Sena, no dia 19 de abril de 1677. Os Bandini eram os senhores de Castiglioncello, originários de Massa Marittima e possuíam muitos bens nas encostas do Monte Amiata. Foram admitidos na ordem de Sena já em 1300 e, no século XVI, a família teria sido extinta – pois os filhos de Mario Bandini (1500-1558) não tiveram herdeiros do sexo masculino –, caso o Arcebispo Francesco Bandini Piccolomini (1500-1588), irmão de Mario, não tivesse adotado, deixando-lhe todos os bens, Fedro Bardi, filho de Berenice, a esposa de Alfonso Bardi e filha de Mario.

É pertinente observar que essa decisão da adoção de Fedro Bardi e a continuação do sobrenome Bandini, atravessando gerações

---

[44] MIRRI, Mario. "BANDINI, Sallustio Antonio". In: *Dizionario Biografico degli Italiani* – *Volume 5* (1963). Disponível em: <http://www.treccani.it/enciclopedia/sallustio-antonio-bandini_(Dizionario-Biografico)/>.

até chegar a Sallustio, foi ligada a momentos centrais da República de Sena: foi conferida à família Bandini, nos anos 500, a *Ordine del Monte del Popolo*. Mario Bandini tinha sido "chefe da facção popular" e "capitão do povo", e o arcebispo havia participado com destaque da luta política interna senesa e da defesa vigorosa da República de Sena contra Cosimo I (1519-1574) e Carlos V (1500-1558). Francesco Bandini Piccolomini, que se refugiou em Roma depois de ver morrer nos próprios braços seu irmão Mario em Montalcino, talvez tivesse a intenção de confiar a Fedro a tarefa de perpetuar não apenas o sobrenome de família, mas também a sua tradição de ataques à "liberalidade" republicana em Sena.

Sallustio conhecia esta tradição de sua família; difícil dizer o que pensou quando, em seus últimos anos, legou por *fedecommesso* (disposição testamentária) Bardi como seu descendente. Claro que, em parte, por conexão com a aristocracia "republicana" da Sena tradicional, Sallustio formulou, em várias ocasiões, um programa de autonomia administrativa, defendendo que, contra os funcionários grão--ducais estranhos ao Estado senense e forçosamente incompetentes, havia a necessidade de a cidade recorrer aos serviços de magistrados de seu território e de representantes das grandes famílias locais.

Bandini era também aparentado, pelo lado materno, com Piccolomini, que era, por sinal, o aristocrata mais influente de Sena. Seu tio Mario Piccolomini foi capaz de ter alguma influência em seu desenvolvimento intelectual pela notoriedade que tinha adquirido como erudito, porém muito mais importante foi a influência que recebeu de outro tio, o cavaleiro Francesco Piccolomini, a quem era bastante ligado e que também tinha alcançado uma posição política proeminente.

Sabemos pouco a respeito de sua primeira educação, formação e maturação intelectual. Sabemos, isso sim, que Sallustio viveu em um período caracterizado pelo aumento da propagação das idéias dos "modernos" e do novo espírito científico, através da predominância de estudos tradicionais e eruditos por um lado, e o estudo jurídico com base no jusnaturalismo de outro, até as controvérsias religiosas e a ascensão final de uma orientação cultural do tipo iluminista. Pelas leis da primogenitura, Sallustio teria sido excluído da sucessão da maioria dos bens de seu pai; foi, portanto – podemos imaginar – difícil decidir que tipo de educação seria adequado para ele e realizar a melhor ecolha profissional.

Depois de receber dos jesuítas sua educação básica e de ter sido enviado para o Collegio degli Ardenti de Bolonha e à Accademia Reale de Turim, sua família o fez frequentar a Accademia senese degli Arrischiati, onde estudavam os jovens da nobreza. Matriculado mais tarde na Universidade de Sena, obteve, em 1699, as láureas de filosofia e direito civil e canônico, tornando-se parte do *collegio legale* senense e sendo nomeado professor de direito canônico na Sapienza.

Bandini foi muito amigo do famoso estudioso senense Uberto Benvoglienti (1668-1733), que admirava o estilo oratório de seus discursos. Isso teria contribuído para lhe incutir o amor pelo estudo acadêmico da história. Ademais, por ocasião de seus estudos religiosos, isso também deve ser levado em conta na sua preferência por colocar em segundo plano as construções dogmáticas, optando pelo estudo das verdades morais do cristianismo e da fé, indo da história da Igreja desde suas origens à concentração no exame das Sagradas Escrituras, aos escritos dos Padres da Igreja e à história dos Concílios. Na verdade, ao escolher os livros para sua biblioteca, Bandini procurou dotá-la também de escritos que fossem de um acentuado caráter contrário ao Concílio de Trento. E, quando estava quase cego, queria que o seu secretário Giuseppe Ciaccheri (1724-1804) fosse dispensado da Congregação do Índice, para que lhe pudesse ler livros sobre a história eclesiástica, inclusive os proibidos. Ele também conheceu Girolamo Gigli (1660-1722) e mostrou estima por aquele estudioso que, apesar ou por causa de seu temperamento, representou para Sena um momento de atitudes abertas e de interesses e cultura modernos.

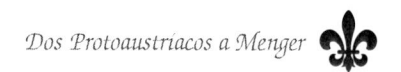

Já estava com 24 anos quando, de repente, decidiu abraçar a vida eclesiástica. Seguramente, Sallustio era um jovem feliz e alegre. No entanto, preferiu de própria consciência optar por uma condição de vida que, além de garantir-lhe a capacidade de manter vivo seu interesse nos estudos e nos movimentos culturais contemporâneos, também lhe permitiria alcançar uma posição social invejável, na qual pudesse dar vazão a seus numerosos e fortes talentos e às práticas organizacionais de cunho administrativo que sempre o atraíram.

Tornou-se subdiácono em 1702, diácono em 1703, sacerdote em 1705, cônego metropolitano em 1708, monsenhor em 1713 e arquidiácono em 1723.

Adicionalmente, também propôs uma reforma dos exames prestados pelos estudantes para receberem bolsas, estabelecendo um projeto que substituía as provas puramente mnemônicas e gramaticais por outras em que se avaliava a capacidade de escrever textos em italiano atual e latim clássico e adquirir conhecimentos de lógica, geometria e física mais amplos, o que mostrou sua preocupação quanto a valorizar prioritariamente a cultura e a inteligência dos jovens.

Morreu em sua amada Sena, com 83 anos, no dia 18 de junho de 1760.

## 3 - O Pensamento de Bandini

Para compreendermos a importância do pensamento de Bandini temos que mergulhar, embora rapidamente, no contexto econômico e político da época.

A economia de Sena, formada principalmente por artesãos e pequenas fábricas, tinha regulado, como todos os *comuni* (municípios), o fluxo e a distribuição de grãos a preços baixos, sob a alegação – tão antiga quanto equivocada – de que esses controles de preços seriam benéficos para os cidadãos e a classe dos trabalhadores, conciliando-os com as necessidades das rendas e lucros dos proprietários e produtores; dava aos fazendeiros liberdade para exportar grãos, mas os forçava a reservar parte de sua produção para as "necessidades dos cidadãos".

Depois da submissão do Estado de Sena ao Grão-Ducado dos Médici, a situação havia se tornado mais difícil, já que tanto o sistema de restrição quanto a política alimentar liderada pelo *Magistrato dell'Abbondanza* passaram a ser mais rígidas e executadas em função exclusiva dos interesses dos Medici, bem como aos de outras grandes cidades-estados da região. Impediu-se qualquer livre comércio de produtos agrícolas e proibiu-se a exportação; intervindo nos mercados para manter baixos os preços dos grãos, o *Magistrato dell'Abbondanza* deprimiu e desencorajou a iniciativa dos produtores agrícolas, em um período em que sobretudo as atividades de artesanato estavam cada vez mais em declínio e os interesses dos Medici faziam caminhar para a posse das rendas derivadas dos bens produzidos em Sena.

Dada a situação do estado de Siena, em que a maior parte da riqueza era produzida em Maremma, o Grão-Ducado foi induzido a aplicar uma política de privilégios especiais, concedendo aos fazendeiros a *libertà delle tratte*, isto é, a liberdade de vender sem intermediários e, portanto, inibiu fortemente qualquer comércio interno, pois os preços externos eram mais favoráveis aos produtores senenses. O *Magistrato dell'Abbondanza*, agora também firmemente organizado em Sena e ligado ao de Florença, guiado por sua mentalidade paternalista, sempre encontrou uma maneira de intervir, alegando medo da fome ou de "preços muito altos", alterando significativamente as condições de mercado, chegando às vezes até a impor o fechamento das negociações entre compradores e vendedores.

A situação piorou com o *motu proprio* de 1684, de Cosimo III (1642-1723), que, permitindo total *libertà delle tratte*, ao mesmo tempo decretou que o *Magistrato dell'Abbondanza* poderia intervir a qualquer momento, com base na sua avaliação em torno das necessidades de provisionamento de Sena e Florença; outro *motu proprio* de 1694, concedido para assegurar a perpetuidade dos dois terços (um terço era reservado apenas para o *Magistrato dell'Abbondanza*), entrou em conflito com a lei geral de 1697, que, reorganizando e fortalecendo o poder do Magistrado, colocou-o em posição de intervir mais fortemente.

Muitos em Sena acreditavam que o declínio econômico e o despovoamento da Maremma, com sua degradação física subsequente, seriam devidos a uma política econômica incerta e contraditória, que anulava, na prática, todos os privilégios, criando poucas ou muito incertas possibilidades de lucros para os fazendeiros, que foram cada vez mais induzidos a abandonar as culturas, bem como à insegurança gerada nos mercadores estrangeiros (de cujos afluxos normais para as praias da Maremma dependiam principalmente os lucros dos produtores), que passaram a agir direcionando suas mercadorias para outros destinos.

Os membros da classe dirigente de Sena concordavam que a recuperação da Maremma e da economia de Sena dependian da segurança oferecida aos produtores de poderem obter bons preços para seus grãos: uns aceitavam a realidade do novo sistema, mas muitos retomaram a ideia da *libertà delle tratte*, argumentando que ela beneficiaria os produtores de Maremma de forma a evitar qualquer interferência do *Magistrato dell'Abbondanza* em suas ações voluntárias.

O Conselho de Balia, de Sena, expressou esse segundo argumento seguidamente, em 1721, 1724 e 1731. Quando foi formado o novo governo da regência de Lorena, em 1737, o Conselho de Balia mostrou-se dividido sobre os passos a tomar, mas muitas personalidades proeminentes, sobretudo Francesco Piccolomini – que já em 1719 tinha tomado uma posição sobre os problemas da Maremma e dos *tratte* –, levaram o Conselho a pronunciar-se favoravelmente à segunda proposta de política econômica.

E aqui entra, enfim, nosso Bandini, que compartilhava as ideias da parte da classe liderada por seu tio Francesco Piccolomini, em favor de uma política econômica diferente.

Sallustio tentou então divulgar sua opinião por escrito em uma *Memoria sul Magistrato dell'Abbondanza*, escrita por volta de 1715 ou 1716, em que denunciou o comportamento absurdo de uma instituição que, para manter os preços artificialmente baixos, desencorajou os produtores e causou a diminuição de suas receitas; criticou os critérios que inspiraram a nomeação dos funcionários, a seu ver incompetentes e insensíveis aos problemas reais da economia senense, pois eram enviados de Florença, pelo que propôs confiar a responsabilidade de tais "escritórios" aos membros expoentes da aristocracia local. Sem pedir a abolição do *Magistrato dell'Abbondanza*, propôs um comportamento diferente: ele teria que primeiro garantir as condições mínimas de vida dos pobres, sem danificar os proprietários.

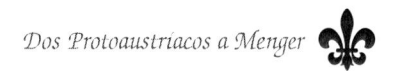

A respeito da circulação das diversas moedas existentes naqueles tempos em que não existiam bancos centrais nem monopólios monetários, criticou uma disposição que promulgou a proibição das "moedas escassas", já que tal medida afugentava os comerciantes estrangeiros, especialmente os genoveses, das praias de Maremma. Insistiu sobre os danos que a medida provocou para os fazendeiros, impedindo a manutenção da agricultura na Maremma; mostrou que apenas a exportação de trigo poderia fazer fluir para o Estado senense aquele dinheiro e poderia fornecer meios para pagar os tributos ao príncipe; e, finalmente, afirmou que só os lucros dos fazendeiros e, portanto, suas despesas e as dos seus empregados poderiam fazer circular dinheiro na região, estimular ao trabalho todas as outras categorias sociais e, assim, criar condições para que todos pudessem tratar de ganhar a vida.

Bandini retomava a tese da necessidade do privilégio tradicional em favor da Maremma, com base na constatação de que os agricultores estavam visando o enriquecimento e estimulação do Estado de Sena e de todas as suas outras atividades econômicas; mas sustentava essa tese criticando a política econômica baseada no princípio da identificação da riqueza dos Estados com a simples disponibilidade de metais preciosos e preocupada apenas em defender o valor intrínseco da moeda; reconheceu a natureza instrumental do dinheiro com respeito aos processos de troca e dependência destes de uma atividade de produção fundamental, que, se devidamente estimulada e por conta da conexão existente entre todos os tipos de trabalho, asseguraria por si só a continuação normal de outros processos econômicos e, consequentemente, as condições em que todos os outros grupos sociais poderiam encontrar para viver.

Observemos que Bandini, embora ainda mercantilista (pela importância atribuída à entrada de dinheiro no Estado como resultado das exportações), no entanto, baseou seu mercantilismo na promoção não tanto da produção dos produtores artesanais, mas sim na dos produtores agrícolas, a ser apoiada por uma política de privilégios especiais (um tipo de mercantilismo "atualizado", na direção do protecionismo agrícola). Conciliava, assim, os privilégios a serem concedidos à classe produtora com os interesses fundamentais de todas as outras categorias, especialmente as cidades pequenas, não só através da consideração da repercussão natural dos lucros da agricultura sobre todas as outras atividades, promovendo trabalho para todos, mas também reconhecendo a utilidade da conservação do *Magistrato dell'Abbondanza*, desde que este funcionasse conforme sua proposta, mas ainda mantendo, além da exportação livre para os fazendeiros, toda a estrutura tradicional, em função da garantia de um nível mínimo de existência para todos – a "questão social" de hoje, chamada então de "problema dos pobres" – e, portanto, em conformidade com sua mentalidade paternalista do *ancien régime*.

O *Discorso sulla Maremma di Siena*, de 1737, é um escrito bem mais complexo e muito mais variado em sua argumentação. A tese básica explicava o declínio da Maremma (descrito no *Discorso* em cores vivas e que chegam a ser comoventes) como sendo provocado pelo desestímulo aos produtores agrícolas, de quem dependia o desempenho de todas as outras atividades econômicas do Estado de Sena. Portanto, mais uma vez, propunha a tradicional política de estímulos a esses produtores, através de um "estatuto perpétuo" de liberdade das *tratte*, que não poderia ser comprometido por qualquer ação do *Magistrato dell'Abbondanza*. Mas, dessa vez, Bandini acrescentou a sugestão da liberdade de comércio interno, como um maior apoio à iniciativa dos produtores, que dificilmente poderiam lidar de forma eficaz e em tempo hábil com a comercialização de seus grãos.

No *Discorso*, em primeiro lugar, Bandini combateu os adversários destas políticas econômicas diferentes e sua mentalidade (artesãos e pessoas comuns da cidade, pequenos comerciantes ligados a eles, fossem pessoas simples, devotas e boas, fossem nobres e ricos), que defendiam através de uma argumentação paternalista, um equilíbrio social já envelhecido e claramente em crise.

Isto foi uma crítica precisa a alguns aspectos fundamentais do antigo regime, que se opunham às exigências objetivas que regem todos os processos econômicos e às necessidades de um território, cuja riqueza (e o trabalho de cada categoria social) agora claramente estava dependendo dos lucros de empreendedores e, portanto, da possibilidade de que estes se sentissem encorajados em suas iniciativas para produzirem.

Por esta razão, Bandini discutiu o conceito de fome, que tão amplamente atribuiu aos argumentos dos defensores do equilíbrio social paternalista e da política econômica tradicional, composta por muitas regras, mostrando, por um lado, que a verdadeira miséria resulta do desencorajamento da produção, enquanto a exportação livre estimula agricultores e indiretamente favorece o aumento da produção e, segundo, que fome não significa preços altos dos produtos agrícolas – e que, de fato, da garantia dos lucros dos proprietários resultam estímulos para garantir toda a atividade econômica, em benefício de qualquer categoria social.

Observemos como, muitas vezes, as ideias erradas parecem imunes à História e como é necessária a existência permanente de pessoas com a clarividência de Bandini, cada qual vivendo os problemas de sua época, mas todas combatendo os mesmos argumentos falaciosos.

Ele também mostrou que as intervenções tradicionais do *Magistrato dell'Abbondanza* eram inúteis ou prejudiciais; mas, mesmo aqui, no entanto, não pediu a abolição do Magistrado, apenas propôs uma redução radical da sua atividade, de modo a não interferir nos processos naturais de formação de mercado e assim, indiretamente, nas iniciativas dos produtores. Em linguagem moderna, Bandini defendia ali a doutrina do *Estado mínimo*.

Ao propor privilégios de mercado aos produtores agrícolas, fê-lo referindo-se ao exemplo da Holanda contemporânea (que admitiu a liberdade do comércio de grãos, apesar de ser um país com fraca produção agrícola, comercial, urbana e manufatureira) e da Inglaterra (que tinha estabelecido um prêmio sobre a exportação de trigo).

Desta vez, no entanto, era mais aparente do que em 1715-1718 a orientação protecionista de Bandini, que, oferecendo a oportunidade de importar trigo para fugir da verdadeira fome, alegou ser geralmente contrário a "comprar grãos de estrangeiros", e revelou ainda mais sua concepção mercantilista, ao considerar como o "vício do século" apreciar as "coisas mais navegadas", criticando não só a importação de produtos agrícolas, mas também a de produtos manufaturados, uma vez que eles fazem sair dinheiro do Estado. Na verdade, ele propunha favorecer as exportações, com o argumento de que estas seriam o único meio de fazer afluir dinheiro para o Estado (entendido aqui como a cidade de Sena) e, assim, de aumentar a riqueza, "quando faltam minas"; mas insistiu sobre a utilidade dos incentivos concedidos à exportação de produtos agrícolas, em comparação com o que se poderia obter com a política econômica dominante ou a *colbertista*, que tendia a proteger os ofícios artesanais mais antigos ou estimular a exportação de bens manufaturados.

Agora se afastava da tese de *metalismo* que identificava a riqueza do Estado com a posse de metais preciosos, e também rejeitava o mercantilismo que estava na moda, que pretendia usar a intervenção do Estado na economia para promover as atividades industriais. Assim, sustentou um *mercantilismo atualizado* – entendamos isso sempre levando em conta o contexto e o estado das artes da época em que viveu – com base em uma política de protecionismo agrícola.

Bandini, apesar de ainda não admitir a possibilidade de aceitar um argumento de livre comércio, defendeu sua proposta de livre exportação de grãos, rejeitando o conceito de autossuficiência das economias agrícolas de cada cidade-estado e lançando assim as bases para chegar à aceitação das teses de livre cambismo. Ao mesmo tempo, discutia os fenômenos econômicos com repetidas referências à natureza e às *leis naturais* que governam automática e regularmente os processos de produção e de troca. Nesse aspecto, foi um precursor dos austríacos.

Utilizava esses conceitos de natureza e de leis naturais, que haviam surgido na mentalidade científica moderna e eram transmitidos para o estudo do Direito através da doutrina da lei natural – o jusnaturalismo – e sua tese de que os fenômenos econômicos procediam de forma independente, autônoma e seguindo suas próprias leis foi uma condição para o surgimento de uma mentalidade "científica" no estudo da economia, enquanto, por outro lado, esses conceitos de natureza e leis naturais tiveram um papel importante nas teorias subsequentes, a *fisiocrática* e a do *laissez-faire*.

No *Discorso*, Bandini discute, então, uma proposta não tradicional de política econômica com uma riqueza excepcional de argumentos e com uma grande variedade de desenvolvimentos, chegando muitas vezes a analisar os fenômenos e processos econômicos mais amplos e gerais. O toque mais forte deste trabalho, em comparação com as *Memórias* anteriores, deriva, quase que certamente, da tese de Boisguilbert (o *Testament politique du Maréchal de Vauban* foi encontrado em sua biblioteca) e de ter repetido algumas das suas análises e exemplos: a ideia de que a agricultura é a raiz da riqueza do Estado e origem de todo o "resto" da economia, a defesa de preços altos para produtos agrícolas, a polêmica contra a mentalidade paternalista favorável à proteção dos interesses dos artesãos e pessoas comuns das áreas urbanas, a ideia de que os lucros naturais dos agricultores beneficiavam toda a vida econômica do país e estimulavam todas as iniciativas de trabalho e garantiam ganhos para todos.

Notemos, como Mirri, que Boisguilbert, jurista *jansenista* e criador do conceito de economia de mercado, desencadeara uma polêmica contra a política *colbertista* seguida por seu país e tinha apresentado uma proposta de protecionismo agrícola, justificada do ponto de vista de um mercantilismo modernizado, semelhante ao agora reivindicado por Bandini. Além disso, também foi adversário dos que sustentavam a concepção da autossuficiência dos Estados individuais na economia agrícola e ao uso das ideias da natureza e das leis naturais no estudo dos processos econômicos, que mais tarde desempenharam a função de renovar as teorias econômicas, utilizada no senso liberal do livre mercado.

Com efeito, ainda segundo Mirri, essa correspondência entre o *Discorso* e os textos de Boisguilbert é encontrada também na tendência para enriquecer a demonstração através de considerações importantes sobre a natureza da riqueza e da função do dinheiro, que sempre foi importante e básica na discussão da teoria monetária: a tese de ambos de que não é a escassez de dinheiro que leva à queda dos preços, mas que, pelo contrário, os altos preços são causados pela abundância excessiva de moeda, com comentários que já intuíam a importância da "velocidade de circulação" da moeda.

Bandini também repetiu sua crítica da identificação da riqueza com o acúmulo de metais preciosos, a definição de riqueza como uma oportunidade de obter tudo o que se deseja e a observação sobre a função puramente instrumental do dinheiro, que por isso também poderia ser substituído pela moeda fiduciária e por contratos ou acordos orais ou escritos. Voltava então para a concepção de Boisguilbert sobre a importância do consumo, sua função em relação ao estabelecimento de preços e, sobretudo, no que diz respeito às causas da formação da riqueza de um país.

Por outro lado, desta vez Bandini completava sua proposta de uma nova política econômica com uma crítica precisa da política fiscal e das formas de administração pública em geral, defendendo teses "modernas", não só contra a existência de muitos tributos inúteis ou mesmo prejudiciais para a atividade econômica, mas também contra qualquer regulação ou lei proibitiva, que atravancasse o livre intercâmbio entre os súditos e oprimisse o povo, inquietasse os trabalhadores, criando condições desfavoráveis para o desdobramento das iniciativas econômicas. Demonstrava a inutilidade ou a nocividade do imposto especial de consumo, do imposto sobre o sal, das proibições de armas, tabaco, dos jogos de cartas, dos pregos e do ferro.

Levou em conta também o fato de que aquelas tantas proibições provocavam uma administração inchada e cara (por onerar duplamente, pelos danos ou obstruções que causam à livre iniciativa e pelas despesas com que os contribuintes tiveram que arcar) e causavam ainda processos contínuos, dispendiosos, longos e perigosos à ação livre de produtores e trabalhadores, concluído com a reprovação de qualquer forma de tributação indireta.

Mirri, um especialista nos autores de economia daquele tempo, faz ainda observarmos que

> *[...] aqui também encontramos a tese de Boisguilbert, que, aliás, tinha assumido muitas das observações sobre a política fiscal da Dixme royale de Vauban; sobretudo, era própria dos escritores franceses e, em particular, de Vauban, a tendência para ligar o seu discurso em torno das necessidades da produção agrícola a uma crítica mais detalhada do sistema financeiro, chegando, assim, a dar um contributo de primeira importância para o desempenho das teorias financeiras e estabelecer critérios extremamente modernos de política tributária.*

Ou seja, a mesma linha de Bandini propondo um novo tipo de tributação que, como para Vauban, era uma necessidade ainda mais reforçada pela situação surgida nos mercados internacionais, uma vez que poderia fazer afluir para todas as feiras da Europa, e não apenas da África, do Levante ou do Báltico, mas até mesmo de Virginia ou de outras terras do Novo Mundo, grandes quantidades de cereais a preços muito baixos.

E pondera Mario Mirri:

> *Esteve em primeiro plano, por isso, também o problema dos preços de custo das culturas, que não poderiam baixar se não se aliviasse os produtores de uma parte dos tributos que os sobrecarregavam. Por isto, além de propor a abolição do imposto de exportação existente, ele apelou para a criação de uma décima, vale dizer, um único tributo de fácil recolhimento e bem barato, para substituir todos os demais existentes na Maremma, que eram muitos, inúteis ou prejudiciais; teria esse tributo que não recair nem sobre os trabalhadores, nem sobre artesãos, comerciantes ou produtores rurais, mas apenas sobre os proprietários, e em dose dupla sobre*

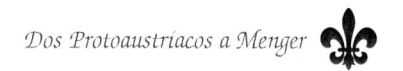

*os ausentes⁴⁵. O príncipe ganharia a mesma cifra e os súditos pagariam menos, possibilitando manter uma administração menos complexa e inchada. Teria afetado as receitas (terratici e fide) e não o capital (a terra).*

As ideias de Boisguilbert e de Bandini representavam grandes mudanças e também uma grande simplificação, no mesmo sentido antes proposto por alguns escritores ingleses anteriores, como Vanderbilt e Locke, todas apontando para a abolição do *ancién regime* e seus privilégios inerentes. Bandini, porém, contrastando com a proposta de Boisguilbert, propunha que a *décima* (ou dízimo) fosse concebida como um imposto de distribuição, pago ao governo por cada comunidade, e que os órgãos administrativos dessas comunidades tivessem a obrigação de dividir sua respectiva cota entre todos os pagadores do tributo.

Como podemos ver, Bandini desejava a aplicação direta do *princípio da subsidiariedade*, de tintas nitidamente liberais e austríacas.

Essa proposta de descentralização era decorrência natural de sua ideia de reorganizar as administrações das cidades-estado, dando-lhes autonomia para se governarem por si mesmas, bem como de estimular o senso de responsabilidade e a iniciativa individual, além de estimular as pequenas propriedades.

Por outro lado – e isso o afastou dos protoaustríacos –, Bandini não era um pensador totalmente inspirado pelo princípio da inviolabilidade dos direitos de propriedade e "liberdade da propriedade", nem tampouco estava convencido de que as relações livres entre os empregadores e os trabalhadores (regidos pelas leis de mercado) resolveriam automaticamente qualquer problema relativo às condições de existência dos trabalhadores; além disso, também continuou a fa-

---

⁴⁵ Os que deixavam suas terras sem cultivo.

zer algumas concessões para a mentalidade paternalista, acreditando que tais propostas poderiam garantir um nível mínimo de vida para as pessoas comuns, considerando ser ainda útil a intervenção do Estado na vida econômica, quando ditada por necessidades sociais prementes ou pela intenção de criar condições adequadas para iniciar o deslanche da atividade econômica e da iniciativa dos produtores. Sem ser propriamente um protoaustríaco, creio que podemos dizer que foi um "quase ou semi-protoaustríaco".

## 4 - Tinturas Protoaustríacas em Bandini

Acabamos de descrever algumas características do pensamento de Bandini que, se não são suficientes para que o qualifiquemos como um precursor da moderna Escola Austríaca, na pior das hipóteses, indicam que ele foi um crítico do mercantilismo, da centralização administrativa política e econômica e um adepto da fisiocracia, que começava a dominar o pensamento de muitos economistas de sua época, embora seu fisiocratismo fosse, digamos, bastante modernizado em relação ao original. Bandini foi – se a definição for possível – um pós-mercantilista, um fisiocrata modernizado e um semi-protoaustríaco.

Carl Menger, considerado o fundador da Escola Austríaca, escreve no capítulo 8 de seu *Princípios de Economia Política*:

> [...] A mesma razão faz com que o dinheiro também seja o melhor meio para se movimentar financeiramente aqueles componentes do patrimônio com os quais o proprietário tenciona permutar outros bens (quer sejam meios de consumo ou meios de produção). Pelo fato de serem comercializados primeiramente em dinheiro, os componentes do

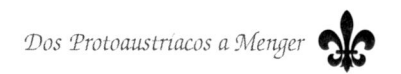

*patrimônio que um indivíduo destina à permuta (por meios de consumo de que necessita) adquirem aquela forma em que o proprietário tem condição de atender às suas necessidades concretas da maneira mais rápida e segura. Também para a parte do capital do indivíduo economicamente ativo, a qual já não se constitui em elemento necessário à produção, a transformação em dinheiro é muito mais adequada que qualquer outra, pois cada mercadoria de outro tipo precisa primeiro ser transformada em dinheiro, para só depois disso, poder ser permutada pelos meios de produção necessários. Efetivamente, a experiência diária nos ensina que os indivíduos de bom senso econômico procuram vender por dinheiro aquela parte de seu estoque de meios de consumo que não consiste em bens utilizados para o atendimento direto de suas necessidades, mas que consiste em mercadorias; da mesma forma, tais pessoas procuram vender por dinheiro aquela parte de seu capital que não consiste em meios de produção para, assim, alcançar seus objetivos econômicos.*

E prossegue:

*Em contrapartida, deve-se considerar errônea a tese que atribui ao dinheiro, como tal, também a função de transferir "valores" do presente para o futuro; pois, embora o dinheiro-metal (em razão de sua durabilidade, do baixo custo de conservação etc.) possa também servir para esse fim, é manifesto que outras mercadorias têm maior aptidão para isso. Com efeito, a experiência mostra que em todos os casos nos quais se empregaram, como dinheiro, não os metais nobres, mas bens de menor capacidade de conservação, estes últimos serviam adequadamente para efeitos de circulação, mas não para os fins de conservação de valores.*

Em seguida, remete-nos a um rodapé – que na edição em português tem o número 23, enquanto na edição em inglês leva o número 26 (transcrevo aqui a íntegra última, por terem, inexplicadamente, cortado parte da nota de rodapé original na edição da Abril Cultural):

*[26] Os principais representantes desta teoria são os grandes filósofos ingleses do século XVII. Hobbes começa com a necessidade do emprego de homens para a conservação da riqueza perecível que eles não têm a intenção de utilizar para consumo imediato e mostra como este objetivo pode ser atingido através da transformação ("concoctio") da riqueza perecível em dinheiro metálico. Além disso, ele mostra como a riqueza pode ser, assim, gerada mais facilmente (Leviathan, A. D. Lindsay (Ed.), Biblioteca do Everyman, Londres, 1914, p. 133). Locke defende o mesmo ponto (Two Treatises of Government, and Further Considerations concerning Raising the Value of Money, in The Works of John Locke, 12th edition, London, 1824, IV, 364-65 e139 ss.).*

E, então, faz uma respeitosa referência a Bandini:

*Sallustio Antonio Bandini desenvolve uma visão que tem suas raízes na obra de Aristóteles. Ele começa sua exposição mostrando as dificuldades das economias puras de trocas, argumentando que uma pessoa cujos produtos são procurados por outras nem sempre está em uma situação na qual poder fazer uso de seus bens e, portanto, sente a necessidade de um penhor (um mallevadore, diz Bandini), que o comprador entregava ao vendedor, como garantia da compensação futura. Para cumprir essa função escolheram-se os metais nobres. (Discorso economico in Scrittori classici Italiani di economia politica, Milano, 1803-05, VIII, 142ss.).*

E completa a ilustrativa nota de rodapé:

*Esta teoria foi desenvolvida na Itália por Gianmaria Ortes (Della economia nazionale. In: ibidem, XXIX, 271-276, e Lettere. In: ibidem, XXX, 258 ss.); por Gian-Rinaldo Carli (Dell'origine e del commercio della moneta. In: ibid., XX, p. 15-26); e por Giambattista Coriani (Riflessioni sulle monete, and Lettera ad un legislatore della Republica Cisalpina. In: ibidem, XLVI, p. 87-102 e153ss.). Na França, a teoria foi desenvolvida por Dutot (Réflexions politiques sur les finances et le commerce. In: E. Daire, (Ed.), Economistes financiers du XVIII e Siècle, Paris, 1843. p. 895). Na Alemanha, foi revisada por T.A.H. Schmalz (Staatswirthschaftslehre in Briefen Berlin, 1818, I, p.48ss.). E, recentemente, na Inglaterra, por Henry Dunning Macleod (The Elements of Economics, New York, 1881, I, p.171ss.).*

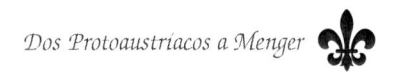

Creio que neste ponto já estamos em condições de listar algumas características do pensamento de Bandini que nos permitem afirmar que foi realmente um protoaustríaco, ou, na pior hipótese, algo bem próximo disso.

Argumentou que quanto mais simples e em menor número fossem as regulamentações do Estado, melhor seria para as leis econômicas naturais funcionarem e, portanto, para ajudar os diversos agentes a progredirem na vida. Foi um severo crítico das regulamentações governamentais sobre os preços e do excesso de tributos, bem como de seu caráter opressivo.

Escreveu que a fome era provocada pela falta de liberdade no comércio e na indústria e que a rapidez e facilidade de comércio – e não a simples abundância de dinheiro artificial – é que são os fatores da riqueza de um povo; que um imposto único seria mais fácil de aplicar e custaria menos do que muitos impostos. É claro que, ao defender que esse imposto deveria ser cobrado sobre a terra, esteve mais próximo dos fisiocratas do que dos posteriores austríacos, porém não devemos nos esquecer da época em que escreveu. Criticou a política fiscal e a administração pública em geral, defendendo teses "modernas" contra a existência de muitos tributos inúteis e nocivos à atividade econômica; também se opôs a qualquer regulação ou lei proibitiva que implicasse obstáculos ao livre intercâmbio, provocando condições desfavoráveis para as iniciativas econômicas individuais.

Alertou para o fato de que as intervenções do Estado provocavam administrações inchadas e caras, que penalizavam duplamente os indivíduos, pelos danos ou obstruções à livre iniciativa e pelas despesas consequentes sobre os pagadores de tributos e, ainda, avisou que o intervencionismo gerava entraves contínuos, muito dispendiosos, longos e que travavam a ação humana livre de produtores e trabalhadores.

Demonstrou a inutilidade ou a nocividade do imposto especial de consumo, do imposto sobre o sal, das proibições de armas, tabaco, dos jogos de cartas, dos pregos e do ferro. Elaborou um plano para a eliminação da dívida pública, por meio da venda dos direitos fiscais que o Estado tinha sobre a terra de seus súditos. Manifestou-se claramente, também, reprovando qualquer forma de tributação indireta.

Já em 1715 ou 1716, em *Memoria sul Magistrato dell'Abbondanza*, denunciou o comportamento daquela instituição que, para manter os preços artificialmente baixos, desencorajou os produtores e causou a diminuição de suas receitas; criticou os critérios que inspiraram os funcionários, a seu ver incompetentes e insensíveis aos problemas reais da economia senense.

Fez também severas críticas à política econômica baseada na identificação equivocada da riqueza dos Estados-cidades com a simples disponibilidade de metais preciosos, preocupada apenas em defender o valor intrínseco da moeda. E ainda mais: reconheceu a natureza instrumental de suma importância da moeda nos processos de troca, conforme vimos linhas atrás. Formulou considerações muito importantes sobre a natureza da riqueza e da função da moeda, como a tese, que comungava com Boisguilbert, de que não é a *escassez* de moeda que provoca a queda dos preços, mas sim que esses preços altos são consequência do *excesso* de moeda em circulação.

Para muitos, foi o criador das *cambiais*, que conhecemos hoje como letras de câmbio (que é, como sabemos, um sistema de pagamentos à distância, mediante ordens de pagamento à vista ou a prazo, criadas através de um ato chamado de *saque*). Porém, séculos depois de seu nascimento, há ainda uma disputa sobre quem inventou esse sistema de pagamento: a maioria acredita que foi Bandini, mas outros atribuem a invenção a Francesco Datini, comerciante de Prato, nascido em 1335, e que, por sua vez, é considerado como tendo sido o inventor do cheque. No entanto, não há nenhum indício concreto de que a cambial tenha sido concebida por Datini e não por Bandini.

A "disputa", no entanto, não tem um vencedor certo. O Treccani fala da letra de câmbio, mas não menciona o nome de seu criador. Na Wikipedia, no entanto, nós podemos ler que Datini

> *[...] é geralmente considerado o inventor do instrumento financeiro; de acordo com alguns estudiosos do período histórico em que viveu, seria mais correto atribuir uma ampla utilização, original para o seu tempo e, portanto, moderna, da letra de câmbio. E, se pesquisarmos no site da cidade de Sena, a mesma ideia está associada a Bandini, definido como 'o inventor do sistema de pagamentos à distância, o ancestral da cambial'.*

Quem nasceu em uma família italiana – como é o meu caso – sabe muito bem o quanto gostamos de polêmicas.

Sugeriu a liberdade de comércio interno, com apoio à iniciativa dos produtores, que dificilmente poderiam lidar de forma eficaz e em tempo hábil com a comercialização de seus grãos, reconhecendo que a riqueza depende fundamentalmente dos lucros dos empreendedores e de que estes deveriam se sentir encorajados em suas iniciativas.

Ao reconhecer e encorajar o empreendedorismo, Bandini foi, sem dúvida, inspirado por ventos que seriam soprados, muitos anos depois, de Viena.

Mesmo sem admitir a possibilidade de aceitar os argumentos do livre comércio, defendeu a livre exportação de grãos e rechaçou o conceito da autossuficiência das economias agrícolas de cada cidade-estado, lançando assim as bases para chegar à aceitação das teses de livre cambismo, discutindo os fenômenos da economia com referências às leis naturais que governam os processos de mercado. Nesse aspecto, foi, um precursor dos austríacos.

Sua tese de que os fenômenos econômicos acontecem de forma independente e seguem leis próprias foi a semente para o surgimento de um método "científico" de estudar a economia, pois teve um papel importante nas teorias subsequentes, a fisiocrática e a do *laissez-faire*.

Ao propor a *décima*, concebeu-a como um imposto de distribuição que, após recolhido pelo Estado, fosse repassado para cada comunidade, e que os órgãos administrativos dessas comunidades tivessem a obrigação de dividir sua respectiva cota entre todos os pagadores do tributo. Ou seja, foi um precursor direto do *princípio da subsidiariedade*, tão caro ao individualismo e ao pensamento descentralizador da Escola Austríaca.

Todo o seu discurso foi inspirado pela necessidade fundamental de liberdade; pelo desejo de garantir aos indivíduos todas as possibilidades de agirem livremente; por uma confiança inabalável na natureza e espontaneidade dos fenômenos econômicos e as leis naturais que os regem; e pela convicção de que a aceitação de suas propostas, não só de política econômica, mas também de reforma tributária e administrativa, teriam feito da Maremma uma região excepcional na Europa do *ancién regime* – que passaria a ser conhecida pelo "ar de liberdade" que lá poderia ser respirado, em decorrência da abolição de todas as pesadas regulamentações, leis e proibições que eram comuns a todos os outros estados.

Não só tinha avançado propostas interessantes de política econômica – sujeitas evidentemente aos requisitos de seu tempo – mas criou uma tradição específica: os textos dos escritores de economia mais modernos encontraram em Bandini estímulos para uma extensão do debate econômico, contribuindo para a introdução na Itália de teses excepcionalmente modernas sobre a questão da riqueza, os fenômenos monetários, a política fiscal e a administração pública etc. Foi um dos pioneiros a propor ideias concretas de reforma tributária e administrativa.

Bandini foi um dos primeiros a golpear fatalmente o *ancién regime* e a mentalidade que o sustentava, justificando objetiva e cientificamente os fenômenos econômicos e a força que os impelem – ou seja, a ação humana nos mercados ao longo do tempo e em condições de incerteza genuína –, mas não se limitou ao âmbito da política econômica, pois esmiuçou as estruturas jurídicas e administrativas subjacentes às atividades econômicas. Em suma, indicou a necessidade de estabelecimento de novas leis adequadas para o país, a serem formuladas sob o critério de igualdade de todos perante a lei. Mais do que qualquer outro antes dele, contribuiu para que mais tarde se estabelecesse uma reforma política modernizadora.

## 5 - Conclusões

Acredito que o conteúdo exposto ao longo deste capítulo tenha sido suficiente para conferirmos, com toda a justiça, a Sallustio Antonio Bandini um lugar cativo entre os protoaustríacos. Considerando que ele foi contemporâneo de Cantillon (nasceu apenas uma década antes), 34 anos mais velho do que David Hume, 46 anos mais velho do que Adam Smith, 50 anos mais velho do que Anne Robert Jacques Turgot, 51 anos mais velho do que Ferdinando Galiani, 67 anos mais velho do que Melchiorre Delfico e 90 anos mais velho do que Jean-Baptiste Say, não podemos ter dúvidas de que foi um precursor da liberdade.

É evidente que classificá-lo como um austríaco moderno seria um exagero, mas não nos esqueçamos: o mesmo pode ser dito a respeito de todos os que nasceram antes de Carl Menger; depois, de todos os nascidos antes de Eugen Böhm-Bawerk, Ludwig von Mises, F. A. Hayek, Murray N. Rothbard e outros; e que, certamente, daqui a trinta, quarenta ou mais anos, poderemos dizer o mesmo dos austríacos hoje vivos.

Isto decorre do fato inquestionável de que nenhuma doutrina ou escola de pensamento nasce pronta. Elas evolvem a partir do trabalho de pensadores que, baseando-se em intelectuais do passado, bem como de colegas seus contemporâneos, acrescentam suas contribuições originais. Se não fosse assim, teríamos uma história do pensamento econômico extremamente maçante, chata e estática. Talvez uma das poucas frases de John Maynard Keynes com que concordo seja a seguinte:

> *The ideas of economists and political philosophers, both when they are right and when they are wrong, are more powerful*

*than is commonly understood. Indeed, the world is ruled by little else. Practical men, who believe themselves to be quite exempt from any intellectual influence, are usually the slaves of some defunct economist⁴⁶.*

Naturalmente, já que se trata de algo escrito por Keynes – e, portanto, quase que por definição, sujeito a críticas, elogios apaixonados, controvérsias e revestido da fantasia das frases efeito em que aquele autor era mestre –, faço questão de acrescentar que ele deveria ter acrescentado que nem sempre o economista predecessor precisa estar morto e, ainda, que a palavra "escravo" é exagerada e mesmo descabida, simplesmente porque sempre somos – porque é assim! – influenciados por algumas ideias dos que nos precederam, mas isso não significa que sejamos "servos", "súcubos" ou "escravos" desses que vieram antes de nós e de quem assimilamos algumas ideias. Podemos, inclusive, discordar com frequência de algumas delas. Hayek, por exemplo, foi influenciado por Mises, que foi seu contemporâneo durante 74 anos de sua vida, assim como por Karl Popper, seu contemporâneo durante 89 anos. Além disso, o próprio Keynes, certamente, recebeu influências de alguns de seus contemporâneos, embora não fosse uma de suas características mais fortes manifestar publicamente esses débitos.

Por fim, parece interessante mencionar, em relação à sua obra *Discorso* – que, como sabemos, foi publicada muitos anos depois de escrita –, que o ministro Tavanti, do grão-duque Leopoldo II, empenhou-se em sua propagação, e para esse fim uma das providências

---

⁴⁶ As ideias dos economistas e dos filósofos políticos, tanto quando eles estão certos e tanto quando eles estão errados, são mais poderosas do que se entende comumente. Na verdade, o mundo é governado por pouco mais. Os homens práticos, que acreditam estar isentos de qualquer influência intelectual, geralmente são escravos de algum economista defunto.

que tomou foi enviar, pelo abade Niccoli, uma cópia ao então ministro francês Turgot. Este, imediatamente, o elogiou como um precursor do liberalismo econômico, mesmo com as ideias fisiocratas que certamente deve ter identificado no *Discorso*.

Podemos considerar, portanto, sem qualquer receio, que Bandini merece estar entre os grandes precursores da liberdade. E isso não é pouco, convenhamos.

## 6 - Referências Bibliográficas

ANZILOTTI, A. *Le riforme in Toscana nella seconda metà del sec. XVIII. Il nuovo ceto dirigente e la sua preparazzione intellettuale*. In: Movimenti e contrasti per l'unità italiana, Bari 1930, p. 126 ss.

BANDINI-PICCOLOMINI. *Note e ricordi intorno a S.B.*, Siena 1880; N. Mengozzi, *L'arcid. S. B.*, Siena 1920.

BANDINI, Sallustio A. *Discorso economico sulla maremma Sanese*. Siena [s.n.], 1847.

BECCARINI-CRESCENZI, E. *Biografia dell'arcid. S. B.*, Siena, 1877

BIZZARRI, A. *Un sacerdote fondatore dell'economia e l'essenza del fatto economico (S. A. B.)*, in: La scuola cattolica, LIX (1931). p. 287-98.

BOISGUILBERT, P. (Le Pesant, sieur de Boisguilbert Pierre). In: http://en.wikipedia.org/wiki/Pierre_Le_Pesant,_sieur_de_Boisguilbert

DAL PANE, L. *La questione del commercio dei grani nel '700 in Italia*, I, parte generale, Toscana, Milano 1932, p. 156 ss.

ENCICLOPEDIE ON-LINE. Bandini Sallustio Antonio. In: http://www.treccani.it/enciclopedia/sallustio-antonio-bandini/

KEYNES, John Mainard. *The General Theory of Employment, Interest and Money*. Macmillan Cambridge University Press, for Royal Economic Society (1936), Ch. 24 "Concluding Notes" p. 383

LEOPOLDO I (Pietro Leopoldo). In: http://it.wikipedia.org/wiki/Asburgo-Lorena_di_Toscana

LUZZATTI, L. *La libertà economica e l'igiene, a proposito del Discorso sopra la Maremma di Siena scritto dall'arcidiacono S. A. B., patrizio senese*. In: Giornale degli economisti, III, 3 (1877), p. 196-98.

MENGER, Carl. *Principles of Economics*. Alabama: Mises Institute, 2007. Chap. VIII, The theory of money, footnote 26. In: http://mises.org/etexts/menger/eight.asp

MENGER, Carl. *Princípios de Economia Política*. Introdução de F. A. Hayek. Trad. de Luiz João Baraún, Abril Cultural, 1983, cap. 8. p. 388, nota de rodapé 23.

MIRRI, Mario. "BANDINI, Sallustio Antonio". In: *Dizionario Biografico degli Italiani - Volume 5* (1963). Disponível em: <http://www.treccani.it/enciclopedia/sallustio-antonio-bandini_(Dizionario-Biografico)/>.

RATTI, Anna Maria. "BANDINI, Sallustio Antonio". *Enciclopedia Italiana* (1930). In: http://www.treccani.it/enciclopedia/sallustio-antonio-bandini (Enciclopedia-Italiana)/

SALERNO, RICCA G. *Storia delle dottrine finanziarie in Italia*, a cura di S. Guccione, Padova 1960, p. 174-81.

THOMPSON, Doug. "Sallustio Antonio Bandini: Moral philosophy and the agrarian economy in early eighteenth-century Tuscany". *Journal for Eighteenth-Century Studies*. Volume 14, Issue 1, March 1991, p. 31-43.

TOZZI, G. S. B. "Economista senese". In: *Memorie dell'Accademia nazionale dei Lincei, Classe di scienze morali stor. e filol.*, serie VI, V, fasc. 2 (1933), p. 71-140

VENTURI, F. "Nota introduttiva a S. B.". In: *Illuministi italiani, t. III*, Riformatori lombardi, piemontesi e toscani, Milano-Napoli, 1958, p. 881-94.

# Capítulo III
## Richard Cantillon (168?-1734)

## 1 - Introdução

Este capítulo tratará de um verdadeiro gigante, um economista pouco estudado nos cursos de história do pensamento econômico. Para muitos, considerado não apenas um importante protoaustríaco, mas o verdadeiro fundador da ciência econômica, honraria quase sempre associada ao nome (não menor) de Adam Smith. Foi o primeiro a publicar um tratado em que apresentava a Economia em bases organizadas e científicas, o *Essai sur la nature du commerce en général*, escrito por volta de 1730 e publicado em França em 1755; portanto, cerca de 46 anos antes de *A Riqueza das Nações*, de 1776.

O economista brasileiro Domingos Crosseti Branda, em artigo publicado na página do Instituto Mises Brasil em 24 de março de 2011, sob o título "O pai fundador da economia moderna", observa que Richard Cantillon destaca com razão que

> *a sistemática de exposição (metodológica) de ideias e seu enfoque emancipado da política e da ética demarcaram um campo independente de investigação – a Economia –, o que caracterizava Cantillon como um tipo de pensador diferente dos escolásticos medievais. Centrava sua análise econômica na ação humana e a abstraía de outras dimensões, procedimento que Mises caracterizaria mais tarde como método Gedanken, assim podendo analisar as relações de causa e efeito existentes na vida econômica. Desse modo, ele desenvolveu sucessivas aproximações e abstrações e explicar questões fundamentais da teoria econômica, como a do valor e preço, a da atividade empresarial, a da moeda e a da auto-regulação do mercado, entre outras questões.*

O professor Mark Thornton inicia o capítulo 2 do livro *The Great Austrian Economists*, editado por Randall G. Holcombe, com a seguinte consideração:

> *Muitas das percepções austríacas foram estabelecidas na economia pelo banqueiro irlandês Richard Cantillon (168?-1734) e sua publicação solitária, Essai sur la Nature du Commerce en Général. Parece claro que Cantillon foi uma importante influência sobre o desenvolvimento da economia austríaca, e que ele pode ser considerado um membro da Escola Austríaca. Carl Menger tinha uma cópia do Essai em sua biblioteca antes da publicação dos Princípios de Economia Política. Na verdade, as origens da própria teoria econômica podem ser atribuídas a Cantillon. William Stanley Jevons, um dos cofundadores da revolução marginalista, e o economista que geralmente é creditado como o redescobridor de Cantillon, classificou o Essai como 'um tratado sistemático e conectado, cobrindo, de uma forma concisa, quase todo o campo da economia. É, portanto, o primeiro tratado sobre a economia.' Ele chamou o trabalho de 'berço da Economia Política'. Joseph Schumpeter, o grande historiador do pensamento econômico e estudioso de Eugen von Böhm-Bawerk, descreveu o Essai como 'a primeira penetração sistemática do campo da economia.' Murray N. Rothbard, em seu tratado sobre a história do pensamento econômico, chama Cantillon de 'o pai fundador da economia moderna' e chega a tratar deselegantemente Adam Smith como um 'plagiador' de Cantillon.*

E o professor Thornton prossegue lembrando que o episódio de maior relevância na vida de Cantillon foi o seu envolvimento com John Law (1671-1729) e seus famosos esquemas monetários. Cantillon se opunha às teorias inflacionistas de Law, mas entendia como os esquemas funcionavam no mundo real e quais as suas falhas. Assim, ele foi capaz de criar uma grande fortuna a partir do

Sistema de Mississippi e da famosa "bolha de South Sea". Durante o pesadelo e no rescaldo daqueles desastres financeiros, Cantillon escreveu seu famoso *Essai*, emancipando-se do pesadelo mercantilista predominante naqueles dias para fazer uma contribuição pioneira para o nosso conhecimento do método, teoria e política. Pouco depois de escrever o *Essai*, Cantillon foi assassinado em condições misteriosas e sua obra permaneceu completamente desconhecida por mais de duas décadas.

É interessante notarmos que seu livro influenciou o desenvolvimento tanto dos fisiocratas quanto dos economistas clássicos, a ponto de ser um dos poucos autores mencionados por Adam Smith em *A Riqueza das Nações*. No entanto, o escocês, que ficou com os louros de fundador da ciência econômica, teria deturpado as ideias de Cantillon, o que fez que este ficasse quase que esquecido durante o apogeu da economia clássica. O resgate da importância de sua obra deve-se aos franceses Turgot e Say, dois importantes precursores da moderna Escola Austríaca, bem como a John Stuart Mill, já no apagar das luzes do século XIX.

Graças a Mill, quando da chamada Revolução Marginalista ocorreu uma redescoberta de Cantillon e de muitas de suas proposições. Como escreveu Rothbard no capítulo 12 de seu tratado *Economic Thought Before Adam Smith*[47], "o filósofo escocês e 'cobrador de impostos' Adam Smith não deve ser considerado o pai da economia, pois esse título deve pertencer ao empresário irlandês e economista austríaco Richard Cantillon".

Controvérsias à parte, é indiscutível que Cantillon foi um economista e homem de negócios brilhante, que antecipou em dois séculos muitos *insights* austríacos, bem como algumas proposições de

---
[47] ROTHBARD, M.. *op.cit.* p. 343-62

Milton Friedman (1912-2006), da Escola de Chicago, especialmente no que diz respeito aos efeitos diferentes que variações na oferta monetária provocam na economia no curto e no longo prazo.

## 2 - Biografia de Cantillon

Infelizmente, não dispomos de muitos pormenores a respeito da vida de Richard Cantillon, apesar de diversos acadêmicos o considerarem praticamente um autor moderno. Nas palavras de Joseph Spengler, "grande parte da vida de Richard Cantillon [...] permanece envolta em mistério"[48]. Ainda não sabemos com exatidão, por exemplo, onde ou quando Cantillon nasceu. Também há dúvidas remanescentes no que diz respeito ao que se diz sobre seu falecimento. O que sabemos é que ele nasceu durante a década de 1680, provavelmente em Ballyronan, no Condado de Kerry, que se situa no oeste da Irlanda. Sabemos também que sua família é de origem anglo-normanda. Na primeira década do século XVIII, mudou-se para a França e nacionalizou-se francês em 1708. Em 1711, serviu ao governo britânico, organizando pagamentos para os prisioneiros de guerra durante a Guerra de Sucessão Espanhola. Permaneceu na Espanha até 1714, onde estabeleceu vários contatos empresariais e políticos. A seguir, passou a mover-se entre Londres, Paris e outras capitais europeias,

---

[48] SPENGLER, Joseph J. "Richard Cantillon: First of the Moderns, I". *The Journal of Political Economy*, Vol. 62, No. 4 (August 1954): 281-295. Cit. p. 283. Para maiores detalhes biográficos, remeto o leitor às obras: MURPHY, Antoin E. *Richard Cantillon: Entrepreneur and Economist*. Oxford: Clarendon Press, 1986; BREWER, Anthony. *Richard Cantillon: Pioneer of Economic Theory*. London and New York: Routledge, 1992. Esta seção é baseada em parte nas obras de Murphy e Brewer, e em parte em trechos extraídos do verbete sobre Cantillon na Wikipedia, disponível em: <https://en.wikipedia.org/wiki/Richard_Cantillon>.

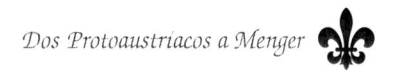

desenvolvendo atividades na indústria bancária e trabalhando para um primo, na época correspondente do ramo parisiense de um banco familiar. Em 1716, obteve apoio financeiro de James Brydges e comprou a parte do banco que era de seu primo. Graças às suas conexões financeiras e políticas (inclusive contatos na Holanda e com mercadores irlandeses em Bordeaux e Nantes), mas principalmente devido a seus talentos, revelou-se um banqueiro de sucesso. Como banqueiro privado, Cantillon não podia receber depósitos do público. Assim, especializou-se na realização de transferências de dinheiro entre Paris e Londres.

Em uma nova fase na sua vida, Cantillon associou-se ao mercantilista escocês John Law (1671-1729), um indivíduo de personalidade aventureira que chegou a matar um oponente em um duelo, o que o forçou a abandonar a Inglaterra em 1695. Baseando-se na teoria monetária de William Potter em seu tratado de 1650, *The Key of Wealth* – no qual Potter refutou as teorias metalistas, propondo usar como moeda títulos de dívida emitidos por uma empresa de comerciantes, garantidos por imóveis – John Law afirmou que os aumentos da oferta de moeda levariam ao emprego de terra e trabalho não utilizados, elevando assim a produtividade. O que Law desejava era a criação de uma espécie de banco nacional, dotado da capacidade de realizar a emissão de dinheiro.

Em 1716, o governo francês permitiu-lhe fundar o Banque Générale e, ademais, Law obteve um monopólio virtual sobre o direito de desenvolver territórios franceses na América do Norte, com a criação da Mississippi Company. Em contrapartida, Law financiaria a dívida do governo francês a baixas taxas de juros. De acordo com Brewer, na época o governo francês encontrava-se sufocado por dívidas gigantescas, resultantes das guerras de Luís XIV.

Law criou, então, uma bolha financeira especulativa, vendendo da Mississippi Company e utilizando-se do monopólio virtual do Banque Générale para emitir as notas bancárias necessárias para financiar seus investidores. No início, as expectativas de obter ganhos elevados incentivaram o público a comprar suas ações a preços altíssimos. Law conseguiu manter seu esquema durante um tempo, efetuando manipulações na políica monetária através de seu banco que, efetivamente, funcionava como um banco central[49].

Esses movimentos especulativos proporcionaram a Richard Cantillon – que chegou a atuar como banqueiro e agente para Law – o acúmulo de uma grande fortuna. Cantillon comprava as ações da Mississippi Company a preços muito baixos e, posteriormente, as vendia a preços substancialmente maiores. Entretanto, o sucesso financeiro e o crescimento da influência de Cantillon provocaram atritos em seu relacionamento com John Law. Isso chegou ao ponto de Law ter ameaçado prender Cantillon, caso ele não deixasse a França dentro de vinte e quatro horas. Cantillon respondeu: "Eu não vou embora, mas vou fazer seu sistema ter sucesso". Posteriormente, os projetos de Law começaram a afundar e ele chamou Cantillon de volta. Cantillon, entretanto, optou por não se envolver. No fim das contas, em 1718, Law, Cantillon e o rico especulador Joseph Gage (1687-1766) fundaram uma companhia privada com o propósito de financiar a especulação imobiliária na América do Norte.

Em 1719, Cantillon deixou Paris e foi para Amsterdam, retornando brevemente no começo de 1720. Realizando empréstimos em Paris, Cantillon tinha dívidas sendo quitadas em Londres e Amsterdam. Com o colapso da "bolha de Mississippi", Cantillon foi capaz de exigir altas taxas de juros. No entanto, a maior parte de seus devedores

---

[49] BREWER. *Richard Cantillon: Pioneer of Economic Theory. Op. cit.*, p. 6.

tinha sofrido prejuízos financeiros no colapso da bolha e, por causa disso, culpavam Cantillon, que se envolveu em inúmeros processos movidos por seus devedores, provocando inclusive um grande número de planos de assassinatos e acusações criminais.

Ademais, Cantillon enfrentava a cobrança de uma grande soma de impostos na França, onde – nas palavras de Brewer – *"o colapso dos esquemas de Law foi seguido por altos impostos retroativos sobre aqueles que se acreditava que tinham ganhado em excesso"*[50]. A despeito desses reveses, Cantillon ainda permaneceu muito rico e bem relacionado nos altos círculos.

Em 16 de fevereiro de 1722, Cantillon casou-se com Mary Mahony (1701-1751), filha do Conde Daniel O'Mahony (1640-1714) – um rico mercador e ex-general irlandês que fora morto em combate na Espanha[51]. Após o matrimônio, Cantillon e sua esposa passaram grande parte do restante da década de 1720 viajando pela Europa. Embora ele frequentemente retornasse a Paris entre 1729 e 1733, estabeleceu sua residência permanente era em Londres. Em maio de 1734, sua casa em Londres sofreu um incêndio misterioso e devastador, chegando-se a presumir que Cantillon tivesse morrido no fogo, dado que foi encontrado um corpo carbonizado. Apesar das causas do incêndio ainda serem desconhecidas, uma das teorias mais aceitas atualmente é a de que Cantillon foi assassinado por seus inimigos[52]. Uma outra hipótese é que Cantillon teria provocado o incêndio para forjar sua própria morte como maneira de escapar do assédio de seus credores, reaparecendo posteriormente no Suriname com o nome de Chevalier de Louvigny – uma figura misteriosa que foi encontrada nesse pequeno país,

---

[50] Idem. *Ibidem*, p. 7.
[51] MURPHY. *Richard Cantillon: Entrepreneur and Economist. Op. cit.*, p. 42-43.
[52] Idem. *Ibidem*, p. 8.

seis meses após o incêndio, portando diversos documentos pertencentes a Cantillon[53].

Infelizmente, de acordo com Victor Riqueti (1715-1789), o Marquês de Mirabeau, o *Essai* – aparentemente apenas uma pequena parte da totalidade dos trabalhos de Cantillon – foi a única obra que sobreviveu ao incêndio[54].

## 3 - O Pensamento de Cantillon

Em outro artigo, "Cantillon on the Cause of Business Cycle"[55] o mesmo Mark Thornton enfatiza que Richard Cantillon foi o primeiro economista a examinar com sucesso a natureza cíclica da economia capitalista. Vivendo em um tempo (início do século XVIII) em que as instituições da economia capitalista moderna foram estabelecidas e os primeiros grandes ciclos de negócios ocorreram, ele foi o primeiro a identificar suas causas e seus efeitos com singular originalidade. Em contraste com os mercantilistas, Cantillon era um observador astuto que desenvolveu uma compreensão econômica clara sobre moeda, bancos, comércio internacional e mercados de ações, mercados em que arriscou seu capital e fez sua fortuna. Cantillon foi o primeiro a modelar a economia como um todo interligado e a desenvolver o que hoje conhecemos como o modelo do "fluxo circular da riqueza", assim como o mecanismo de preços que regem os fluxos internacionais de moeda. Ele percebeu que os mercados eram regulados pelos movimentos de preços com base na oferta e demanda e identificou tendências equilibradoras mediante as trocas voluntárias nos mercados.

---
[53] Idem. *Ibidem,* p. 9.
[54] MIRABEAU, Marquês de. *L'Ami des hommes, ou, Traité de la population.* Avignon: A. Avignon, 1756. p. 238.
[55] THORNTON, Mark. "Cantillon on the Cause of Business Cycle". *The Quaterly Journal of Austrian Economics.* Volume 9, Number 3 (Fall 2006): 45-60.

### O "fluxo circular" de Cantillon

```
                    Proprietários
              aluguel        bens
        terra         mercadorias
                    bens
      Fazendeiros  ←——→  Empreendedores
                   lucros
   trabalho  salários    mercadorias  bens
                 trabalho
      Trabalho  ←——————→  Artesãos
                   bens
```

De fato, o *Essai* apresenta uma metodologia causal distinta, separando Cantillon de seus antecessores mercantilistas; é uma obra em que a palavra "natural" é constantemente usada, tentando implicar uma relação de causa e efeito entre as ações econômicas e os fenômenos reais. Murray Rothbard credita Richard Cantillon como sendo um dos primeiros teóricos a isolar o fenômeno econômico com modelos simples, onde outras variáveis incontroláveis podem ser fixadas. Jörg Guido Hülsmann compara alguns dos modelos apresentados no *Essai*, que trabalha com a hipótese de um equilíbrio constante, ao conceito de Ludwig von Mises de "economia uniformemente circular" (*evenly rotating economy*). Cantillon faz uso frequente do conceito de *coeteris paribus* no *Essai*, em uma tentativa de neutralizar variáveis independentes, na linha seguida quase duzentos anos depois por Alfred Marshall. Além disso, a ele é atribuído o emprego de uma metodologia semelhante ao individualismo metodológico de Carl Menger, ao deduzir fenômenos bastante complexos a partir de simples observações individuais.

Cantillon enxergava a economia como um sistema organizado de mercados interligados que operam no sentido de chegar a um equilíbrio. As instituições deste sistema organizado evoluiriam ao longo do tempo em resposta às necessidades, que por sua vez ligam todos os habitantes de uma sociedade em "uma rede de reciprocidade". O sistema é mantido em ajuste pelo livre jogo dos auto-interesses e a economia funciona mediante a ação de uma classe de empresários que realizam todas as trocas e a circulação do Estado. Cantillon tinha convicção de que um sistema de mercado funciona melhor sem a interferência do governo. Os empresários, assim como outros participantes do mercado, estão vinculados em reciprocidade, uma vez que na realidade são consumidores e clientes – um em relação ao outro. Seu número é, portanto, regulado pelo número de clientes, ou a demanda total e suas decisões são tomadas em condições de incerteza sobre o futuro.

## 3.1 - Atividade Empresarial

A segunda metade da primeira parte do *Essai* é onde Cantillon torna-se o primeiro economista a desenvolver as ideias austríacas sobre o empreendedor e seu papel na economia. O empreendedor, para ele, é quem assume os riscos causados pelas mudanças na demanda do mercado. Este é um reflexo direto do próprio início da carreira de Cantillon como assistente de tesoureiro durante a Guerra da Sucessão Espanhola. Lá, ele aprendeu e se destacou no papel de contador e negociador de contratos, e aprendeu o básico do sistema bancário e financeiro internacional.

Na segunda parte do *Essai*, Cantillon expôs sua análise austríaca pioneira da economia monetária, expondo o grande erro do mercantilismo – a falsa ideia de que o dinheiro é riqueza.

Na parte três, Cantillon aborda as questões de comércio exterior e taxas de câmbio, bem como o papel dos bancos, e faz algumas de suas mais importantes contribuições para a compreensão da economia. Esta seção é uma crítica das políticas mercantilistas e das inovações financeiras de John Law nas bolhas do Sistema de Mississippi e de South Sea. Isto é um reflexo do terceiro período na carreira de Cantillon, durante o qual ele fez fortuna através da compreensão do sistema financeiro e suas consequências inevitáveis.

De 1721 até sua morte, em 1734, Cantillon, como vimos, envolveu-se em disputas legais. Ele estava comprometido com diversos processos envolvendo seus negócios bancários e a South Sea Bubble. Foi também acusado de tentativa de homicídio e preso duas vezes, embora por pouco tempo. É importante atentarmos para o fato de que o *Essai* foi escrito neste momento, e há indícios para suspeitar que Cantillon tenha desenvolvido sua teoria econômica como parte de sua defesa legal contra as acusações de usura.

O papel do empresário é uma das grandes contribuições de Cantillon à teoria econômica. Ele fala do empresário, no sentido clássico do agente de grandes aventureiros de negócios, mas também faz uma distinção teórica entre aqueles que trabalham para um retorno fixo ou salário e aqueles que enfrentam os retornos incertos, incluindo os agricultores independentes, artesãos, comerciantes e fabricantes. Esses empresários compram insumos a um determinado preço para produzir e vender mais tarde a um preço incerto. Em busca do lucro, o empresário deve suportar os riscos que ele enfrenta com a incerteza generalizada do mercado.

## 3.2 - Sobre as Origens da Teoria Econômica

Cantillon envolveu-se de corpo e alma nos acontecimentos cruciais de sua época e conheceu muitos grandes intelectuais, incluindo vários escritores mercantilistas importantes. Por essa razão, não escapou completamente da mentalidade mercantilista então em moda, mas é realmente incrível como ele claramente rompeu com esse passado por conta própria, para produzir o primeiro trabalho coerente e abrangente de teoria econômica.

As contribuições de Richard Cantillon ao método da economia, enquanto não apreciadas em seu tempo e em grande parte esquecidas, são verdadeiramente notáveis quando colocadas no contexto histórico. O que impressionou economistas importantes, como William Stanley Jevons, Joseph Schumpeter (1883-1950), F. A. Hayek e Murray Rothbard foi a abordagem científica de Cantillon e a teorização lógico-dedutiva, tão característica da Escola Austríaca e da "revolução marginal". Ao longo do *Essai*, Cantillon está permanentemente preocupado com o fornecimento de explicações científicas para os fenômenos econômicos. Suas investigações mostram sempre preocupação com o estabelecimento de causas e efeitos. Cantillon muitas vezes expressa a relação causal com o termo "natural", que ele usou trinta vezes no *Essai* e que foi utilizada com o mesmo significado por Knut Wicksell no século XX.

Outra característica marcante de sua análise austríaca é a sua intenção de limitar-se à economia positiva de cada tema, um atributo que Hayek considerou especialmente notável para um economista de sua época.

Cantillon também emprega o método de abstração ou construção imaginária para teorizar sobre a economia. Ele usa a cláusula *coeteris paribus*, por exemplo, quando se discute a produtividade do trabalho: *"Quanto mais trabalho é gasto nela (terra), outras coisas sendo iguais, mais ela produz"*. Ele usa a ferramenta teórica do país pequeno e isolado, como os teóricos modernos da economia internacional fazem para eliminar fatores complicadores, tais como distúrbios monetários e comércio internacional. Mais importante, ele usou esta construção ou modelo para deduzir o ponto central austríaco de que a produção depende da demanda; neste caso, a demanda do proprietário da grande propriedade. Além disso, como o proprietário contrata a produção de suas terras aos agricultores, ele "cria" empresários e uma economia se desenvolve com a troca, os preços, o dinheiro e a competição.

Cantillon tem uma compreensão sofisticada do sistema de preços e sua análise contém a maioria dos elementos da análise austríaca moderna. O preço é determinado pela demanda e escassez relativa. A demanda é um conceito subjetivo com base nos "humores" e "fantasias" do povo. É o "consentimento do povo", juntamente com a relativa escassez de um produto, que determina o preço de mercado, entendendo-se por preço de mercado o preço pago ao vendedor. Do mesmo modo, o valor dos metais do mercado varia de acordo com a sua escassez ou abundância ou de acordo com a demanda.

Cantillon faz uma distinção importante entre preço e preço de mercado, e entre valor e valor de mercado, que tem servido como fonte de confusão sobre o significado de sua economia. Preço de mercado e valor de mercado são os preços reais que ocorrem no mercado com base em forças de oferta e demanda. Preço e valor são conceitos distintos e separados de preços de mercado. Eles estão relacionados com o que ele chamou de "valor intrínseco", e são usados para descrever o custo de oportunidade dos recursos utilizados para produzir o bem particular em questão, a terra e o trabalho específico que foram sacrificados para produzir o bem.

## 3.3 - Custos de Oportunidade

Como observou Hayek, o aspecto mais importante do *Essai* no campo do valor e teoria dos preços é a sua busca por regras e fórmulas que podem explicar a relação "normal" entre o valor ou o preço de vários bens, concentrando-se nas forças e mecanismos consistentes em restaurar a normalidade destas relações[56]. Mais importante ainda foi Cantillon nomear e descrever um conceito para o qual não existia um termo no mundo, porque Cantillon dominava diversas línguas fluentemente. Sua concepção de custo como o sacrifício de terra e trabalho é muito mais avançada do que a teoria da terra e do valor dos fisiocratas, ou a teoria do custo e do valor-trabalho dos economistas clássicos – entre eles, claramente, Adam Smith. Mas Cantillon tinha uma compreensão muito mais rica de custos do que uma simples medida da quantidade de terra e trabalho que entram em produção.

Cantillon ressaltou dois conceitos importantes no *Essai* que fornecem maior profundidade à sua concepção de custo. Primeiro, ele via todos os recursos como heterogêneos. Cada pedaço de terra era de uma qualidade diferente, e cada trabalhador também de uma qualidade diferente. Ou seja, antecipou elementos importantes da teoria austríaca do capital, esboçada por Menger e desenvolvida

---

[56] HAYEK, F. A. "Richard Cantillon". *Journal of Libertarian Studies*. Volume 7, Number 2 (Fall 1985). p. 263.

por Böhm-Bawerk. Por isso, enquanto o valor intrínseco era uma medida de custo, não era possível simplesmente contar o número de horas e acres, exceto de um modo abstrato ou em ilustrações simples. Na verdade, depois de estabelecer uma teoria preliminar da terra e trabalho de valor na primeira parte, ele observa no início da segunda parte, que para determinadas mercadorias na economia real é impossível fixar os seus respectivos valores intrínsecos.

O outro conceito que ele ressaltou foi o uso alternativo de recursos. A terra poderia ser usada para o cultivo de milho ou para fornecer feno para os cavalos. E o trabalho poderia ser realizado na fazenda ou treinado em um ofício. Cantillon viu claramente que quando um proprietário escolhe possuir mais cavalos, ele está abrindo mão da produção (e venda) de grãos, e que se a França desejava importar rendas finas, então ela teria que renunciar a uma certa quantidade de vinho produzido em seus vinhedos. Cantillon entendeu perfeitamente o conceito de custo de oportunidade e seu *Essai* foi uma tentativa de construir o conceito para explicar escolhas econômicas. A descoberta do custo de oportunidade por este importante precursor da Escola Austríaca marca sem dúvida a origem da teoria econômica.

Outro aspecto da teoria de Cantillon a ser ressaltado, especialmente em sua concepção monetária e bancária, é o referente aos custos de transporte, porque o banqueiro (como o próprio Cantillon) serve como intermediário para reduzir os custos de risco e de transporte de enviar grandes quantidades de dinheiro ao longo de grandes distâncias. Cantillon foi o primeiro economista a aplicar os princípios da economia espacial em um tratado econômico geral. Deu contribuições originais e universais para a economia espacial sobre a natureza de princípios facilmente aplicáveis para os campos da teoria da localização e de preços internacionais.

## 3.4 - Teoria Monetária

Sua bem-sucedida carreira como banqueiro desempenhou papel importante em sua economia monetária, que Hayek considerava sua maior contribuição. Cantillon era um homem rico que entendeu que a natureza da moeda como meio de troca levou à sua evolução para metais preciosos, e que os príncipes não podem introduzir dinheiro imaginário ou obterem sucesso quando desvalorizam sua moeda. Uma posição firme em sua análise ao estilo austríaco era a rejeição da ingênua abordagem global da teoria quantitativa da moeda, porque sustentava uma abordagem de processo microeconômico para o estudo da moeda. Mostrou que o tipo de alteração na oferta de moeda e onde essa moeda entra na economia são cruciais para determinar que efeitos serão gerados.

Em outras palavras, Cantillon antecipou em dois séculos a abordagem austríaca dos ciclos econômicos! Rejeitou a visão mercantilista de Locke de que a taxa de juros era um fenômeno puramente monetário. Como Mises, ele descobriu que a taxa de juros é um preço baseado nas forças de oferta e demanda no mercado de fundos emprestáveis, e que se o dinheiro novo aumenta a oferta monetária, o efeito é reduzir a taxa de juros. Descreve minuciosamente as forças que causam alterações nas taxas de juros, e mostra como a taxa de juros é um fenômeno normal e importante da economia. Defende os ganhos de altas taxas de juros através da comparação dos lucros e rendas de taxas ainda mais elevadas. Com base na sua descrição das taxas de juros e o que faz com que sejam elevadas, Cantillon ridiculariza a noção de que o governo as deve regular.

## 3.5 - Teoria dos Ciclos Econômicos

Cantillon construiu uma teoria dos ciclos econômicos bastante semelhante à teoria austríaca, ao analisar as mudanças na oferta de moeda e seus impactos de curto e de longo prazo sobre a economia. O aumento da oferta de moeda é a fase de crescimento, o início do ciclo. Suas descrições desta fase do ciclo são o que muitos comentaristas têm usado para rotular Cantillon como um mercantilista, porque mais dinheiro é visto como levando a um maior nível de atividade econômica. No entanto, ele apontou veementemente que surgem problemas, mais cedo ou mais tarde. O principal gira em torno da inflação dos preços e do colapso da indústria nacional. A lição austríaca de Cantillon é que a política mercantilista é uma conveniência de curto prazo que falha a longo prazo.

Teve a percepção, portanto, de que os efeitos da política monetária são diferentes e caminham em sentidos opostos no curto e no longo prazo. Nisto, além de antecipar os austríacos do século XX, antecipou também os monetaristas, especialmente Milton Friedman e seus discípulos da Escola de Chicago, na segunda metade do mesmo século.

Exatamente como os economistas austríacos modernos, Cantillon rejeitou o objetivo da política mercantilista de aumentar a oferta de dinheiro permanentemente a uma taxa constante, como recomendava Friedman. Percebeu, como Mises duzentos anos depois, que uma dada quantidade de dinheiro fixa era suficiente, e que o montante só precisa mudar à medida que a economia muda de um sistema de trocas diretas para um de trocas monetárias, embora existam vários fatores que reduzem naturalmente a necessidade de dinheiro, tais como os serviços bancários e um aumento na velocidade com que circula a moeda.

Cantillon mostrou ainda porque o bimetalismo criaria escassez de dinheiro e alertou contra o uso de papel-moeda e os bancos nacionais (estatais; bancos centrais).

É significativo que tenha fechado o *Essai* com uma acusação a John Law e seu sistema, e esse ataque serve como um aviso de que continua a ser importante e ignorado nos dias atuais:

> *É então inquestionável que um banco com a cumplicidade de um ministro é capaz de levantar e apoiar o preço das ações públicas e reduzir a taxa de juros no Estado ao prazer deste ministro, quando as medidas são tomadas de forma discreta, e, assim, pagar a dívida do Estado. Mas esses refinamentos que abrem a porta para fazer grandes fortunas são raramente realizados com o único partido do Estado, e aqueles que participam neles são geralmente corrompidos. O excesso de notas, feitas e emitidas nessas ocasiões, não perturba a circulação, porque está sendo usado para a compra e venda de ações que não servem para as despesas dos consumidores e não são transformadas em prata. Mas se algum pânico ou crise imprevista leva os titulares a exigirem prata do Banco estatal, a bomba vai estourar e então se verá que estas são operações perigosas*[57].

Cantillon foi mal interpretado como um mercantilista e teórico do valor objetivo (ou intrínseco), mas na verdade o que fez foi expor os inúmeros erros do mercantilismo e explicar claramente o conceito de custo de oportunidade, o princípio fundamental da teoria econômica. Cantillon e seu *Essai* são as origens da teoria econômica e sua teoria é claramente consistente com a Escola Austríaca de nossos dias.

---

[57] CANTILLON, Richard. *Essai sur la nature du commerce en general.* Trad. Grete Heinz. Reimpresso em: HAYEK, F. A. *Economic History.* BARTLEY III, W. W. & KRESGE, Stephen (Eds.). *The Collected Works of F. A. Hayek.* Chicago: University of Chicago Press, 1991. Vol. 3. p. 323.

Ainda em sua teoria dos ciclos, Cantillon verificou que a principal entre as forças que provocam desequilíbrios na economia é a manipulação da moeda por parte do governo. Enquanto os mercantilistas geralmente consideravam o dinheiro como fonte de riqueza que poderia ser rentável quando manipulado pelo governo, Cantillon mostrou que o dinheiro, as taxas de juros e o comércio internacional eram todos "bem regulamentados" e razoavelmente estáveis em seu estado natural (ou seja, sem o intervencionismo). Além disso, as manipulações por parte dos bancos nacionais e intervenções monetárias dos governos causam instabilidade e levam a distúrbios prejudiciais para a economia. Mostrou que os padrões de consumo e produção foram alterados e a economia acabou prejudicada quando o dinheiro e os juros foram manipulados pelo governo, criando o que hoje chamamos de "efeito Cantillon". Sua abordagem fornece um caminho metodológico para o estudo de ciclos e uma causa dos ciclos (a intervenção do governo), posteriormente absorvida e elaborada por Ricardo, a Currency School, Wicksell, Mises, Hayek e a moderna Escola Austríaca. O "efeito Cantillon" – expressão cunhada por Mark Blaug (1927-2011) – é a ideia de que as mudanças nos níveis de preços causadas por aumento da quantidade de dinheiro dependem da forma como o dinheiro novo é injetado na economia e de como afeta os preços em primeiro lugar. O dinheiro novo, então, espalha-se e altera o nível de preços e a estrutura de preços ou preços relativos. Outra maneira de dizer isso é que, embora os preços subam conforme a quantidade de dinheiro aumenta, ao contrário da ingênua teoria quantitativa da moeda, os preços não sobem proporcionalmente, mas de uma forma complexa que depende de quem recebeu o dinheiro e de como ele foi gasto. Ora, este é um dos pontos centrais da moderna teoria austríaca dos ciclos econômicos. Cantillon foi um austríaco nascido com dois séculos de antecedência!

Além disso, sua abordagem realista para os ciclos econômicos também inclui um *insight* à la *Public Choice* – ou "neo-austríaca" – a respeito da natureza e da causa do ciclo, em que o governo manipula o dinheiro e o crédito, não por ignorância, mas para beneficiar determinados grupos. E Cantillon não só nos fornece a causa e os efeitos dos ciclos, mas também a sua cura, que consiste em impedir a intervenção do governo na moeda e no crédito bancário. Esta é uma visão muito importante no mundo de hoje, dominado pelo controle dos bancos centrais sobre o dinheiro e o crédito bancário e acuado com a crise financeira em curso em todo o mundo desde 2007.

Cantillon baseou sua análise na não-neutralidade da moeda, mostrando claramente como alterações no estoque de moeda produzem efeitos reais. Começou a sua análise da moeda com sua origem como um meio de troca e, em seguida, mostrou como a circulação de dinheiro ocorre em um modelo de fluxo circular da economia, incluindo o papel da velocidade do dinheiro. Concordou com John Locke e os teóricos quantitativistas que um aumento na quantidade de dinheiro gera um aumento nos preços – um ponto que ele afirmou, com o qual todos estão de acordo – mas, a partir de uma perspectiva realista, Cantillon mostrou que as mudanças na quantidade de dinheiro não são neutras em termos de produção e consumo e que nem havia qualquer relação numérica confiável entre a quantidade de dinheiro e seu poder de compra.

Antecipando a crítica austríaca à "teoria do helicóptero" despejador de dinheiro, um famoso exemplo de Milton Friedman, ele afirmou: *"dobrando a quantidade de dinheiro em um estado os preços dos produtos e mercadorias não serão sempre o dobro"*[58]. O impacto depende de onde o dinheiro é injetado na economia e como

---

[58] Idem. *Ibidem.*, p. 235.

o novo dinheiro causa um novo rumo no consumo e até mesmo uma nova velocidade de circulação, mas que não é possível dizer exatamente até que ponto. Portanto, a relação proporcional da teoria quantitativa da moeda entre moeda e preços pode não acontecer.

Cantillon mostrou que mudanças na quantidade de moeda podem causar vários tipos diferentes de efeitos reais sobre a produção, o investimento, o consumo e o comércio, ou seja, sobre o setor real da economia, dependendo de quem primeiro recebeu o dinheiro – efeitos agora denominados de *efeito Cantillon*, *efeito de injeção* ou *efeito de primeira ordem*. Em seu primeiro exemplo, ele mostrou que o aumento do dinheiro através de ouro doméstico e de mineração de prata levaria ao aumento do consumo por pessoas na indústria de mineração, e que estimularia o aumento dos preços dos bens que adquiriram (por exemplo, carne e bens de luxo). Empresários e agricultores teriam que adaptar a sua produção para atender ao novo padrão de demanda, de modo que a estrutura de produção teria que se alterar. As pessoas não associadas à indústria de mineração iriam enfrentar preços mais altos e menos bens para consumir, e assim haveria também uma mudança na distribuição de renda. Como os preços continuariam a subir, o ouro seria exportado em troca de bens importados e pessoas da população não ligadas à mineração podem até migrar para áreas com salários reais mais elevados. Cantillon demonstra assim que os mercantilistas estavam errados, pois mais dinheiro em circulação pode prejudicar a economia e causar distorções no padrão de produção e nos salários, como nos casos da Espanha e Portugal de seu tempo.

A partir dessa perspectiva – de que a moeda não é neutra –, Cantillon demonstrou que o fluxo de dinheiro terá consequências reais em termos de produção, consumo e distribuição de renda. O efeito líquido sobre a economia é negativo, mas a magnitude normalmente seria pequena e relacionada com o custo de recursos de ouro. O ponto importante salientado por Cantillon é como a produção de ouro muda o consumo, os preços relativos e a estrutura de produção. Mesmo com este simples exemplo podemos ver como Cantillon foi marcadamente diferente dos macroeconomistas modernos, especialmente Friedman e os monetaristas, que defendem o princípio da neutralidade da moeda no longo prazo e concentram assim seus estudos nos efeitos das mudanças no nível de preços, em vez de mudanças nos preços relativos e seu impacto sobre os padrões de produção intra e internacional e sobre consumo.

Outro ponto que nunca é demais ressaltar, mesmo correndo o risco de sermos repetitivos, é que Cantillon percebeu claramente que os efeitos de curto prazo e de longo prazo da moeda sobre o nível de preços e a produção são diferentes, podendo, especialmente os efeitos sobre a produção e sobre todo o setor real da economia, inclusive, ter sentidos contrários.

## 3.6 - A Economia Internacional

Contrastando com os debates na *mainstream economics* sobre os méritos econômicos relativos da guerra e da dívida pública, Cantillon parece bastante "austríaco" acerca destas questões. É evidente que, se os fundos são emprestados pelo governo, só criam uma "facilidade temporária" e não melhoram a economia. Como ele observou, a dívida pública muitas vezes resulta na falência da nação, *"chega a um final ruim e é um fogo de palha"*[59]. Da mesma

---
[59] Idem. *Ibidem.*, p. 256.

forma, a aquisição de fundos por meio de obrigações de guerra é problemática, e Cantillon simplesmente considerou que isso *"vai me contentar em dizer que todas as nações que floresceram desta forma não deixaram de cair"*[60].

Baseado em sua análise dos fluxos internacionais de capitais, Cantillon demoliu a visão mercantilista da moeda, demonstrando que as mudanças na quantidade de dinheiro não necessariamente diminuem a taxa de juros. Na verdade, ele pode ser reconhecido como um dos primeiros economistas a basear sua análise das taxas de juros na abordagem das preferências temporais! Como certa feita descreveu, se os aumentos na quantidade de dinheiro vêm para as mãos dos bancos e dos poupadores, a taxa de juros tenderá a cair, mas se o aumento da quantidade de dinheiro é introduzido pela primeira vez nas mãos dos consumidores, a taxa de juros subirá, na medida em que os empreendedores passarão a tomar mais empréstimos em uma tentativa de aumentar sua produção e atender às necessidades de seus consumidores, agora mais ricos. Costuma-se ligar o *efeito Cantillon* exclusivamente às políticas do banco central, mas ele analisou os efeitos reais das várias possibilidades diferentes das políticas dos bancos centrais, de novas injeções monetárias.

Para Cantillon, quando o novo dinheiro entra na economia por meio do comércio exterior e os empresários aumentam suas poupanças através de lucros acumulados, o país enriquece. Na sua opinião, as taxas de juros que são movidas para baixo pelo aumento da poupança são uma coisa boa, porque permitem que os empresários coloquem mais pessoas para trabalhar em empregos mais qualificados, na produção de produtos com valor mais alto e, assim, ajudem a nação a crescer em riqueza. Mas empréstimos

---

[60] Idem. *Ibidem.*, p. 259.

para fins de consumo, geralmente para a nobreza e para o Estado, aumentam as taxas de juros e resultam em ruína. Cantillon concluiu que os governos não poderiam reduzir as taxas de juros artificialmente sem consequências adversas. Após a análise de Locke, ele citou vários casos típicos em que os empresários efetivamente cobravam taxas muito altas de juros, mas as suas práticas foram consideradas legais e razoáveis, mostrando que as leis da usura, ou seja, os controles das taxas de juros pelo Estado, não funcionavam. Em vez de leis de usura, ele recomendou que os mercados devem ser livres para determinar as taxas de juros.

## 3.7 - Os ciclos são fenômenos reais, porém causados por fatores monetários

Cantillon estava muitos anos à frente de seu tempo na compreensão da natureza cíclica da economia. Ele é prestigiado com justiça por ter sido o primeiro a descrever o ciclo de comércio exterior como consequência de *superávits* comerciais, que causariam influxos de ouro e preços mais altos, o que por sua vez causaria uma entrada de mercadorias estrangeiras e uma saída de ouro, transformando o excedente em um *déficit* de comércio. Como o ouro fluiu para o exterior e os bens fluíram para o país, os preços internos cairiam e a economia iria voltar em direção a um equilíbrio na balança comercial. Aqui, os príncipes poderiam impedir ou prevenir o declínio econômico retirando voluntariamente dinheiro da economia, para ser usado em caso de emergência nacional, mas Cantillon sabia que a maioria dos príncipes não iria proceder assim. Compreendendo-os sob a teoria que hoje é chamada de *Public Choice*, ele constatou os interesses dos príncipes – preocupados com sua própria fama, glória e consumo. Cantillon acreditava que iriam piorar as coisas pelo seu próprio gasto excessivo com bens de luxo[61].

O "ciclo de comércio" de Cantillon tem as características de um fenômeno de longo prazo, com base em trajetórias de longo prazo dos fluxos comerciais, fluxos monetários, produção e consumo. A entrada de capital em uma nação causa um aumento na tendência de crescimento econômico, seguido por períodos de saída de capital, o que provoca uma diminuição na tendência da taxa de crescimento. O economista irlandês escreveu que *"ele não precisa de um grande número de anos para aumentar a abundância para o ponto mais alto em um estado, menos ainda são necessários para trazê--lo para a pobreza por falta de comércio e fábricas"*[62]. No entanto, o seu ciclo de comércio foi muito mais longo do que o ciclo de negócios típico, pois os exemplos que ele deu incluem a prosperidade da França de 1646 a 1684, seguido por um declínio que durou de 1685 até pelo menos o tempo em que ele escreveu seu *Essai* (por volta de 1730), bem como as alterações de longo prazo similares nas economias dos estados vizinhos. Estes ciclos são muitas vezes gerados pelas decisões políticas do príncipe – tanto o bom como o ruim – e as escolhas econômicas resultantes da população. Atribui o declínio da França, por exemplo, à expulsão dos huguenotes (e a proibição da produção têxtil de algodão por volta 1685). Portanto, embora existam algumas características comuns, o ciclo comercial da Cantillon deve ser visto separadamente do seu ciclo de negócios.

Cantillon, examinando as causas do ciclo de negócios, apontou várias possíveis, tais como dinheiro, taxas de juros e taxas de câmbio, mas essas variáveis não eram em si mesmas a causa des-

---
[61] Idem. *Ibidem.*, p. 245-46.
[62] Idem. *Ibidem.*, p. 246.

ses ciclos. Em sua argumentação, sustentava que, assim como os preços dos bens são determinados por oferta e demanda, da mesma forma, as taxas de juros são determinadas pelas forças da oferta e da demanda por crédito. Rejeitou a teoria de subconsumo do ciclo de negócios, como uma confusão de causa e efeito. Admitia que podem existir problemas na área de comércio exterior, mas o comércio é basicamente autorregulador.

> As taxas de câmbio entre as nações também não são a causa, como também não são as taxas de câmbio dentro de uma nação para moedas de metais diferentes. Para julgar a relação entre o ouro e a prata, o preço de mercado é por si só decisivo: o número de pessoas que precisam de um metal em troca de outro, e daqueles que estão dispostos a fazer essa troca, determina a razão[63].

Nos últimos quatro capítulos da terceira parte do *Essai* Cantillon analisa mais detidamente o ciclo de negócios. O capítulo cinco examina o tema curioso do "aumento" e "diminuição" de dinheiro. Exemplifica com o rei que ordena que o valor nominal das moedas de prata deva ser reduzido em 1% ao mês, por 20 meses, de modo que o valor nominal das moedas cai de cinco para quatro libras (a unidade monetária francesa de conta). Então, o valor de uma moeda de prata de uma onça cai de cinco libras para quatro libras. Cantillon viu este episódio como uma ameaça potencial aos seus princípios econômicos, em que os preços na época pareciam ser definidos pelo valor nominal das moedas em termos de libras, e não pelo peso em prata.

O autor mostra, então, que em resposta ao decreto do rei, todos aqueles que devem dinheiro vão se apressar a pagá-lo durante

---

[63] Idem. *Ibidem.*, p. 355-69.

a diminuição, de modo a não perder. Os contratos de empréstimo foram especificados em termos de libras e a taxa de juros nos contratos de empréstimo foi fixada de modo que, como a diminuição aconteceu, seria necessário um aumento do número de moedas de prata para pagar as dívidas. Portanto, as pessoas vão fazer todos os esforços para pagar as dívidas o mais rápido possível. Com dívidas a serem pagas e a diminuição do teor ainda em curso, tornam-se disponíveis fundos emprestáveis a taxas de juros muito baixas, e isso desencadeia um tipo de crescimento econômico. Empreendedores e comerciantes acham que é fácil pedir dinheiro emprestado, o que encoraja os menos capazes e menos acreditados a expandirem suas empresas. Eles tomam empréstimos como lhes apetece, sem juros e com as mercadorias a preços correntes. Os vendedores têm dificuldade em se livrar de sua mercadoria em troca de dinheiro, que deve diminuir em suas mãos em valores nominais. Eles se voltam então para mercadorias estrangeiras e passam a importá-las em quantidades para o consumo de vários anos.

Cantillon argumenta que nas fases iniciais da diminuição promovida pelo Estado, a velocidade de circulação aumenta e os preços sobem. Como consequência do aumento dos preços, as exportações caem e mais espécie sai do país. Como a diminuição continua, as pessoas "iluminadas" tendem a acumular dinheiro e o rei começa a emprestar muito, e, por atrasar pagamentos de dívidas, pensões e outras despesas, ele junta um grande tesouro em dinheiro. Com o dinheiro sendo escondido no mercado interno e exportado para pagar importações, a oferta de dinheiro em circulação diminui. A abundância de dinheiro disponível para empréstimos se transforma em escassez de dinheiro disponível para a troca. Esta escassez de dinheiro é ruim para os negócios, e os comerciantes começam a vender seus produtos a preços baixíssimos, e muitos são forçados a declarar falência[64]. Cantillon demonstrou que os resultados completos das intervenções monetárias do rei são benefícios privados para a coroa em detrimento de custos muito maiores impostos à economia. Algo mais moderno do que isso?

A causa desta perturbação monetária e o ciclo de expansão e contração resultantes é a intervenção do governo. O rei estava endividado e usou o esquema de diminuição/ aumento para aumentar as receitas reais, mesmo que o efeito global sobre a economia tenha sido negativo. *"A mudança no valor nominal de dinheiro tem, em todos os tempos, sido o efeito de algum desastre ou escassez no Estado, ou da ambição de um príncipe ou de um indivíduo"*[65]. Cantillon claramente não estava escrevendo em um vácuo histórico, e após oferecer vários exemplos históricos de reforma monetária, concluiu que tais manipulações *"nunca deixaram de causar desordem nos Estados. Importa pouco ou nada o que é o valor nominal da moeda, desde que seja permanente"*[66]. Se a quantidade de dinheiro se mantivesse estável durante essas manipulações, o Estado não ganharia nem perderia, mas *"os indivíduos podem ganhar ou perder com a variação de acordo com os seus compromissos"*[67]. Uma vez que as manipulações cessem e as coisas sigam seu curso natural, a economia volta ao normal, mas no processo ela inevitavelmente sofre danos significativos.

---

[64] Idem. *Ibidem.*, p. 384-91.
[65] Idem. *Ibidem.*, p. 393-94.
[66] Idem. *Ibidem.*, p. 395.
[67] Idem. *Ibidem.*, p. 396.

## 3.8 - Cantillon
## e o Sistema de Reservas Fracionárias

Sendo um banqueiro, Cantillon percebeu que o sistema de reservas fracionárias dos bancos é um aspecto negativo dos ciclos. Quando depósitos são emprestados a juros, o montante emprestado se transforma em aceleração do dinheiro em circulação, mas esse fato também cria "risco e perigo" e os banqueiros

> *são ou deveriam estar sempre prontos para descontar suas notas quando desejado pelos titulares das contas. Os banqueiros podem ser arruinados se não resgatarem as notas demandadas e, portanto, eles fazem uma regra baseada em sua experiência para manter sempre em mão o suficiente para atender a demanda, e um pouco a mais do que a menos.*

Observou que a maioria dos banqueiros mantinha pelo menos metade dos depósitos em reserva, mas que a política de reservas de um banco (geralmente variando de um décimo a dois terços dos depósitos) era específica para cada banco, porque *"naturalmente proporcional à prática e à conduta de seus clientes"*[68]. Os depositantes tendem a ter mais confiança em um banco do Estado, e esta confiança – além, naturalmente, das receitas do próprio Estado – permite a essas instituições financeiras atraírem os maiores depositantes. Esse fato cria uma oportunidade para esses bancos para operarem com uma política de reservas muito baixa, porque os grandes depósitos raramente são retirados em massa. Como exemplo, Cantillon avaliou que o Banco da Inglaterra poderia emitir notas de "uma soma muito grande e de grande utilidade para a circulação quando o montante

---
[68] Idem. *Ibidem.*, p. 401-03.

de meios de pagamento precisa ser acelerado", mas adverte que nem sempre é o caso, pois já havia observado em outro lugar que há casos em que é melhor para o bem-estar do Estado retardar a circulação do que acelerá-la. Na verdade, ele considerava os bancos estatais desnecessários para a cobrança de receitas públicas e duvidava da utilidade desses bancos em um grande reino, porque sua suposta vantagem faz mais mal do que bem:

> *Quando o dinheiro circula em maior abundância em um banco do Estado do que entre os seus competidores, um banco estatal faz mais mal do que bem. Uma abundância de dinheiro fictício e imaginário provoca as mesmas desvantagens do que as provocadas por um aumento de dinheiro em circulação, elevando o preço da terra e do trabalho ou tornando obras e fábricas mais caras, com o risco de perda subsequente. Mas esta abundância furtiva desaparece na primeira rajada de descrédito e precipita desordem*[69].

Finalmente, ele voltou sua atenção para o fato de que os bancos estatais causam ciclos e bolhas no mercado de ações. Cantillon observou que quando o estoque em uma empresa como a Companhia das Índias Orientais era vendido, as notas eram geralmente aceitas sem necessidade de dinheiro, mas que se esse dinheiro fosse exigido para fazer tais operações, isso "impediria" a circulação, porque os bancos teriam que manter reservas muito maiores, face à possibilidade de saques para essas grandes compras. Em outras palavras, o banco estatal teria que seguir a mesma política de reservas dos outros bancos e, portanto, eles não possuem qualquer "utilidade" especial. O autor do *Essai* também concluiu que, se o governo não estava cheio de dívidas, um

---
[69] Idem, *op.cit.* p. 413.

banco nacional seria de pouco uso. No entanto, ele considerava que o impacto dos bancos nacionais poderia ser "surpreendente".

> *Embora considere um banco estatal, na realidade, de serviço muito pouco sólido em um grande Estado, admito que há circunstâncias em que um banco estatal pode ter efeitos que parecem surpreendentes. Em uma cidade onde existem dívidas públicas em quantidades consideráveis a facilidade de um banco do governo permite que se compre e venda ações de enorme soma, sem causar qualquer distúrbio na circulação[70].*

A política de reservas do banco estatal combinada com a emissão de "dinheiro fictício e imaginário" causa um fortíssimo aumento no valor de ações "pestilentas" em empresas que eram meras "armadilhas". O *bust* seria inevitável, porque o aumento da riqueza invariavelmente leva a um aumento do consumo e preços mais elevados. Como o dinheiro é sacado dos bancos para fazer compras, aumenta a probabilidade de que os bancos não sejam capazes de resgatar seus depósitos.

## 3.9 - Um resumo da teoria dos ciclos de Cantillon

Cantillon explicou a natureza cíclica da economia de mercado, tanto em termos de ciclos de crescimento e decadência de longo prazo quanto de ciclos de negócios mais curtos provocados pela moeda. No ciclo de comércio os investidores geralmente tomam decisões corretas com base em mudanças na economia, mas no ciclo de negócios eles estão sendo enganados por mani-

---
[70] Idem, *op.cit.* p. 419-20.

pulações do governo (que os austríacos chamam de "poupança forçada", ou seja, artificial). Ele enfatizou o ciclo de negócios com um exame das causas possíveis dessas perturbações, e descobriu que o dinheiro, as taxas de juros e as taxas de câmbio são mais ou menos autoequilibrantes em seu estado natural e não causam ciclos de negócios por conta própria. No entanto, enfatizou claramente que a moeda não é neutra, porque tinha potencial para perturbar a trajetória de distribuição de recursos na economia de várias maneiras.

Segundo Thornton,

> *[...]a característica mais marcante da teoria de Cantillon é que a intervenção do governo é a causa do ciclo de negócios. Depois que ele examinou e rejeitou todas as causas endógenas, Cantillon enfatizou que o governo e a manipulação – seja da moeda ou das ações do banco estatal (banco central, nos dias atuais) são a causa inicial do ciclo de negócios. Em sua análise do que hoje chamamos de efeito Cantillon, ele mostrou como estas intervenções provocam a má alocação de capital e uma redistribuição de renda. Ele explica os booms e busts, os gastos de luxo, o momento do erro do empreendedor, a prevalência da corrupção no mercado de ações, e fornece uma explicação que antecedeu em 250 anos a teoria da escolha pública para as ações do governo. Em contraste com as muitas teorias que possuem ciclos de negócios como força endógena ou equilibradora da economia de mercado, Cantillon estabeleceu uma teoria baseada em causa e efeito e análise microeconômica. Sua abordagem é semelhante, e foi ainda mais refinada, por economistas como Ricardo, Wicksell e Mises, e em sua forma mais desenvolvida é agora conhecida como a teoria austríaca dos ciclos econômicos*[71].

---

[71] THORNTON. "Cantillon on the Cause of Business Cycle". *Op. cit.*, p. 58.

Prossegue o professor Thornton, encerrando seu instigante artigo:

*A contribuição de Cantillon para teoria do ciclo de negócios tem sido largamente negligenciada pelos economistas mainstream nos últimos 250 anos. Durante esse tempo, numerosas tentativas para resolver o mistério do ciclo de negócios falharam e todas as tentativas de remédios ou não tiveram sucesso, ou mesmo agravaram o problema. O objetivo principal aqui não foi testar ou provar a superioridade da abordagem de Cantillon dos ciclos de negócios, mas mostrar que ele tinha uma teoria bem desenvolvida com base em uma visão realista da economia e do governo. No entanto, há boas evidências de que Cantillon e os economistas austríacos possuem uma vantagem quando se trata de compreender e prever o ciclo de negócios. Além disso, Cantillon é o fundador reconhecido da análise microeconômica e é creditado por contribuições macroeconômicas notáveis como o modelo circular de fluxo da renda, o mecanismo dinâmico de preços e sua abordagem aos ciclos de negócios. Seu desenvolvimento subsequente merece maior consideração como uma possibilidade de desbloqueio dos mistérios do ciclo econômico e até mesmo para proporcionar uma cura*[72].

## 4 - Cantillon, um Verdadeiro Protoaustríaco

Cantillon foi de fato um austríaco? No artigo "*Was Richard Cantillon an Austrian Economist?*", o professor Robert Hebert, da Universidade de Auburn, começa com uma pergunta interessante:

*Alguém pode levar a sério a questão colocada pelo título deste artigo? A história revela claramente os seguintes fatos: a*

---
[72] Idem. *Ibidem.*, p. 59.

> Economia Austríaca começou em 1871 com o trabalho pioneiro do economista vienense Carl Menger. *Essai sur la nature du commerce en général*, de Cantillon, foi escrito quase 150 anos antes. Ele permaneceu praticamente desconhecido até que reintroduzido para os economistas por W. S. Jevons em 1881. Não há, definitivamente, nenhuma ligação cronológica entre Cantillon e Menger, e qualquer conexão intelectual é especulativa[73].

A bem da verdade, não encontrei no *Princípios de Economia Política*, de Menger, nenhuma citação a Cantillon, embora o autor referencie, por exemplo, Galiani, Condillac, Montanari, Smith, Turgot, Scorch e outros economistas, alguns dos quais podem ser considerados como protoaustríacos. Já Mario Rizzo e Gerald P. O'Driscoll, Jr., em seu instigante livro *The Economics of Time and Ignorance*, um substancial resumo do subjetivismo da Escola Austríaca, citam-no três vezes[74]. E o professor Roger Garrison, em seu festejado e polêmico livro de 2001, *Time and Money: The Macroeconomics of Capital Structure*[75], embora não mencione Cantillon, recorre diversas vezes ao que se conhece como *efeito Cantilon*, combinado com a *quarta proposição fundamental de J. S. Mill*, com o efeito Ricardo na versão hayekiana e com o chamado *efeito concertina*[76]. Entretanto, Hebert prossegue observando que a questão que coloca pode ser levada muito a sério, e que se pode demonstrar que a tradição austríaca – que começou no século passado com Menger e foi desenvolvida por Mises, Hayek, Kirzner e outros – tem muitos pontos em comum com a economia de Richard

---

[73] HEBERT, Robert F. "Was Richard Cantillon an Austrian Economist?" *Journal of Libertarian Studies*. Volume VI, Number 6 (Fall 1985). p. 269.
[74] O'DRISCOLL, Jr., Gerald P. & RIZZO, Mario. *The Economics of Time and Ignorance*. New York: Routledge, 1985. p. 204-5, 221 e 224.
[75] GARRISON, Roger W. *Time and Money: The Macroeconomics of Capital Structure*. New York: Routledge, 2001.
[76] IORIO, Ubiratan Jorge. *Ação, Tempo e Conhecimento: A Escola Austríaca de Economia*. São Paulo: Instituto Ludwig von Mises Brasil, 2ª ed., 2013. caps. 6-9.

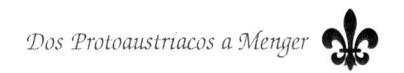

Cantillon. Este fato, infelizmente, geralmente não tem sido reconhecido por historiadores do pensamento econômico, nem mesmo por alguns economistas austríacos.

O que é bastante claro é que primeiro tratado sistemático sobre a ciência econômica foi escrito por um banqueiro de sobrenome espanhol, nascido na Irlanda. Apesar de haver evidência de que Richard Cantillon escreveu uma grande variedade de manuscritos, seu livro *Traité*, publicado em 1755, que condensa de maneira sistemática os princípios econômicos, só foi traduzido para o inglês por Henry Higgs (1864-1940), em 1932. Esse lapso de 177 anos na tradução, embora haja evidência que sugere que o *Essai* teve tremenda influência no desenvolvimento inicial da ciência econômica, mostra claramente que o tratado de Cantillon foi amplamente negligenciado durante praticamente todo o século XIX, quando foi "redescoberto" por William Stanley Jevons, que o considerou o "berço da economia política". Desde então, o *Essai* recebeu atenção crescente, graças em grande parte a Henry Higgs, Joseph Schumpeter, Friedrich Hayek e Murray Rothbard, que escreveram sobre o assunto. O *Essai* é considerado o primeiro tratado completo sobre teoria econômica, e Cantillon foi chamado de "pai da Economia" – anterior a Adam Smith, que ficou com os louros.

É interessante notar que Cantillon é citado em *A Riqueza das Nações* 11 vezes por Adam Smith, o que mostra que o filósofo moral escocês conhecia a obra do irlandês[77]. Teria Smith "plagiado" Cantillon, como sugerem alguns, ou teria apenas seguido o curso acadêmico normal, em que todos nos valemos de contribuições deixadas por colegas de nossa geração e de gerações anteriores? Afinal, como escreveu Keynes na *Teoria Geral* – um dos livros mais famosos, mas que também um dos que

---

[77] SMITH, Adam. *A Riqueza das Nações*. Lisboa: Fundação Calouste Gulbenkian, 1981. Vol. II. p. 802.

causaram mais estragos irreparáveis em nossa ciência –, os que se interessam por economia são, todos, "escravos de algum economista defunto". Para não perder o (bom) hábito de discordar do sr. Keynes, quero apenas lembrar que essa frase de efeito não vale apenas para economistas. Vale também para compositores, cantores, atores, advogados, músicos, dentistas, carvoeiros, barbeiros... Se não fosse assim, de que serviria a história?

Prefiro enfatizar que um banqueiro, não-acadêmico (como Smith, Hume e outros), com uma vida de negócios mais do que atribulada, foi capaz de escrever um tratado tão abrangente que antecipou em séculos muitos dos *insights* que a ciência econômica adotou nos séculos seguintes – e que continua a adotar.

Hülsmann, em "*More on Cantillon as a Proto-Austrian*", no *Journal des Économistes et des Études Humaines*, resume assim a controvérsia de que trata seu artigo:

> *Murray N. Rothbard apresenta Richard Cantillon como o pai fundador da moderna ciência econômica. Esta classificação apresenta algumas críticas à tese de Rothbard, mas também mais uma prova em seu apoio. Nós mostramos que o ensaio de Cantillon, Essai sur la nature du commerce en général [Sobre a natureza do comércio em geral], é pioneiro da análise econômica das relações de propriedade, ressaltando que a demanda de proprietários determina toda a estrutura de produção. Além disso, Cantillon antecipa a distinção funcional dos capitalistas modernos, trabalhadores, empresários e governos de acordo com seu tipo de renda. Ele também analisou em que medida o Estado, fazendo circular uma alta quantidade de dinheiro, provoca distúrbios, e demonstrou que todos os resultados da intervenção governamental são efêmeros e revertidos por leis naturais do mercado. Murray N. Rothbard apresenta Richard Cantillon como o pai e verdadeiro fundador da ciência econômica moderna. A tese de*

*Rothbard está sujeita a críticas, mas encontra apoio. O artigo visa demonstrar que o Essai sur la nature du commerce en général, de Cantillon, estabelece a análise econômica da propriedade; ele insiste no fato de que a demanda dos proprietários determina em conjunto a estrutura de produção. Além disso, Cantillon faria a distinção funcional moderna precoce entre capitalistas, trabalhadores, empresários e líderes de acordo com suas formas de renda. Ele também analisou a medida em que o Estado se aproveita de uma grande oferta de dinheiro e demonstrou que todos os resultados da intervenção estatal são efêmeros e terminam sendo contrariados pela lei natural.*

## 5 - Conclusões

A título de conclusão – e para não deixar dúvidas de que Cantillon foi de fato um extraordinário economista e inegavelmente um protoaustríaco por excelência –, vou listar alguns pontos de sua teoria econômica que se coadunam perfeitamente com a Escola Austríaca.

1) O *Essai* foi o primeiro livro a abordar de maneira sistemática a ciência econômica, e a metodologia utilizada foi de natureza hipotético-dedutiva, fato comentado elogiosamente por Hayek;

2) Foi o primeiro a modelar a economia como um todo interligado;

3) Foi o primeiro a desenvolver o esquema conhecido como "fluxo circular da riqueza";

4) Foi o primeiro a analisar os mecanismos de preços que regem os fluxos internacionais de moeda;

5) Identificou perfeitamente as tendências equilibradoras do processo de mercado, atingidas mediante trocas voluntárias, sem intervenções do Estado;

6) Cunhou o termo "natural", utilizado bem mais tarde por Knut Wiksell e pelos austríacos, para representar os preços nos diversos mercados, quando determinados voluntariamente;

7) Foi o primeiro a se valer do método marshalliano conhecido como cláusula *coeteris paribus*;

8) Foi extremamente austríaco ao utilizar, embora moderadamente, o individualismo metodológico e o subjetivismo das ações humanas;

9) Foi o "avô" do conceito austríaco de *estrutura de capital*, destacando sua heterogeneidade, conceito usado por Menger e desenvolvido por Böhm-Bawerk;

10) Foi também o pioneiro na análise do papel do empreendedor na economia;

11) Foi um severo crítico dos mercantilistas, ao afirmar categoricamente que o dinheiro injetado pelo Estado na economia não gera riqueza;

12) Foi enfático ao afirmar que o processo de mercado sempre é superior às intervenções governamentais no que se refere ao desenvolvimento da economia;

13) Estabeleceu com precisão, pela primeira vez, o conceito de *custos de oportunidade*, largamente utilizados pela Escola Austríaca e pelos economistas modernos em geral;

14) Foi um crítico severo do sistema de *reservas fracionárias* bancárias;

15) Escreveu claramente que os países não necessitam de bancos estatais, tornando-se o precursor da tese austríaca de que os bancos centrais modernos precisam ser extintos.

16) Outra contribuição importantíssima foi que ele estabeleceu uma teoria dos ciclos econômicos que é a base da

moderna teoria austríaca, identificando suas causas na expansão artificial do crédito, analisando o mecanismo da poupança forçada, mostrando os impactos do crédito sobre a estrutura de capital, mostrando que ao *boom* inicial segue-se um *bust* caracterizado por inflação e desemprego e afirmando que a solução para as crises e bolhas é a retirada do governo;

17) Foi, também, o primeiro a perceber que os efeitos das variações no estoque de moeda sobre a economia são diferentes no curto e no longo prazo;

18) Foi o precursor da doutrina da "utilidade marginal", antecedendo em 116 anos Menger, Jevons e Walras.

Estes foram apenas alguns dos pontos da teoria econômica desse gigante irlandês, alguns comuns à Escola Austríaca e à *mainstream economics*, mas em sua maioria essencialmente austríacos. A leitura do *Essai* é, a meu ver, essencial para os que se interessam por economia em geral e, particularmente, para os economistas austríacos.

## 6 - Referências Bibliográficas

BRANDA, Domingos C. "O pai fundador da economia moderna: Richard Cantillon". Disponível em: http://www.mises.org.br/Article.aspx?id=938

BREWER, Anthony. *Richard Cantillon: Pioneer of Economic Theory*. London and New York: Routledge, 1992.

CANTILLON, R. *Ensaio sobre a natureza do comércio em geral*. Curitiba: Segesta, 2002.

CANTILLON, Richard. *Essai sur la nature du commerce en general*. Trad. Grete Heinz. Reimpresso em: HAYEK, F. A. *Economic History*. BARTLEY III, W. W. & KRESGE, Stephen (Eds.). *The Collected Works of F. A. Hayek*. Chicago: University of Chicago Press, 1991. Vol. 3. p. 323.

GARRISON, Roger W. *Time and Money: The Macroeconomics of Capital Structure*. New York: Routledge, 2001.

HAYEK, F. A. "Richard Cantillon". *Journal of Libertarian Studies*. Volume 7, Number 2 (Fall 1985).

HEBERT, Robert F. "Was Richard Cantillon an Austrian Economist?" *Journal of Libertarian Studies*. Volume VI, Number 6 (Fall 1985).

HÜLSMANN, Jörg Guido. "More on Cantillon as a Proto-Austrian". *Journal des Economistes et des Etudes Humaines*. Volume 11 (4): 693-703. Paris, France: l'Institut Européen des Etudes Humaines. DOI: 10.2202/1145-6396.1036.

IORIO, Ubiratan Jorge. *Ação, Tempo e Conhecimento: A Escola Austríaca de Economia*. São Paulo: Instituto Ludwig von Mises Brasil, 2ª ed., 2013. caps. 6-9.

MENGER, Carl. *Princípios de Economia Política*. Trad. De Luiz João Baraúna. São Paulo: Nova Cultural, 1988.

MIRABEAU, Marquês de. *L'Ami des hommes, ou, Traité de la population*. Avignon: A. Avignon, 1756.

MURPHY, Antoin E. *Richard Cantillon: Entrepreneur and Economist*. Oxford: Clarendon Press, 1986.

O'DRISCOLL, Jr., Gerald P. & RIZZO, Mario. *The Economics of Time and Ignorance*. New York: Routlege, 1985.

ROTHBARD, Murray N. *An Austrian Perspective on the History of Economic Thought – Volume I: Economic Thought Before Adam Smith*. Auburn: Ludwig von Mises Institute, 2006.

SMITH, Adam. *A Riqueza das Nações*. Trad. Teodora Cardoso. Lisboa: Fundação Calouste Gulbenkian, 2ª ed., 1981.

SPENGLER, Joseph J. "Richard Cantillon: First of the Moderns". *The Journal of Political Economy*. Volume 62, Number 4 (August 1954): 281-95. Cit. p. 283.

TARASCIO, Vincent J. "Cantillon's Essay: A Current Perspective". *Journal of Libertarian Studies*. 29 (2): 249-57 (outono de 1985).

THORNTON, Mark. *The Great Austrian Economists*. Editado por Randall G. Holcombe. Auburn: Ludwig von Mises Institute, 1999. iBooks.

THORNTON, Mark. "Cantillon on the Cause of Business Cycle". *The Quaterly Journal of Austrian Economics*. Volume 9, Number 3 (Fall 2006): 45-60.

THORNTON, Mark. *Cantillon the Anti-mercantilist*. Working Paper: 1-33. Auburn: Ludwig von Mises Institute, 2007.

# Capítulo IV

## Anne Robert Jacques Turgot (1727-1781)

## 1 - Introdução

Este capítulo busca retratar um pouco a obra de um grande protoaustríaco, Anne Robert Jacques Turgot, e creio que possamos iniciar essa tarefa recorrendo a Rothbard:

> *A carreira de Anne Robert Jacques Turgot em economia foi muito breve, mas brilhante e, em todos os sentidos, notável. Em primeiro lugar, ele morreu bastante jovem e, segundo o tempo e energia que ele dedicou à economia foi relativamente pouco. Ele era um homem de negócios muito ocupado, nascido em Paris em uma distinta família da Normandia cujos membros tinham servido por muito tempo como funcionários reais importantes. Suas contribuições à economia foram breves, dispersas e apressadas. Sua obra mais famosa, Reflexões sobre a formação e distribuição da riqueza (1766), é composta por apenas cinquenta e três páginas.*

No século XVIII, vários autores já tinham esboçado uma ideia de liberdade econômica, que passou a ser chamada de *laissez-faire*. Turgot, sem dúvida, foi um desses pensadores.

Foi administrador regional e, mais tarde, controlador geral da França, uma nação que se deixava guiar por uma monarquia absolutista. Deu importantes contribuições para a liberdade: defendeu a tolerância religiosa, fez prevalecer a liberdade de expressão, permitiu que as pessoas tivessem a liberdade de escolher os trabalhos que desejassem, cortou gastos governamentais, combateu ferozmente as teorias inflacionistas e defendeu o ouro, suprimiu impostos, diversas restrições comerciais e os privilégios do monopólio e o trabalho forçado.

Jim Powell escreve:

> *Turgot era respeitado pelos principais pensadores defensores da liberdade, como o Barão de Montesquieu, o Marquês de Condorcet e Benjamin Franklin. Referindo-se a Turgot, Adam Smith escreveu que tinha a felicidade de conhecê-lo e de, para seu júbilo, gozar de sua estima e amizade. Depois de encontrar-se com Turgot em 1760, Voltaire disse a um amigo: "[...] talvez eu nunca tenha conhecido um homem mais amável ou mais bem informado". Jean Baptiste Say, que inspirou vários libertários franceses durante o século XIX, afirmou que existem poucos trabalhos que podem render para um jornalista ou para um estadista mais frutos em fatos ou instrução do que os escritos de Turgot. Pierre-Samuel Du Pont de Nemours, um francês defensor do laissez-faire e fundador de família industrial americana, fez um grande elogio a seu amigo Thomas Jefferson ao chamá-lo de "o Turgot americano".*

Turgot parecia ser dotado com o dom da premonição. Previu a Revolução Americana em 1750 – vinte e seis anos antes que acontecesse – e alertou o rei francês Luís XVI (1754-1793) de que se os impostos e os gastos governamentais não fossem reduzidos, aconteceria uma revolução que poderia custar-lhe a cabeça. Criticou também o hábito do governo de emitir dinheiro em papel e, por não ter sido ouvido, antes da Revolução Francesa, ocorreu uma inflação fora de controle, que foi uma das causas da própria insurreição.

Enfatizou veementemente que a regulação mercantilista da indústria não era um simples erro intelectual, mas um verdadeiro sistema de cartelização coercitiva e de privilégios especiais conferidos pelo Estado. Para Turgot, a liberdade de comércio interno e externo coadunava-se com os enormes benefícios mútuos das trocas livres.

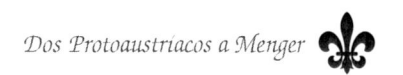

Percebeu que era absurda uma doutrina que defendesse vender tudo para os estrangeiros e nada comprar deles em troca.

Foi, sem dúvida, como Cantillon, um precursor de Adam Smith e um autêntico protoaustríaco, como veremos mais adiante.

## 2 - Biografia de Turgot

Como relata Jim Powell:

> *Turgot nasceu em Paris, em 10 de maio de 1727. Era o terceiro e mais jovem filho de Michel Tienne Turgot e Madeleine Francoise Martineau. Seu pai era um funcionário público que ajudou a construir o sistema de esgoto de Paris. [...] Frequentou o College Du Plessis, onde descobriu as teorias do físico inglês Isaac Newton. Era tradição que o filho mais jovem se tornasse padre e, de acordo com o costume, Turgot foi matriculado no seminário de Saint-Sulpice, onde se graduou em Teologia e se tornou conhecido como Abbé de Brucourt. Depois, entrou para a Sorbonne.*

De acordo com o texto *Anne-Robert-Jacques Turgot, Baron de Laune*[78], ele foi educado para a Igreja e na Sorbonne, onde foi admitido em 1749. Escreveu duas notas latinas notáveis, sobre os benefícios que a religião cristã conferia à humanidade e sobre o progresso histórico da mente humana. O primeiro sinal de seu interesse na Economia é uma carta de 1749 sobre o papel-moeda, refutando a defesa do sistema de John Law e do abade Jean Terrasson (1670-1750). Ele gostava de versos e tentou introduzir no francês as regras da prosódia latina, sua tradução do quarto livro da *Eneida* em hexâmetros clássi-

---

[78] Disponível em: http://en.wikipedia.org/wiki/Anne-Robert-Jacques_Turgot,_Baron_de_Laune

cos, suscitou a Voltaire (1694-1778) o comentário de que tinha sido a única tradução em prosa em que ele havia encontrado entusiasmo. Decidiu-se por não receber as ordens sacras, dando como razão que *"não podia suportar usar uma máscara durante toda a vida"*.

Como bem relata Bem Powell, Turgot aprendeu inglês, alemão, grego, hebreu, italiano e latim, e traduziu para o francês as obras de Júlio César, de Homero, de Horácio (65-8 a.C.), de Ovídio (43 a.C.-18 A.D.), de Sêneca (4 a.C.-65 A.D.), Virgílio (70-19 a.C.) e outros autores clássicos, bem como os escritos de autores britânicos do século XVIII, como Joseph Addison (1672-1719), Samuel Johnson (1709-1784) e Alexander Pope (1688-1744). Também traduziu o ensaio de David Hume, *On the Jealousy of Trade* [*Sobre o Ciúme no Comércio*].

Para alguns pensadores, a primeira manifestação científica completa da ideia de progresso é a de Turgot, expressa em seu *A Philosophical Review of the Successive Advances of the Human Mind* (1750). Para Turgot, o progresso abrange não apenas as artes e ciências, mas, em sua base, toda a cultura – usos, costumes, tradições, instituições, códigos legais, economia e sociedade.

Em 1752, ele se tornou *substitut* e depois *conseiller* no Parlamento de Paris, e em 1753, *maître des requetés*. Em 1754, foi membro da *royale chambre*. Em Paris, frequentava os salões de beleza, especialmente o de Françoise de Graffigny (1695-1758), a Madame de Graffigny. Foi durante esse período que ele conheceu os líderes da escola fisiocrata – François Quesnay e Vincent de Gournay (1712-1759) –, e, com eles, Pierre Samuel Du Pont de Nemours (1739-1817), André Morellet (1727-1819), o Abade Morellet, e outros economistas.

Em 1743 e 1756, ele acompanhou Gournay (autor da expressão *"laissez-faire, laissez passer"*, que seria incorporada ao vocabulário da Economia) em inspeções nas províncias. Em 1760, durante uma viagem ao leste da França e à Suíça, visitou Voltaire, que se tornou um de seus principais amigos e apoiadores. Durante todo esse tempo estudou vários ramos da ciência e línguas antigas e modernas. Em 1753, traduziu do inglês as *Questions sur le commerce,* de Josias Tucker (1713-1799), e em 1754 escreveu sua *Lettre sur la tolérance civile,* e um panfleto, *Le Conciliateur,* em apoio à tolerância religiosa. Entre 1755 e 1756, compôs vários artigos para a *Encyclopedie,* e entre 1757 e 1760, um artigo sobre "Valeurs des monnaies", provavelmente para o *Dictionnaire du commerce,* do Abade Morellet. Em 1759, apareceu seu trabalho *Éloge Vincent de Gournay.*

## 2.1 - Turgot Intendente

Em agosto 1761, foi nomeado intendente (cobrador de impostos, algo "pouco austríaco") do Généralité de Limoges, que incluía algumas das mais pobres e mais tributadas partes da França, permanecendo ali por 13 anos. Ele já estava profundamente imbuído das teorias de Quesnay e Gournay e começou a trabalhar para aplicá-las, na medida do possível, em sua província. Seu primeiro plano era continuar o trabalho, já iniciado por seu antecessor Tourny, de fazer um novo levantamento do terreno (cadastro), a fim de chegar a uma avaliação mais justa do tamanho das propriedades e também obter uma grande redução da contribuição da província. Publicou seu *Avis sur l'assiette et la repartition de la taille* (1762-1770) e, como presidente da sociedade de agricultura de Limoges, ofereceu prêmios para ensaios sobre princípios de tributação. Quesnay e Mirabeau tinham defendido um imposto proporcional (*impôt de quotité*), mas Turgot propôs um imposto distributivo (*impôt de repartition*). Outra medida foi a reforma e construção de estradas a serem entregues por empresas contratantes, o que significa que Turgot deixou sua província com um bom sistema de rodovias, com distribuição mais justa dos custos da sua construção.

Em 1769 ele escreveu sua *Mémoire sur les prêts à intérêt*, por ocasião de uma crise financeira em Angoulême, obra em que analisa pela primeira vez, cientificamente – e não apenas do ponto de vista eclesiástico – a questão de emprestar dinheiro a juros. A opinião de Turgot era de que deveria existir um compromisso a ser alcançado entre os dois métodos. Entre outras obras escritas durante a intendência de Turgot foram os *Mémoire sur les minas et carrières* e os *Mémoire sur la marque des fers*, em que protestava contra a regulação e a interferência estatal e defendia a livre competição. Ao mesmo tempo, fez muito para incentivar a agricultura e as indústrias locais, como a da fabricação de porcelana, de Limoges. Durante a fome de 1770-1771 ele atribuiu aos proprietários de terras "a obrigação de aliviar os pobres" e, especialmente, os seus dependentes, e organizou em todas as províncias ateliês e casas de caridade para oferecer trabalho para sãos e alívio para os enfermos, enquanto concomitantemente condenava a caridade indiscriminada. Turgot, sempre que possível, designava padres para serem os agentes de suas instituições de caridade e reformas. Foi em 1770 que ele escreveu suas famosas *Lettres sur la liberté du commerce des grains*, dirigidas à e Joseph Marie Terray (1715-1778), o Abade Terray, o controlador-geral. Três dessas cartas desapareceram, tendo sido enviadas para Luís XVI por Turgot em data posterior, e nunca foram recuperadas, mas as que restaram demonstram sua tese de que o livre comércio de grãos é do interesse do proprietário, agricultor e consumidor da mesma forma, e sua defesa da remoção de todas as restrições ao livre mercado.

O trabalho mais conhecido de Turgot, *Réflexions sur la formation et la distribution des richesses*, foi escrito no início do período de sua intendência, para auxiliar dois jovens estudantes chineses. Escrito em 1766, apareceu na revista de Du Pont de Nemours, o *Almanaque do cidadão*, em 1769-1770, e foi publicado separadamente em 1776. Du Pont de Nemours fez várias alterações no texto, a fim de torná-lo mais conforme às doutrinas de Quesnay, o que levou a uma amizade entre ele e Turgot.

Nas *Réflexions*, traçando a origem do comércio, Turgot desenvolve a teoria de Quesnay de que a terra é a única fonte de riqueza, e de que a sociedade se divide em três classes, a produtiva ou agrícola, os assalariados (a *classe stipendice*) ou classe dos artesãos, e a classe de proprietários de terra (*classe disponible*). Depois de discutir a evolução dos diferentes sistemas de cultivo, a natureza das trocas, escambo, dinheiro e as funções do capital, ele expõe a teoria do imposto único (*impôt unique*), ou seja, que somente o produto líquido da terra deve ser taxado. Além disso, ele defendeu a completa liberdade de mercado no comércio e na indústria.

## 2.2 - Turgot ministro de Luís XVI

Em 1774, Turgot foi nomeado ministro por Luís XVI, numa ação que foi recebida com entusiasmo pelos *philosophes*, um grupo de intelectuais do Iluminismo ou "Idade da Razão", que se originou no século XVII e prosseguiu no século XVIII, e que enfatizava a razão e o individualismo em detrimento da tradição. O objetivo daqueles pensadores era reformar a sociedade mediante o uso da razão, para desafiar ideias fundamentadas unicamente na tradição e fé e para buscar o conhecimento através do método científico. O Iluminismo, de forte matiz humanista, defendia que o pensamento racional começa com princípios claramente definidos, faz uso da lógica para chegar a conclusões, testa essas conclusões frente às evidências e adota o procedimento de revisar os princípios dados pela razão à luz da evidência.

Na França, o Iluminismo produziu a grande *Encyclopédie*, editada entre 1751 e 1772 por Denis Diderot (1713-1784) e Jean le Rond d'Alembert (1717-1783), com contribuições de centenas de intelectuais, especialmente Voltaire, Jean-Jacques Rousseau (1712-1778) e Montesquieu (1689-1755). Foram vendidos cerca de 25.000 exemplares da *Encyclopédie*, com 35 volumes, metade deles fora da França. Essas novas ordenações intelectuais se espalharam para os centros urbanos em toda a Europa, especialmente Inglaterra, Escócia, os estados alemães, Holanda, Polônia, Rússia, Itália, Áustria e Espanha. E também na América, através das obras de Benjamin Franklin (1706-1790) e Thomas Jefferson (1743-1826), entre outros, desempenhando papel importante na Revolução Americana. Os ideais políticos do Iluminismo influenciaram a Declaração de Independênciados Estados Unidos, o *Bill of Rights*, a Declaração Francesa dos Direitos do Homem e do Cidadão e a Constituição Polaco-Lituana de 3 de maio de 1791, conforme relata Robert R. Palmer (1909-2002)[79]. Para Immanuel Kant (1724-1804), o Iluminismo foi *"a idade final da humanidade, a emancipação da consciência humana a partir de um estado imaturo da ignorância"*.

Sua primeira medida como ministro foi apresentar ao rei uma declaração de princípios baseada na trilogia: "Sem falência, sem aumento da tributação, sem empréstimos" A intenção de Turgot, em

---

[79] PALMER, Robert R. *The Age of Democratic Revolution*. Princeton: Princeton University Press, 1964.

face da péssima situação financeira da França, era impor parcimônia e responsabilidade fiscal e monetária em todos os segmentos do governo. Todas as despesas departamentais teriam de ser submetidas à sua aprovação. Muitas sinecuras foram suprimidas, com o devido ressarcimento a seus os titulares, e o abuso de gastos foi combatido, enquanto Turgot apelou pessoalmente ao rei contra a doação generosa de empregos públicos e pensões.

Estabeleceu ainda um orçamento regular e bem mais modesto. Tais medidas reduziram substancialmente o *déficit* e elevaram o crédito nacional, de tal forma que em 1776, pouco antes de sua queda, ele foi capaz de negociar um empréstimo com alguns banqueiros holandeses a juros de 4% a.a., mas o *déficit* ainda era tão grande que o impediu de realizar seu intento preferido: substituir a tributação indireta por um único imposto sobre a terra. Suprimiu, no entanto, uma série de funções menores e opôs-se, por razões de economia, à participação da França na Guerra Revolucionária Americana – embora não tenha obtido sucesso.

Ao mesmo tempo, começou a trabalhar para estabelecer o livre comércio de grãos, mas seu decreto, assinado em 13 de setembro de 1774, encontrou forte oposição mesmo no *conseil du roi*. No preâmbulo, ele estabeleceu as doutrinas em que o decreto se baseou – recebendo os elogios dos filósofos e o ridículo de seus juízes –, e Turgot o reescreveu três vezes, a fim de torná-lo "tão claro que qualquer juiz de aldeia poderia explicar isso para os camponeses". Turgot passou então a ser odiado por aqueles que tinham se interessado nas especulações com grãos sob o regime do Abade Terray, entre os quais alguns príncipes. Além disso, o *commerce des blés* tinha sido um tema favorito dos salões de Paris nos anos anteriores, e Galiani, sempre espirituoso, adversário dos fisiocratas e também um protoaustríaco, tinha um grande número de seguidores.

A oposição prosseguiu implacável, agora por Simon-Nicholas Henri Linguet (1736-1794) e Jacques Necker (1732-1804), que em 1775 publicou seu *Essai sur la legislação et le commerce des grains*. Mas o pior inimigo de Turgot foi a má colheita de 1774, que levou a um ligeiro aumento do preço do pão no inverno e início da primavera de 1774-1775. Em abril surgiram distúrbios em Dijon, e no início de maio ocorreram os famosos "motins do pão", conhecidos como *guerre des farines*, o que pode ser encarado como uma primeira amostra da Revolução Francesa, tal a sua organização. Turgot, contudo, mostrou grande firmeza e decisão na repressão aos motins, e foi lealmente apoiado pelo rei. Sua posição foi reforçada pela entrada de Guillaume-Chrétien de Lamoignon de Malesherbes (1721-1794) para o ministério, em julho de 1775.

Durante todo aquele tempo, Turgot preparava seus famosos *Seis Editais*, que foram finalmente apresentados ao *conseil du roi* em janeiro de 1776. Dos seis editais, quatro eram de menor importância, mas dois deles encontraram violenta oposição: primeiro, o que suprimia os *corvées* (trabalho escravo nas fazendas); depois, os que suprimiam os *jurandes* (comissões) *e maîtrises* (capatazes), todos extinguindo os privilégios das corporações de ofício. No preâmbulo, Turgot corajosamente anunciou como seu objetivo a abolição de privilégios e a sujeição de todos os três à tributação, deixando como exceção o clero, a pedido de Jean-Frédéric Phélypeaux de Maurepas (1701-1781). No preâmbulo do decreto sobre os *jurandes* ele estabelecia como princípio o direito de todos os homens para trabalhar sem restrição.

Ele conseguiu o registro dos editais na justiça, mas a essa altura quase todo o mundo estava contra ele. Seus ataques contra os privilégios granjearam o ódio dos nobres e dos parlamentos; sua tentativa de reformas na casa real incomodou o tribunal; sua legislação de livre comércio, os financiadores; seus pontos de vista sobre a tolerância e a sua agitação para a supressão de frases ofensivas aos protestantes na coroação e juramento do rei provocaram o clero; e o seu decreto sobre as *jurandes*, aos ricos burgueses de Paris, e outros, como Louis-François de Bourbon-Conti (1717-1776), o príncipe de Conti, cujos interesses estavam envolvidos. A rainha Maria Antonieta (1755-1793) não gostava dele por se opor à concessão de favores a seus protegidos e porque ele tinha ofendido sua dama de companhia Yolande Martine Gabrielle de Polastron (1749-1793), a Madade de Polignac, de modo semelhante.

Tudo poderia, apesar da forte oposição, ter corrido bem se Turgot tivesse conseguido manter a confiança do rei, mas Luís XVI não poderia deixar de ponderar que Turgot não obteve o apoio dos outros ministros. Mesmo seu amigo Malesherbes julgava-o imprudente, e foi, além disso, "encorajado" a renunciar. A alienação de Maurepas foi também aumentando. Seja por conta do ciúme da ascendência que Turgot havia adquirido sobre o rei, seja por causa da incompatibilidade com suas ideias, ele já estava inclinado a tomar partido contra Turgot, e a reconciliação entre ele e a rainha, que aconteceu nessa época, significava que ele seria, doravante, o instrumento da camarilha Polignac e do partido Choiseul. Sobre este tempo, também, apareceu um panfleto, *Le Songe de M. Maurepas*, atribuído ao Conde de Provence, o futuro rei Luís XVIII (1755-1824), com uma caricatura para desmoralizar Turgot.

Ainda como ministro, entre 1774 e 1776, ele se opôs a que França prestasse apoio financeiro para a Revolução Americana, pois, embora acreditasse em suas virtudes e em seu sucesso inevitável, sabia que a França não dispunha de recursos financeiros para tal.

A causa direta da queda de Turgot é incerta: alguns mencionam cartas forjadas contendo ataques à rainha e mostradas ao rei como tendo sido escritas por Turgot, outros uma série de notas distorcidas sobre o orçamento de Turgot – preparadas, talvez, por Necker – e também levadas ao rei para provar a sua incapacidade. Outros, ainda, atribuem sua queda à rainha, e não há dúvida de que ela odiava Turgot e apoiou Charles Gravier (1719-1787), o Conde de Vergennes, exigindo sua substituição por Adrien-Louis de Bonnières (1735-1806), o Conde de Guines, o embaixador em Londres, cuja causa Maria Antonieta tinha ardentemente defendido por instigação da camarilha de Choiseul. E ainda há os que creditam sua queda a uma intriga de Maurepas. Após a demissão de Malesherbes, a quem Turgot queria substituir por Joseph-Alphonse de Véri (1724-1799), o Abade de Véri, em abril de 1776, Maurepas propôs ao rei como seu sucessor uma nulidade chamada Antoine-Jean Amelot de Chaillou (1732-1795).

Turgot, sabendo disso, escreveu uma carta indignada ao rei, repreendendo-o por se recusar a vê-lo, em que apontou em termos firmes os perigos de um ministério fraco e um rei fraco, e queixou-se amargamente da indecisão e da sujeição de Maurepas às intrigas da corte. O rei mostrou a carta a Maurepas, embora Turgot tivesse pedido confidencialidade, o que agravou a situação. Com todos esses inimigos, a queda de Turgot era certa, mas ele desejava permanecer no cargo pelo tempo suficiente para terminar seu projeto de reforma da casa real antes de se demitir; entretanto, para sua decepção, não teve permissão para concluir seu trabalho. Em 12 de maio 1776, foi intimado a pedir demissão. Logo em seguida, seguiu para La Roche-Guyon, o palácio de Louise Elisabeth Nicole de La Rochefoucauld (1716-1797), a Duquesa d'Enville, retornando em breve a Paris, onde passou o resto de sua vida em estudos científicos e literários, sendo nomeado vice-presidente da Académie des Inscriptions et Belles Lettres, em 1777.

Turgot – como já deve ter ficado subentendido – tinha um caráter simples, honrado e reto, com paixão pela justiça e pela verdade. Era um idealista (seus inimigos diriam "um doutrinário") e os termos "direitos naturais" e "lei natural" frequentemente aparecem em seus escritos. Seus amigos falam de seu charme e alegria, mas entre estranhos ele era silencioso e reservado, o que levou seus inimigos a chamá-lo de desdenhoso. Mas em dois pontos seus amigos e inimigos concordam: sua brusquidão e sua falta de tato na gestão dos homens. O historiador August Oncken (1844-1911) apontou, com alguma razão, o tom professoral e rude de suas cartas, inclusive as dirigidas ao rei[80]. Como estadista foi estimado de maneiras bastante variadas e é geralmente aceito que um grande número de reformas e ideias da Revolução foram devidas a ele, não por tê-las criado, mas sim por divulgá-las e dar-lhes destaque. Quanto à sua posição como economista, as opiniões também são divididas. Oncken, para tomar o extremo da condenação, olha para ele como um mau fisiocrata e um pensador confuso, enquanto Jean-Baptiste Say considera que ele foi o fundador da moderna economia política, e que "embora tenha falhado no século XVIII, triunfou no século XIX".

Como vemos, a austeridade fiscal e monetária, a liberdade econômica e a supressão do poder do Estado e dos que vivem às custas dos que pagam tributos, ideias representam o eixo de uma "política econômica" de sabor austríaco, sempre encontraram forte oposição por parte dos que encrostam na pedra do poder. Assim foi com Turgot e continua sendo até hoje.

---

[80] ONCKEN, August. *Geschichte der Nationalökonomie*. Leipzig: Verlag von C. L. Hirschfeld, 1922. Vol. II, Ch. 1.

## 3 - O Pensamento Filosófico, Político e Econômico de Turgot

David Gordon apresenta um resumo bastante bem elaborado do pensamento de Turgot, destacando seus aspectos filosóficos, políticos e econômicos, com ênfase, evidentemente, na economia[81].

Em *A Philosophical Review of the Successive Advances of the Human Mind,* Turgot apresenta um esboço do progresso da humanidade. Advoga que o fato de os seres humanos terem experiências semelhantes não implica que todas as nações sejam iguais, pois os indivíduos têm diferentes habilidades e capacidades, e os resultados do gênio individual trazem algumas culturas à tona. O crescimento do conhecimento é traçado com o destaque inicial da evolução da mente humana em Atenas. Turgot argumenta que aprendemos através dos sentidos; assim como Hume, ele sustenta que o conhecimento dedutivo se limita a mostrar conexões entre ideias. Turgot argumenta que a linguagem é essencial para o conhecimento e adverte que as linguagens que se desenvolvem primeiro podem tornar-se fixas e excessivamente elaboradas, e assim impedirem o conhecimento. Ele via a idade contemporânea como aquela em que o conhecimento se desenvolveu mais do que nunca. René Descartes como um pioneiro neste crescimento recente e Isaac Newton e Gottfried Wilhelm Leibniz (1646-1716) como os maiores pensadores modernos.

Mas é em *On the Universal History* que Turgot dá uma explicação mais aprofundada da evolução da civilização humana e do

---

[81] GORDON, David (Ed.). *The Turgot Collection: Writings, Speeches, and Letters of Anne Robert Jacques Turgot, Baron de Laune.* Intr. Murray N. Rothbard. Auburn: Mises Institute, 2011.

crescimento do conhecimento. Ele descreve o crescimento dos Estados, em especial, desenhando um contraste entre o despotismo e as cidades; analisa o Império Otomano em profundidade, para, em seguida, voltar-se para uma análise do progresso intelectual. Ideias surgem a partir dos sentidos e os conceitos mais gerais surgem por abstração de informações sensoriais. Os indivíduos primeiro atribuem ocorrências naturais para a razão, pois sabem como eles próprios podem produzir efeitos no mundo externo, e a natureza da civilização é resultado também dos efeitos produzidos pela ação de outras mentes. Mais tarde, as pessoas assumem que as abstrações que retiram dos sentidos são realmente essências com poderes causais. É só mais tarde que a verdadeira investigação científica começa, com base na investigação empírica. Para Gordon, o relato de Turgot destes estágios de crescimento intelectual prefigura a teoria de três estágios de Auguste Comte (1798-1857).

Em *Some Social Questions, Including the Education of the Young*, carta para a já mencionada Madame de Graffigny, uma escritora de ficção popular, Turgot defende fortemente a desigualdade. Argumenta que os indivíduos têm diferentes habilidades e que precisam desenvolvê-las a fim de alcançar o progresso econômico. Isso não pode ser feito a menos que as pessoas sejam livres para se envolver em negócios desiguais. Sendo assim, a igualdade de resultados é um inimigo da liberdade e do progresso econômico. Em nossos esforços para melhorar a natureza, no entanto, não devemos ignorar as lições que podemos aprender com a mesma natureza. Turgot afirma que o casamento deve ser fundado na afeição natural e não em arranjos por famílias motivados por considerações de condição social e financeira. As crianças precisam ser incentivadas a serem virtuosas e não devem ser constantemente vigiadas e reprimidas. A educação deve levar as crianças a serem virtuosas e evitar o acúmulo de conhecimento inútil.

Turgot mantinha correspondência com muitos dos principais pensadores do Iluminismo, incluindo Voltaire, Marie Jean Antoine Nicolas de Caritat (1743-1794), o Marquês de Condorcet, David Hume, mademoiselle Julie de Lespinasse (1732-1776), o Abade Morellet, Josiah Tucker, Richard Price (1723-1791) e Du Pont de Nemours. Não pretendemos nos alongar mais do que o razoável, porque nosso interesse é simplesmente dar uma ideia, o mais breve possível – embora com embasamento –, de quem foi Turgot. Mas alguns comentários talvez sejam pertinentes.

Em certa ocasião, Turgot participou de um jantar com o filósofo moral escocês Adam Smith em 1765, quando este visitou Paris. Depois, forneceu livros a Smith, enquanto ele trabalhava em seu *A Riqueza das Nações*. Mas, como mostrou o historiador Peter Groenewegen, citado por Roy Porter, *"Turgot teve pouco impacto sobre os escritos se Smith, já que o escocês já tinha formado suas principais visões. Como os fisiocratas, os dois acreditavam na liberdade econômica, e diferentemente dos fisiocratas, reconheciam a importância do comércio"*[82].

Nessas cartas podem ser identificados aspectos importantes do seu pensamento. Por exemplo, ele condena fortemente o *philosophe* francês do utilitarismo Claude- Adrien Helvétius (1715-1771) porque reduz todos os motivos humanos para o interesse próprio. Para Turgot, ao contrário, os seres humanos exibem forte simpatia uns pelos outros. Embora a moralidade ajude as pessoas a alcançar a

---

[82] PORTER, Roy. *The Creation of the Modern World: The Untold Story of the British Enlightenment*. 2000. Citando o seguinte trabalho: GROENEWEGEN, Peter D. *Turgot's Place in the History of Economic Thought: A Bicentenary Estimate*. History of Political Economy 115 (Winter 1983): 611-15.

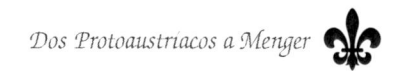

felicidade, deve ser baseada na justiça e não em uma concepção estreita de interesse próprio. Turgot, em algumas dessas cartas, não deixou dúvidas sobre o conteúdo da moral fundada sobre essa base, que exige direitos iguais para todos. Ele adverte contra o erro de confundir essa concepção com a regra da maioria, que pode, em sua opinião, levar a uma destruição da liberdade e, pior –, porque é menos facilmente alterável – ao despotismo. Foi um precursor do individualismo austríaco ao sustentar que um erro primordial no pensamento sobre a moralidade é supor que as nações têm interesses para além das pessoas que vivem nelas. Se considerarmos corretamente os interesses dos indivíduos, é claro que a liberdade absoluta de comércio e a rejeição a guerras são pré-condições necessárias. Turgot apoiou fortemente a independência de todas as colônias europeias e em uma das cartas a Richard Price ele apresenta críticas e sugestões para a recém-independente nação dos Estados Unidos.

David Gordon enumera ainda, no final do livro, no que chama de *Miscelânea*, alguns dos outros escritos de Turgot: *Great Questions to be Discussed Philosophically*, *Freedom of Thought*, *Political Doctrines Subject to Modification*, *Mere Physical Courage*, *Certainty Attainable in all Sciences*, *Study of Languages the Best Lesson in Logic*, *Geography and History*, *Paternal Government*, *Clerical Intolerance*, *Church and State*, *The Religion of Humanity*, *Individual Freedom*, *Free Trade*, *The American War*, *All Colonies Must Sooner or Later Make their own Laws*, *The Future of Colonies*, *A Warning for Spain*, *Confidence in the Public Spirit of British America*, *Reform for France Depends, Perhaps For Ever* e *On War Being Now Avoided*. Um conhecimento e abrangência enciclopédicos – como, aliás, não era incomum naqueles tempos aos que se interessavam pela Economia. Com relação a essa ciência, que é a que mais nos interessa no que diz respeito a Turgot, vale a pena estendermo-nos mais um pouco.

Em *Reflections on the Formation and Distribution of Wealth*, Turgot primeiro explica a necessidade da divisão do trabalho, argumentando que se todos tivessem de produzir tudo o que precisam a partir de uma distribuição igualitária dos recursos naturais, quase ninguém seria capaz de garantir as suas necessidades. A divisão do trabalho produz desigualdade e este é um preço necessário do progresso. No desenvolvimento da divisão do trabalho e com mercados em expansão, o dinheiro é essencial. Como as trocas proliferam, um preço comum para um bem, em troca de outro bem particular, vai sempre ser estabelecido. Quando cada bem tem um preço em termos de algum outro bem, podemos estender esse fato para estabelecer o preço de qualquer bem em termos de qualquer outro bem. Com efeito, para Turgot, cada bem funciona como dinheiro, no entanto, na prática é necessário ter um ou dois produtos utilizados como tal, e o ouro e a prata foram quase que universalmente adotados para esta função. Turgot em seus primeiros escritos expõe o ponto de vista fisiocrata padrão, de que a terra e a atividade agrícola são a única fonte de atividade produtiva, mas mais tarde enfatiza a importância da acumulação de dinheiro e capital, ao perceber que isto é essencial para o investimento em grande escala e para a economia prosperar. Sustentou ainda que o Estado não deve restringir as taxas de juros: "A determinação da taxa de juros deve ser deixada para o mercado. Sem uma taxa de retorno adequada, a acumulação de capital não vai acontecer".

Em carta para Jean-Baptiste-Marie Champion de Cicé (1725-1805), o Abade de Cicé e futuro Bispo de Auxerre, em que critica a substituição de moeda por papel – *Letter on Paper-Money* –, Turgot responde a uma defesa do argumento de John Law de que é certo para o Estado se endividar, porque muitas vezes as despesas dos comerciantes excedem seu capital. Turgot responde que os comerciantes ganham lucros à custa do próprio esforço e que a partir desse lucro eles são capazes de pagar suas dívidas. O Estado, por outro lado, não se envolve em atividades produtivas e sua dívida é um dreno nos recursos da população. Reforça seu argumento observando que, quando o Estado contrai dívidas, muitas vezes isto vai fazê-lo emitir papel-moeda e que tal prática não serve para nada de bom. Antecipou o que Mises escreveria no século XX, enfatizando que qualquer quantidade de ouro ou prata é adequada para todas as transações na economia, porque os preços se ajustam de acordo com o valor total da mercadoria-moeda. Se o Estado tenta introduzir papel-moeda para substituir um padrão de mercadoria, será malsucedido, porque não haverá meios para que as pessoas saibam como o preço dos bens deve ser fixado em termos do novo dinheiro. O dinheiro de papel só pode ser bem-sucedido se puder ser comparado com a quantidade de ouro e prata existente.

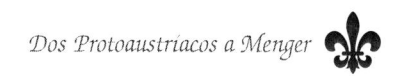

Em *Remarks on the Notes to the Translation of Josiah Child*, Turgot sugere que altas taxas de juros encorajam empréstimos, mas se este processo é usado para construir uma grande fortuna, as pessoas que a acumularam, depois de certo tempo, tendem a dissipá-la nos gastos em bens de luxo. Escreveu também que os esforços do Estado para regulamentar os juros refletem uma parcialidade indevida em favor dos tomadores de empréstimos; que, em geral, a regulação da economia é desnecessária; e que o medo da perda de reputação funcionará como um incentivo para os fabricantes cumprirem o que prometem. Observou ainda que grandes quantidades de gastos militares pelo Estado são indesejáveis e, ao argumento de que pequenos Estados, como Gênova e Veneza, precisariam arcar com gastos militares pesados para se defenderem, sua resposta é que tais despesas não seriam suficientes para impedir a invasão de um Estado mais poderoso. Esses gastos seriam, portanto, inúteis.

Em *Fair and Markets*, ele considera os princípios econômicos que estão por trás das grandes feiras comuns na Europa desde tempos anteriores. Para que uma feira seja capaz de manter-se, os vendedores devem ser capazes de recuperar os custos de transporte para obter os seus produtos para venda. Da mesma forma, os compradores devem ponderar se a viagem vale a pena o suficiente para justificar sua ida para a feira. Uma vez que uma feira se estabelece, o fato de que um grande número de negócios pode ser feito torna-se auspicioso. Mais pessoas vão viajar para a feira e isso vai permitir que mais negócios sejam realizados. Muitas feiras ganharam notoriedade porque nelas predominava a ausência de regulamentações econômicas pesadas por parte do Estado; no caso contrário, os ganhos com a liberdade não compensariam as perdas causadas pela regulamentação desnecessária.

Já em *In Praise of Gournay*, Turgot faz um relato da vida e pontos de vista de seu mentor, o Marquês de Gournay, que de início percebera que o comércio estava sobrecarregado por regulamentações desnecessárias. Sua indagação permanece até os dias atuais; por que se deve assumir que o Estado precisa controlar o comércio de forma detalhada? Ao contrário, Gournay argumentou que cada pessoa é o melhor juiz de seu próprio interesse. Quando seu interesse coincide com o interesse geral, ele deve ser autorizado a persegui-lo sem restrição. Mas isso levanta a questão de qual é o interesse geral. Como Gournay via as coisas, tal interesse consistia dos interesses dos indivíduos voluntariamente engajarem-se em trocas para melhor alcançarem suas preferências. Os indivíduos devem ser protegidos contra a fraude, mas mesmo aqui há pouca razão para pensar que a regulamentação governamental detalhada pode de fato proteger as pessoas. Para Turgot – e os austríacos de todos os tempos – é muito melhor a experiência de aprender com os próprios erros e o proclamado interesse do Estado no aumento da riqueza nacional pode ser melhor alcançado deixando os indivíduos fazerem trocas livres. Além disso, a prosperidade geral irá assegurar que o Estado não sofra por falta de materiais essenciais, um "medo" comum daqueles que pregavam (e ainda insistem em pregar) restrições ao comércio.

Em *Value and Money*, Turgot distingue entre o dinheiro-mercadoria ou "dinheiro real" e o dinheiro de conta. O primeiro pode ser medido. Nos países europeus, a moeda-mercadoria consistia em ouro e prata, de modo que os montantes de diferentes países podiam ser comparados diretamente um com o outro como unidades de peso. Já a moeda de conta exige primeiro que deve ser estipulado um valor em termos de moeda real para que possa ser comparada com o dinheiro de outro país. Turgot, em seguida, procede a uma conta geral de valor, começando com os valores de um indivíduo isolado (a *economia autística* de Ludwig von Mises!). A pessoa vai valorizar os bens de acordo com a satisfação que estes lhe fornecem e sua opinião sobre estas satisfações estão sujeitas a alterações ao longo do tempo (o conceito de *tempo dinâmico* austríaco!). Ao considerar o valor de um bem, a pessoa vai tomar em conta sua escassez e a troca de bens com outra pessoa é uma forma importante de aumentar sua satisfação. Em troca, cada pessoa prefere o bem que vai adquirir ao bem de que vai se desfazer. Turgot faz uma conta sofisticada (e complicada) de como esta diferença de avaliação é consistente com a igualdade na troca. Naturalmente, ele estende sua análise ao mercado com mais de dois participantes.

Em seu *Plan for a Paper on Taxation in General, on Land Taxes in Particular, and on the Project of a Land Register*, Turgot apresenta um plano detalhado para a tributação na França. Argumenta que um plano não pode limitar-se a medidas imediatas, mas deve ser baseado em uma análise teórica completa. É somente nessa base que se pode perguntar o que pode ser feito. Decididamente, Turgot seria um forte opositor de Keynes e dos keynesianos se tivesse vivido no século XX ou se ainda estivesse vivo hoje. Concordando com o fisiocrata Quesnay, Turgot sustenta que a tributação deve ser imposta somente sobre os proprietários de terra e critica fortemente todos os outros impostos, que ele chama de "indiretos". Ao fazer isso, antecipa uma grande quantidade de trabalhos escritos bem mais tarde sobre os efeitos da tributação. Afirma que impostos sobre bens particulares desencorajam a produção desses bens e, por vezes, podem ter um efeito debilitante sobre uma cidade inteira. Turgot também antecipa o argumento "do lado da oferta", de que os impostos elevados podem acabar reduzindo a receita por causa de seus efeitos deletérios sobre a produção. Afirma veementemente que as tentativas de transferir a carga tributária sobre os estrangeiros por meio de impostos sobre o comércio não funcionam. Além disso, os impostos indiretos incentivam a corrupção e a evasão (constatação que nos anos 80 do século XX ficou conhecida como *Curva de Laffer*). Uma pergunta à margem: será que Arthur Laffer leu Turgot? Minha resposta especulativa é negativa, mas a curva deveria ser de Turgot e não de Laffer.

Embora poucos escritos de Turgot tenham sido publicados durante sua vida, ele sempre se mostrou um ardoroso defensor da liberdade. "Turgot era um homem talentoso demais para escrever qualquer coisa insignificante", observou o economista e historiador Joseph A. Schumpeter. Comentando o seu trabalho mais importante, *Réflexions sur la formation et la distribution des richesses*, um volume com apenas 80 páginas, Schumpeter apontou que ali se via uma teoria de comércio, preço e dinheiro "quase perfeita até onde vai uma visão completa de todos os fatos essenciais e suas interrelações, mais a excelência da formulação".

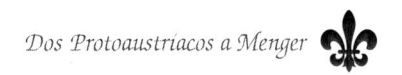

## 4 - Turgot como um Protoaustríaco

Com base no capítulo 3, escrito por Rothbard sob o título *A. R. J. Turgot: Brief, Lucid and Brilliant*, no excelente *The Great Austrian Economists*, editado por Randall G. Holcombe, podemos ressaltar os aspectos austríacos do pensamento de Turgot.

Murray Rothbard pinta com excelentes tintas o perfil que nos permite classificar Turgot como um ilustre ancestral da moderna Escola Austríaca. Cuidemos de mostrar essa afirmativa, dividindo-a em seções.

### 4.1 - Valor, trocas e preços

Uma das contribuições mais notáveis de Turgot foi um trabalho inédito e inacabado, *Valor e Dinheiro*, escrito por volta de 1769. Turgot desenvolveu uma teoria do tipo austríaco primeiro recorrendo ao modelo autístico misesiano de Crusoé, passando depois para um outro modelo com dois agentes, mais tarde expandindo para quatro pessoas, e, em seguida, para um mercado total. Ao concentrar-se primeiro sobre a economia de uma figura isolada, Turgot foi capaz de elaborar leis econômicas que transcendem a mera troca e se aplicam a todas as ações individuais.

Ele também percebeu que os valores subjetivos dos bens mudam rapidamente no mercado e há pelo menos um sinal em sua discussão de que ele percebeu que esse valor subjetivo é estritamente ordinal e não sujeito a medição: *"Quando o selvagem está com fome, ele valoriza um pedaço de caça mais do que a melhor pele de urso, mas assim que o seu apetite estiver satisfeito e que que esteja frio, a pele de urso vai ter maior valor".*

Depois de trazer a antecipação das necessidades futuras para sua discussão, Turgot lida com a diminuição da utilidade em função da abundância. Armado com esta ferramenta de análise, ele ajuda a resolver o paradoxo de valor: a água, apesar de sua necessidade e das muitas utilidades que proporciona para o homem, não é considerada como uma coisa preciosa, e em um país em que é abundante o homem não precisa pagar por sua posse. Em seguida, procede a uma discussão verdadeiramente notável, antecipando a concepção teórica moderna sobre a economia como alocação de recursos escassos entre um número grande e menos limitado de fins alternativos: para obter a satisfação dessas necessidades o homem tem apenas uma quantidade de força e recursos ainda mais limitados. Mesmo um determinado objeto de satisfação custa-lhe problemas, dificuldades, trabalho e, pelo menos, tempo. É esse uso de recursos aplicados para a busca de cada objeto que fornece o atendimento de sua necessidade e atua como se fosse o custo da posse daquele bem. Como podemos perceber, muito embora Turgot tenha denominado de "valor fundamental" ao custo de um bem, ele se aproximou bastante de uma versão preliminar da posterior visão austríaca de que todos os custos são na realidade "custos de oportunidade" – sacrifícios de recursos, renúncias à produção de *certos* bens para que *outros* bens sejam produzidos.

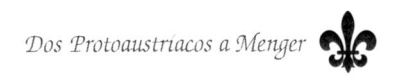

Turgot, em seguida, muda as condições de seu exemplo e supõe que os dois produtos sejam milho e madeira, e que cada mercadoria poderia, portanto, ser armazenada para necessidades futuras, de modo que não exista ansiedade ou urgência para dispor de seu excedente. Cada homem, então, pesa a "estima" subjetiva para si dos dois produtos até que as duas partes concordam em um preço pelo qual cada um vai valorizar aquilo que obtém em troca daquilo de que desiste. Ambos os lados, então, se beneficiam da troca.

O preço de qualquer bem irá variar de acordo com a urgência de sua necessidade entre os participantes, e não há "preço verdadeiro" para o qual o mercado tende. Finalmente, em sua análise repetida da ação humana como resultado de expectativas, ao invés de enfatizar o equilíbrio ou assumir a hipótese de conhecimento perfeito, Turgot antecipa a ênfase austríaca sobre as expectativas como a chave para as ações no mercado. Muito da ênfase de Turgot em expectativas, é claro, implica que podem existir erros no processo de mercado.

## 4.2 - Teoria da produção e distribuição

Para Rothbard e outros autores, a teoria da produção de Turgot segue a dos fisiocratas que, como sabemos, sustentavam que a agricultura era a única atividade produtiva e, dessa forma, deveria existir apenas um imposto – sobre a terra. Mas o grande *plus* de sua tese foi bastante diferente da teoria dos fisiocratas: mesmo que só a terra seja produtiva, Turgot prontamente admitiu que os recursos naturais devem ser transformados pelo trabalho humano, e que esse trabalho deve ser utilizado em cada etapa do processo de produção. Aqui Turgot já trabalhava os rudimentos da teoria austríaca do capital, esmiuçada mais de cem anos depois por Böhm-Bawerk, de que a produção leva tempo e passa por várias etapas ou estágios, cada um dos quais incorpora valor e tempo ao bem em produção e, portanto, as categorias básicas de fatores de produção são terra, trabalho, capital e tempo.

Uma das contribuições mais notáveis de Turgot para a economia – um conceito que foi esquecido até o século XX – foi o seu desenvolvimento brilhante e quase sem constrangimento da lei dos retornos marginais decrescentes. Em suma, Turgot tinha trabalhado, de forma abrangente, uma análise da lei dos rendimentos decrescentes, que não seria superada, ou, eventualmente, igualada, até o século XX: aumentar a quantidade de fatores aumenta a produtividade marginal (a quantidade produzida por cada aumento de fatores) até que um ponto máximo seja atingido, após o qual a produtividade marginal cai, eventualmente, a zero, e, em seguida, torna-se negativa.

## 4.3 - Teoria do capital, empreendedorismo, poupança e taxa de juros

Do grande conjunto de contributos de Turgot à teoria econômica, Rothbard sustenta que o mais notável foi a sua teoria do capital e dos juros, que, em contraste com áreas como a da utilidade, desabrochou praticamente alheia a qualquer contribuição anterior. Não só isso: Turgot elaborou quase completamente a teoria austríaca do capital e dos juros mais de um século antes de ela ter sido estabelecida de forma definitiva por Eugen von Böhm-Bawerk.

Além disso, Turgot apontou que o "capitalista-empresário" deve primeiro acumular capital poupado, a fim de "avançar" o seu pagamento aos trabalhadores, enquanto o produto está sendo trabalhado. Na agricultura, o capitalista empreendedor deve poupar fundos para pagar os trabalhadores, comprar gado, pagar os edifícios e equipamentos etc, até a colheita ocorrer e ser vendida e então recuperar seus pagamentos antecipados. E assim é em todos os campos da produção. Algumas dessas ideias foram absorvidas por Adam Smith e pelos autores clássicos britânicos posteriores, mas eles não conseguiram captar um ponto vital: o de que o "capitalista" de Turgot era um empresário capitalista, um empreendedor austríaco.

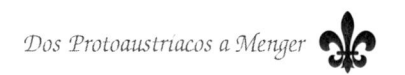

Para infelicidade da ciência econômica, os clássicos britânicos, além de negligenciarem totalmente a atividade empresarial, também deixaram de incorporar a ênfase protoaustríaca de Turgot sobre o papel crucial do tempo na produção, bem como o fato de que a produção das indústrias exige várias fases de produção e venda. Em suma, o retorno de juros sobre o investimento é o pagamento pelos trabalhadores aos capitalistas pelo adiantamento a estes do dinheiro para que não tenham que esperar por anos para ganharem sua renda. No ano seguinte, em seus comentários "cintilantes" (termo usado por Rothbard) ao artigo de Jean-Nicolas-Marcelin Guérineau de Saint-Péravi (1735-1789), Turgot expandiu sua análise da poupança e do capital, chegando à elaboração de uma excelente antecipação da Lei de Say. Turgot já refutava com lógica rigorosa os equivocados receios pré-keynesianos dos fisiocratas, de que o dinheiro não gasto em consumo iria "vazar" para fora do fluxo circular da riqueza e, assim, destruir a economia.

Turgot, em seguida, faz uma análise semelhante dos fluxos de gastos, se a poupança é emprestada a juros. Se o consumidor pedir o dinheiro emprestado, será a fim de gastá-lo e assim o dinheiro retorna para a circulação. Se o dinheiro emprestado servir para pagar dívidas ou comprar um terreno, a mesma coisa acontece. E, se os empresários emprestam dinheiro, ele vai ser usado em avanços e investimentos e será mais uma vez recolocado em circulação. O dinheiro poupado, portanto, não está perdido, porque retorna para circulação na economia. Além disso, o valor da poupança investido em capital é muito maior do que o acumulado em entesouramento, e assim tenderá a voltar a circular rapidamente. Turgot escreveu que, mesmo que o aumento da poupança, na verdade, retire uma pequena quantidade de dinheiro de circulação por um tempo considerável, o menor preço do produto será mais do que compensado pelos empreendedores, pelo aumento dos avanços e da consequente maior produção e diminuição dos custos de produção. Aqui, espantosamente, Turgot planta a semente da análise bem posterior de Mises e Hayek, de como a poupança pode diminuir mas, se compensada por investimentos, ainda assim aumentar a base da estrutura da produção (ou *Triângulo de Hayek!*).

Um empréstimo – Turgot apontou – *"é um contrato recíproco e livre entre as duas partes, o que elas fazem só porque é vantajoso para elas"* E passa então ao argumento decisivo, à pergunta fulminante: *"Agora sobre que princípio pode ser descoberto um crime em um contrato vantajoso para ambas as partes, com o qual estão satisfeitas, e que certamente não causa nenhum dano a ninguém?"* Não há nenhuma exploração na cobrança de juros, assim como não há nenhuma exploração na venda de qualquer mercadoria. Atacar um emprestador por "tirar vantagem" da necessidade do mutuário por dinheiro exigindo juros *"é um argumento tão absurdo como o de dizer que um padeiro que exige dinheiro pelo pão que ele vende se aproveita da necessidade do pão para o comprador"*.

A chave está na preferência temporal, o desconto do futuro e a colocação concomitante de um prêmio sobre o presente. Turgot aponta para o lema bem conhecido, *"um pássaro na mão é melhor do que dois voando"*. Além de desenvolver a teoria austríaca da preferência temporal, Turgot foi o primeiro autor, em suas *Reflections*, a apontar para o conceito consequente de capitalização, ou seja, o valor presente da terra ou outro bem de capital no mercado de capitais tende a igualar a soma de suas rendas futuras anuais esperadas – ou retornos – descontados pela taxa de mercado de preferência temporal – ou taxa de juros.

Como se isso não fosse suficiente – prossegue Rothbard – para contribuir para a teoria econômica, Turgot também foi pioneiro de uma sofisticada análise da relação entre a taxa de juros e a quantidade de dinheiro. Há pouca conexão – ele apontou – entre o valor da moeda em termos de preços e a taxa de juros. A oferta de dinheiro pode ser abundante e, portanto, o valor do dinheiro baixo em termos de *commodities*, mas a taxa de juros pode ao mesmo tempo ser muito alta. Talvez seguindo um modelo semelhante ao de David Hume, Turgot pergunta o que aconteceria se a quantidade de moeda de prata em um país de repente dobrasse e esse aumento fosse magicamente distribuído em proporções iguais para cada pessoa. Turgot responde em seguida que os preços vão subir, talvez duplicarem e que, portanto, o valor da prata, em termos de *commodity,* vai cair. Mas acrescenta que de modo algum resultará que a taxa de juros vai cair se as proporções de despesa das pessoas continuarem as mesmas. De fato, Turgot ressalta que dependendo de como a relação gastos/poupanças é afetada, um aumento na quantidade de dinheiro pode aumentar as taxas de juros.

Assim prossegue Rothbard – Turgot estava mais de um século à frente de seu tempo na elaboração da complexa relação austríaca entre a oferta e procura de dinheiro, que Mises chamaria de "relação-moeda", que determina os preços ou o nível de preços e as taxas de preferência temporal, que por sua vez determinam a proporção gastos/ poupança e a taxa de juros. Aqui, também, podemos encontrar os rudimentos da teoria austríaca dos ciclos econômicos, da relação entre a expansão da oferta de moeda e a taxa de juros.

## 4.4 - Teoria monetária

Embora Turgot não tenha dedicado muita atenção à teoria monetária, ele deu algumas importantes contribuições nesse campo. Além de continuar o modelo de Hume e integrá-lo com a sua análise dos juros, Turgot foi enfático em sua oposição à ideia então dominante de que o dinheiro seria meramente um símbolo convencional. Em contraste, Turgot declarou: *"não é de todo em virtude de uma convenção que o dinheiro é trocado por todos os outros valores: ele próprio é um objeto de comércio, uma forma de riqueza, porque tem valor, e porque esse valor é o considerado nas trocas"*.

Em seu artigo inacabado *Value and Money*, Turgot, como já escrevemos, desenvolveu sua teoria monetária ainda mais sofisticada. Com base em seu conhecimento de linguística, afirmou que o dinheiro é um tipo de linguagem, trazendo formas de várias coisas convencionais em um termo comum ou padrão. *"Há dois tipos de dinheiro, observou: moedas de dinheiro-real, peças de metal marcadas com inscrições e dinheiro fictício, servindo como unidades de conta ou numeraires"*.

## 4.5 - Fazendo justiça a Turgot

Um dos exemplos mais tristes de injustiça na história do pensamento econômico é o tratamento dispensado à brilhante análise de Turgot sobre o capital e os juros por parte do grande expoente da teoria austríaca dos juros e do capital, Eugen von Böhm-Bawerk. Na década de 1880, Böhm-Bawerk esclareceu, no primeiro volume de seu *Capital and Interest*, que pretendia limpar o caminho para a sua própria teoria de interesse, mediante o estudo e a demolição das teorias concorrentes anteriores. Infelizmente, em vez de reconhecer Turgot como seu precursor na teoria austríaca pioneira, Böhm-Bawerk bruscamente omitiu o francês, classificando-o como um mero fisiocrata, um teórico defensor da produtividade da terra.

A opinião de Rothbard é de que "talvez devamos concluir que, neste caso, como em outros, a necessidade de Böhm-Bawerk de reivindicar originalidade e demolir todos os seus antecessores tiveram precedência sobre as exigências da verdade e da justiça." A teoria da poupança, investimento e capital de Turgot, para Rothbard, é a primeira análise séria sobre estas questões e provou ser incrivelmente resistente. É duvidoso que Alfred Marshall tenha avançado além dela e certo que John Stuart Mill não avançou. Böhm-Bawerk, sem dúvida, acrescentou um novo ramo a ela, mas substancialmente o que fez foi subscrever a proposição de Turgot. A teoria dos juros de Turgot não só é de longe a melhor elaboração que o século XVIII produziu, mas claramente prenunciou muito do melhor pensamento econômico das últimas décadas do século XIX.

## 5 - Conclusões

Espero ter demonstrado que Turgot, apesar de ser "carimbado" por muitos como tendo sido um fisiocrata, até mesmo por Böhm-Bawerk, mostrou, na maior parte de seus escritos, que foi na realidade um precursor brilhante do que posteriormente viria a ser conhecido como Escola Austríaca de Economia.

Para Jesús Huerta De Soto a doutrina liberal clássica "influenciou dois notáveis economistas, um irlandês, Cantillon, e outro francês, Turgot, que podem em grande medida ser considerados os verdadeiros fundadores da Ciência Econômica". De fato, como vimos no capítulo anterior, Cantillon, por volta do ano de 1730, escreveu o seu *Ensaio sobre a natureza do comércio em geral*, que, de acordo com Stanley Jevons, foi o primeiro tratado sistemático da ciência econômica.

Posteriormente, segundo De Soto, o trabalho de Marc-Pierre de Voyer de Paulmy d'Argenson (1696-1764), o Marquês D'Argenson, em 1751 e, sobretudo, os escritos de Turgot, muito antes de Adam Smith, já haviam chamado a atenção para o caráter disperso do conhecimento na sociedade, *as ordens espontâneas* sociais, doutrina que posteriormente seria um elemento essencial do pensamento de Hayek. Assim, Turgot, no seu *In Praise of Gournay*, em 1759, observou firmemente que:

> [...] *não é preciso provar que cada indivíduo é o único que pode julgar com conhecimento de causa o uso mais vantajoso das suas terras e do seu esforço. Somente ele possui o conhecimento específico sem o qual até o homem mais sábio se encontraria às cegas. Aprende com os seus intentos repetidos, com os seus êxitos e com os seus fracassos, e assim vai adquirindo um sentido especial para os negócios que é muito mais engenhoso do "que o*

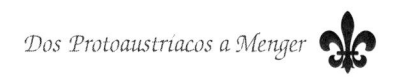

*conhecimento teórico que pode ser adquirido por um observador indiferente, porque é impelido pela necessidade.*

Refere-se igualmente Turgot, seguindo o grande Juan de Mariana, à

*[...] completa impossibilidade de dirigir através de regras rígidas e de um controle contínuo a multiplicidade de transações que, além de nunca poderem chegar a ser plenamente conhecidas devido à sua imensidade, também dependem continuamente de uma multiplicidade de circunstâncias em constante mudança que não podem controlar-se nem sequer prever-se.*

Como exposto anteriormente, o pensamento filosófico, político e, sobretudo, econômico de Turgot permite-nos classificá-lo como um importante protoaustríaco, talvez tão importante quanto Cantillon. Suas teorias sobre valor, trocas e preços, produção e distribuição; sua teoria do capital com estágios de produção, que antecipou em muitos anos o trabalho de Böhm-Bawerk; sua visão do papel do empreendedorismo, sua ponderação sobre poupança, investimento e taxa de juros, que foi a primeira percepção na história do pensamento econômico de que as taxas de juros são determinadas pela doutrina da preferência intertemporal; sua teoria monetária essencialmente austríaca; sua visão a respeito do orçamento público e do empreguismo promovido no âmbito do Estado; e sua posição firme contra a inflação provocada pela emissão de papel-moeda sem lastro são apenas algumas constatações de que Turgot foi, sem qualquer sombra de dúvida, um austríaco do século XVIII.

A par disso tudo, devemos ressaltar sua atuação como ministro do rei, sem qualquer receio de tomar medidas impopulares e nem mesmo de desafiar o próprio monarca e a coleção de contemplados com títulos e prebendas que o cercavam. Não bastasse, defendeu a tolerância religiosa, fez prevalecer a liberdade de expressão, permitiu que as pessoas tivessem liberdade de escolher os trabalhos que desejassem, cortou gastos governamentais, combateu ferozmente as teorias inflacionistas, defendeu o padrão-ouro, suprimiu impostos, diversas restrições comerciais, privilégios de monopólio e o trabalho forçado. Tudo isso só serve para corroborar que Turgot foi, na teoria e na prática, um autêntico precursor e defensor das ideias austríacas que tomariam corpo a partir do final do século XIX.

## 6 - Referências Bibliográficas

BÖHM-BAWERK, Eugen von. *Capital and Interest.* Vol 1. South Holland, III.: Libertarian Press. 1959. p. 39-45.

DE SOTO, Jesús Huerta. *A Escola Austríaca: Mercado e Criatividade Empresarial.* São Paulo: Instituto Mises Brasil.

GORDON, David (ed.). The Turgot Collection: *Wrightings, Speeches and Letters of Anne Robert Jacques Turgot, Baron de Laune.* Intr. Murray N. Rothbard. Auburn: Mises Institute, 2011.

GROENEWEGEN, Peter D. *Turgot's Place in the History of Economic Thought: A Bicentenary Estimate.* History of Political Economy 115 (Winter 1983): 611-15.

IORIO, Ubiratan Jorge. *Ação, Tempo e Conhecimento: A Escola Austríaca de Economia.* São Paulo: Instituto Ludwig von Mises Brasil, 2ª ed., 2013. caps. 3 a 8.

PALMER, Robert R. *The Age of the Democratic Revolution.* 1964.

PORTER, Roy. *The Creation of the Modern World: The Untold Story of the British Enlightenment.* 2000.

POWELL, Jim. *Biografia de Anne Robert Jacques Turgot.* Postado por Elisa Lucena Martins em 5 de setembro de 2008, na página do Instituto Ordem Livre, em http://ordemlivre.org/posts/biografia-anne-robert-jacques-turgot.

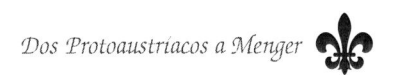

ROTHBARD, Murray N. "A. R. J. Turgot: Brief, Lucid and Brilliant". In: HOLCOMBE, Randall G. (Ed.). *The Great Austrian Economists*. Aubur: Ludwig von Mises Institute, 1999.

ROTHBARD, Murray N. "O Brilhantismo de Turgot – Parte I". Trad. Márcia Xavier de Brito. *MISES: Revista Interdisciplinar de Filosofia, Direito e Economia*. Volume III, Número 1 (Edição 5, Janeiro-Junho 2015): 187-97.

ROTHBARD, Murray N. "O Brilhantismo de Turgot – Parte II". Trad. Márcia Xavier de Brito. *MISES: Revista Interdisciplinar de Filosofia, Direito e Economia*. Volume III, Número 2 (Edição 6, Janeiro-Junho 2015): 469-78.

SCHUMPETER, Joseph. *History of Economic Analysis*. New York: Oxford. 1954.

TURGOT, Anne-Robert-Jacques. "Reflexões sobre a Formação e a Distribuição das Riquezas – Parte I". Trad. Carlos Nougué e Daniel Aveline. *MISES: Revista Interdisciplinar de Filosofia, Direito e Economia*. Volume III, Número 1 (Edição 5, Janeir-Junho 2015): 199-214.

TURGOT, Anne-Robert-Jacques. "Reflexões sobre a Formação e a Distribuição das Riquezas – Parte II". Trad. Carlos Nougué e Daniel Aveline. *MISES: Revista Interdisciplinar de Filosofia, Direito e Economia*. Volume III, Número 2 (Edição 6, Janeiro-Junho 2015): 479-500.

TURGOT, Anne-Robert-Jacques, *Baron de Laune,* in: Anne-Robert-Jacques Turgot, Baron de Laune. In: http://en.wikipedia.org/wiki?Anne-Robert-Jacques-Turgot,_Baron_de_Laune

# Capítulo V

## Ferdinando Galiani (1728-1787)

# 1 - Introdução

Como já deve ter ficado bastante aparente nos capítulos anteriores, e como bem escreveu Robert W. McGee em *Ferdinando Galiani (1728-1787), an Italian Precursor to the Austrians*[83], "[...] a Escola Austríaca de economia não se desenvolveu a partir do ar. Foi construída sobre o trabalho de uma série de outros economistas e filósofos que vão, quando retroagimos, até Aristóteles".

Entre tantos precursores da Escola Austríaca, podemos encontrar um número razoável de economistas pós-escolásticos na Espanha, Portugal, Itália e França. Infelizmente, a pouca disseminação da tradição não continental que predomina na teoria econômica, que sempre deu ênfase aos pensadores britânicos, não dá atenção ao fato de que esses economistas e pensadores – em particular, os italianos – influenciaram o desenvolvimento do pensamento econômico europeu continental nos séculos anteriores a Carl Menger[84].

Neste livro, vimos o pensamento de Sallustio Antonio Bandini e veremos as obras de Ferdinando Galiani e de Melchiorre Delfico. O objetivo deste capítulo é apresentar, sucintamente, o pensamento e a obra de Ferdinando Galiani, que pode em muitos aspectos ser considerado um verdadeiro protoaustríaco.

Mesmo antes desses três pensadores, apareceram na bela Itália, excepcionalmente rica em tradição cultural, Gian Francesco

---

[83] McGEE, Robert W. "Ferdinando Galiani, an Italian Precursor to the Austrians". *Austrian Economics Newsletter* (Spring 1987). Disponível em: http://mises.org/daily/4273/.
84 Ver Absolutist Thought in Italy, de Murray N. Rothbard. Disponível em: http://mises.org/daily/4167.

Lottini (1512-1572), que percebeu que as pessoas tendem a valorizar mais o consumo de bens no presente do que o futuro, ou seja, intuiu a base da teoria da preferência temporal; Bernardo Davanzati (1529-1606), que aplicou a Teoria do Valor Subjetivo à análise da moeda e resolveu o "paradoxo do valor", além de ter destacado que os aumentos de preços verificados em sua época foram causados pelo afluxo de ouro da América – antecipando, assim, que a inflação de preços é um fenômeno exclusivamente monetário; e Geminiano Montanari (1633-1687), que formulou uma Teoria Quantitativa da Moeda bastante elaborada e sustentou que há um fator subjetivo envolvido no valor do dinheiro.

Para Pier Luigi Porta, Ferdinando Galiani é universalmente reconhecido como um dos maiores economistas de todos os tempos. Ao pesquisar sobre sua obra e ler seus escritos, fiquei plenamente convencido de que Porta não cometeu nenhum exagero. Na verdade, Galiani pertence ao grupo restrito de economistas italianos que figuravam entre as principais figuras na profissão e pesquisa econômica pura. Brilhante escritor, com mente precoce e genial, ele também é conhecido por seus juízos depreciativos, algumas vezes sarcásticos, bem como por suas mudanças de opinião, sempre uma fonte de estímulo para reflexões sobre questões econômicas importantes. Em geral, é lembrado por ter antecipado em mais de um século (em comparação com o nascimento da economia marginalista neoclássica) a solução do chamado paradoxo do valor, expresso pela famosa diferença de valores entre a água e os diamantes, combinando utilidade e escassez de uma forma mais incisiva e eficaz do que outros autores (seus predecessores ou contemporâneos) foram capazes de fazer. Mas, como veremos em seguida, sua contribuição não se limitou apenas a esses assuntos.

## 2 - Biografia de Galiani

Ferdinando Galiani nasceu em Chieti, no Reino de Nápoles, em 2 de dezembro de 1728. Filho de Matteo, auditor regional daquela cidade, e Anna Maria Ciaburri. Depois de acompanhar o pai em viagens de negócios para Lecce, Trani e Montefusco, em julho de 1735 foi para a cidade de Nápoles, onde vivia seu tio paterno Celestino Galiani, ex-arcebispo de Taranto e que em 1732 foi alçado a capelão do Reino de Nápoles. Com seu irmão mais velho, Berardo, estudou e viveu com o tio por muitos anos, com exceção de um período entre 1737 e 1741, que passou no mosteiro dos Padres Celestinos, de San Pietro a Majella, enquanto o tio estava em missão a Roma para celebrar acordo com a Santa Sé.

Na belíssima Nápoles, teve uma educação de primeira linha no campo da literatura e das ciências, mostrando desde muito jovem interesse e competência para combinar com sucesso o estudo da antiguidade com a análise dos problemas reais de seu tempo, especialmente os econômicos. Em 1749-1750, com pouco mais de 20 anos de idade, portanto, motivado pela crise monetária no Reino de Nápoles que aconteceu após a Paz de Aquisgrana, escreveu anonimamente *Della moneta* (datado de 1750, mas, na verdade, impresso em 1751), considerado "a obra-prima da discussão sobre a teoria monetária em meados do século", como destacou Venturi.[85] Na época, Galiani havia há alguns anos recebido as ordens menores e contava, como abade, com as módicas receitas eclesiásticas que lhe cabiam.

Em janeiro de 1759, o ministro Bernardo Tanucci ofereceu-lhe um trabalho importante como secretário da embaixada napoli-

---

[85] VENTURI, F. "Settecento riformatore", 1° vol., *Da Muratori a Beccaria* (1730-1764).Turim, 1969. p.490.

tana em Paris, o de dirigir as atribuições de um embaixador pouco capaz, o espanhol José Baeza y Vicentello, conde de Cantillana. Também foi sua missão afirmar a autonomia napolitana em relação a outras cortes, quando Charles de Bourbon herdou o trono espanhol e deixou Nápoles com um rei ainda criança e aos cuidados de um conselho de regência.

Galiani viveu praticamente todos os anos 60 na França, e essa experiência deixou marcas em seu trabalho e formação científica. Mesmo sentindo nostalgia do sol de Nápoles, foi atraído pela vida de Paris e se tornou um ídolo dos salões parisienses, em especial o de Louise D'Epinay (1726-1783), frequentado por intelectuais como Friedrich Melchior von Grimm (1723-1807), Denis Diderot (1713-1784), Jean-Baptiste Le Rond D'Alembert (1717-1783) e Paul Henri Dietrich (1723-1789), o Barão de Holbach. A estadia em Paris permitiu-lhe também conhecer Alessandro Verri (1741-1816) e Cesare Beccaria, depois do sucesso de *Dei delitti e delle pene* (1764). Galiani manteve com Madame D'Epinay, após deixar Paris, uma correspondência longa e apaixonada (republicada em 1996, na Itália, com o título *Epistolario e curata da Stefano Rapisarda*).

Desempenhou também um papel ativo na atividade diplomática como encarregado de negócios, mas sempre com ponderação, dedicando pouquíssima atenção para os anseios reformistas radicais que varriam a França naqueles anos efervescentes. A partir de 1770, ano de seu retorno a Nápoles, teve que viver um período bem diferente do que o vivido em Paris. Para compensar isso, procurou, entre outras coisas, assumir uma série de posições no judiciário e na administração pública, cultivou uma variedade de interesses culturais, da antiga ópera bufa ao direito internacional e ao dialeto napolitano, além de intensa correspondência com amigos franceses e, como dissemos, Madame D'Epinay.

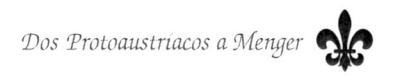

Entre as várias obras que escreveu após seu retorno a Nápoles, podemos listar: *A descrição da terrível erupção do Vesúvio*, em 1779; *O dialeto napolitano*, de 1779; *As palavras do vocabulário do dialeto napolitano*, de 1789; *Sobre os deveres dos princípios neutros versus os princípios beligerantes e destes em relação aos neutros*, de 1782; *Galeota in Parnaso venticinque motti*.

Em Nápoles, Galiani também abraçou com zelo e inteligência as tarefas relacionadas à série de cargos públicos que ocupou: em 1769, era conselheiro do Supremo Tribunal de Comércio e, em 1770, foi nomeado secretário; em 1777, acrescentou ao posto anterior o de presidente do Conselho da Giunta dei reali allodiali, que cuidava dos bens pessoais do rei; depois foi advogado tributarista no mesmo organismo. Em 1782, também se tornou comissário do Conselho Superior de Finanças e, em 1784, foi supervisor do Fundo de Separação, que tratava principalmente de propriedades militares. Em todos esses cargos distinguiu-se como um dos diretores mais respeitados do governo e da Coroa e, como Secretário do Tribunal de Comércio, desenvolveu uma série de pareceres sobre matérias políticas e econômicas de grande interesse.

Em maio de 1785, sofredor de longa data de sífilis, foi acometido por apoplexia, mas conseguiu recuperar-se e fazer, em 1786, uma viagem à Puglia. Em 1787, apesar dos graves problemas de saúde, trabalhou ativamente para a assinatura de um tratado comercial com a Rússia. Entre abril e junho fez uma última viagem a Modena, Pádua e Veneza. Faleceu em Nápoles, em 30 de outubro de 1787.

## 2.1 - Galiani e a Escola Napolitana

Como destaca Lilia Costabile, ao longo do século XVIII a jovem ciência da economia, para tornar-se independente, valeu-se intensamente da contribuição da Escola Napolitana. Diversos economistas napolitanos privilegiaram em seus estudos alguns temas importantes de análise, tais como valor e dinheiro, riqueza e desenvolvimento, juntamente com uma reflexão sobre o significado da "civilização" na vida econômica (a "vida civil econômica" ou "economia civil"). Mesmo dentro de uma certa continuidade e uniformidade sobre estas questões, propuseram respostas com esquemas analíticos diferentes.

Vamos enfatizar as áreas de convergência, que são aquelas mais diretamente relacionadas à esfera da política econômica, dessa importante e – infelizmente – desconhecida escola. Da necessidade de autonomia necessária da análise econômica estavam cientes Antonio Genovesi (1713-1769), ao declarar sua conversão *"da metafísico a mercatante"* (de metafísico para comerciante), bem como Ferdinando Galiani, que a levou ao mais alto grau, saltando mais de um século, especialmente no caminho para uma teoria completa de valor.

Em termos de política econômica, podemos identificar a abordagem comum dos economistas napolitanos com uma forte marca do reformismo liberal, o liberalismo aqui referindo-se à ideia de que a formação do mercado interno e o desenvolvimento econômico exigem liberdade das restrições impostas pelos pesos e imposições das cortes feudais; aos monopólios como "obstáculos intransponíveis" para o comércio interno, incluindo o comércio de trigo; à tributação muito severa ou mal distribuída; por efeitos distorcidos sobre a competição provocados por algumas instituições ultrapassadas, como a administração pública e os *arrendamenti* (a alienação do direito de exação de impostos). Em suma, se queremos entender por liberalismo o movimento antifeudal e antivinculístico que, no curso do século, podia abrir o caminho para um desenvolvimento mais livre e pleno das forças produtivas.

Sobre a questão do saldo da conta financeira do balanço de pagamentos, os economistas napolitanos, tendo Galiani como um de seus expoentes, alertavam contra a acumulação da dívida externa, seja privada ou na forma de ações da dívida pública[86]. As consequências deletérias da dívida externa já tinham sido, aliás, muito bem ilustradas por Marco Antonio De Santis, Antonio Serra e Gian Donato Turbolo no início do século precedente, quando rendas geradas no Sul espanhol ficavam em mãos de estrangeiros.

A convergência de pontos de vista também se estende à recusa do bulionismo, com a identificação da riqueza nacional não com metais preciosos, mas com o crescimento das atividades produtivas e da população, ou, para colocar como Galiani, mais simplesmente, com o próprio homem. A essa concepção antibulionista soma-se um pensamento monetário decididamente mais evoluído que, com raízes no debate do século XVII entre De Santis, Serra e Turbolo, desenvolveu-se sobretudo com Troiano Spinelli (1712-1777), Carlo Antonio Broggia (1698-1767) e Ferdinando Galiani. Os três últimos estavam menos preocupados com o problema da saída de metais para o exterior e mais preocupados com uma circulação de moeda que pudesse facilitar as trocas e as atividades produtivas e com a manipulação do valor da moeda por parte do soberano. Os economistas napolitanos enxergaram claramente que a inflação de preços funciona como

---

[86] GALIANI, Ferdinando. "Della moneta". Bari: Giuseppe Laterza & Figli, 1915. p. 361.

um imposto oculto, porém se dividiam sobre a legitimidade dessas ações do rei, variando da condenação impiedosa de Spinelli ao juízo mais circunstancial de Broggia e Galiani.

Em termos de política fiscal, defendiam o desenvolvimento das atividades empresariais através da redução ou eliminação do imposto sobre os rendimentos de riqueza móvel e rendimentos "incertos", ou seja, aqueles das classes produtivas, bem como a mudança da carga tributária sobre a renda dos proprietários absentistas, preguiçosos e negligentes.

Em suma, podemos falar de uma escola napolitana identificada por instâncias comuns de política econômica: antivinculística em termos internos; o comércio exterior em geral com viés protecionista, embora moderado; políticas tributárias antifeudais; e, ainda, segundo Lilia Costabile, inclinada à monarquia absoluta no plano político.

Para Galiani, a combinação de utilidade com felicidade encontra uma justificativa ética na vontade da Providência, mas enfrentou um processo de secularização extremo, a ponto de fazer desaparecer muitos incentivos econômicos para a ação humana. Aos economistas restava manter-se, nesse campo, quase em surdina, para evitar a acusação de epicurismo e limitar-se ao aviso, feito em tom velado, de que o cálculo da utilidade deve ser feito através do equilíbrio dos prazeres ganhos nesta vida com a possível dor da próxima, ou seja, *post mortem*.

A solução individualista de Galiani é muito diferente – tanto em termos éticos quanto metodológicos – daquelas convergentes: sua ética é a do mercado; a "sociedade civil" para ele é um agregado *ex-post*, um equilíbrio que surge a partir da interação entre indivíduos independentes que buscam seus objetivos de "torpe ganância". A monarquia absoluta pode ser aceita com segurança como um fato político, desde que seja limitada para garantir a segurança dos contratos, sem "perturbar a lei [...], a plena e natural liberdade das partes, e sem a pretensão de nos dizer o que deve nos dar ou ser necessário"[87].

## 3 - O Pensamento Filosófico, Político e Econômico de Galiani

Galiani foi quase certamente o economista italiano que teve maior influência sobre a Escola Austríaca. Ele se tornou, como vimos, um líder da chamada Escola Napolitana. Seu pensamento econômico foi influenciado por Aristóteles, Davanzati, Locke e Montanari, entre outros.

No entanto, é mais conhecido por suas contribuições para as teorias do valor, dos juros e da política econômica, tópicos que foram explorados e desenvolvidos um século mais tarde por Carl Menger, Eugen von Böhm-Bawerk, William Stanley Jevons, Léon Walras (1834-1910) e Alfred Marshall.

Reconheceu que havia uma dicotomia entre utilidade e escassez, um problema que vinha sendo evitado por filósofos desde Aristóteles. Sua obra mais notável, *Della moneta,* foi escrita anonimamente, como já notamos, quando estava na casa dos 20 anos, mas não foi amplamente difundida em seguida, porque, infelizmente, estava disponível apenas em italiano. É nesse tratado que suas teorias de juros e de valor subjetivo foram incluídas. Em meados do século XIX, Francesco Ferrara (1810-1900), outro italiano, expandiu a teoria do valor subjetivo e, segundo James M. Buchanan

---
[87] Idem. Op. cit. p. 184, e GALIANI, Ferdinando. *Della Moneta e Scritti Inediti.* Milano: Feltrinelli, 1963. p. 160.

(1919-2013), ultrapassou os teóricos do valor subjetivo que se tornariam famosos em alguns aspectos.

Para Pier Luigi Porta, existe um aspecto paradoxal em sua obra e em sua personalidade. A insistência nas *leis da natureza*, no caráter não-convencional da moeda e outras características pode indicar um horizonte de molde conceitual e ideológico determinista, com conclusões seguras e incontestáveis: as *leis econômicas*, por assim dizer. Nada disso, no entanto, é verdadeiro. Galiani é *machiavellino* (maquiavélico) porque aceita certas leis da natureza apenas para fazer política, ou seja, para sugerir a exploração científica das circunstâncias com toda uma argumentação que não se presta a teoremas fixos. Podemos dizer que o paradoxo é naturalmente dissolvido se pensarmos, em termos de positivismo, na distinção entre economia positiva (economia política) e economia normativa, ou seja, a política econômica. Galiani torna-se, nesse sentido, o teórico da política econômica, que é o campo do pragmatismo onde não há princípios fixos. O paralelo com Nicolau Maquiavel (1469-1527) torna-se então mais claro: o *Della moneta* de Galiani pode ser visto, nesse aspecto, como uma espécie de *Principe* aplicado à economia.

Em sua obra-prima *Della moneta*, Galiani mostra de maneira absolutamente clara a importância da liberdade e do bem-estar de qualquer sociedade, ideia que vinha sendo desenvolvida por vários pensadores, como, por exemplo, Voltaire (1694-1778). Nessa obra, Galiani faz elaboradas reflexões sobre a natureza do homem e suas motivações para agir e esboça uma profunda teoria do valor subjetivo com sólida fundamentação filosófica e psicológica, amparada pelo argumento da liberdade individual. Mostrou com clareza excepcional que o valor de qualquer bem é algo que os indivíduos, ao agirem, determinam naturalmente por si mesmos, via acordos consensuais mútuos. Sustentava que nenhuma lei ou governo deveriam tentar impor suas estimativas de valor aos outros, pois essa coerção introduziria determinantes errados de valor que poderiam arruinar ou corromper a ordem natural das coisas. A única forma de estabelecer o verdadeiro valor dos bens seria por meio de um mercado completamente livre, no qual nem os preços e nem os salários fossem fixados por terceiros às transações – como é o caso, por definição, do Estado.

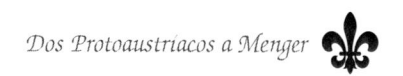

O princípio moral, para Galiani, tinha relação direta com a liberdade. Quando o Estado impõe taxações ao mercado, a liberdade de escolha fica inelutavelmente limitada. Isso acaba resultando que algumas pessoas recebam bens que não fizeram por merecer e que outras tenham de dividir o que legitimamente produziram e ganharam. Galiani era inflexível ao afirmar que qualquer forma de controle ao mercado fora do acordo mútuo entre as partes resultaria numa profunda injustiça para com todos aqueles que vivem em sociedade e, portanto, não seria nada mais do que manifestação de tirania. Ele considerava que a única maneira do sistema econômico promover a justiça era mediante a manutenção da liberdade individual.

Galiani foi uma figura fundamental do "Iluminismo napolitano" e um dos fundadores da tradição utilitarista italiana. Não obstante, jamais se desligou dos princípios fundamentais de verdade e justiça que o tio, Celestino Galiani, tinha inculcado em sua mente, quando jovem. Seu talento teórico como economista sempre foi moderado por seu entendimento dos princípios do direito natural e de como eles afetavam a filosofia econômica.

No pensamento monetário de Galiani podemos identificar dois modelos. No primeiro, a natureza metálica do meio de circulação ancora solidamente todo o mecanismo econômico da economia real:

a moeda compromete-se a garantir o seu valor real de acordo com os metais a partir dos quais é feita (mas sempre sujeita à possível manipulação cunhada pelo governante). No segundo modelo, mais complexo e mais sensível à situação daquele tempo, moeda metálica e moeda fiduciária podem coexistir. Mesmo esta última é uma garantia, quando assegurada pela confiança no emitente-devedor, e sua circulação se dá apenas dentro dos limites geográficos em que se encontra a necessária confiança.

A confiança, assim, torna-se para Galiani uma das principais forças econômicas, embora ao mesmo tempo poderosa e frágil: de um lado, a moeda fiduciária, se usada corretamente, pode produzir benefícios para a economia de uma nação, como evidenciado por muitos exemplos. Por outro lado, ela pode introduzir uma fraqueza potencial, pois as crises de confiança podem interferir negativamente no funcionamento do mecanismo econômico.

Por fim, é bom termos em mente que o simples contraste entre metalismo e fiduciarismo, muitas vezes usado para interpretar a teoria da moeda de Galiani, não a explica adequadamente. Sua contribuição principal está em identificar a dupla função da liquidez da moeda (a "aceitação geral") com o valor e a segurança, e na sua articulação em dois modelos econômicos e institucionais diferentes: o simples, baseado unicamente na moeda metálica, e o mais complexo, em que moeda metálica e fiduciária coexistem. Nesta perspectiva, a riqueza institucional e, acima de tudo, a lógica convincente de sua teoria monetária, podem ser totalmente apreciadas.

## 4 - Galiani como um Protoaustríaco

Como ressaltamos na "Introdução", nenhuma escola de pensamento nasce a partir do nada. Elas desenvolvem-se mediante um processo temporal de estudos, escritos, situações do mundo real, pesquisas e outros elementos, em uma ordem espontânea em que autores do presente valem-se de autores pretéritos, criticam aqui, endossam ali e acrescentam suas contribuições. Autores do futuro, por sua vez, valer-se-ão dos atuais para fazerem o mesmo.

Por esse motivo, o que escrevemos a respeito do pensamento de Galiani até aqui – como ademais, dos economistas estudados nos capítulos anteriores – contém elementos austríacos e não austríacos; argumentos que fazem a alegria dos austríacos atuais e outros que podem receber críticas severas de austríacos e libertários mais radicais.

A questão de que muitos não se dão conta, mas que é importantíssima e por isso mesmo não pode deixar de ser considerada, no entanto, é que cada homem é fruto da época em que vive. Assim sendo, não se pode exigir de um autor do século XVIII as explanações de um autor dos nossos dias, mas a recíproca não é válida: um economista deste início do século XXI tem a obrigação profissional e moral de conhecer as obras dos grandes economistas do passado e, mais do que isso, de considerá-las devidamente no contexto econômico, social, político e moral da época em que foram escritas.

Para entender perfeitamente essa obrigação – e para evitar críticas absurdas que alguns radicais costumam equivocadamente cometer (por exemplo, chamando Hayek de "socialista" e contrapondo-o a Mises, designando Roger Garrison como um "não austríaco" em contraposição a Rothbard, que seria um austríaco "puro sangue", ou desmerecendo Kirzner ou Lachmann comparativamente a Hoppe) – seria maravilhoso se todos, sem distinção, lessem o artigo *Meaning and understanding in the history of ideas*, de Quentin Skinner. Skinner toca exatamente, com precisão e lógica irrepreensíveis, no argumento de que as considerações contextuais são indispensáveis.

Podemos então enumerar as características austríacas do pensamento de Galiani, mas tendo em vista o contexto da época em que ele viveu.

## 4.1 - Valor, utilidade e escassez

Galiani observou com bastante acuidade que o preço de uma mercadoria regula o consumo e o consumo regula o preço – e este é um argumento austríaco por excelência. Conforme o preço de uma mercadoria cai, a demanda por ele aumenta, e vice-versa. Se um país produtor e consumidor de 50 mil barris de vinho é subitamente invadido por um exército estrangeiro, o preço do vinho vai subir, porque haverá mais pessoas dispostas a beber vinho. O valor de um bem não é intrínseco, mas um cálculo ou relação que as pessoas fazem entre bens. Os indivíduos comparam um bem com o outro e fazem a troca apenas quando o seu nível de satisfação é considerado subjetivamente satisfatório como resultado da troca. Outros economistas melhoraram posteriormente esta visão, ao observar que a troca ocorre quando o valor cedido é subjetivamente menor do que o valor recebido. Estes pontos de vista parecem elementares agora, mas não eram tão elementares quando Galiani os apresentou há dois séculos e meio.

Ele também reconheceu a existência da elasticidade da demanda: se o preço dos sapatos aumenta, os consumidores podem adiar a compra de um par e continuar a usar os sapatos que eles já têm até que o preço diminua. Mas, contudo, se o preço dos grãos aumenta, os consumidores continuarão a comprar pão de qualquer maneira, pois, caso contrário, morrerão de fome. A demanda por sapatos é altamente elástica, enquanto a demanda por grãos é inelástica. Marshall fez uma observação semelhante um século mais tarde. Galiani também detectou a existência de uma relação entre o preço de um bem e a demanda por ele. Os ricos podem pagar por um bem que as pessoas mais pobres não podem. Quando o preço desse bem diminui, as pessoas com renda menor começam a comprá-lo, aumentando a demanda total. Se o preço sobe, algumas dessas pessoas vão parar de comprá-lo. Ricos costumam fazer algumas compras porque está na moda fazê-lo, mesmo que o bem adquirido tenha pouca ou nenhuma utilidade. Está na moda, por exemplo, comprar diamantes e fora de moda comprar água ou ar. Essa é uma razão pela qual os diamantes têm um preço elevado e água e ar têm um preço baixo (ou nenhum preço). Este exemplo também mostra que existe uma diferença entre valor e utilidade. Ele percebeu que o valor não é intrínseco, mas subjetivo, e que o preço de um bem varia de acordo com o gosto e o poder aquisitivo de cada indivíduo.

Galiani também intuiu bem antes de Menger, Jevons e Walras o princípio da utilidade marginal decrescente. Quando Davanzati afirmou que um bezerro vivo é tanto mais nobre e barato do que um bezerro de ouro e que um quilo de pão é mais útil do que um quilo de ouro, Galiani respondeu que "útil" e "menos útil" são conceitos relativos, e dependem de circunstâncias individuais. Austríaco? Claro!

Para alguém que está com necessidade tanto de ouro como de pão, o pão é mais útil. Escolher ouro ao invés de pão, neste caso, o levaria à fome. Mas, uma vez que o indivíduo já supriu sua necessidade de pão, o ouro seria escolhido ao invés de mais pão. Um único ovo seria mais valorizado por um homem morrendo de fome do que todo o ouro do mundo, e seria avaliado em muito menos pelo mesmo homem caso ele tivesse acabado de comer. Assim, Galiani estava ciente da classificação dos bens, da substituição de mercadorias e da utilidade marginal decrescente, os tópicos discutidos por Gossen, Walras, Jevons e Menger cem anos mais tarde. Menger, por sua vez, estava ciente das opiniões de Galiani, como evidenciado por sua citação de Galiani em seus *Principles*.

É importante considerarmos que *Della moneta* é considerada uma obra extraordinária também no que se refere aos princípios do valor e da utilidade. Esta análise é desenvolvida por Galiani quando discute o valor da moeda de acordo com os três princípios: utilidade, escassez e esforço. O valor dos bens pode estar conectado com o custo de produção ou, mais adequadamente, com o trabalho, mas está essencialmente ligado à utilidade. Durante muito tempo, no entanto, qualquer tentativa de explicar o valor através da utilidade esbarrava no chamado paradoxo do valor – o paradoxo da água e dos diamantes –, ou seja, com o incômodo de que na prática os objetos de maior valor econômico são muitas vezes considerados como os de menor utilidade.

Nesse aspecto, a análise de Galiani segue os passos de autores como o modenês Geminianus Montanari (século XVII) e o florentino – a que já nos referimos – Bernardo Davanzati (século XVI), este último amplamente citado (embora não tão amplamente elogiado) pelo próprio Galiani. Mas é certamente Galiani o autor que dá a melhor prova de superar o paradoxo do valor na "declaração de princípios" sobre de onde vem o valor de todas as coisas: utilidade e escassez, princípios estáveis de valor, no Capítulo II do Livro I de seu tratado *Della moneta*. "Utilidade" – diz Galiani – é "a atitude que existe em uma coisa que faz com que busquemos nossa felicidade". Se alguém argumentasse: "um quilo de pão é mais útil do que um quilo de ouro", ele contra-argumentaria: "Isso é uma falácia vergonhosa decorrente de não saber que os itens mais úteis e menos úteis são relativos e que variam de acordo com os vários estados com que as pessoas os medem". E, em seu estilo brilhante, irônico e provocativo ele explica em que consistem esses "vários estados":

"O pão é útil, mas não é útil para que se puxe o nariz com ele; a água é necessária e útil, mas é pestilenta e mortal para o hidrófobo" (que sofre de hidrofobia ou raiva). A utilidade de uma coisa é, por conseguinte, medida, principalmente, pelo uso e pelas circunstâncias da coisa a que se aplica[88].

Ele escreve ainda que, quando alguém se espanta com o fato de que as coisas mais úteis têm baixo valor, enquanto as menos úteis têm valores exorbitantes, essa pessoa deve sentir que, pela maravilhosa Providência, este mundo é construído para o nosso bem e que a utilidade não se encontra nunca, de modo geral, limitada à escassez; mas sim, como a utilidade primária cresce, encontra-se mais abundância: por isso não pode ser grande o valor. Aquelas coisas de que se precisa para o sustento são tão profusamente existentes no mundo inteiro que não têm nenhum valor, ou têm valor muito moderado.

Essa constatação de que a utilidade não está na qualidade de uma coisa, mas é uma função da sua disponibilidade, é o que os economistas chamam de utilidade marginal, que cada estudante moderno de economia aprende na primeira aula de cada curso universitário de teoria microeconômica. Mas isso só aconteceu bem mais tarde,

---

[88] GALIANI. *Op. cit.* Livro III, Cap. III.

pois na época ninguém fazia coro às lições de Galiani; em particular, ele irá levá-las a Adam Smith quando, em 1776, o filósofo moral escocês publicou sua obra mais famosa, provavelmente porque não tinha estudado Galiani. O paradoxo do valor é de fato resolvido por Smith com a famosa distinção entre "valor de uso" e "valor de troca", que fez escola até o advento do marginalismo na teoria econômica. Como já mencionado, a relevância e atualidade do pensamento de Galiani é muitas vezes ligada com esta resolução fina, lúcida e elegante do paradoxo do valor.

Mas há também outros elementos. O caráter brilhante do personagem Galiani, sempre genial e versátil, o impedia de ser aquele tipo de estudioso que fica por trás de uma escrivaninha para escrever, reescrever e aperfeiçoar seu trabalho. Ele encarnava a figura do reformador empenhado com o compromisso civil, nos moldes de um Pietro Verri (1728-1797) ou, na Nápoles da época, um Genovesi. Como muito bem observa Pier Luigi Porta, há uma relação de amor e ódio entre o "reformador do século XVIII" e o "economista Ferdinando Galiani" e essa dualidade, sem dúvida, acrescenta mais interesse e singularidade à sua figura.

No início do século XIX, em plena era napoleônica, quando ganhou corpo a necessidade de dar unidade e visibilidade à tradição italiana no campo do pensamento econômico, Pietro Custodi (1771-1842) publicou em Milão sua famosa coleção monumental em cinquenta volumes de textos de economistas italianos; essa coleção ainda hoje é reimpressa e é considerada uma fonte de importância primordial para o estudo do pensamento econômico italiano. Galiani tem nesta obra papel de destaque, o que contribui muito para manter vivo o interesse em seu trabalho científico e, sobretudo, para consagrar a reputação e a imagem do Galiani economista.

Ainda segundo Porta, na segunda metade do século XIX, foram economistas, e principalmente economistas italianos – Luigi Cossa (1831-1896), Maffeo Pantaleoni (1857-1924), Achille Loria (1857-1943), Augusto Graziani (1933-2014), e outros –, que se referiam frequentemente a Galiani por sua análise do valor. O interesse renovado pelo século XVII napolitano – como a inspiração *vichiana* de Benedetto Croce (1866-1952) – junto com o fervilhar de estudos, mesmo no segundo pós-guerra do século XX, sobre o iluminismo italiano, produz um interesse saudável e considerável sobre a personalidade e todo o trabalho de Galiani.

Ele, sem dúvida, emerge como o personagem central; e este *machiavellino*, apaixonado pela "verdade real" das coisas (para usar uma expressão de Maquiavel), e que não se deixou arrastar pelos sonhos utópicos de reforma ou da Revolução Francesa, não satisfaz a muitos, o que deixa uma sensação de algo incompleto ou inacabado. É interessante essa dualidade, porque a recente historiografia sobre o Iluminismo traz duas instâncias opostas: uma liberal, que vê com simpatia o ceticismo e realismo daqueles avisos dos grandes mitos do Iluminismo, especialmente na França; e outra que não esconde sua decepção com os sintomas escassos do empenho cívico e a incapacidade ou falta de vontade para defender posições específicas ou doutrinas da escola com o ambiente reformador.

Porta nos dá um exemplo bem característico do Galiani *machiavellino*: "A moral guia os homens depois de melhorá-los e torná-los virtuosos; a política tem que mantê-los ainda em estado bruto e coberto por suas paixões comuns"[89].

---

[89] GALIANI. *Op. cit.* Livro V, Cap. I.

## 4.2 - Teoria dos juros

Böhm-Bawerk observou que Galiani foi o primeiro a compreender que o juro não é um excedente, mas um suplemento necessário para equalizar um serviço e seu contraserviço. Segundo Galiani, os juros equalizam dinheiro presente e dinheiro futuro. Receber juros é um meio para compensar as preocupações que o credor deve suportar até que o dinheiro lhe seja devolvido. É apenas um pagamento a um credor pelo risco assumido. E este pagamento é conveniente para o devedor (que precisa do dinheiro), e compensa o credor pela renúncia em que incorre por não dispor do dinheiro por um determinado período de tempo. Os valores são subjetivamente iguais, mas numericamente diferentes, porque eles estão separados pelo tempo.

Böhm-Bawerk criticou a teoria de Galiani porque este, via os juros apenas como o preço das palpitações do coração do credor provocadas pela espera ou o preço do seguro. O ministro e pensador austríaco enfatizou o aspecto de preferência temporal na questão da taxa de juros, uma área negligenciada por Galiani (sempre devemos nos lembrar da questão contextual enfatizada por Skinner).

## 4.3 - Política econômica

O economista napolitano acreditava que o governo geralmente não deve interferir no funcionamento natural da economia. Um governo que tenta estimular todos os setores da economia, agrícola e industrial, termina não estimulando nada. Estimular, para ele, significa que um determinado setor ganha preferência do Estado sobre os demais setores, mas como – pergunta – se pode dar preferência a um setor em detrimento de outro, se todos os setores são estimulados?

Outro aspecto de sua teoria de política econômica é que uma política econômica deverá ser formulada sempre tomando em conta tempo e lugar; uma política econômica que pode ser apropriada para um país uma vez pode ser inadequada em outro país ou em outra vez. Notemos que sua visão de que os modelos econômicos devem ser ajustados para o tempo e lugar mais tarde tornou-se um princípio básico da Escola Histórica Alemã, que mais tarde contestou a validade da metodologia de Carl Menger. Nesse sentido, Galiani não foi um austríaco como entendemos esse adjetivo hoje. Porém, ao contrário dos autores da Escola Histórica Alemã, não rejeitou a teoria abstrata. E, por outro lado, essa sua opinião parece não estar em desacordo com o que Hayek chamaria de "circunstâncias de tempo e lugar" em seu famoso artigo *The Use of Knowledge in Society*, publicado nos anos 40 do século XX.

Por fim, contrariamente ao pensamento dos fisiocratas, Galiani argumentou que a agricultura não precisa ser sempre vista como algo supremo.

## 4.4 - Moeda, câmbio e circulação: o *Della moneta*

O grande Luigi Einaudi, economista, político e o segundo presidente da República Italiana, cujo nome é bem conhecido e respeitado por todos os defensores do livre mercado, intitulou seu famoso ensaio, escrito alguns anos depois da Segunda Guerra Mundial, de *Galiani economista* (1953). Vamos tentar resumir, brevemente, o que escreveu Einaudi.

Ferdinando, jovem curioso e inquieto, teve uma educação clássica e era versado em latim, hebraico e grego. Recebeu as ordens menores e tornou-se um jovem abade em 1745. Ao mesmo tempo, o ambiente que frequentava era formado por escritores, historiadores, eruditos e estudiosos, que têm muitas vezes a tendência natural de transformarem-se em reformadores. Entrou em contato com as ideias europeias de seu tempo sobre economia política: em 1744, por exemplo, traduz um tratado conhecido de John Locke sobre juros e moeda, *Some considerations of the consequences of the lowering of interest and raising the value of money* (1691). Mas não podemos nos esquecer da grande influência de Montesquieu, que também criticou duramente (ao contrário de seu colega genovês). O tema da moeda é privilegiado: moeda é número, quantidade, mensuração e ciência empírica – de acordo com os cânones de Galileu, se assim o desejarmos – aplicada às coisas da sociedade.

Nas palavras de Einaudi, "a explosão vem aos vinte e três anos, em 1751, quando aparece seu volume anônimo *Della moneta*". O sucesso foi imediato. O livro rapidamente ganha notoriedade e circulação. Galiani logo percorre a Itália e depois a Europa, precedido e impulsionado pela fama adquirida a partir de sua primeira publicação.

Como explicar o sucesso estrondoso do *Della moneta*? Não há nenhuma dúvida, registra Luigi Einaudi: a habilidade do escritor, o estilo brilhante e suave, que não é comum (em qualquer tempo, de resto) em obras de economia. Lembremo-nos da fama literária, perene, de Galiani, que foi lido por Alessandro Manzoni (1785-1873), Voltaire, Friedrich Nietzsche (1844-1900), Charles Augustin Sainte-Beuve (1804-1869), Benedetto Croce e Karl Marx, para citar alguns dos mais conhecidos.

Depois, há a questão dos temas desenvolvidos. Cobrindo brevemente o índice do trabalho, os dois primeiros livros tratam, respectivamente, dos metais e da natureza do dinheiro, já com a tese central da obra: a refutação da natureza convencional e arbitrária da moeda, baseada no valor do metal, de acordo com três princípios: utilidade, raridade e fadiga. A moeda se fundamenta, portanto, em uma solidez e em certas leis naturais empiricamente verificáveis. Galiani, apesar da leitura de seu texto poder prestar-se a outras interpretações, é geralmente e com certa razão associado ao metalismo no campo monetário. A base científica do conceito de moeda facilmente estende-se a toda a vida econômica. Não nos esqueçamos de que a experiência do colapso do chamado "sistema de Law" – a bolha do Mississipi – nos anos 20 do século XVII, ainda era recente, uma experiência que Galiani discute nesses dois primeiros livros.

O terceiro livro, *Del valore della moneta*, insiste bastante no famoso tema do chamado *alzamento* (valorização artificial) da moeda, que veremos em mais pormenores adiante.

O quarto livro é sobre o curso da moeda, que hoje chamaríamos de velocidade de circulação e contém uma digressão notável sobre o luxo, que não é condenado por Galiani, mas considerado como filho da paz, da boa governação e da perfeição das artes.

E o quinto e último livro é chamado *Del frutto della moneta*, ou seja, o juro. Sobre estes temas atrativos a análise penetrante do autor tornou-se rapidamente famosa, mesmo que o livro tenha sido impresso na época somente em italiano e em apenas duas edições, sendo a segunda delas vários anos depois, em 1780. Galiani, de temperamento muito ativo e inquieto, talvez nem sequer tenha se preocupado em cultivar o sucesso de sua primeira obra – que permanece, mesmo assim, até hoje como sua peça mais popular –, pois passava logo para uma outra agenda e desta à seguinte.

O tema do *alzamento* (valorização artificial da moeda, mediante alteração no teor do metal ou expansão da moeda fiduciária) ocupa um espaço considerável em seu tratado. Trata-se de um tema bem conhecido e discutido pelos interessados em economia monetária a partir do século XVI e que se refere à prática da alteração do valor da moeda. Galiani dá ao *alzamento* uma definição original, mostrando que nada mais é do que o lucro que o príncipe e o Estado auferem pela lentidão com que as pessoas mudam suas percepções – alguns hoje chamariam de *expectativas* – sobre o preço das mercadorias e do valor da moeda. Esta definição é maliciosa, diz Galiani, porque sugere que a moeda e, em geral, o mundo da economia baseiam-se em relações psicológicas mutantes e que naturalmente podem ser exploradas e desfrutadas por aqueles que governam. Não é por acaso que Galiani era chamado pelos franceses de seu tempo de maquiavélico e também de "Arlequim".

Imaginemos um sistema em que há uma moeda de *zecca* (cunhada na Casa da Moeda), o *zecchino*, por exemplo (que na verdade era o nome do ducado de ouro veneziano do século XVI e, portanto, uma moeda metálica). Suponhamos que, na prática, usa-se nos contratos um dinheiro não cunhado na casa da moeda – a lira. E que o *zecchino* vale cinco liras. É evidente que o príncipe pode decretar que da noite para o dia que o *zecchino* vale seis, e não mais cinco liras. Eis o *alzamento*: foi aumentado o número de liras que equivalem a um *zecchino*. Na prática, então, a variedade de moedas cunhadas em circulação tornou imprescindível a utilização da moeda não cunhada (a lira), às vezes também chamada de *moeda imaginária*. O *alzamento* é, portanto, para Galiani, sinônimo do que hoje chamamos de desvalorização ou depreciação.

O que dizer do *alzamento*? É uma coisa boa ou deve ser evitada? O que Galiani sugere para o príncipe? Galiani se opõe fortemente, com a impetuosidade de sua brilhante prosa, contra todos aqueles que pretendem obter receitas fixas mediante esse expediente. Na verdade, esta é uma questão bem típica da política econômica – a de que os princípios da economia precisam ser pensados caso a caso. Isto é o que hoje chamamos de política monetária, que também se processa em um sistema de cunhagem. Não existe uma resposta fixa para a pergunta sobre a utilidade do *alzamento*. Daí o tom da discussão de Galiani, que pretende criticar e corrigir erros comuns, mostrando os prós e contras da prática dos príncipes.

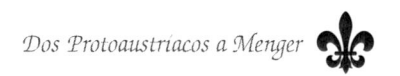

Galiani apresenta também um argumento que nós economistas utilizamos bastante antes da era do Euro: se a lira subiu de 160 a 1000 contra o marco alemão, isto é, se desvalorizou ou depreciou, sabemos imediatamente que isso fará com que os produtos alemães expressos em liras fiquem mais caros e, por outro lado, a lira ficará mais barata para os alemães. Assim, a desvalorização ou *alzamento* abre caminho para um aumento dos preços no país emissor de liras, ou seja, é um convite para a inflação de preços. Mas é claro que se qualquer redução fosse imediatamente seguida pela correspondente inflação, tudo voltaria em um certo sentido ao ponto de partida. Os principais efeitos de uma desvalorização estão relacionados com o fato de que o processo de inflação a que podem dar origem ocorre gradualmente ao longo do tempo: eis aqui a importância da definição de *alzamento* dada por Galiani.

Ele acreditava que tirar de alguém para dar aos outros é sempre um ato de arbítrio tirânico; mas também pensava que tirar dos ricos e dar aos pobres é uma operação justa. Os danos e os benefícios do *alzamento* devem ser julgados a partir do fato de que a desvalorização está danificando o credor na moeda desvalorizada e beneficiando, portanto, o devedor. Galiani diz que em tempos de prosperidade os pobres são tipicamente credores e os ricos devedores (de salários) e, portanto, um *alzamento* acabaria por prejudicar os pobres. E em tempos de "vacas magras" há um outro aspecto da questão que imediatamente se torna o mais importante: o príncipe é o maior devedor e, assim sendo, é mais tentado a pagar suas dívidas com "golpes" de *alzamento*, isto é, com a desvalorização da moeda. A desvalorização é, portanto, um imposto. Sobre a gradualidade do processo podemos notar que a análise da Galiani precede a do (muito mais) célebre David Hume, especialmente em seu ensaio *On money*, publicado em 1752, ou seja, um ano após o trabalho de Galiani.

## 4.5 - Galiani e o Laissez-faire

Em seu *Dialogues sur le commerce des bleds*, célebre e brilhante obra antifisiocrática que, ao contrário do tratado de *Della moneta*, cruzou muito cedo, em língua francesa, as fronteiras disciplinares geográficas, tinha como interesse central a questão da liberdade do comércio de grãos em relação à lei francesa de 1764, favorável, sob a influência da doutrina fisiocrática, à liberdade. Foi escrita no final dos anos 60, a de sua iminente volta a Nápoles, onde ainda ocupou, como vimos, posições importantes na administração como um magistrado do comércio. Mas, naquele momento, ele não queria cortar os laços com Paris e a partida foi dolorosa, até mesmo para um napolitano que voltava a seu Reino. Dos oito diálogos que compõem a obra, os últimos foram escritos com bastante pressa e tudo foi confiado aos cuidados amorosos da senhora D'Epinay e de Diderot.

A polêmica em relação aos *Dialogues* surgiu quando o abade já estava longe. Galiani é acusado de ter mudado de lado sobre a questão da liberdade de comércio com sua inesperada e nova postura antifisiocrática. Os *Dialogues*, de Galiani, ainda são uma leitura fascinante, mas cabe perfeitamente a pergunta: devem ser lidos como uma peça puramente literária ou há neles uma concepção diferente do sistema econômico em comparação com trabalhos anteriores? De fato, o aspecto mais interessante dos *Dialogues* reside na elaboração de uma concepção de desenvolvimento econômico como um processo com base no crescimento da população, na fabricação de mercadorias e em sua exportação. Este era um elemento novo na época: ele escreveu seis anos antes de Adam Smith e, simultaneamente, com o *Meditations on Political Economy*, de Pietro Verri, onde também se pode encontrar desenvolvimentos paralelos de críticas ao sistema fisiocrata. Neste contexto, podemos dizer que o objetivo do desenvolvimento econômico é tornar instrumental a liberdade de comércio de grãos.

Galiani foi um intelectual inconformista e rebelde. O objeto de sua análise é sempre o sistema político, mesmo quando entendido como um sistema econômico, na prática. A política ocupa sempre o primeiro lugar em suas preocupações e investigações, ao contrário de outros autores, como, por exemplo, Pietro Verri, que colocou em primeiro lugar a sociedade civil.

## 5 - Conclusões

Além de sua obra como pensador econômico e homem inquieto, perspicaz e sempre preocupado com a importância da política na economia, Ferdinando Galiani foi um intelectual de múltiplas facetas e em todas foi brilhante. Sua obra *Raccolta in Morte del Boia* o fez ganhar fama como humorista e foi muito popular nos círculos literários italianos no final do século XVIII. Neste livro, Galiani parodiou, em uma série de discursos, a morte do carrasco público e os estilos dos escritores napolitanos de sua época. Não deixa de ser curioso que sua reputação econômica foi alcançada mediante um livro escrito em língua francesa e publicado em 1769, em Paris: os *Dialogues*.

Este trabalho, por sua lucidez, seu estilo agradável, sua vivacidade e sua sagacidade encantou Voltaire, que descreveu Galiani como um "cruzamento" entre Platão e Molière. Tinha a grande facilidade para tratar de assuntos áridos como a economia, tal como Fontenelle falava de Descartes ou Algarotti do sistema newtoniano.

Creio que Galiani é também o único dentre todos os economistas que deu seu nome a um asteroide, o 11958 Galiani, descoberto em 1994[90].

Se o estudo de autores como Galiani e muitos outros economistas europeus continentais fosse comum na formação dos economistas, creio que nossa ciência poderia ter se desvencilhado da desumanização de que tem sido vítima desde o final do século XIX, quando adquiriu um cacoete positivista que a fez afastar-se de sua origem, sua natureza e seus propósitos. A exceção, naturalmente, é a Escola Austríaca, que jamais cedeu à tentação de se valer de modelos matemáticos e de técnicas de mensuração para explicar ações que não podem ser tratadas mecanicamente, porque são decididas subjetivamente por cada indivíduo.

Portanto, Galiani, o "economista-asteroide", por seu pensamento sobre as questões do valor, utilidade, escassez, juros, moeda e política econômica, pode ser classificado como um nobre predecessor da Escola Austríaca.

É claro que os louros ficaram com Menger, que foi um gigante da economia, mas é evidente também que Menger não "fundou" (embora esse título seja questionável) a Escola Austrí-

---

[90] 11958 *Galiani*. Em: http://it.wikipedia.org/wiki/11958_Galiani

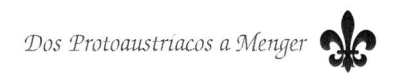

aca, como dissemos no primeiro parágrafo deste capítulo, quando citamos Robert McGee, "do ar".

O pensamento econômico evolui espontaneamente, de geração em geração, cada uma delas valendo-se do trabalho das anteriores e acrescentando sua contribuição. Galiani, sem qualquer sombra de dúvida, bem como os pós-escolásticos, Cantillon, Turgot, Bandini, Delfico, Say, Bastiat, Gossen, Molinari e outros abriram o caminho para Menger, Böhm-Bawerk, Mises, Hayek, Kirzner, Lachmann, Rothbard, Hoppe e muitos outros, cada um de maneira peculiar, foram desbravadores, bandeirantes da Escola Austríaca.

Por isso, quando vejo um austríaco atual desdenhar do trabalho desses pensadores e mostrar desconhecimento da importante recomendação contextual de Skinner, algumas palavras me vêm imediatamente ao pensamento: inveja, desconhecimento, arrogância, deficiência de formação científica...

Precisamos lutar pelo desenvolvimento da Escola Austríaca, porque, assim como ela não parou em Cantillon, Bastiat, Galiani, Menger ou qualquer outro, também não poderá parar em Mises, Hayek, Kirzner, Rothbard e outros extraordinários economistas mais recentes. Essa importante tarefa nos impõe, sem dúvida, duas atitudes: primeiro, a de conhecer como o pensamento austríaco evoluiu historicamente, e segundo, de ter plena consciência de nossa obrigação acadêmica e moral de tentar ir além da atual geração, assim como esta foi além das anteriores.

# 6 - Referências Bibliográficas

ACTON INSTITUTE. *Ferdinando Galiani (1728-1787)*. In: http://pt.acton.org/historical/ferdinando-galiani-1728-1787

COSTABILE, Lilia. *Il Contributo italiano alla storia del Pensiero – Economia* (2012). In: http://www.treccani.it/enciclopedia/scuola-napoletana_(Il-Contributo-italiano-alla-storia-del-Pensiero:-Economia)/

EINAUDI, Luigi. "Galiani economista". [In: *Saggi bibliografici e storici intorno alle dottrine economiche*, Roma 1953, p. 267-305].

GALIANI, Ferdinando. *Della moneta.* (Giuseppe Laterza & Figli, a cura di Fausto Nicolini, Bari, 1915).

GALIANI, Ferdinando. *Dialogues sur le commerce des bleds.* [traduzido para o italiano C. Parlato Valenziano, Turim, 1958].

GIOCOLI, NICOLA. *Value and Interest in Ferdinando Galiani's Della Moneta.* Instituti Editoriali & Poligrafici, 2001.

GRASSO, Alfonso. *Lumi Napoletani – Ferdinando Galiani, la vita e le opere.* In: http://www.ilportaledelsud.org/galiani.htm

HUTCHISON, T. W. *Before Adam Smith - The Emergence of Political Economy 1662-1776*, Oxford 1988.

McGEE, Robert W. Ferdinando Galiani, "an Italian Precursor to the Austrians Austrian". In: *Economics Newsletter,* Spring 1987

PORTA, Pier Luigi. *Galiani, Ferdinando - Il Contributo italiano alla storia del Pensiero*.In:http://www.treccani.it/enciclopédia/Ferdinando_galiani_(Il_Contributo_italiano_alla_storia_del_pensiero_Economia)/

RONCAGLIA, A. (ed.). "Moneta e sviluppo negli economisti napoletani dei secoli XVII-XVIII". Bologna 1995, p. 73-96.

ROTHBARD, Murray N. An Austrian Perspective on the History of Economic Thought – Volume I: *Economic Thought Before Adam Smith*. **Auburn: Ludwig von Mises Institute, 2006.**

SKINNER, Quentin. *"Meaning and understanding in the history of ideas".* In: History and Theory, vol. 8, nº 1, p. 3-53.

STAPELBROEK, Koen. *The devaluation controversy in eighteenth-century Italy.* Certosa di Pontignano, Nov. 2004.

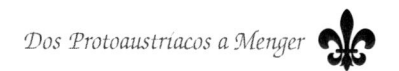

TRECCANI. *Enciclopedia: Galiani, Ferdinando (noto come l'abate G.).* In: http://www.treccani.it/enciclopedia/ferdinando-galiani/

WIKIPEDIA LIBERA. *Ferdinando Galiani.* In: http://it.wikipedia.org/wiki/Ferdinando-Galiani

VENTURI, F. Settecento riformatore, 1° vol., *Da Muratori a Beccaria* (1730-1764), Turim, 1969.

# Capítulo VI
## Melchiorre Delfico (1744-1835)

## 1 - Introdução

Este capítulo busca retratar, embora sucintamente, o perfil de Melchiorre Delfico – filósofo, economista, numismático e político italiano. Nascido em Montorio al Vomano (ou *Mundurjë,* no dialeto *montoriese*), uma comuna italiana situada na região de Abruzzo, na província de Teramo, em 1 de agosto de 1744. Abruzzo costumava ser chamado "centro do mundo", por estar localizada exatamente na metade da Península Itálica, a meia hora de carro de Roma e muito perto de Assis. O Reino de Nápoles foi um Estado que existiu, com diversos intervalos de continuidade, do século XIII ao século XIX, e que abrangia os territórios das atuais regiões italianas da Campânia, Calábria, Puglia, Abruzzo, Molise, Basilicata, bem como alguns do atual Lácio (Gaeta, Cassino e áreas na província de Rieti, como Cittaducalle, Amatrice, Cicolano etc.). Em 1816, as coroas do Reino da Sicília e do reino de Nápoles foram unificadas. Era o Reino de Nápoles e das Duas Sicílias.

Foi educado em Nápoles e dedicou-se principalmente aos campos da jurisprudência e da economia política, publicando numerosas obras que exerceram forte influência prática na correção e extinção de muitos abusos praticados pelo Estado, na época sob o controle dos príncipes e reis.

Delfico, dentre os reformadores da segunda metade do século XVIII, foi um dos mais cosmopolitas e, ao mesmo tempo, mais provincianos. Durante sua primeira permanência em Nápoles, interrompida após treze anos – em 1768 – por causa de problemas de saúde (hemoptise), o jovem intelectual de Abruzzo seguiu as lições de Antonio Genovesi e participou do grupo que se formara em torno da cadeira do abade, que de 1754 a 1769 foi o cerne do movimento reformador meridional. Esta escola foi composta por Gregorio De Filippis Delfico (1801-1847), o Conde de Longano; Giuseppe Maria Galanti (1743-1806); Giuseppe Palmieri (1721-1793); Domenico Grimaldi (1735-1805), Gaetano Filangieri (1752-1788), Francesco Maria Pagano (1748-1799) e outros, e, segundo Gabriele Carletti, deu um "choque benéfico" na cultura napolitana e proporcionou, nos anos seguintes, um debate intenso e complexo sobre os problemas mais prementes do reino, sugerindo as linhas de uma possível renovação da sociedade que, muitas vezes, contrastavam com a política do governo dos Bourbon.

É principalmente de sua releitura do *Discorso sopra il vero fine delle lettere e delle scienze* [Discurso sobre o verdadeiro propósito da literatura e das ciências], de Genovesi, considerado o manifesto do Iluminismo napolitano, obra que reivindica um uso prático do conhecimento, que Delfico amadureceu uma nova concepção da cultura e do papel do intelectual, cuja atividade é, nas palavras de Genovesi em outra de suas obras, "mais prática do que teórica" e na convicção da necessidade de um engajamento político mais direto. Ele manifesta uma atitude anti-cúria e jurisdicional, de influência giannoniana (Pietro Giannone), herdada de Genovesi, em duas obras que abriram sua atividade de escritor (1768), em defesa dos direitos do Reino de Nápoles sobre território dos Benevento, desde 1077 sob o domínio pontifício e sobre Ascoli Piceno, também anexada à Igreja em 1266. Nas suas memórias, Delfico – que era maçom – denuncia tendências temporais da autoridade eclesiástica, criticando a jurisdição do Pontífice sobre ambos os casos que, segundo ele, não teriam sido obtidos mediante legítimos direitos de soberania, mas por usurpação "vergonhosa", porque teriam sido "produto de dolo ou fraude".

## 2 - Biografia de Delfico

*O cavaleiro Melchiorre Delfico [é] justamente considerado o Nestor da literatura napolitana... Este distinto autor de muitas obras de história e de uma variedade de assuntos interessantes combinava uma extensa educação com um conhecimento acuradíssimo e profundo de todos os aspectos que afetam sua terra; e possuía, em uma idade assim avançada, o mérito ainda mais raro de ser capaz de comunicar a experiência preciosa, com uma amenidade de maneiras, uma facilidade e simplicidade de expressão que o tornam mais apreciado entre aqueles que o recebem. Assim se refere a Delfico, o Honorável viajante e membro da Society of Dilettanti, Richard Keppel Craven (1779-1851).*

Melchiorre Delfico[91] nasceu no castelo feudal de Leognano, na província de Teramo, filho de Berardo de Delfos (1705-1774) e Margaret Civic. As origens de sua família remontam pelo menos ao século XVI, quando Píer Giovanni di Ser Marco, geralmente reconhecido como o fundador da família, mudou seu sobrenome para Delfico e adotou o lema "*Eat in posteros Delphica Laurus*". Segundo alguns, entre os quais Louis Savorini, o sobrenome original da família teria sido Civitella. No contexto da genealogia de sua família, o autor deve ser identificado como Melchiorre III, para distingui-lo de Melchiorre I (morto em 1689) e Melchiorre II (1694-1738), que ocupou o posto de bispo de Muro Lucano, na Basilicata.

Perdeu a mãe em tenra idade, pelo que foi confiado primeiro ao clero e depois enviado a Nápoles para concluir os estudos, jun-

---

[91] Devido à escassez de estudos biográficos acessíveis sobre este autor, baseio-me, para esta seção, no conteúdo disponível em: WIKIPEDIA. *Melchiorre Delfico*. Disponível em: <https://it.wikipedia.org/wiki/Melchiorre_Delfico>.

tamente com seus irmãos Gianfilippo e Giamberardino. Uma vez na capital do reino, teve a oportunidade de estudar com mestres famosos, tais como Antonio Genovesi para as disciplinas de filosofia e economia, Gennaro Rossi para literatura, Peter Ferrigno para o direito e Alessio Simmacco Mazzocchi para a arqueologia.

Em Nápoles, graduou-se em in *utroque iure* sob a direção de Gaetano Filangieri e imediatamente elaborou diferentes "memórias" (termo comum na época, algo como *aide memoire* em francês) para o governo. A frase latina *in utroque jure*, significa algo como "em um e outro direito" e era utilizada nas universidades europeias para designar os graduados em direito civil e direito canônico. (Esse título ainda é conferido pela Pontifícia Universidade Lateranense de Roma e por outras universidades na Europa, especialmente na Suíça e na Alemanha, e é uma expressão frequentemente usada em atos de bispos e clérigos.)

Na primeira parte de sua vida, dedicou-se sobretudo ao estudo da jurisprudência e economia política, escrevendo numerosos tratados que exerceram uma grande influência na melhoria e na eliminação de muitos abusos.

Com o seu retorno, e juntamente com os irmãos a Teramo, iniciou-se um período muito importante na história da cidade e do reino de Nápoles. De fato, em torno deles reuniu-se um importante grupo de intelectuais, que iriam preparar o caminho para uma profunda renovação do desenvolvimento social, político e econômico. Este grupo inclui cientistas, escritores, engenheiros agrônomos e empresários, como Michelangelo Cicconi, Vincenzo Comi, Fulgenzio Lattanzi, Gianfrancesco Nardi, Berardo Quartapelle, Alessio Tulli e Antonio Nolli, bem como Orazio Delfico, filho de seu irmão Giamberardino, que foi aluno de Volta e Spallanzani, e um outro sobrinho, Eugenio Michitelli, um arquiteto conhecido em todo o Abruzzo.

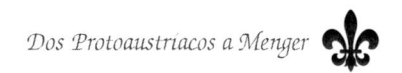

Em 1799 foi nomeado presidente do Conselho Supremo de Pescara e mais tarde membro do governo provisório da República Napolitana de 1799, a Repubblica Partenopea, proclamada em Nápoles em 1799 e que durou alguns meses, no bojo da primeira campanha italiana (1796-1797) e das tropas da primeira república francesa após a Revolução de 1789.

Com a queda da Repubblica Partenopea foi exilado e passou 7 anos na República de San Marino, que em 1802 concedeu-lhe a cidadania. Delfico escreveu, então, *Memorie storiche della Repubblica di San Marino* [Memórias históricas da República de San Marino], a primeira história orgânica da antiga república. Em 2006, a República do Titano cunhou uma moeda de prata comemorativa com o valor nominal equivalente a 5 Euros, para homenagear o filósofo de Abruzzo e lembrar sua permanência em seu território.

Quando da instituição da Ordem das Duas Sicílias (1808), Delfico foi nomeado *commendatore* por Giuseppe Bonaparte, e Gioacchino Murat, cunhado de Napoleão e mais tarde Rei de Nápoles e das Duas Sicílias (1808-1815), conferiu-lhe o título de barão por decreto assinado em Ancona, em 23 de março de 1814.

Ainda sob Giuseppe Bonaparte, nomeado rei de Nápoles, Delfico tornou-se membro do Conselho de Estado em 1806 e veio a ocupar vários cargos ministeriais.

Em setembro 1813 um acidente na saída do palácio real causou-lhe uma fratura do fêmur direito, que, mal curada, terminou lesionando-o permanentemente, o que o obrigou a passar longos períodos de cura em Ischia e Torre del Greco.

Restaurado o governo dos Bourbon, em 1815, Delfico foi nomeado presidente da Comissão dos Arquivos e, posteriormente, Presidente da Academia Real de Ciências. Em 1820, foi eleito membro do Parlamento napolitano e foi chamado para a presidência da junta provisória de governo. Sua tarefa naquela época era traduzir o texto da Constituição Espanhola, de 1812. Em 1823, estabeleceu-se definitivamente em Teramo, onde morreu, em 1835. A família de Melchiorre Delfico extinguiu-se com Marinha, sua bisneta, casada com o já mencionado Gregorio De Filippis Delfico, o Conde de Longano, napolitano parente com os Filangeris de Candida, dando origem à atual família dos condes De Filippis, marquês Delfico.

O Convito Nazionale, o Liceu Clássico e a Biblioteca provincial de Terramo têm o nome de Melchiorre, sendo que desde 03 de abril de 2004 tem a sua sede no palácio de Delfos, do século XVIII.

Muitos municípios têm ruas nomeadas em homenagem ao iluminista de Abruzzo. Além de Teramo, sua terra natal, e do povoado de São Nicolau (no mesmo município de Teramo), há logradouros públicos com seu nome em Sant'Egidio alla Vibrata, Penna Sant'Andrea e Roseto degli Abruzzi, em Montesilvano, Pescara e Milão.

## 3 - O Pensamento de Delfico

O pensamento do estudioso de Teramo desenvolveu-se na efervescência cultural do século do Iluminismo e do direito natural, cujas ideias jusnaturalistas foram expostas tanto na obra de John Locke quanto nos livros de Jean-Jacques Rousseau, em que os princípios do direito natural são representados pelas ideias de liberdade e igualdade de todos os indivíduos perante a lei.

A *forma mentis* do período terminou assumindo um valor revolucionário e contribuiu para a decadência e derrocada de uma estrutura social desgastada e envelhecida, que mantinha ainda traços dos caprichos bizantinos da autoridade intrusiva na vida dos indivíduos.

As teses do direito natural foram os instrumentos de que se valeu Delfico em seus trabalhos, permeados pelo anticlericalismo, pela compressão do feudalismo, pelo antifiscalismo e, especialmente, pela extinção do monopólio dos advogados, tidos por ele como o principal sustentáculo e baluarte do regime feudal.

A visão política de Delfico caracterizava-se por uma nova concepção do Estado, não mais inspirado e justificado pelo domínio político e totalmente desvinculado das regras morais correntes.

Nos *Pensieri*, Delfico abordou o problema do conhecimento histórico em sua totalidade e extensão, para determinar "se a ciência de que se tratava deveria ser preferida à da existência". Neste importante trabalho, expressou a necessidade, já manifestada em *Elogio a Grimaldi*, de uma história útil, que investigasse e interrogasse o passado à luz do presente. Mas para que isso acontecesse era necessário elaborar uma nova maneira de fazer história. Ele criticou o uso de sistemas metodológicos parciais e inadequados pela tradição historiográfica, que seriam a causa da falta de conhecimento do passado. Como Fontenelle, Voltaire, D'Alembert, Rousseau, Condorcet, Volney, dos quais *Leçons d'histoire* ganhou a elaboração nos *Pensieri*, negou que a reconstrução dos fatos até então realizados fosse capaz de reproduzir com fidelidade a verdade histórica. E, se não houvesse certeza, a história não teria utilidade para a humanidade. Ele enfatizou principalmente o problema da *manière d'écrire l'histoire*, característica da historiografia do Iluminismo. Para este fim, alegou deficiências e lacunas que ainda permaneciam nos estudos históricos, e lamentou que a proliferação descontrolada desses defeitos desse origem à sua estagnação, em vez de um repensar criticamente os princípios e critérios da prática historiográfica.

Como político e como jurista, Delfico foi sempre fundamentalmente um homem prático, a ponto de poder ser lembrado como um dos reformadores mais esclarecidos do seu tempo.

Comentemos agora uma controvérsia em torno de sua vida, que pode ser resumida na pergunta: "Há lojas maçônicas registradas com seu nome – mas ele era um maçom?". Esta pergunta é feita por muitos historiadores, mas não existe qualquer comprovação documental. No entanto, há uma série de evidências circunstanciais relativas à sua condição de membro da maçonaria[92]. Os principais indícios são os seguintes:

Os mestres e amigos napolitanos de Delfico, como Antonio Genovesi, Mario Pagano e Gaetano Filangieri eram todos notórios maçons; em um diário do sacerdote Crocetti di Mosciano há anotações da existência de uma loja maçônica em Teramo, desde 1775; Delfico, em conjunto com o abade Berardo Quartapelle, sofre, no final do século XVIII, dois processos por *miscredenza* (refutação à fé); Delfico promoveu um movimento cultural chamado "A Renascença", claramente influenciado pelo Iluminismo; no Renascimento militam todos os cérebros iluministas da época: os Tulli, os Quartapelle, Vincenzo Comi, Francesco Pradowski e outros; a poesia de Pradowski parece-se com a descrição de uma loja maçônica; Delfico envia seu sobrinho Orazio Delfico, futuro Grão-Mestre da Carbonaria

---

[92] EUGENI, Franco e RUSCIO, Edoardo. *Linee di una ricèrca storica indiziaria in ordine alla possibile militanza di Melchiorre Delfico nella Massoneria di fine Settecento*. Appendice in: EUGENI, Franco e RUSCIO, Edoardo. Carlo Forti (1766-1845), allievo di N. Fergola, ingegnere sul campo. Teramo: Edigrafital, 2004.

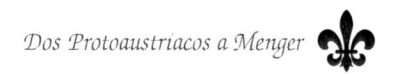

de Teramo, para estudar em Pavia com Spallanzani, Volta e Mascheroni, três maçons conhecidos da época.

As obras principais de Delfico são: *Saggio filosofico sul matrimonio*, s.n.tip. ma Teramo, Consorti e Felcini (17740, in: *Opere complete*, III, p. 83-146; *Memoria sul Tribunal della Grascia e sulle leggi economiche nelle provincie confinanti del regno*, Napoli, Giuseppe Maria Porcelli, 1875, também in: *Opere complete*, III, p.265-326; *Riflessioni su la vendita de' Feudi*, Napoli, Giuseppe Maria Porcelli, 1790, também in: *Opere complete*, III, p. 401-434; *Ricerche sul vero carattere della giurisprudenza Romana e de' suoi cultori*, Nápoles, Giuseppe Maria Porcelli, 1791, editado também em Florença (1796), Nápoles, 1815 e também in: in *Opere complete*, III, p.91-238; *Pensieri sulla Istoria e su l'incertezza ed inutilità della medesima*, Forlì, 1806 e também com sucessivas edições (1808, 1809 e 1814) e também in: *Opere complete*, II, p. 7-180; *Nuove ricerche sul bello*, Nápoles, Agnello Nobile, 1818, e também in: *Opere complete*, II, p. 183-296; *Della antica numismatica della città di Atri nel Piceno con un discorso preliminare su le origini italiche*, Teramo, Angeletti, 1824; *Opere complete*, editada por Giacomo Panella e Luigi Svorini em 4 volumes, Teramo, Giovanni Fabbri, 1901-1904.

As cartas do filósofo e o que resta do arquivo da família estão divididos em inúmeras coleções públicas e privadas. As coleções mais notáveis estão em Teramo – no *Archivio di Stato* e na Biblioteca Provincial Melchiorre Delfico. Muitas cartas também estão guardadas na Biblioteca e Arquivos do Governo da República de San Marino.

## 4 - Delfico como Protoaustríaco

Flavio Felice, professor de Doutrinas Econômicas e Políticas da Pontificia Università Lateranense de Roma, Adjunct Fellow do American Enterprise Institute, Presidente do Tocqueville-Acton Centre Studies (Milão-Roma) e membro do Conselho Editorial de MISES: Revista Interdisciplinar de Direito, Filosofia e Economia, no artigo "*The Institutional Path as the Path to Development*"[93], traça um perfil bastante interessante de Melchiorre Delfico. Apresentaremos um resumo do instigante artigo de Felice, recorrendo a suas próprias e bem colocadas palavras e acrescentando algumas observações. Escreve o professor Felice:

> *Em relação a 'instituições inclusivas' e 'instituições extrativas', para citar a distinção feliz feita pelos cientistas sociais Daron Acemoglu e James A. Robinson, em seu livro de sucesso Por que as nações falham (2012), eu gostaria de oferecer algumas reflexões à margem do trabalho de um autor econômico quase desconhecido. Refiro-me ao filósofo, reformador econômico, político e historiador Melchiorre Delfico.*

E prossegue:

> *Vamos supor que por 'extrativas' Acemoglu e Robinson entendam as instituições que implicam uma realidade social baseada na exploração da população e a criação de monopólios. Ao fazê-lo, eles reduzem os incentivos e a capacidade da maioria da população de tomar iniciativas econômicas. Por 'inclusivas'*

---

[93] FELICE, Flavio. *The Institutional Path as the Path to Development*. American Enterprise Institute. February 2, 2014. Disponível em: http://www.aei.org/publication/the-institutional-path-as-the-path-to-development/

*eles definem instituições que permitem incentivar e promover a participação da maioria da população em atividades econômicas e os talentos e habilidades de alavancagem, permitindo que as pessoas realizem seus projetos pessoais.*

*Embora Melchiorre Delfico talvez não fosse uma figura de destaque no Iluminismo Napolitano, ele nos deixou algumas ideias interessantes. Em sua* Memoria sulla libertà del Commercio *[Memórias sobre a liberdade do comércio], escrito em 1797, Delfico aborda a questão a partir de um pressuposto filosófico: a liberdade é uma condição natural, e, portanto, segue-se que a conformidade com as leis da natureza é condição necessária para a realização da "perfeição natural". Delfico visa apoiar a superioridade de uma economia livre, comparada com um sistema econômico que está vinculado com o sistema feudal, em sua opinião sufocante e não natural. Resumindo, ele propôs instituições 'inclusivas', típicas de uma economia de mercado, contra as instituições 'extrativistas' de uma economia feudal.*

O ponto discutido por Felice é que Delfico, como o estadista que era, acreditava que o aparelho do Estado é uma realidade indispensável para a vida civil e que sem ele nem mesmo o mercado poderia surgir. Parece um antecessor do "liberalismo de regras" (*Ordoliberalismo*) e da "economia social de mercado", segundo a qual o Estado teria um papel decisivo na vida econômica, já que teria a tarefa de elaborar – embora de maneira poliárquica e subsidiária –, garantindo assim as "regras do jogo". Só um Estado forte nesse papel, segundo ele, seria capaz de evitar o surgimento de situações de monopólio público ou privado e evitar as "instituições extrativas".

A essa altura, o leitor – principalmente se for de estirpe mais libertária – poderá ter pensado em questionar se Delfico era propriamente um protoaustríaco, preferindo qualificá-lo como um *minarquista*. Mais uma vez, peço a atenção desse leitor para o importante argumento de Skinner já mencionado em outros capítulos, que podemos chamar de *argumento contextual*. Com efeito, Delfico viveu e escreveu em uma época em que ainda era comum defender o absolutismo e o feudalismo e isto não se pode deixar de ser levado em conta, antes de o acusarmos de "socialdemocrata" do século XVIII.

Felice frisa ainda que outro aspecto digno de atenção por parte dos austríacos modernos em Delfico pode ser encontrado em outra de suas obras, intitulada *Ragionamento su le carestie* [Reflexões sobre as carestias], de 1818, ensaio inspirado pela fome que assolou a Europa entre 1815 e 1817. É uma reflexão muito interessante, pois nos ajuda a compreender o seu argumento sobre a superioridade de uma economia livre em comparação a uma economia feudal. Em seu *Ragionamento*, o autor examina os limites a serem aplicados à liberdade absoluta, mas sempre para que esta possa proporcionar todas as suas qualidades positivas e efeitos benéficos. Uma vez que esses limites são estabelecidos pelo Estado, podemos dizer que o tema deste ensaio de Delfico é, em última análise, a relação entre o mercado e o Estado.

Ainda assim, um *ancap* (anarcocapitalista) de nossos dias poderia se horrorizar e me formular a seguinte pergunta; "Como você pode incluir, em um livro sobre a história dos protoaustríacos, um autor que defendia limites a serem impostos à liberdade absoluta?". E mais uma vez remeto o leitor ao artigo de Skinner.

Entretanto, como o professor Felice faz questão de enfatizar:

> [...] o *Ragionamento* começa com uma declaração de princípios: 'a verdadeira liberdade [deve] ser distinguida de licenciosidade e

*de qualquer excesso semelhante e, portanto, deve estar sujeita a essas emendas e moderações, que resultam em bem maior para a sociedade'. Na identificação de instrumentos para fazer a regulação da liberdade efetiva, Delfico afirma: 'Eu vou responder com uma única palavra. As leis'. Para o filósofo, existiam essencialmente duas causas básicas da fome: mudanças no clima e 'corrupção'. De acordo com Delfico, o mercado deve ser protegido contra as forças corruptas e esta seria a principal tarefa do Estado. Assim, 'para prevenir, o quanto possível, ações ilícitas e para punir a irresponsabilidade, só uma legislação que poderia evitar a 'fraude e o abuso de poder de qualquer tipo' e evitar monopólios [e] dissimulações fraudulentas', colocando o mercado em condições de funcionar corretamente e de implantar seus efeitos benéficos sobre a sociedade.*

Qual a faceta austríaca dessas afirmativas?

Bem, a lição de Delfico está totalmente focada na confiança em instituições "inclusivas" e na necessidade de que uma figura institucional seja preservada pelo Estado de Direito. Ele crê que esta sua posição permite a confiança de que sua tese não venha a se tornar uma fuga da realidade utópica e nem o medo de que possa resultar em um cinismo autoritário e totalitário. Isto o coloca, sem dúvida, longe dos defensores do "laissez-faire", que pouco se importa com os dados históricos e é insensível ao fato de que as instituições sociais fotografam as modalidades, sedimentadas na história, por meio da qual os homens ignorantes e falíveis, ao longo dos séculos, tentaram resolver os importantes problemas de alocação de recursos escassos, de conquista, manutenção e transferência de poder e, em geral, de aquisição e distribuição de conhecimento.

Austríaco? Sim, por que não, se considerarmos que sempre houve e continua havendo várias divergências entre os economistas austríacos, embora em muito menor número do que os pontos consensuais?

Por outro lado, tal confiança nas instituições torna-o igualmente distante dos "pessimistas sociais", que negam às pessoas a capacidade de criar essas obras especiais que são chamadas de "instituições inclusivas", marcadamente características de uma sociedade livre. Sejam elas políticas, jurídicas ou econômicas, todas contribuem conjuntamente para que a ignorância, a falibilidade, as contingências ditadas pela natureza humana como criaturas possam encontrar a liberdade, a criatividade, a originalidade e a responsabilidade que marcam, juntamente com suas limitações, a constituição física e moral de cada pessoa.

Portanto, na obra de Delfico, as contingências e as limitações da pessoa humana não são superadas em virtude de um impulso utópico, de um iminente "sol do futuro", ou de uma ideologia que prometa "novos céus e uma nova terra" nesta vida, e tampouco pela cega e feroz "vontade de poder" de um Leviatã. O professor Felice encerra seu artigo observando que no pensamento délfico, "contingências e as limitações são consideradas como um antídoto contra a eterna tentação perfeccionista para confundir o reino dos homens com o Reino celestial. Em contraste, a liberdade, a criatividade e a originalidade são tomadas como as características humanas que permitem nossa libertação do que é meramente contingente, através da promoção de instituições políticas, econômicas e culturais, superando nossas próprias limitações, o que, se orientado corretamente, resulta nos instrumentos – os únicos, de resto – capazes de aumentar nosso conhecimento, uma vez que só podemos aprender com nossos erros e com os erros dos outros".

Há ainda outro inequívoco sinal de que o autor ora estudado foi um protoaustríaco, que o professor Vincenzo Clemente encontra em Melchiorre Delfico. Entre seus trabalhos inéditos há um breve relatório, provavelmente de 1806, da análise distinta das doganas[94] internas, que incorpora à teoria econômica conhecida, para defender a abolição das alfândegas, uma vez que estas, além de prejudicarem o comércio, as indústrias e o bem-estar do povo, dão origem a comportamentos prepotentes e corruptos por parte dos funcionários dos órgãos aduaneiros, dilapidando, além disso, o erário e provocando a necessidade de maiores tarifas de importações no futuro. Esse trabalho, segundo Clemente, teria obtido êxito com a promulgação da Lei de 16 de maio de 1810.

Ainda neste mesmo período – por volta de 1809 – escreveu um relatório inédito para a Sociedade Real elaborado no clima de promoção dos recursos, especialmente os territórios agrícolas do Reino, para o projeto de estabelecer em suas províncias o incentivo para empresas, pois Delfico havia sido encarregado anteriormente, por conta de sua experiência das chamadas "Sociedades Patrióticas", a executa-lo nas três províncias de Abruzzo em 1788-1789. Em parte, em decorrência desse documento teriam sido fundadas em todas as províncias do Reino as sociedades de agricultura (Decreto de 16 de fevereiro e estatutos de 15 de agosto de 1810), centros, ao mesmo tempo, da chamada "revolução agrária" no Mezzogiorno e da "inteligência política burguesa" daquele início de século.

Outra posição sua pode ser considerada, dentro dos padrões culturais da época, como extremamente e até radicalmente libertária: em 1829, em *Della preferenza de' sessi*, uma carta pública dirigida à Condessa Chiara Simonetti Mucciarelli, Delfico manifesta sua posição acerca da igualdade de sexos, em que

---

[94] Bairro *(frazione)* do castelo de Serravalle, no município de mesmo nome, na área mais populosa da República de San Marino (N. do E.).

incorpora os temas da condição e da emancipação da mulher, abordados em sua juventude em um ensaio filosófico sobre o casamento, intitulado *Saggio filosofico sul matrimonio*.

Em maio de 1822, Delfico volta para Teramo, mas no outono seguinte vai para Nápoles, onde permaneceu por vários meses, até a primavera de 1823, quando deixou a capital para nunca mais voltar. Na capital de Abruzzo, onde passou o resto de sua vida, o velho escritor continuou a estudar e a escrever. Entre as obras desses anos (algumas das quais ainda não publicadas e outras inacabadas ou apenas esboçadas e fragmentadas), importa mencionar *Della importanza di far precedere le cognizioni fisiologiche allo studio della filosofia intellettuale* [Da importância da memória preceder o conhecimento fisiológico no estudo da filosofia intelectual], de 1823, em que reitera a sua concepção materialista do conhecimento e entende a razão como uma ferramenta crítica e operante, mas que não deve todavia obstinar-se em investigar a essência das coisas, e tudo o que não se pode realmente saber, mas preocupar-se com coisas úteis e necessárias para o bem-estar e a felicidade da humanidade. Há também seus escritos sobre numismática publicados em Teramo por Ubaldo Angeletti em 1824, com o título *Della antica Numismatica della città di Atri nel Piceno con un discorso preliminare su le origini italiche* [Da antiga numismática da cidade de Atri no Piceno com um discurso preliminar sobre as origens itálicas].

Empenhou-se ainda, em dois artigos, *Fiera franca in Pescara* [Zona franca em pescara], de 1823 e *Breve cenno sul progetto di un porto da costruirsi alla foce del fiume Pescara* [Breve menção sobre o projeto de um porto a ser construído na foz do rio Pescara], de

1825, com o objetivo de revitalizar as atividades produtivas naquela área ainda subdesenvolvida do Reino. O fator decisivo parece-lhe o renascimento do comércio, considerado "a única fonte inesgotável de riqueza e prosperidade das províncias", mas não sem criar primeiro as condições necessárias para facilitá-lo. Uma delas seria a criação de um grande empório ou feira franca, que não só reduziria significativamente a fraude e o contrabando, como asseguraria um afluxo significativo de bens, inclusive os de origem estrangeira, sem a imposição de quaisquer limites de importação, o que evitaria que os lojistas, os comerciantes e muitos empreendedores de Abruzzo incorressem em sérios danos em seus negócios com os mercados de Fermo, Ascoli ou a Senigallia, o maior e mais distante. Tudo isso só teria um impacto positivo sobre o comércio de modo que pudesse finalmente desenvolver-se, aumentar o capital social e criar novas atividades econômicas, ou melhorar e aperfeiçoar as já existentes.

A criação de um porto moderno, na foz do rio Pescara, é o tema de reflexão que conduz o *Breve cenno*. A ideia de que o "mar em vez de separar, una as nações entre si", permitindo a comunicação ilimitada entre os povos. Essa era a visão do escritor de Teramo para apoiar a utilidade que a criação de um porto seguro para os marinheiros traria para o aumento do comércio e o desenvolvimento econômico em geral. A escolha do porto de Pescara como o central se justificaria pelo fato de ter a cidade do Adriático, o rio com a foz mais larga e de ser "o ponto central da costa dos Abruzzi", encruzilhada de três estradas principais – uma direta para Nápoles, outra no litoral, na direção do estado Pontifício e a terceira para as províncias do sul. Não só isso, mas também seria o único porto com uma "cidade fortificada", que asseguraria a segurança do transporte e o armazenamento de mercadorias. Assim, o porto de Pescara poderia recuperar a importância que teve em uma época em que era conhecido pelo nome de *Ostia Aterni* e os imperadores romanos tinham construído as três estradas – *Claudia, Flaminia* e *Frentana* – para facilitar o comércio.

## 5 - Conclusões

Delfico, ao crivo de diversos pontos de vista, a meu ver, pode e deve ser considerado um verdadeiro precursor de alguns *insights* austríacos, como vimos na seção anterior. Um fato particular que chama a atenção: sua defesa da igualdade entre os sexos antecedeu em muitos anos àquele que é considerado o pensador pioneiro nesse tema, John Stuart Mill (1806-1873), um dos economistas e liberais utilitaristas mais importantes do classicismo britânico, e que publicou, possivelmente com sua mulher Harriet Taylor (1807-1858), o ensaio *The Subjection of Women* [*A Sujeição das Mulheres*] defendendo argumentos em favor da igualdade entre os sexos.

Outro interessante tema na obra de *Il Delfico* – o de algumas críticas ao famoso pensador florentino Maquiavel – é abordado por Gabriele Carletti em outro artigo. Delfico, segundo Carletti, lê Maquiavel expondo alguns dos preconceitos que se formaram sob sua "autoridade poderosa" e debruçando-se sobre algumas ideias do pensador florentino "menos favoráveis" para o progresso do direito político, sem deixar de lado que uma parcela de sua verdade ainda poderia ser útil para a sociedade. A partir dessa comparação, emergem diferenças mais ou menos pronunciadas, bem como julgamentos críticos, mas também avaliações de afinidade, demonstrando a admiração que Delfico nutria por Maquiavel.

Assim, coexistem e se alternam nas *Osservazioni* duas atitudes opostas: de um lado, uma avaliação do pensamento historicista maquiavélico, considerado em relação ao seu tempo e como sua expressão, já sugerida nos escritos de Hegel e Fichte, mas de que, no entanto, Delfico dificilmente teve conhecimento, bem naqueles mais familiares para ele de Cuoco e Ridolfi; e, de outro, a tendência de tentar reconduzi-lo para a época atual para depois julgá-lo com base em suas próprias experiências e crenças.

Maquiavel é, para Delfos, um homem do seu tempo, a partir do qual o espírito recebe "impressões" e assume "caráter". Para o então idoso iluminista, um defensor da superioridade dos modernos sobre os antigos, a época entre os séculos XV e XVI foi repleta de atrocidades e de crimes de fraude, corrupção e delitos políticos. Nele, "tudo parecia problemático, polêmico, discutível" e sua filosofia estava "enferrujada" e pobre, os métodos de pesquisa escassos e imperfeitos, tanto que seu talento teria sido o de se relacionar com a "veneração" e com a "compaixão". Porém, Delfico fez questão de enfatizar o realismo político e a aderência à realidade do florentino. Nascido em uma república e republicano ansioso para saber a origem e a conservação dos estados livres, Maquiavel teria inicialmente dirigido seus esforços para o estudo das repúblicas, para o qual ele também escreveu um tratado, "desventuradamente" perdido. O mais provável é que Delfico tenha sido levado a acreditar na existência de um *Tratado das Repúblicas*, a partir da afirmativa de Maquiavel contida no capítulo II do *Príncipe*: "Não cogitarei aqui das repúblicas porque delas tratei longamente em outra oportunidade".

Depois de colocar o pensamento maquiavélico em seu tempo, Delfico o avalia em função das necessidades do século XIX. O seu principal objetivo é erradicar o viés político que, em sua concepção, contribua para impedir qualquer progresso socioeconômico do país. Essa intenção transparece desde as primeiras páginas de *Osservazioni*, quando Delfico centra-se na concepção religiosa de Maquiavel. Passando ao largo dos aspectos problemáticos que o tema da religião assume na obra do florentino, ele leva em consideração o julgamento sobre o Cristianismo e reprova Maquiavel por ter identificado (confundido) a própria religião, a sua doutrina e seus princípios com base na "fraternidade humana" e nos "mais nobres sentimentos", bem como com a Igreja como uma instituição política. Se ao menos ele tivesse separado a política da religião estaria certamente mais próximo da verdade, porque tinha entendido, como expresso em *Discorsi*, que foi a conduta política da Cúria Romana a verdadeira causa da ruína dos Estados. Como podemos constatar mais uma vez, Delfico foi anticlerical por excelência.

Depois da fama que ele conseguira em vida, depois de sua morte, Delfico caiu em um longo e injustificado esquecimento. Foi redescoberto graças a John Gentile que, a partir da área geográfica limitada em que atuou, mostrou a grande injustiça feita às suas contribuições, que o mantivera no ostracismo durante todo o transcorrer do que século XIX. Projetada em um âmbito mais amplo, Delfico passou a ser tema de uma consideração diferente a partir do final da Segunda Guerra Mundial. A revalorização de Delfico é determinada em conjunto com o renovado interesse historiográfico na história e cultura do século XVIII e, em particular, com algumas experiências políticas e intelectuais significativas do Iluminismo italiano.

O grande mérito desta historiografia é que ela trouxe de volta o legado da experiência reformista de Delfico e o ambiente de fervor cultural do movimento de reforma napolitana da segunda metade do século XVIII. Recentemente, novas linhas de interpretação estão investigando outras fases da biografia intelectual fundamental de Melchiorre Delfico, como a relativa à década revolucionária 1789-1799 ou as que marcam sua evolução, no início do século XIX e durante os anos da *Restaurazione*, do filósofo reformador – nutrido pelo Iluminismo napolitano – da história e da política.

Passou os últimos anos de sua vida continuando a cultivar seus interesses intelectuais. A este período pertencem seus estudos sobre a ciência médica testemunhados por várias páginas, ainda não publicadas, preservadas no Fondo Delfico da Biblioteca Provincial de Teramo, e alguns manuscritos, incluindo um intitulado *Sugli antichi confini del Regno* [Sobre as antigas fronteiras do reino] e outro intitulado *Sull'origine e i progressi delle Società civili* [Sobre a origem e progresso das sociedades civis], enviado ao marquês Louis Dragonetti, que pediu que fosse publicado, mas em vão, porque o seu autor tinha a intenção de revê-lo. Em 1832, ele recebe a visita de Fernando II, em viagem do soberano às regiões do Reino, e é premiado no ano seguinte com o título de Comendador da Ordem de Francisco I. Morreu em 21 de junho de 1835, na capital de Abruzzo.

Eis, enfim, o perfil de Melchiorre Delfico, filósofo, economista e reformista, homem de múltiplas facetas, como era comum naquele tempo. Um humanista e intelectual de respeito e, em vários sentidos, um precursor de diversos *insights* da Escola Austríaca.

## 6 - Referências Bibliográficas

CARLETTI, Gabriele. "Melchiorre Delfico". In: Umberto Russo e Edoardo Tiboni (Eds) *L'Abruzzo nel Settecento*, Pescara: EDIARS, 2000, p. 647-676

CARLETTI, Gabriele. "Machiavelli nelle 'Osservazioni' di Melchiorre Delfico". In: *Revista europea de historia de las ideas políticas y de las instituciones públicas*, n. 6 (Nov. 2013), p. 167-186 (http://www.eumed.net/rev/rehipip/06/gc.pdf0

CLEMENTE, Vincenzo. DELFICO, Melchiorre. "Dizionario Biografico degli Italiani" – Volume 36 (1988). In: http://www.treccani.it/enciclopedia/melchiorre-delfico_(Dizionario-Biografico)/

CRAVEN, Keppel R. *Excursions in the Abruzzi and Northern Provinces of Naples*. [Londres, 1837, 2 volumes]. In: http://it.wikipedia.org/wiki/Melchiorre_Delfico

EUGENI, Franco e RUSCIO, Edoardo. *Linee di una ricerca storica indiziaria in ordine alla possibile militanza di Melchiorre Delfico nella Massoneria di fine Settecento*, Appendice in: F.E. e E.R., *Carlo Forti (1766-1845), allievo di N. Fergola, ingegnere sul campo*, Teramo, Edigrafital, 2004.

FELICE, Flavio. "The Institutional Path as the Path to Development". [este artigo é um resumo do capítulo 3 de seu livro *Persona, istituzioni e mercato. La persona nel contesto del liberalismo delle*, Rubbettino, 2013]. In: http://www.aei.org/article/society-and-culture/the-institutional-path-as-the-path-to-development/

GENOVESI, A. "Lettere accademiche su la questione se sieno più felici gl'ignoranti che gli scienziati" (Napoli: 1974, Lettera XI). In: SAVARESE, G., Feltrinelli, Milão, 1962, p. 497.

MILL, John S. *The Subjection of Women*. Londres: Longmans, Green, Reader & Dryer, 1869.

SKINNER, Quentin. "Meaning and Understanding in the History of Ideas". In: History and Theory, vol. 8, nº 1, a969, p. 3-53.

WIKIPEDIA. *Melchiorre Delfico*. Disponível em: <https://it.wikipedia.org/wiki/Melchiorre_Delfico>.

# Capítulo VII

## Jean-Baptiste Say (1767-1832)

# 1 - Introdução

Imagine que você jamais tenha escrito ou dito a frase "os eleitores brasileiros são idiotas" e que você não pense dessa forma, mas que, por diversos motivos, venha a ficar famoso, quase dois séculos depois de sua morte, exatamente por terem afirmado repetidamente que você pronunciou essa frase. Pois é o que acontece com a "Lei de Say". Jean-Baptiste Say jamais escreveu que "a oferta cria a sua própria procura", mas é universalmente conhecido por ter escrito algo que nunca escreveu... Poucos postulados da economia deram margem a tantas interpretações equivocadas, algumas por incapacidade de entender as coisas simples, outras por solércia, quanto o que se tornou conhecido como Lei de Say. Principalmente depois que Keynes a deturpou na *Teoria Geral* (porque precisava, em conformidade com seus padrões éticos, proceder desse modo para construir sua "nova economia"), gerações sucessivas de estudantes, que depois se tornam professores e economistas, repetem qual papagaios o refrão: "a oferta cria a sua própria procura", sem jamais terem lido uma página sequer de Say. É constrangedor quando uma mentira transforma-se em uma máxima.

Este artigo não tem a pretensão de ser original e baseio-me, em grande parte, em informações obtidas na internet[95]. Seus objetivos são tão somente o de tornar mais acessíveis na língua portuguesa, e de maneira não deturpada, as ideias de um grande economista, mostrar como Keynes distorceu suas ideias – o que gerou e ainda gera grande confusão sobre o que ele realmente escreveu – e, por fim, argumentar no sentido de que ele pode ser considerado sem ne-

---

[95] Em particular: WIKIPEDIA. *Jean-Baptiste Say*. Disponível em: <https://pt.wikipedia.org/wiki/Jean-Baptiste_Say>.

nhum favor como um importante precursor da Escola Austríaca de Economia. Nele, descrevo análises sobre Say e sua obra e acrescento informações que acredito serem importantes para caracterizar Say como um austríaco, ou um pré-austríaco, mas de qualquer forma um homem à frente de seu tempo.

De fato, o economista francês Jean-Baptiste Say (1767-1832) pode sem dúvida ser considerado como um dos mais importantes predecessores da Escola Austríaca. Nascido em Lyon, foi enviado para a Inglaterra para completar seus estudos, e viveu em Croydon e depois em Genebra e Londres, onde trabalhou no comércio. Posteriormente, voltou a seu país natal, para trabalhar em uma companhia de seguros. Fortemente influenciado pela obra de Adam Smith, especialmente pela ardorosa defesa do livre comércio que caracterizou o pensador escocês, entre 1794 e 1800 foi editor do periódico *La Decade philosophique, litteraire et politique*, que se dedicava a defender as vantagens do livre mercado e a criticar o intervencionismo.

Discípulo de Adam Smith, Say fez muito para divulgar o trabalho do escocês no continente Europeu, embora *A Riqueza das Nações* tenha sido traduzido para o francês quando Say tinha apenas 12 anos de idade. Assim como Smith, Say criticou fortemente as doutrinas do mercantilismo (ou, para os franceses, *colbertismo*) e procurou substituí-las pelo pensamento mais liberal. Teve a alegria de ver seu livro passar por cinco impressões durante sua vida. O *Traité* era tão popular nos Estados Unidos que a tradução em inglês serviu como um texto padrão de desenvolvimento econômico em faculdades e universidades americanas durante grande parte do século XIX.

Em 1800, publicou *Essai sur les moyens de reformer les moeurs d'une nation,* mas foi em 1803 que publicou aquela que é considerada sua maior obra, o *Traité d'économie politique ou* *simple exposition de la manière dont se forment, se distribuent et se composent les richesses*⁹⁶. Em 1814, publicou uma segunda edição da obra, dedicada ao imperador Alexandre I da Rússia, que tinha declarado ser seu pupilo. No mesmo ano, o governo francês o enviou para estudar a economia do Reino Unido e o resultado dessa viagem foi o pequeno livro *De l'Angleterre et des Anglais*. Em 1817, publicou a terceira edição de seu *Traité*. O Conservatório des Arts et Métiers criou uma cadeira de Economia Industrial para ele em 1819, e em 1831 foi nomeado professor de economia política no Collège de France. Em 1828-1830 publicou seu *Cours complet d'économie politique pratique*. Em 1826, foi eleito membro estrangeiro da Academia Real Sueca de Ciências.

Um dos escritos que mais o caracterizam como um antecessor dos austríacos é o conjunto de cinco cartas que escreveu a Malthus, *Lettres à M. Malthus sur l'économie politique et la stagnation du commerce*, em que critica a visão malthusiana a respeito da estagnação econômica.

Seus trabalhos o tornaram influente na Itália, Espanha, Alemanha, Rússia, América Latina, Grã-Bretanha e nos Estados Unidos, no qual teve entre seus admiradores Thomas Jefferson e James Madison. Foi coerente com sua defesa da liberdade econômica ao longo de toda a sua vida e faleceu em Paris.

Infelizmente, os livros-texto de história do pensamento econômico costumam mencionar Say apenas superficialmente, sempre o ligando à lei que levou o seu nome e, mesmo assim, apresentando-a de maneira descaracterizada, o que contribui para banalizar sua importante obra. A melhor das exceções é o livro de Murray

---

⁹⁶ Cuja sexta edição, de 1841, pode ser lida em: http://www.librairal.org/wiki/Jean-Baptiste_Say:Trait%C3%A9_d'%C3%A9conomie_politique

Rothbard, *Classical Economics: An Austrian Perspective on the History of Economic Thought,* vol. II, J.B. Say: the French tradition in Smithian Clothing.

Como sustenta Larry J. Sechrest, no capítulo 4 do excelente livro *The Great Austrian Economists,* uma coletânea de artigos editada por Randall G Holcombe e publicada pelo Mises Institute, ao invés de classificar Say como uma ligeira variação em torno de Adam Smith, é muito mais preciso reconhecer que ambos representam dois caminhos sinuosos, geralmente divergentes, incorporados dentro da economia clássica.

Sechrest escreve:

*Smith leva a David Ricardo, John Stuart Mill, Alfred Marshall, Irving Fisher, John Maynard Keynes e Milton Friedman. Say leva de A.R.J. Turgot e Richard Cantillon a Nassau Senior, Frank A. Fetter, Carl Menger, Ludwig von Mises e Murray Rothbard. [...] O leitor deve ter em mente, no entanto, que esses dois caminhos ou progressões têm sido muitas vezes tortuosos e não lineares. Ou seja, J B Say foi de várias maneiras realmente um precursor da Escola Austríaca, mas não se deve saltar à conclusão de que ele era um austríaco completo, mas sim que estava simplesmente à frente de seu tempo. Não se deve ler Say e esperar que, em todos os pontos, vá se encontrar Mises*[97].

Passemos a esquadrinhar o pensamento desse extraordinário economista francês, o que faremos dividindo-o nos seguintes compartimentos: metodologia, teoria monetária e bancária, lei dos mercados, empreendedorismo, capital e juros, valor e utilidade, tributação, Estado e controvérsias.

---

[97] SECHREST, Larry J. In: "HOLCOMBE". *Op. cit.* p. 170-71.

## 2 - Biografia de Say

Jean-Baptiste Say nasceu na cidade de Lyon em 5 de janeiro de 1767. Estava destinado a seguir a carreira de comerciante, e por isso foi mandado, junto com seu irmão Horace Say (1794-1860), para a Inglaterra, onde viveu em Croydon e, em seguida, em Londres. Após alguns anos trabalhando como comerciante, retornou à França para trabalhar no escritório de uma seguradora, dirigida por Étienne Clavière.

Em 1793, casou-se com a filha de um ex-advogado, Mlle Deloche. De 1794 a 1800 editou um periódico chamado *La Decade philosophique, litteraire et politique*, cujos textos expunham as doutrinas de Adam Smith. Foi então estabelecendo sua reputação como economista e pensador, e quando o governo consular foi estabelecido em 1799, ele foi selecionado como um dos membros do *Tribunat*, e desligou-se da direção do *Decade*.

Sigamos o Prof. Luiz Alberto Machado:

> *Jean-Baptiste Say cresceu num ambiente fortemente influenciado pelas ideias iluministas, cujas ideias fundamentais eram o liberalismo, o individualismo e o racionalismo. Sendo assim, acompanhou, na sua juventude, o fervilhante ambiente político que redundou na Revolução de 1789. Ao mesmo tempo, testemunhou os primórdios da industrialização da França, um dos países que mais cedo seguiram o caminho aberto pioneiramente pela Inglaterra.*

Como afirma Georges Tapinos, no "Prefácio" da coleção *Os Economistas*, "os reveses do destino de que seu pai foi vítima levam-no a arranjar o seu primeiro emprego, num banco parisiense". Pouco tempo depois, foi para a Inglaterra, onde observou o funcionamento de uma economia que iniciara seu processo de industrialização algumas décadas antes e, além disso, pôde "descobrir Adam Smith, de quem fez uma leitura atenta ao regressar a Paris, graças às horas de folga que lhe proporciona o seu novo emprego, numa companhia de seguros".

Depois da Revolução Francesa, Say empenhou-se em ser um jornalista liberal, a partir de sua colaboração para o *Courier de Provence*, jornal dirigido por Mirabeau. Em seguida, como mencionamos, trabalhou no jornal *La Décade Philosophique, Littéraire et Politique pour une Société dês Republicains*, onde chegou a diretor e disseminou as ideias econômicas de Adam Smith. Foi, de 1799 a 1814, membro do *Tribunat*, tendo sido demitido por ordem de Napoleão, por se recusar a publicar algumas ideias do imperador. Depois desse episódio, deixou a vida pública, abraçando a indústria e trocando Paris por Auchy.

Montou então uma empresa têxtil – um moinho de algodão – que parece ter sido bastante próspera, chegando a empregar 400 trabalhadores, segundo Machado. Foi uma experiência industrial exitosa, mas que ilustrava seu pensamento, já então claro e definido. Com o fim do império, dedicou-se com afinco à atividade intelectual, escrevendo suas obras mais importantes e dedicando-se à introdução e difusão do ensino da economia na França, primeiro no Athénée (1815-1816), em seguida no Conservatório Nacional de Artes e Ofícios (1820) e, por fim, no Collège de France (1831).

Say faleceu em 15 de novembro de 1832, em Paris.

## 3 - O Pensamento de Say

A abordagem de Say é, em termos filosóficos, a de um realista que procura a essência dos atos econômicos, combinando um ceticismo saudável no que diz respeito à utilidade dos estudos estatísticos com a ênfase na observação dos fatos do mundo real. Bem antes de Menger, Say intuiu que as descrições estatísticas "não indicam a origem e as consequências dos fatos que tenham recolhido". Para ele, somente análises causais baseadas no essencial das entidades envolvidas podem alcançar esse fim, e tais análises são a tarefa principal da economia política. Ele vê a economia como uma verdadeira ciência capaz de estabelecer "verdades absolutas", mas alerta para o fato de que a economia só se torna uma ciência quando confinada aos resultados da investigação indutiva. Na verdade, sustenta que a economia política forma uma parte da ciência experimental e é, portanto, bastante semelhante à química e à filosofia natural.

No que se refere à taxonomia da economia política, ele divide todos os fatos em (a) aqueles que se referem a objetos e (b) os que se referem a eventos ou interações. O primeiro é o domínio da ciência descritiva (por exemplo, botânica), enquanto o último é o domínio da ciência experimental (por exemplo, química ou física).

Acima de tudo – afirma Sechrest – Say procura ser prático, pois "nada pode ser mais ocioso do que a oposição entre teoria e prática!" Para isso, ele tenta sempre empregar uma linguagem precisa e mais simples possível, de modo que qualquer pessoa alfabetizada e razoavelmente inteligente possa compreender o seu significado. Como vemos, para Say, como para a maioria dos austríacos modernos, a economia não é um reino sombrio que só possa ser penetrado por especialistas, mas um assunto de enorme importância prática e acessível a todos. Não é, portanto, nenhuma surpresa quando descobrimos que Say, em conformidade com essa meta de clareza, lucidez e inteligibilidade, critica a obra *A Riqueza das Nações*, de Adam Smith, por ser "destituída de método", obscura, vaga e desconexa, bem como por conter digressões demasiado longas sobre temas como guerra, educação, história e política, que distraem os leitores, afastando assim seu interesse pela matéria.

Rothbard, em seu brilhante tratado *An Austrian Perspective on the History of Economic Thought* [*Uma Perspectiva Austríaca sobre a História do Pensamento Econômico*], observa, a respeito de Say, que ele foi um precursor da Praxeologia. Vejamos o que escreveu na página 15:

> *Say, então, brilhantemente aponta que é impossível para os povos ou nações 'aprender com a experiência' e adotar ou rejeitar teorias corretamente apenas com esta base. Desde o início da era moderna, observa ele, riqueza e prosperidade têm aumentado na Europa ocidental, enquanto ao mesmo tempo os Estados-nações têm agravado as restrições ao comércio e multiplicado a interferência da tributação. A maioria das pessoas conclui superficialmente que este último causou o primeiro, isto é, que o comércio e a produção aumentaram como resultado da interferência do governo. Por outro lado, Say e outros economistas políticos argumentam o contrário, que 'a prosperidade dos mesmos países teria sido muito maior, se tivessem sido governados por uma política mais liberal e esclarecida'. Como podem os fatos ou a experiência decidirem entre essas duas interpretações conflitantes? A resposta é: eles não podem, e só uma teoria correta, dedutível de alguns fatos ou princípios gerais universais pode fazê-lo. E é por isso, nota Say, as 'nações raramente tiram qualquer benefício com as lições da*

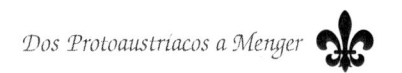

*experiência'. Para fazer isso, 'a comunidade em geral deve estar habilitada para aproveitar a conexão entre as causas e as suas consequências, a qual, uma vez que supõe um grau muito elevado de inteligência e uma capacidade de reflexão rara'. Assim, para se chegar à verdade, apenas o completo conhecimento de alguns fatos gerais essenciais é importante; e todos os outros conhecimentos de fatos, como a erudição de almanaque, são meras compilações, a partir das quais nada resulta.*

Ainda de acordo com Rothbard, uma característica particularmente notável de Say é que foi ele o primeiro economista que pensou profundamente sobre a metodologia adequada de sua disciplina e baseou o seu trabalho, tanto quanto pôde, nessa metodologia. A partir da leitura de economistas que o antecederam historicamente e de seu próprio estudo, ele chegou ao método único da teoria econômica, o que Ludwig von Mises, um século depois, chamou de Praxeologia. Nas palavras de Rothbard:

*Say percebe que a ciência econômica não pode ser baseada em uma massa de determinados fatos estatísticos incipientes, mas, em vez disso, em fatos muito gerais (jait generaux), fatos gerais, universal e profundamente enraizados na natureza do homem e seu mundo que todos, ao tomar conhecimento ou leitura deles, os aceitariam. Estes fatos são baseados, então, na natureza das coisas (la natureza des choses), e nas implicações dedutivas desses fatos, tão amplamente enraizada na natureza humana e na lei natural. Uma vez que estes grandes fatos sejam verdadeiros, suas implicações lógicas devem ser verdadeiras também[98].*

---

[98] ROTHBARD, Murray. "Classical Economics – An Austrian Perspective on the History of Economic Thought". Volume II. Elgar, 1995. p. 12-13.

# 4 - Say como um Protoaustríaco
## 4.1 - Teoria monetária e bancária

A discussão sobre a teoria monetária de Say pode ser aberta com o que é agora um argumento padrão, o problema da "dupla coincidência de desejos" e de como um meio de troca é capaz de resolvê-lo. Sua explicação de como um produto muito procurado espontaneamente transforma-se em um meio de troca aceito lembra o famoso tratamento que Carl Menger deu à mesma questão, embora antecedendo Menger em sete décadas. Historicamente, o dinheiro aparece devido ao interesse, e não a algum decreto do governo, e sua forma deve ser determinada livremente pela interação das preferências dos consumidores.

Em seu *Traité* ele analisa a lista das propriedades que um meio de troca deve idealmente possuir: durabilidade, portabilidade, divisibilidade, elevado poder de compra por unidade e uniformidade, e a partir daí chega à conclusão, familiar hoje em dia, de que os metais preciosos (ouro e prata) são excelentes opções como ativos monetários. Em outras palavras, se os indivíduos são livres para escolher, é altamente provável que eles vão escolher a moeda-mercadoria (espécie). Embora seja verdade que Say tenha sido um forte defensor de ouro e prata como dinheiro, é interessante perceber que ele não admitia a possibilidade de que eles poderiam ser substituídos por outras *commodities* caso veias ricas de um minério novo fossem descobertas.

Para Say, a única intervenção justificável pelo Estado em questões monetárias é a cunhagem de moedas. Na verdade, admite que essa atividade deve ser monopolizada pelo Estado, pois, segundo ele, provavelmente haveria mais dificuldade em detectar as fraudes de emissores privados. Em particular, em qualquer sistema em que o ouro e a prata coexistam como metais monetários, os governos devem evitar cuidadosamente definir uma taxa de câmbio oficial entre os dois, ao contrário do que foi feito nos episódios históricos de bimetalismo. Say claramente entende por que a prática do bimetalismo sempre levou ao desastre. Ou seja, o dinheiro oficialmente sobrevalorizado alijou o dinheiro oficialmente subvalorizado de circulação, um princípio conhecido como a Lei de Gresham (enunciada pelo aforismo "a moeda má expulsa a moeda boa").

Say também afirma enfaticamente que a moeda é regida pela oferta e demanda, assim como todas as *commodities*. O poder de compra de uma unidade monetária sobe e desce conforme a proporção relativa entre a demanda e a oferta de moeda.

No que diz respeito aos bancos, Say distingue entre *bancos de depósito* e *bancos de circulação*, tratando ambos como instituições legítimas. O primeiro funciona como um armazém para dinheiro: detêm reservas de 100% em todos os momentos, e proporciona conveniência, bem como segurança, na medida em que garante as transações em nome de seus depositantes, transferindo fundos da conta de um cliente para outro, serviços para as quais cobra uma *fee*. Os segundos – os bancos de circulação – funcionam como verdadeiros intermediários financeiros. Detêm reservas fracionárias, emissão de notas e geram uma receita de juros, descontando notas promissórias e letras de câmbio. Contanto que os bancos sejam bem administrados, devem ser independentes do governo. Eis aí, então, em Say, outro componente austríaco moderno!

Há dois *insights* adicionais de Say sobre temas monetários que não podemos ignorar. O primeiro é que ele enfatiza que, como a divisão de trabalho se prolonga cada vez mais na sociedade, horizontal e verticalmente, isto é, como os indivíduos são cada vez mais especializados, o número e a importância das trocas aumentam. E isso requer um meio de identificação de troca. Em poucas palavras, o dinheiro é uma parte integrante da ascensão da moderna civilização. Em segundo lugar, Say concorda – com mais de um século de antecedência – com Mises e Rothbard, que insistem que qualquer oferta nominal de moeda é "ótima", enquanto os preços são livres para o processo de mercado fazer os ajustamentos, porque qualquer aumento ou redução em termos nominais simplesmente muda o poder de compra por unidade em proporção inversa. Assim, a oferta real de moeda (ou liquidez real) permanecerá a mesma.

Rothbard, na página 40, observa que Say defende o regime de 100% de reservas dos bancos de Hamburgo e Amsterdã. Bancos de circulação livres para emitirem são preferíveis a um regime de monopólio por parte de um banco central, já que a competição obriga cada um deles a cortejar, bajular e competir pelo público. E se esses bancos não operam em regime de 100% de reservas, Say continua a sustentar que é melhor a competição entre eles do que o monopólio estatal, pois assim eles terão que executar "políticas monetárias" saudáveis, isto é, que garantam a capacidade de resgate de suas notas emitidas.

## 4.2 - A "Lei de Say"

Como bem faz notar Rothbard na página 27 do segundo volume de seu tratado sobre a história do pensamento econômico, Say é praticamente ignorado pelos economistas e historiadores econômicos modernos, exceto por uma única parcela de seu pensamento, que ficou conhecida como "lei dos mercados de Say", que foi mais tarde absorvida pelos *ricardianos* britânicos. Rothbard afirma que James Mill, a quem denomina de "o Lenin" do movimento ricardiano, apropriou-se da lei em sua *Commerce Defended* de 1808, e Ricardo a adotou diretamente a partir de seu descobridor e mentor.

A Lei de Say é muito simples e quase um truísmo de tão autoevidente, e não é difícil compreender que despertou uma série de tempestades apenas por causa de suas implicações políticas e consequências. Para Say e os austríacos que o sucederiam nos séculos seguintes, a lei é uma resposta severa e adequada aos vários ignorantes econômicos, bem como aos que, em cada recessão econômica ou crise, começam a queixar-se em voz alta sobre o terrível problema da "superprodução geral" ou, na linguagem utilizada no seu tempo, um "excesso geral" de bens no mercado.

Superprodução quer dizer produção em excesso ao consumo, ou seja, a produção é muito grande, em geral, comparada com o consumo e, portanto, os produtos não podem ser vendidos no mercado. Se a produção é muito grande em relação ao consumo, então, obviamente, este é um problema – que hoje é chamado de "falha de mercado" –, um fracasso dos mercados e que deve ser compensado pela intervenção do governo. Tal intervenção teria de acontecer uma das seguintes formas ou mais: reduzir a produção ou estimular artificialmente o consumo. Exatamente como o *New Deal* o fez, com duplo insucesso, nos anos 30 do século XX.

Ora, estimular a demanda do consumidor tem sido o programa preferido dos intervencionistas há muitos anos. Geralmente, isto é feito pelo governo, seja com seu banco central inflacionando a oferta de moeda ou quando incorre em fortes *déficits*. Deixemos Rothbard, com a lógica e o talento que lhe eram característicos:

> *Indeed, government deficits would seem to be ideal for the overproduction/underconsumptionists. For if the problem is too much production and/or too little consumer spending, then the solution is to stimulate a lot of unproductive consumption, and who is better at that than government, which by its very nature is unproductive and even counterproductive?*[99]

Mark Skousen, em artigo intitulado "A verdadeira Lei de Say – e não a distorção keynesiana", começa com uma citação do economista keynesiano Steven Kates: "Keynes, além de não ter entendido, deturpou a Lei de Say. Este é o legado mais duradouro de Keynes, um legado que deformou permanentemente toda a teoria econômica". De fato, Keynes deturpou a teoria original de Say – sua famosa lei de que os mercados sempre tendem ao equilíbrio – com o único objetivo de, ao atacar essa teoria de maneira deturpada, poder gerar uma revolução na ciência econômica. Segundo Kates, toda a *Teoria Geral* "é uma tentativa de refutar a Lei de Say".

Portanto, a fim de justificar suas propostas intervencionistas, Keynes precisava refutar a Lei de Say e o fez de forma moralmente condenável, porque a distorceu e a adulterou escan-

---

[99] Na verdade, os déficits governamentais parecem ser ideais para a superprodução/baixo consumo. Pois, se o problema é uma produção elevada e/ou despesas de consumo muito pequenas, então a solução é estimular um grande consumo improdutivo. E quem é melhor do que o governo, que por sua própria natureza é improdutivo e até mesmo contraproducente? (Idem, *op.cit.* p. 27).

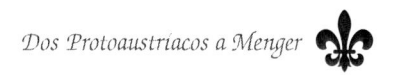

dalosamente. Kates afirma que "Keynes se equivocou em sua interpretação da Lei de Say e, ainda mais importante, equivocou-se quanto às implicações econômicas da mesma". E vale ressaltar, como menciona Skousen, que Kates é totalmente simpatizante da economia keynesiana! Como Keynes compreendeu mal a Lei de Say (ou simulou isso deliberadamente)?

Já na introdução da *Teoria Geral*, o Sr. Keynes afirma que a principal questão da macroeconomia estava na Lei de Say:

> *Creio que, até uma época recente, a ciência econômica em todos os lugares tem sido dominada pelas doutrinas associadas ao nome de J. B. Say. É verdade que sua 'lei dos mercados' já foi há muito abandonada pela maioria dos economistas; porém, eles próprios ainda não se libertaram das suposições básicas criadas por Say, particularmente de sua falácia de que a demanda é criada pela oferta. No entanto, uma teoria baseada nesta suposição é claramente incapaz de atacar os problemas do desemprego e dos ciclos econômicos.*

Infelizmente, Keynes não foi capaz de entender – ou, se a entendeu, distorceu-a deliberadamente, o que é pior – a Lei de Say. Ao afirmar incorretamente, seguindo Mill, que a lei reza que "a oferta cria sua própria demanda", ele na realidade sugeriu que o objetivo de Say era dizer que qualquer bem ou serviço que venha a ser produzido será automaticamente comprado nos mercados. Logo, a Lei de Say não poderia explicar os ciclos econômicos. Mas Keynes, além de não ser apegado a valores morais sólidos, era arrogante e abusado. Foi adiante e escreveu que a Lei de Say "pressupõe pleno emprego". E gerações de *keynesianos* vêm cometendo este erro até hoje, embora dificilmente algo possa estar mais longe da verdade. As condições do desemprego não proíbem a produção e nem as vendas, pois ambas formam a base do aumento da renda e do aumento da demanda. Ademais, segue Skousen, a Lei de Say serviu especificamente de base para a teoria clássica dos ciclos econômicos e do desemprego. Como declarou Kates, "a posição dos economistas clássicos era a de que o desemprego involuntário não somente era possível, como na realidade ocorria frequentemente, e com sérias consequências para os desempregados".

## 4.3 - Mas o que é, afinal, a Lei de Say?

No Livro I, capítulo 15, de *Des débouchés* [Das oportunidades], Say escreve:

> *C'est pour cela qu'une bonne récolte n'est pas seulement favorable aux cultivateurs, et qu'elle l'est en même temps aux marchands de tous les autres produits. On achète davantage toutes les fois qu'on recueille davantage. Une mauvaise récolte, au contraire, nuit à toutes les ventes. Il en est de même des récoltes faites par les arts et le commerce. Une branche de commerce qui prospère fournit de quoi acheter, et procure conséquemment des ventes à tous les autres commerces; et d'un autre côté, quand une partie des manufactures ou des genres de commerce devient languissante, la plupart des autres en souffrent*[100].

Say queria dizer que, quando um produto é criado, ele, desde aquele instante, por meio de seu próprio valor, proporciona acesso

---

[100] É por isso que uma boa colheita não é apenas favorável para os agricultores, e é, ao mesmo tempo, para os comerciantes de todos os outros produtos. Nós compramos mais cada vez que nos reunimos mais. A má colheita, no entanto, afeta todas as vendas. O mesmo é verdade das coleções feitas pelas artes e pelo comércio. Um ramo do comércio que oferece próspero o suficiente para comprar, e, portanto, fornece vendas para todas as outras lojas, e por outro lado, quando algumas fábricas ou tipos de negócio torna-se lânguida, a maioria dos outros sofrem.

a outros mercados e a outros produtos. E que quando um vendedor produz e vende um produto, ele instantaneamente se torna um potencial comprador, pois agora possui renda para gastar. Para poder comprar alguma coisa, um indivíduo precisa antes vender. Em outras palavras, a produção é o que gera o consumo, e um aumento na produção é o que permite que haja um maior gasto com consumo.

Em suma, eis a Lei de Say: a oferta (venda) de X cria a demanda por (pela compra de) Y. E ilustrou seu pensamento com o exemplo do agricultor.

E, sob o ponto de vista da Escola Austríaca, Say está correto. Sempre que uma recessão se inicia, a produção é a primeira variável a entrar em declínio, bem antes do consumo. E quando a economia começa a se recuperar, acontece o mesmo fenômeno, porque a produção foi retomada e somente depois é seguida pelo consumo. O crescimento econômico começa com um aumento na produtividade, na produção de novos produtos e na criação de novos mercados. Portanto, os gastos em produção sempre acontecem antes dos gastos em consumo. E isso funciona também na escala individual. Ou não é uma insensatez José querer aumentar seu padrão de vida simplesmente aumentando seus gastos ou se endividando para comprar uma Ferrari, sem antes ter aumentado sua produtividade? Skousen arremata: "Você pode até ser capaz de viver luxuosamente dessa maneira por algum tempo, mas um dia, inevitavelmente, a conta chegará – no caso, a fatura do cartão de crédito ou o vencimento dos empréstimos bancários".

Naturalmente, o mesmo princípio que se aplica ao agricultor e ao consumidor José da Silva aplica-se também aos países. A criação de novos e melhores produtos cria novos mercados e possibilita o aumento do consumo. Portanto, "o estímulo ao mero consumismo não traz benefício algum para o comércio; pois a dificuldade jaz exatamente em como criar os meios para o consumo, e não em como estimular o desejo do consumo. E já vimos que a produção, por si só, fornece estes meios". E Say então acrescenta: "Sendo assim, o objetivo de um bom governo seria apenas permitir que a produção ocorresse desimpedidamente, ao passo que o objetivo de um mau governo seria estimular o consumo".

## 4.4 - A Lei de Say e a TACE (Teoria Austríaca dos Ciclos Econômicos)

A Lei de Say afirma que recessões não são causadas por "insuficiências de demanda", tal como Keynes apregoava, mas sim por uma ausência de coordenação entre a estrutura da oferta (ou estrutura de capital, na linguagem austríaca) e a estrutura da demanda. As recessões começam quando os produtores percebem que erraram em suas estimativas sobre o que os consumidores querem consumir, o que faz com que os bens não vendidos se acumulem nos estoques. Então, a produção é reduzida, a renda cai e, só então, o consumo diminui. Keynes estava errado e Say estava correto, 133 anos antes!

Portanto, a maioria dos livros trancafia a Lei de Say na falsa proposição "a oferta cria sua própria demanda". No mínimo, isso deveria ser ensinado como "a oferta agregada cria a sua própria demanda agregada", porque a alegação correta é de que não é a produção de *commodities* X que resulta necessariamente em uma demanda equivalente para X, mas sim que a produção de X leva a uma procura de produtos A, B, C, e assim por diante.

A produção ou oferta de mercadorias leva ao consumo de mercadorias em geral. É certamente possível que exista ou uma falta ou um excesso de qualquer produto em particular, mas a superprodução ou subprodução geral não pode ser mais do que um fenômeno momentâneo. Por seus próprios dispositivos, o mercado irá corrigir esses desequilíbrios. Say acreditava, como os austríacos, nessa lei praxeológica.

Say identifica dois meios pelos quais opera o processo de correção: principalmente, ele argumenta que, se os indivíduos poupam parte da renda derivada da produção, na medida em que a reinvestem em "trabalho produtivo", no conjunto não há necessidade de diminuição da produção, renda ou consumo. Este processo de reinvestimento é alimentado por diferenças nos lucros auferidos pelos empresários. Os bens que são relativamente mais escassos, e, assim, experimentam preços crescentes, atraem investimentos adicionais, enquanto aqueles que são relativamente menos escassos e, assim, têm preços em queda, desestimularão investimentos. E mesmo se alguém entesourar ou enterrar dinheiro, o objeto final é sempre empregá-lo em uma compra de algum tipo, por isso não pode existir demanda deficiente desde que os valores econômicos reais estejam sendo produzidos. Para que possam existir consumidores, primeiro deve haver produtores.

Ao longo de sua discussão sobre produção e consumo, Say afirma que a moeda é apenas um condutor neutro, através do qual a oferta agregada traduz-se em demanda agregada, que é o mesmo que dizer que o dinheiro é o agente de transferência de valores. O mecanismo de transmissão pelo qual as mudanças na oferta de dinheiro alteram os preços relativos dos bens e, portanto, redirecionam toda a estrutura inter-relacionada de produção é um mecanismo desconhecido.

Say também foi *austríaco* ao expressar um claro entendimento de que é totalmente benéfica, para a sociedade, uma queda dos preços em geral, sempre que tais preços decrescentes são resultantes de ganhos de produtividade.

Para encerrar essa breve exposição sobre a verdadeira Lei de Say, que tal recorrermos às palavras de Mises proferidas em uma palestra nos anos 60, na Foundation for Economic Education?[101]

> *O mais sincero defensor e pregador da inflação em nossa época, Lord Keynes, estava certo, do seu ponto de vista, quando atacou aquilo que é chamado de Lei de Say. A Lei de Say é uma das grandes façanhas da teoria econômica. O francês Jean-Baptiste Say, na chamada Lei de Say, disse que você não pode aprimorar as condições econômicas simplesmente aumentando a quantidade de dinheiro na economia; quando os negócios não estão indo bem, não é porque não há dinheiro suficiente. O que Say tinha em mente, o que ele disse quando criticou a doutrina de que deveria haver mais dinheiro na economia, era que tudo o que alguém produz representa, ao mesmo tempo, uma demanda por outras coisas. Se há mais sapatos produzidos, esses sapatos serão oferecidos no mercado em troca de outros bens. A expressão 'a oferta cria demanda' significa que o fator produção é essencial. Expressada mais acuradamente, ele estava dizendo que 'a produção cria consumo', ou, ainda melhor, que 'a oferta de cada produtor cria sua demanda pelas ofertas de outros produtores'. Dessa forma, um equilíbrio entre oferta e demanda sempre existirá em termos agregados (embora Say reconheça que pode haver escassez e fartura em relação a produtos específicos).*
> 
> *Em última instância, os bens não são trocados por dinheiro — o dinheiro é apenas um meio de troca; os bens são trocados por*

---

101 MISES, Ludwig von. *Sobre a quantidade de dinheiro necessária para uma economia.* Disponível em: http://www.mises.org.br/Article.aspx?id=641

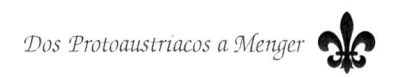

*outros bens. 'Você quer minhas maçãs? O que você me dá em troca delas?'.* Say acreditava que a criação de mais dinheiro simplesmente cria inflação de preços; mais dinheiro perseguindo a mesma quantidade de bens.

*E se você aumentar a quantidade de dinheiro, você não estará melhorando a situação de ninguém, exceto daquele indivíduo — ou daquele grupo de indivíduos – para quem você dá esse dinheiro recém-criado; esse indivíduo, ou esse grupo, poderá então comprar mais coisas, retirando mais bens do mercado, privando outras pessoas desses bens, piorando o bem-estar delas.*

Creio que, depois do que escreveu Mises (citado por Skousen), nada há a acrescentar.

## 4.5 - Empreendedorismo, capital e juros

Adam Smith excluiu do pensamento econômico a importante figura do empreendedor, mas Say, por estar sempre preocupado com o mundo real e não com situações de equilíbrio de longo prazo, trouxe-a de volta ao palco. Não tão fortemente quanto Cantillon e Turgot, mas o suficiente para que continuasse, embora de modo irregular, no pensamento econômico continental, porém ainda ausente do *mainstream* dominante do classicismo britânico.

O que esses empresários fazem, na visão de Say? A resposta é que usam sua "indústria" – ou, em linguagem moderna, seu "trabalho" – para organizar e dirigir os fatores de produção, de modo a alcançar a satisfação de necessidades dos consumidores. Mas não são meros gerentes, são previsores, avaliadores de projetos e que se arriscam voluntariamente. Say usa a palavra "capital" um tanto confusamente, com duplo sentido, para significar, segundo o contexto exige: (a) de bens de capital, que são parte integrante da produção de novos bens finais, tal como na abordagem austríaca, ou (b) o capital financeiro, visto como o *funding* da empresa. Os primeiros são o resultado de algum processo de produção mais indireto e, quando combinados com a indústria do empreendedor, geram lucros ou prejuízos, ou seja, na linguagem austríaca, a "estrutura de capital" da economia. O segundo é o resultado de poupar uma parte da renda da atividade produtiva ganha no passado e gerar recebimentos de juros.

Say era favorável ao empreendedorismo como força motriz das alocações e ajustamentos da economia de mercado. Ele resumiu suas ideias sobre o mercado afirmando que os desejos dos consumidores determinam o que será produzido:

> *O produto mais procurado é de maior demanda, e o que tem maior demanda gera o maior lucro para a indústria, capital e terra que, portanto, são empregados na obtenção deste produto em particular, de preferência; e vice-versa: quando um produto experimenta queda em sua demanda, há uma queda no lucro para a indústria, capital e terra e isso pode levar o produto a deixar de ser fabricado.*

A partir de sua análise do capital, empreendedorismo e mercado, Say concluiu ser o *laissez-faire* o melhor sistema econômico: "Os próprios produtores são os únicos juízes competentes da transformação, exportação e importação desses vários produtos e matérias-primas, e cada governo que interfere, cada sistema calculado para influenciar a produção, só pode fazer o mal".

A análise de Say das taxas de juros é, em muitos aspectos, notoriamente austríaca. Primeiro, porque ele percebe que a taxa de juros não é o preço do dinheiro, mas o preço do crédito, ou "capital emprestado", o que torna falso afirmar que a abundância ou escassez de dinheiro regulam a taxa de juros. Naturalmente, ele pensava na taxa de juros real e não na taxa nominal ou de mercado. Ele também viu claramente que as taxas de juros devem incluir algum prêmio de risco, como uma espécie de seguro para proteger de perdas devidas a *defaults*. Esse prêmio de risco será muito grande quando, por exemplo, são impostas leis para que os credores não tenham nenhum recurso legal contra devedores caloteiros. Além disso, Say identifica o fato de que há diferenças de risco político entre as nações, que levam a uma ordem internacional de taxas de juros nominais. Em termos de política pública, Say adota a mesma postura no que diz respeito aos mercados de crédito, ou seja: o Estado não deve se intrometer! A taxa de juros não deveria ser controlada pelo Estado, ou determinada por lei, tais como os preços do vinho, do linho, ou de qualquer outro produto.

## 4.6 - Valor e utilidade

Para Say, o valor é fundamentado na utilidade, que é a propriedade que um bem ou serviço possui para satisfazer algum desejo humano. Esses desejos e as preferências, expectativas e costumes que estão por trás deles devem ser tomados como dados pelo analista. A tarefa do economista é raciocinar sobre tais dados. Say é mais enfático em negar as alegações de Adam Smith, David Ricardo, Malthus e outros de que a base de valor é o trabalho. Outro componente austríaco de sua obra!

As duas categorias de valor para Say são "valor de troca" e "valor de uso". O valor de troca encontra-se no domínio da economia, porque é uma medida do que é preciso dar-se a fim de adquirir um bem no mercado. Em termos econômicos, o único critério justo do valor de um objeto é a quantidade de outras *commodities* em geral, que podem ser facilmente obtidas por ele em troca. Tais bens que possuem "valor de troca" hoje seriam chamados de "bens econômicos", mas Say os denomina de "riqueza social". Em contraste, algumas coisas, como o ar, a água e a luz do sol possuem apenas "valor de uso", pois estão presentes em abundância, de maneira que não podem possuir um preço. Estes bens são modernamente conhecidos como "bens livres", mas Say os denominava de "riqueza natural".

Infelizmente, aderindo a essa taxonomia de valores, Say incorre em erro, ao concluir que, como a medida do valor econômico de um bem é, precisamente, o seu preço de mercado, então todas as transações de mercado devem envolver a troca de valores iguais, e isso, é claro, implica que nem compradores nem vendedores ganhem. Ou, em outras palavras, todas as transações de mercado são um "jogo de soma zero". Quando o vinho espanhol é comprado em Paris, igual valor é realmente dado para igual valor: a prata paga, e o vinho recebido, são dignos um do outro. Os austríacos são inflexíveis em sustentar que os intercâmbios, enquanto são voluntários, devem ser mutuamente benéficos em termos de utilidades esperadas por cada um, o comprador e o vendedor. Se não for esse o caso, então por que o comprador e o vendedor concordariam em negociar?

## 4.7 - Tributação

Em nenhum outro ponto o radicalismo de Say é mais evidente do que em sua crítica da intervenção do governo na economia. Sucintamente, ele declara que o autointeresse e a busca de lucros é que empurram os empresários em relação à satisfação da demanda do consumidor. "A natureza dos produtos é sempre regulada pelas necessidades da sociedade", portanto, "a interferência legislativa é completamente supérflua". Que economista austríaco poderia discordar dessas afirmações?

Seus comentários sobre uma série especial de atos legislativos são muito instrutivos. O primeiro dos atos de navegação britânicos foi aprovado em 1581. Os atos foram reforçados em 1651 e 1660, e o último não foi revogado até 1849. Seu propósito era reservar o comércio internacional exclusivamente para os proprietários de navios da marinha mercante britânica. Say argumenta então que tal monopolização do transporte comercial diminui a riqueza nacional (da própria Grã-Bretanha), porque muitas vezes reduz os lucros dos mercadores que transportam seus produtos ao mercado.

Hoje, há muitos escritores que insistem em que as altas taxas de impostos e os altos níveis concomitantes de gastos do governo de alguma forma fazem com que uma sociedade seja mais próspera. Naturalmente, Say compreendia o erro dessa proposição, a despeito do fato de que, do ponto de vista estatístico, a prosperidade e a tributação podem ser correlacionados positivamente, já que os governos arrecadam mais quando os negócios privados vão bem. Ele, porém, com lógica irretocável, explica que tais afirmações cometem o erro de inverter causa e efeito. Ou seja, o homem não é rico porque ele paga muitos tributos, mas sim, ele é capaz de pagá-los – em grande parte – porque ele é rico.

Say não hesita em identificar os gastos do governo como consumo improdutivo e a excessiva tributação como uma espécie de suicídio. Outro elemento austríaco!

É verdade que Say ou negligenciou ou interpretou mal determinados pontos da teoria dos economistas austríacos: ele não acredita que as trocas de mercado representam ganhos de utilidade para o comprador e o vendedor, não vê a relação entre taxas de juros e preferência temporal e não oferece nenhuma teoria dos ciclos de negócios. Mas, por outro lado, ele está ciente das limitações de investigações estatísticas, é muito favorável à *moeda-commodity* e ao *free banking*, sabe que os empresários e a acumulação de capital são essenciais para o avanço econômico, identifica corretamente regulamentação governamental e tributação como ameaças à prosperidade e, na verdade, até mesmo como uma ameaça à própria sociedade civil.

Rothbard[102] observa que, ao contrário de quase todos os outros economistas, Say tinha uma visão espantosamente perspicaz sobre a verdadeira natureza do Estado e de sua tributação. Em sua obra não há busca mística para algum estado verdadeiramente voluntário, nem qualquer ponto de vista de que o Estado pode ser como uma organização semiempresarial e prestadora benigna de serviços a um público grato por seus inúmeros "benefícios". Pelo contrário, Say viu claramente que os serviços governamentais são usados indubitavelmente para si mesmos e para os seus favoritos e que todos os gastos do governo são, portanto, gastos de consumo pelos políticos e pela burocracia. Ele também notou que os recursos fiscais para os gastos públicos são extraídos por meio da coerção, em detrimento do público pagador de impostos. Nisto, além de antecipar o *insight* austríaco, ele também antecipou as análises de James M. Buchanan e dos demais teóricos da *Public Choice*!

---

[102] ROTHBARD. "Classical Economics – An Austrian Perspective on the History of Economic Thought". p.40.

Say tem muito a oferecer a qualquer leitor, seja austríaco ou não, seja economista ou não. Ele viu muitos imporem verdades importantes com clareza e escreveu a respeito deles com paixão e lucidez. Certa vez, referiu-se à Economia como "esta bela e, acima de tudo, útil ciência". E sem dúvida deixou a economia mais bela e mais útil do que aquela que tinha encontrado.

## 4.8 - Direitos de propriedade

Sobre este tema, Say foi extremamente austríaco: "Não há segurança de propriedade onde uma autoridade despótica pode apropriar-se da propriedade do objeto contra o seu consentimento. Também não há tal segurança onde o consentimento é meramente nominal e ilusório".

E mais: "A propriedade que um homem tem em sua própria indústria (trabalho) é violada sempre que é proibido o livre exercício de suas faculdades ou talentos, exceto até um ponto em que eles iriam interferir com os direitos de terceiros".

Para o autor, a propriedade privada e as liberdades individuais são fatos reconhecidos e irrefutáveis que a ciência da economia política deve supor e sem os quais a economia do mundo real não pode funcionar. Essa posição do economista francês é que deve ter irritado profundamente Marx, a ponto de este, para contestá-la, substituir a lógica dos argumentos pela ilógica dos xingamentos, no intuito de desmoralizá-la. Tal como muitos de seus adoradores, nossos contemporâneos, o que Marx fez, ao invés de procurar refutar a Lei de Say cientificamente, foi apelar para recursos similares às palavras de ordem que se tornaram tão comuns em manifestações públicas e até em universidades.

## 5 - As Controvérsias: Sismondi, Ricardo, Malthus e o Contexto Histórico da Época

Em interessante artigo, intitulado "Say, Sismondi e o debate continental sobre os mercados", o professor Rogério Arthmar, da Universidade Federal do Espírito Santo, relata o debate travado entre Say e Jean Charles Léonard de Sismondi (1773-1842), um economista suíço e crítico severo da revolução industrial e do capitalismo (embora não chegasse a ser um socialista rígido), a respeito da possibilidade de saturação geral dos mercados, no contexto histórico da Europa continental no início do século XIX, destacando as particularidades da experiência francesa de industrialização.

O debate entre Say e Sismondi, segundo Athmar:

> [...] pode ser interpretado como um desdobramento, no âmbito da teoria econômica liberal, do legado político da Revolução Francesa. Mais precisamente, do princípio expresso desde cedo pelo Abade Sieyès de constituir-se o terceiro Estado na própria nação. Fiéis a esse preceito maior, tanto Say quanto Sismondi viriam a apregoar o livre comércio e a abominar o consumo improdutivo de todas as ordens, fosse ele do governo ou da nobreza. Distanciavam-se eles, assim, de qualquer ligação com as doutrinas econômicas pré-revolucionárias, a saber, o mercantilismo e a fisiocracia, desqualificadas como produtos do antigo regime monárquico. Essa confluência política entre ambos, todavia, encerrava profundas divergências teóricas na interpretação do melhor caminho a seguir pela sociedade francesa. No juízo de Say, a industrialização representava a possibilidade de um futuro promissor para todos, o acesso à civilização moderna proporcionado pela proliferação em larga escala dos produtos e, por conseguinte, das necessidades. Sismondi, ao contrário, embora

*sem jamais fazer concessões às teses socialistas ou aos economistas heréticos de seu tempo, enxergava no capitalismo uma etapa histórica única na qual o aumento dos poderes produtivos do capital havia sido alçado à condição de prioridade absoluta em detrimento das condições de vida e da capacidade de consumo dos verdadeiros artífices da riqueza social[103].*

Contudo, o debate mais famoso de Jean-Baptiste Say foi com Thomas Malthus (1766-1834). A argumentação contundente de Say, em cinco cartas, provê respostas às visões *malthusianas* negativas acerca do impacto do aumento da população sobre o bem-estar dos trabalhadores e fornece uma popularização de suas ideias econômicas. Em curto elucidativo artigo, William L. Anderson analisa a Lei de Say, desde os tempos em que o *Traité* foi publicado até os dias atuais (boa parte da discussão econômica entre Ronald Reagan e Jimmy Carter, na campanha para as eleições de 1980, nos Estados Unidos, segundo Anderson, foi centrada na Lei de Say).

Thomas Malthus contestou a Lei de Say em 1820, com uma peça que foi rapidamente respondida por David Ricardo. No entanto, Thomas Sowell, em 1985, escreveu que o ataque mais virulento veio de Karl Marx, que declarou a Lei de Say um "absurdo", um "balbuciar infantil", uma "conversa oca lamentável", "uma evasão insignificante", e chamou Say de "chato", "fútil", "miserável", "imprudente" e uma "farsa". Apesar de todos esses "elogios" de Marx, no entanto, a maioria dos economistas do século XIX foram convencidos pela lógica de Say e geralmente aceitaram a doutrina do francês. Já naquele tempo, os xingamentos eram os "argumentos" de quem não tem argumentos.

---

[103] ARTHMAR, Rogério. "Say, Sismondi e o debate continental sobre os mercados". *Estudos Econômicos,* vol.39, n. 2, São Paulo (Abr/Jun 2009).

Sowell, em 1994, escreveu que no sistema clássico a Lei de Say envolveu seis proposições principais: 1. Os pagamentos totais recebidos pelos fatores utilizados para a produção de um determinado volume (ou valor) de produto são necessariamente suficientes para comprar esse volume (ou valor) de produto; 2. Não há nenhuma perda de poder de compra em qualquer lugar na economia (em outras palavras, nenhum *leakage* keynesiano), pois as pessoas poupam apenas na medida do seu desejo de investir e não de guardar dinheiro além do necessário para suas transações no período atual; 3. O investimento é apenas uma transferência interna, e não uma redução líquida da demanda agregada; 4. Em termos reais, a oferta é igual à demanda, uma vez que cada indivíduo produz apenas por causa de sua demanda por outros bens; 5. A maior taxa de poupança vai causar uma maior taxa de crescimento subsequente do produto agregado; 6. Desequilíbrios na economia podem existir apenas porque as proporções internas do produto diferem do *mix* de preferência do consumidor – e não porque a produção é excessiva no agregado.

Como Sowell aponta, até mesmo os críticos concordam com as três primeiras proposições. Foram as três últimas que criaram a controvérsia (aqui deve também ser notado que a última proposição ajuda a formar a base para a Teoria Austríaca dos Ciclos Econômicos, conforme descrita por Mises, Hayek e Rothbard).

Portanto, o famoso capítulo XV do *Traité* – em que Say explica a lei dos mercados – sempre foi motivo de aceitação e também de refutação, como até hoje acontece. Mas o que dizer da controvérsia entre Say e Malthus, cuja teoria pessimista previa que a população cresceria a taxas geométricas, enquanto os meios de subsistência cresceriam a uma taxa aritmética, sendo, portanto, o futuro assombrado pela escassez?

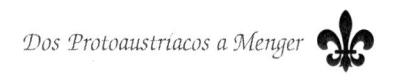

Malthus escreveu a David Ricardo em uma carta: "A demanda efetiva consiste em dois elementos: o poder de compra e a vontade de comprar. A nação deve, certamente, ter o poder de comprar tudo o que produz, mas posso facilmente imaginar que não tenha à vontade".

Malthus era um clérigo inglês que ganhou fama por seu *Ensaio sobre a População* (1798), no qual previu que a taxa de crescimento da população iria ultrapassar o aumento do fornecimento de alimentos, levando à fome em massa, como escrevemos linhas atrás. Ao contrário de Smith, que era preocupado com a produção, Malthus escolheu a questão da distribuição para enfatizar.

A noção de pessoas que não têm vontade de consumir era certamente estranha para os postulados da economia clássica. Smith havia argumentado que as pessoas desejam ficar materialmente melhores do que estão em seu estado atual. No entanto, em decorrência dos efeitos da Revolução Industrial, que provocou deslocamentos maciços de camponeses para as cidades, houve especulações sobre o futuro dos trabalhadores, o que levou à "Lei de ferro dos salários", de Ricardo (nome, aliás, que Ricardo *não deu* à sua teoria) e ao ensaio de Malthus sobre a população.

É muito importante atentarmos para o contexto histórico daqueles tempos, que se seguiram a dois dos mais importantes acontecimentos da história da civilização: a Revolução Industrial e a Revolução Francesa, de 1789. Esses dois eventos mudaram o mundo político e o mundo econômico. E a teoria econômica não poderia ser mais a mesma de antes.

No início do século XIX, na Grã-Bretanha, a grande classe--média, que agora domina os países industrializados, era quase inexistente. As disparidades entre ricos e pobres eram muito maiores do que são hoje e os economistas estavam incertos sobre a forma como os trabalhadores se sairiam depois que a produção aumentou com a Revolução Industrial. Alguns, como Malthus e Ricardo, acreditavam que os trabalhadores viveriam sempre em níveis de subsistência, pois sua maior produtividade seria minada por sua capacidade de produzir famílias cada vez maiores. (Deve-se acrescentar que, embora a base original para a Lei de Ferro tenha vindo de Malthus, Ricardo foi mais dogmático sobre seus efeitos determinísticos do que Malthus). Além disso, o velho argumento da época mercantilista da "utilidade da pobreza" não tinha sido totalmente enterrado. Os trabalhadores, Malthus argumentou, "podem ser satisfeitos com uma vida de comida simples, roupas mais pobres e casas mais humildes"[104]. Se isso fosse verdade, então os trabalhadores, ao se tornarem mais produtivos através da industrialização, provavelmente consumiriam menos do que aquilo que produziam. Isso seria deixar as pequenas classes altas com o fardo de consumir esse excedente, algo que Malthus duvidava que pudesse ocorrer.

Outra base crítica de Malthus era a sua crença de que as trocas nem sempre envolvem mercadorias por mercadorias, uma vez que também poderão ser trocadas por serviços. Mercadorias – observou ele – não eram "figuras matemáticas", mas sim algo existente para satisfazer desejos humanos. Se os desejos estavam saciados, mas ainda existia renda extra, então iria ocorrer um excesso.

Adam Smith tinha escrito sobre a "demanda efetiva", que disse ser baseada na capacidade de alguém para comprar um bem. Usando o exemplo do pobre e do treinador, ele observou que alguém poderia "exigir" alguma coisa, mas se não tivesse os recursos para comprar esse bem, em seguida, então não existiria "demanda efetiva".

---

[104] MALTHUS, Thomas. In: SAFFRA, P. (Ed.). "The Works and Correspondence of David Ricardo". London: Cambridge University Press, 1951-1955. p. 9.

Na opinião de Malthus, a demanda efetiva (que ele chamou de *"effectual demand"*) também envolve a vontade de comprar alguma coisa. Enquanto Smith aplicou um teste de meios para a demanda, Malthus acrescentou desejo. Em outras palavras, alguém pode ter a capacidade de comprar um bem ou serviço, mas se não o desejar, então a demanda será inexistente. Enquanto a análise de Malthus é quase controversa do ponto de vista econômico, o clérigo viu algo economicamente sinistro se os ricos não consumissem bens suficientes para evitar um excesso de oferta.

David Ricardo refutou com sucesso a tese de Malthus, pelo menos para a satisfação da maioria dos economistas do século XIX. Como Say, ele baseou sua refutação, em 1817, sobre a ideia de que as pessoas produzem não por razões de produção, mas por razões de consumo:

> *Nenhum homem produz a não ser com o objetivo de consumir ou vender, e ele nunca vende, a não ser com a intenção de comprar algum outro produto, que pode ser imediatamente útil para ele, ou que pode contribuir para a produção futura. Ao produzir, então, torna-se necessariamente ou consumidor dos seus próprios bens, ou o comprador e consumidor de bens de qualquer outra pessoa.*

Ricardo, como Say e outros economistas clássicos, não acreditava que poderiam ocorrer *gluts*, mas, em vez disso, considerou que tais *gluts* eram apenas temporários e proporcionais na natureza, em vez de serem gerais, como Malthus afirmou. Ele observou: "Os homens erram em suas produções, não há deficiência de demanda". Ricardo também escreveu: "Muito de uma determinada mercadoria pode ser produzido de tal modo que pode haver um tal excesso no mercado, para não pagar o capital dispendido sobre ela, mas isto não pode ser o caso no que diz respeito a todas as mercadorias".

A controvérsia Ricardo-Malthus é um dos capítulos mais interessantes da história da Escola Clássica. Ricardo usou um argumento lógico poderoso, enquanto seu adversário, embora levantando questões importantes, não foi capaz de enquadrar os seus pontos de forma mais clara. A argumentação de Malthus também sofreu da incapacidade do clérigo para diferenciar entre a demanda e a quantidade demandada, e este problema, sem dúvida, prejudicava sua eficácia intelectual.

No entanto, mesmo não tendo influenciado os pensadores econômicos mais importantes de sua época, Malthus iria influenciar grandemente a Keynes. Assim, o legado de Malthus de desafiar a Lei de Say, infelizmente, não desapareceu e permanece até os nossos dias.

# 6 - Conclusões

Nas cartas a Malthus, fica bastante claro que as duas visões do mundo econômico são determinadas pela teoria do valor endossada por cada um dos adversários: enquanto Malthus e Ricardo aceitavam a teoria do valor-trabalho herdada de Adam Smith, segundo a qual o valor é determinado pelas horas de trabalho utilizadas na produção de um bem, Say, antecipando Jevons, Walras e Carl Menger (que no ano de 1871 concluíram que o valor depende da utilidade marginal), conseguiu antever que era a capacidade de satisfazer as necessidades dos consumidores que determina o valor, ou seja, que o valor depende da demanda. Este é o ponto crucial!

Neste sentido, Say estava corretíssimo e pode ser considerado um legítimo precursor (ao lado de Juan de Mariana, Richard Cantillon e Bastiat, a quem influenciou) da Escola Austríaca de Economia.

Duzentos e dez anos após o *Traité d'economie politique*, de 1803, em tempos de ajuste difícil às rápidas mudanças globais e tecnológicas, é tempo de se resgatar o valor do trabalho de Say, ao desenvolver os fundamentos para uma sociedade livre: a estrutura legal-institucional e a economia de mercado.

Mas a história interminável de disputas sobre o conteúdo e validade da sua famosa "lei dos mercados" – de Sismondi a Malthus, de Ricardo a Mill, de Keynes a Schumpeter – que confundiu a tantos foi reformulada numa versão mais popular por James Mill (1773-1836): "a oferta cria a sua própria procura", apotegma que foi ardilosamente captado por Lord Keynes.

Como muito bem exposto em *Jean Baptiste Say*, na página do Movimento Liberal Social – Liberalismo, em Portugal[105]:

> *Tal formulação constituiu uma provocação para todos aqueles que defendiam que uma procura pequena é a causa para um crescimento econômico pequeno, para a depressão econômica e para o desemprego, e que a política de um governo para aumentar a procura, via salários mais elevados e baixas taxas de juro, é a melhor cura para o crescimento e criação de empregos: as "políticas pelo lado da procura", de Keynes e dos keynesianos, são ainda apreciadas pelos sindicatos e pelos socialistas. Say defende 'políticas econômicas pelo lado da oferta'. Mais investimento de capital cria mais produção e empregos mais bem pagos. Mas, numa simplicidade bíblica, pode reconhecer Say pelos seus frutos, 'políticas pelo lado da oferta'. A oferta cria a sua própria procura apenas se determinadas pré-condições forem satisfeitas.*
>
> *Como alguém poderia formular hoje em dia, Say questiona por políticas que mantenham sob controle a inflação, por forma a*

---

[105] Disponível em: http://www.liberal-social.org/jean-baptiste-say

*prevenir distorções no mecanismo de preços relativos. Say exige a segurança da propriedade privada, definição livre de preços, competição e mercados livres, como incentivos sustentáveis para manter os empreendedores sempre na busca de melhores soluções para problemas antigos e contemporâneos, para sinalizar aos empreendedores o que a população realmente deseja: que produtos, como, onde e quando. Say exige também baixos impostos e orçamentos equilibrados, que financiam a necessária estrutura legal e institucional da economia de mercado, deixando sempre aos cidadãos e seus descendentes uma percentagem razoável dos frutos do seu trabalho. Hoje em dia, adicionaríamos: permitindo também que eles vivam uma vida em liberdade e assumindo as suas responsabilidades.*

Na obra completa de Say, especialmente no Traité, encontramos, às vezes de maneira incompleta, outras vezes de forma fragmentada, mas outras com feição integral, os elementos que identificam um economista como austríaco, a saber, o tratamento que dá aos conceitos básicos de ação, tempo e conhecimento, aos elementos de propagação desses conceitos (a utilidade, o subjetivismo e as ordens espontâneas), bem como os desdobramentos dessas ferramentas analíticas nos problemas relacionados à Epistemologia, à Filosofia Política e, principalmente, à Economia, no estudo dos mercados como processos, do empreendedorismo, na rejeição ao uso da matemática e da estatística e nas questões relacionadas às teorias monetárias, do capital e dos ciclos econômicos.

Say foi um excepcional economista e um dos mais importantes precursores da Escola Austríaca. Nosso papel como defensores da economia de mercado e das liberdades individuais contra a opressão e a burocracia do Estado deve ser o de "dar a Say o que é de Say". Até porque já o roubaram e deturparam-no muito nos últimos duzentos anos.

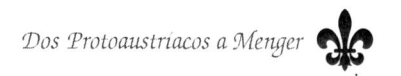

## 7 - Referências Bibliográficas

ANDERSON, William l. *Say's Law: Were (Are) the Critics Right?* (http://mises.org/journals/scholar/sayslaw.pdf)

ARTHMAR, Rogério. "Say, Sismondi e o debate continental sobre os mercados". *Estudos Econômicos,* vol.39, no.2, São Paulo Abr/Jun 2009, disponível em: http://www.scielo.br/scielo.php?script=sci_arttext&pid=S0101-41612009000200006

MACHADO, Luiz A. *Grandes economistas XVI: Jean baptiste Say e a lei dos mercados.* Disponível em http://www.cofecon.org.br/noticias/colunistas/luiz-machado/996-grandes-economistas-xvi-jean-baptiste-say-e-a-lei-dos-mercados.

LIBERTY FUND. *Jean Baptiste Say,* disponível em: http://oll.libertyfund.org/index.php?option=com_staticxt&staticfile=show.php%3Fperson%3D166&Itemid=28

MALTHUS, Thomas. "Letters quoted from Ricardo, David". *The Works and Correspondence of David Ricardo,* 10 vols. ed. P. Saffra. London: Cambridge University Press, 1951-1955.

MILL, John Stuart. *Principles of Political Economy.* Ashley ed. London: Longmars, Green, and Company, 1919.

MILL, John Stuart. *On the Influence of Consumption on Production,* 1844.

MISES, Ludwig. *Lord Keynes and Say's Law,* The Freeman. (October 30, 1950).

MISES, Ludwig. *Sobre a quantidade de dinheiro necessária para uma economia,* disponível em http://www.mises.org.br/Article.aspx?id=641

MOVIMENTO SOCIAL LIBERAL – "Liberalismo em Portugal". *Jean baptiste Say* (http://www.liberal-social.org/jean-baptiste-say)

RICARDO, David. 10 vols. ed. *P. Saffra.* London: Cambridge University Press, 1951-1955.

ROTHBARD, Murray N. "An Austrian Perspective on the History of Economic Thought" – Volume II: *Classical Economics.* Auburn: Ludwig von Mises Institute, 2006.

SAY, J. B. *Traité d'économie politique*/1841, disponível em: http://fr.wikisource.org/wiki/Trait%C3%A9_d%E2%80%99%C3%A9conomie_politique/1841

SAY, J. B. *De l'Angleterre et des Anglais*, disponível em: http://fr.wikisource.org/wiki/De_l%E2%80%99Angleterre_et_des_Anglais

SAY, J. B. *Lettres à M. Malthus sur l'économie politique et la stagnation du commerce*, disponível em: http://fr.wikisource.org/wiki/Lettres_%C3%A0_M._Malthus_sur_l%E2%80%99%C3%A9conomie_politique_et_la_stagnation_du_commerce

SAY, J. B. *Catéchisme d'économie politique*/188, disponível em: http://fr.wikisource.org/wiki/Cat%C3%A9chisme_d%E2%80%99%C3%A9conomie_politique/1881

SAY, J. B. *Mélanges et correspondance d'économie politique*, disponível em: http://fr.wikisource.org/wiki/M%C3%A9langes_et_correspondance_d%E2%80%99%C3%A9conomie_politique

SECREST, Larry J. *The Great Austrian Economists*, Randall G. Holcombe (ed.), Mises Institute, disponível em: http://mises.org/document/3797/The-Great-Austrian-Economists

SKOUSEN, Mark. *A Verdadeira Lei de Say e não a distorção keynesiana*, disponível em: http://www.mises.org.br/Article.aspx?id=1164

SOWELL, Thomas. *Classical Economics Reconsidered*. Princeton, New Jersey: Princeton University Press, 1994.

SOWELL, Thomas. *Marxism*. New York: Basic Books, Inc., 1985.

SOWELL, Thomas. *Say's Law*. Princeton, New Jersey: Princeton University Press, 1972.

WIKIPEDIA. *Jean-Baptiste Say*. Disponível em: <https://pt.wikipedia.org/wiki/Jean-Baptiste_Say>

# Capítulo VIII

## Fréderic Bastiat (1801-1850)

## 1 - Introdução

Quando ouvimos gravações de Tom Jobim, João Donato, João Gilberto e Frank Sinatra, ou quando lemos Machado de Assis e Joaquim Manuel de Macedo, ou quando, nas ruas de Paraty, vemos um daqueles pintores desenhando caricaturas a lápis, muitas vezes nossa primeira reação é algo como: como é fácil tocar piano! Como é fácil cantar! Como é fácil escrever! Como é fácil desenhar!... Porque há pessoas que possuem aquele dom inato de saber transmitir sua arte, sua habilidade e seu conhecimento de forma tão simples – embora seu conteúdo seja profundo – que qualquer um consegue compreender o que eles tentam expressar. Pois na ciência econômica, possuir esse dom, essa qualidade, esse admirável atributo, não é diferente, acredite. É como disse Mises, naquela frase que nunca acho demais repetir: "*Good economics is basic economics*"! Quem lê Bastiat certamente reage afirmando para si mesmo: como é fácil entender Economia!

Este capítulo é sobre a vida e a obra de um gênio, um homem de uma clarividência excepcional e cuja influência sobre a Escola Austríaca foi decisiva. Sua lucidez na defesa das liberdades individuais, suas críticas ao Estado, a maneira incisiva e ao mesmo tempo simples com que expressava no papel suas ideias, de modo que qualquer leigo em Economia ou Direito consegue até hoje entendê-las sem dificuldades, a ironia fina, as parábolas sempre bem escolhidas – como a *da vidraça quebrada*, a da *petição*, a *do que se vê e do que não se vê, mas se deve prever* –, suas obras – *A lei*, *Sophismes Économiques* e *Harmonies Économiques* –, enfim, toda a sua riquíssima contribuição para a Economia e para o Direito é digna de uma nota dez com louvor.

Alguns acadêmicos podem torcer seus narizes empinados pela arrogância e pela pretensão do conhecimento, porque, segundo eles, Bastiat não teria sido um autêntico economista, mas um panfletário ou um simples doutrinador. Pobres coitados! Para esse tipo de gente – economistas, especialmente – a Economia, para ser ciência, precisa necessariamente ser enjaulada em um emaranhado de teoremas, ou embarcada em um jipe num safári por uma floresta inextricável de regressões e modelos de previsão, ou a uma visita dominical a uma exposição de desenhos abundante em gráficos e em que teoremas, regressões, sistemas de equações, abscissas e ordenadas ditam o que acontece no mundo real.

Mas Claude Frédéric Bastiat foi muito mais economista – com tudo o que este título significa – do que muitos que foram e continuam a ser premiados com o Nobel, porque ele entendia com rara acuidade como a economia real funciona, e expressava as verdades em estilo agradável, cativante, finamente irônico, atrativo, simples, encantador e, acima de tudo, inteligível para qualquer indivíduo interessado nos assuntos de que tratava – temas que não perderam, mais de século e meio após sua morte, a atualidade.

Poucas coisas parecem irritar tanto os economistas modernos – e também muitos dos antigos – do que a expressão inteligível das ações humanas no campo da economia em linguagem desprovida dos rococós da sofisticação, dos minuetos das equações e das danças juninas de quadrilha dos gráficos, adornos que, segundo parece, assumindo o nome de *economês*, os fazem sentir-se "superiores".

Bastiat não foi nada disso. Foi, para resumir, um senhor pensador, um baita jurista e um espetacular economista.

Thomas Di Lorenzo inicia o quinto capítulo do livro editado por Holcombe, enfatizando que o economista, legislador, pensador e escritor francês foi um ardoroso defensor da propriedade privada, do livre mercado e do governo limitado, e que talvez o principal tema subjacente aos escritos de Bastiat foi o de que o livre mercado é uma fonte inerente de "harmonia econômica" entre os indivíduos e que o Estado deveria restringir-se às funções de proteger a vida, a liberdade e as propriedades dos cidadãos contra roubos ou agressões de qualquer espécie. Para Bastiat, a coerção governamental só poderia ser tida como legítima se servisse "para garantir a segurança pessoal, a liberdade e os direitos de propriedade, para fazer a justiça reinar sobre todos".

Bastiat enfatizou a função de coordenação do mercado, um dos principais temas defendidos pela Escola Austríaca, e seu pensamento foi naturalmente influenciado por Adam Smith e pelos grandes economistas franceses defensores do livre mercado, como Jean-Baptiste Say, François Quesnay, Destutt de Tracy (1754-1836), Charles Comte, Anne Robert Jacques Turgot e Richard Cantillon (este último um irlandês que emigrou para a França, como vimos no "Capítulo II"). Estes economistas, herdeiros da tradição pós-escolástica, foram os grandes precursores da moderna Escola Austríaca (assim como os do Iluminismo Napolitano), compreendendo o mercado como um processo dinâmico, a evolução da moeda como uma ordem espontânea no mercado livre, a teoria subjetiva do valor, as leis da utilidade marginal decrescente e dos rendimentos marginais decrescentes, a teoria da produtividade marginal da formação dos preços dos recursos e a inutilidade dos controles de preços, em particular, e do intervencionismo econômico do Estado, em geral.

Di Lorenzo lembra que o primeiro artigo publicado por Bastiat, em abril de 1834, foi uma resposta a uma petição dos negociantes de Bordeaux, Le Havre e Lyons para que o Estado eliminasse as tarifas sobre produtos agrícolas, mas pedindo para mantê-las sobre os bens manufaturados. Bastiat, com ironia e indo direto ao ponto, elogiou-os por sua petição quanto aos produtos agrícolas, mas os execrou impiedosamente por sua hipocrisia em querer protecionismo apenas para eles próprios. E escreveu: "Vocês exigem privilégios para poucos, enquanto eu exijo liberdade para todos". Em seguida, explicou com simplicidade e firmeza porque todas as tarifas devem ser completamente abolidas.

Em 1844, Bastiat escreveu um artigo para o mais prestigiado jornal de economia da França, o *Journal des Économistes*, sobre os efeitos nocivos das tarifas na França e na Inglaterra. Os editores publicaram o artigo "A Influência das tarifas inglesas e francesas", e em outubro daquele ano ele tornou-se, sem dúvida, o argumento mais persuasivo em defesa do livre comércio, em particular, e para a liberdade econômica, em geral, que já tinha sido publicado na França, bem como em toda a Europa.

Nesse artigo, Bastiat mostrou pela primeira vez seu domínio da tradição acumulada pelos economistas protoaustríacos e se revelou como sintetizador brilhante e organizador das ideias econômicas. Desde então, ganhou fama nacional e internacional e, como um colega defensor do livre comércio, estabeleceu uma firme amizade com Richard Cobden, o líder da Liga Britânica contra a *Corn Law*, que conseguiu êxito ao abolir todas as restrições comerciais na Inglaterra, em 1850.

Após anos de intensa preparação intelectual, os artigos de Bastiat começaram a ser publicados, e logo se transformaram em seu primeiro livro, *Economic Sophisms* [*Sofismas Econômicos*], que até hoje permanece, como faz questão de ressaltar Di Lorenzo, como a melhor defesa do livre comércio disponível na literatura econômica. Seu segundo livro, *Economic Harmonies* [*Harmonias*

*Econômicas*] e seus artigos foram impressos e reimpressos em jornais e revistas em toda a França. Em 1846, foi eleito membro da Academia Francesa de Ciências e seu trabalho foi imediatamente traduzido para o inglês, o espanhol, o italiano e o alemão. Como resultado, diversas associações de livre comércio logo começaram a germinar na Bélgica, Itália, Suécia, Prússia e Alemanha, todas embasadas nos trabalhos de Bastiat.

## 2 - Biografia de Bastiat

Bastiat nasceu em Bayonne, Aquitaine, França. Aos 9 anos de idade ficou órfão e foi morar com os avós paternos. Aos 17, deixou a escola para trabalhar nos negócios da família, na qualidade de exportador. Aos 25, com a morte de seu avô, herdou os bens de sua família e dali para a frente iniciou sua carreira de investigador teórico. Seus interesses intelectuais eram a filosofia, a política, a história, a religião, a poesia e economia.

Iniciou a carreira pública como economista em 1844, mas não durou mais que seis anos, com sua morte prematura, em 1850, vitimado por uma tuberculose, provavelmente contraída em uma de suas viagens costumeiras pela França para divulgar suas ideias. Morreu em Roma, em 24 de dezembro de 1850.

A maior parte de sua obra foi escrita durante os anos que antecederam e que imediatamente sucederam a Revolução de 1848, quando eram grandes as discussões sobre o socialismo, pelo qual a França estava manifestando forte simpatia. Como deputado, teve a oportunidade de se opor veementemente às ideias socialistas, principalmente utilizando-se de seus escritos, sempre bem-humorados, satíricos, diretos e de leitura muito agradável.

Sua obra completa tem sete volumes, e é guiada pelo princípio a que já fizemos menção, de que a lei deve proteger o indivíduo, a liberdade e a propriedade privada, mas que, desafortunadamente, ela pode ser pervertida e posta a serviço de interesses particulares, tornando-se, então, instrumento de exploração do indivíduo por parte dos que detêm o monopólio legal – os funcionários do Estado. É assim que Bastiat analisa o funcionamento do Estado, a "grande ficção através da qual todos se esforçam para viver às custas dos demais". Para ele, o protecionismo, o intervencionismo e o socialismo são os três mecanismos perversos de perversão da lei.

Uma das contribuições mais importantes de Bastiat no campo da economia foi sua advertência no sentido de que boas decisões econômicas só podem ser feitas quando se leva em conta o "quadro completo", ou seja, a ciência econômica deve observar e estudar não só os efeitos – benefícios e custos – imediatos ou de curto prazo, *aqueles que se veem*, de uma decisão econômica, mas também e principalmente deve proceder a uma análise acurada de longo prazo e as consequências das decisões sobre terceiros, *os efeitos que se devem prever*. Além disso, deve examinar o efeito da decisão não apenas em um único grupo de pessoas, por exemplo, os vidraceiros, ou em uma única indústria, como a indústria de vidros, mas em todas as pessoas e setores da sociedade como um todo. Uma de suas frases certamente mais famosas é que a diferença entre um bom e um mau economista é que este se detém apenas nos *efeitos que se veem*, enquanto o primeiro leva em consideração tanto os *efeitos que se veem* quanto *os que não se veem, mas que devem ser previstos* pela boa teoria. Esse ensinamento básico foi exposto e desenvolvido por Henry Hazlitt em seu famoso livro *Economia em uma lição*, em que Hazlitt usa a famosa *falácia da janela quebrada* de Bastiat para mostrar como essa lição fundamental se aplica a uma grande variedade de falsidades propagadas por economistas intervencionistas modernos (como Keynes, Paul Krugman, Joseph Stiglitz e todos os assemelhados espalhados pelo mundo inteiro, inclusive os monetaristas, com sua obsessão pelo controle da moeda por parte dos bancos centrais, monopólios do Estado).

## 2.1 - Os primeiros ataques a Bastiat

George Charles Roche III observa que, com a propagação dos argumentos de Bastiat em favor do livre comércio começaram a aparecer em vários jornais e panfletos, em toda a França, numerosos ataques públicos em que ele era o alvo. Foi acusado de nutrir "sentimentos pró-Inglaterra" por causa de suas ligações com Cobden e a Liga.

Esta carga de críticas e ataques já lhe acarretava grande peso, em uma época em que a maioria dos franceses era ativamente hostil a qualquer coisa que remetesse aos britânicos. Além disso, os trabalhadores foram convencidos pela propaganda (como ainda acontece hoje em dia) de que as ideias de Bastiat os levariam ao desemprego e à fome. Com efeito, todo o arsenal intervencionista de meias-verdades e de mentiras foi descarregado sobre Bastiat.

Mas ele estabeleceu um padrão que os defensores da liberdade poderiam e deveriam seguir em qualquer época, manteve a serenidade e publicou refutações a todas as posições protecionistas, demolindo sua oposição com uma linguagem simples e recheada de exemplos de fácil compreensão que expunham, muitas vezes, seus opositores ao ridículo.

Durante todo esse episódio de ataques a suas ideias e de ofensas pessoais desencadeadas contra ele, Bastiat nunca deixou de sustentar um senso de humor que mostrou as fraquezas de visão de mundo características daquela época na França, o que tornou os fatos e a análise lógica de suas posições bem mais populares e palatáveis do que a pregação intervencionista habitual dos "reformadores". Frédéric Bastiat foi talvez o primeiro dos libertários felizes, uma categoria especial que é ao mesmo tempo um deleite para os seus amigos e uma incômoda pedra no sapato de seus inimigos.

## 2.2 - O debate com Proudhon

Pierre-Joseph Proudhon (1809-1865) foi um filósofo político e economista francês, membro do Parlamento e considerado um dos mais influentes teóricos e escritores do anarquismo, sendo também o primeiro a se autoproclamar como um anarquista, até então um termo considerado pejorativo entre os revolucionários e reformadores.

Opunha-se ao lucro, ao trabalho assalariado, à exploração dos trabalhadores, à propriedade da terra e do capital, bem como à propriedade estatal. Proudhon rejeitava tanto o capitalismo como o socialismo-comunismo. Preferiu adotar o termo *mutualismo* para designar o seu tipo peculiar de anarquismo, que advogava o controle dos meios de produção pelos trabalhadores. Em sua perspectiva, os artesãos, os profissionais autônomos e as cooperativas poderiam disponibilizar seus produtos no mercado e as fábricas e outros grandes locais de trabalho poderiam ser administrados por associações de trabalhadores operando com base nos princípios democráticos. O Estado deveria, para ele, ser abolido, sendo substituído por um arranjo em que a sociedade seria organizada por meio de federações de "comunas livres". Em 1863, Proudhon disse: "Todas as minhas ideias econômicas como foram desenvolvidas há mais de vinte e cinco anos atrás podem ser resumidas no termo: federação agrícola-industrial. Todos os meus ideais políticos desaguam em uma fórmula similar: federação política ou descentralização".

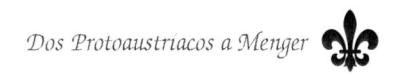

Ainda para George Charles Roche III, Proudhon é mais conhecido por sua denúncia da propriedade privada como sendo equivalente ao roubo. Suas teorias tendem a ser identificadas no âmbito da política do século XIX, tanto que ele foi, por diversas vezes, classificado tanto como um anarquista filosófico quanto como um precursor do fascismo. Proudhon não tinha paciência com Louis Blanc (1811-1882), que era mais popular, e menos paciência ainda para com aqueles que usavam sua afirmativa de que "a propriedade é um roubo" removendo-a de seu contexto completo.

À primeira vista, Proudhon pode parecer quase um dissidente, tal como Bastiat, contra as correntes de seu tempo. No entanto, era tão radical em suas suposições e rápido em mudar seus pontos de vista, que alguns de seus ataques mais pesados foram desfechados na controvérsia com Bastiat. Quando estes dois respeitados antagonistas se encontraram nas páginas dos jornais de Paris, o choque barulhento de suas farpas ressoou por toda a França. O famoso debate foi impresso pela primeira vez nas colunas do jornal de Proudhon, *A Voz do Povo*, em 1849. Cada um escrevia uma carta por semana, o que aconteceu durante doze semanas. Mas o temperamento orgulhoso de Proudhon, conhecido por sua falta de estabilidade, logo o conduziu a paragens situadas além dos limites do discurso educado. Respondendo a uma das cartas de Bastiat, Proudhon escreveu:

> *Sua inteligência dorme, ou melhor, nunca foi acordada... Você é um homem para quem não existe lógica... Você não ouve nada, você não entende nada... Você é um homem sem filosofia, sem ciência,*

*sem humanidade... Sua capacidade de raciocinar, assim como a sua capacidade de prestar atenção e de fazer comparações, é zero. Cientificamente, Sr Bastiat, você é um homem morto.*

O temperamento doentio de Proudhon, sem dúvida, foi atiçado pela análise sólida e persistente com que Bastiat revestiu o debate. Boa parte da discussão foi sobre o tema das justificativas morais, legais e econômicas para a cobrança de juros. Bastiat, é claro, defendeu o princípio e Proudhon o condenou. Filosoficamente, Bastiat provavelmente levou a melhor no debate. E na prática, certamente, teve a satisfação de ver a proposta de Proudhon denominada de Banco do Povo (com estímulos ao comércio de bens e serviços entre cooperativas e empréstimos sem a cobrança de juros) colapsar e falir completamente, em 1849.

Mas não deve ser surpreendente que um liberal clássico como Bastiat e um anarquista como Proudhon concordassem em muitos pontos. Porém, Proudhon via paradoxos em toda parte e era incapaz de concordar com alguém por muito tempo. Bastiat o considerou como um dos homens mais perigosos da época:

*Nos últimos tempos têm acontecido enormes esforços para incitar o ressentimento público contra essa infame, essa coisa diabólica – o capital. Ele é retratado para as massas como um monstro voraz e insaciável, mais mortal do que a cólera, mais aterrorizante do que motins, como um vampiro cujo apetite insaciável é alimentado por mais e mais sangue vital do corpo político. A língua desse monstro sugador de sangue é chamada de "aluguel", "usura", "contratar" [empregados], "taxas de serviço", "juros". Um escritor cujos grandes talentos poderiam tê-lo feito famoso se não tivesse preferido usá-los para cunhar os paradoxos que lhe trouxeram notoriedade, achou por bem insistir neste paradoxo diante de um povo já atormentado pela febre da revolução.*

## 2.3 - A batalha pela vida

Bastiat passou seus primeiros quarenta e cinco anos em quietude e preparação tranquila, mas quando percebeu a eclosão da crise que considerou como bastante grave, deixou o isolamento autoimposto e partiu para a luta das ideias. A crise foi o socialismo desenfreado que atacou furiosamente a sua França e pressionou Bastiat a reagir, de tal modo que, uma vez que ele tinha entrado na briga, dedicou incansável e impiedosamente todas as suas energias para a tarefa a que se propôs. Sua última grande obra era para ter sido *Harmonias Econômicas*, um esforço intelectual sustentado que, literalmente, consumiu sua vida. As ideias para o livro *Harmonias Econômicas* vinham crescendo em sua mente por alguns anos. Em 1845, ele havia escrito para Coudroy:

> *Se o meu pequeno tratado dos sofismas econômicos for bem-sucedido, podemos segui-lo por outro, intitulado Harmonias Sociais. Seria da maior utilidade, porque iria atender às necessidades de uma época em que se buscam harmonias artificiais e organizações, demonstrando a beleza, a ordem e o princípio progressivo das harmonias naturais e providenciais.*

Dois anos depois, em meio à pressão de suas funções em Paris, ele ainda estava lutando para encontrar tempo para escrever o trabalho que imaginara: "Oh, que a Bondade Divina possa me conceder mais um ano de força, e permita-me explicar a meus jovens concidadãos o que eu considero ser a verdadeira teoria social.

Eu poderia, em seguida, sem pesar, com alegria, renunciar a minha vida e colocá-la em Suas mãos!".

Trabalhando arduamente, Bastiat despejou suas ideias no papel. Para Roche III, pode-se sentir no capítulo final de *Harmonies* o emaranhamento de pensamentos dispostos desesperadamente, já que ele sentia que não teria tempo para organizá-los e expressá-los como desejaria. *Harmonies* foi publicado no início de 1850 e foi tratado com frieza pela crítica, até mesmo por muitos dos ex-colegas de Bastiat do movimento pelo livre comércio. Ainda assim, ele começou a trabalhar em um segundo volume, que o destino o impediria de completar. Cada vez mais consciente de que não iria viver para consumar a sua obra, especulou sobre a possibilidade de deixar o seu velho amigo Coudroy terminar o livro, mas compreendeu que ele, e somente ele, poderia fazer o trabalho que deveria e precisaria ser feito. Bastiat simplesmente não tinha tempo para terminar o trabalho, do ponto de vista de sua própria satisfação. No entanto, a qualidade da sua escrita foi tal que hoje *Harmonies* permanece como um clássico em seu campo. Mesmo os pensamentos aleatórios apresentados no final, quando lhe escasseava tempo para poli-los e organizá-los adequadamente, ajudaram a melhorar a reputação desse livro significativo.

Mas foi também durante aqueles últimos meses que Bastiat escreveu um famoso panfleto, *O que se vê e o que não se vê*. Tragicamente, Bastiat tinha perdido todo o manuscrito durante um período em que estava mudando de casa. Depois de uma busca cuidadosa, mas sem sucesso, ele decidiu que o panfleto era de tal importância que merecia ser feito novamente. Entretanto, este segundo manuscrito não o agradou e ele o atirou ao fogo.

Então, ele escreveu *O que se vê e o que não se vê* pela terceira vez, e esta terceira versão é a forma em que nos chegou esse espetacular clássico. Naqueles últimos dias, Bastiat também estava pensando em escrever uma terceira série de sofismas econômicos. Quando se considera o trabalho realizado durante esse período e as ideias que irrigaram sua mente, surge a instigante questão: o que poderia ter feito este homem se o Criador tivesse lhe concedido mais tempo?

Bastiat escreveu sobre seus planos literários e suas enfermidades físicas a seu velho amigo Richard Cobden, em agosto de 1850:

> *Fui para o meu país natal para tentar curar esses pulmões infelizes, que são para mim como funcionários muito caprichosos. Voltei um pouco melhor, mas aflito com uma doença da laringe e uma extinção completa da voz. O médico prescreveu silêncio absoluto; e, em consequência, eu estou prestes a passar dois meses no país, perto de Paris.*

Ele passou a explicar a Cobden algumas de suas ideias para o segundo volume de *Harmonies* e também destacou outra ideia interessante que, infelizmente, ele nunca viveu para desenvolver:

> *Uma tarefa importante para a economia política é escrever a história da pilhagem. É uma longa história que envolve, desde o início, conquistas, migrações de povos, invasões e todos os excessos, desastrosa de violência em confronto com a justiça. Tudo isso deixou uma sequência que ainda continua a nos atormentar e que torna mais difícil resolver os problemas dos dias atuais. Não vamos resolvê-los se não temos consciência do caminho e na medida em que a injustiça, presente no nosso próprio meio, ganhou posição em nossos costumes e leis.*

Aqueles seus últimos dias foram para Bastiat tristezas empilhadas em cima de tristezas. Houve uma morte em sua família durante uma de suas ausências, estava totalmente sem influência política, seu mais recente trabalho, *Harmonies,* não recebeu nenhuma atenção e estava muito doente para continuar a lutar. Uma viagem aos Pirineus, que havia melhorado seu espírito várias vezes no passado, desta vez só agravou a sua doença. A infecção que se espalhou para a garganta, levando sua voz a enfraquecer, começou a perturbar sua digestão, bem como sua respiração.

No outono de 1850, Bastiat foi enviado à Itália por seus médicos. Chegando a Pisa, leu nos jornais o anúncio de sua própria morte. Naturalmente, ele se divertiu com as referências ao "grande economista" e ao "ilustre autor". Escrevendo a um amigo para contradizer o relatório, ele disse:

> *Graças a Deus eu não estou morto, ou mesmo muito pior. E, no entanto, se a notícia fosse verdadeira, deveria apenas aceitá-la e submeter-me a ela. Desejo que todos os meus amigos possam absorver a este respeito a mesma filosofia que eu adquiri. Garanto-vos que eu deveria dar meu último suspiro sem dor e quase com alegria, se eu estivesse certo de deixar para os amigos que me amam não pungentes lamentos, mas uma afetuosa e suave lembrança, um pouco melancólica, de mim.*

Bastiat não iria viver além daquela véspera de Natal de 1850. Nos últimos momentos, acenou para os que estavam à beira de sua cabeceira. Um dos presentes informou que

> *seus olhos brilhavam com aquela expressão peculiar que eu tinha frequentemente observado em nossas conversas, e que*

*anunciavam a solução de um problema. Bastiat levantou a cabeça um pouco, como se quisesse transmitir algo de importância, e duas vezes murmurou as palavras: 'A Verdade'. Então ele foi embora. Aparentemente, Bastiat, para a sua satisfação, tinha resolvido um problema final.*

Alguns meses antes, tinha escrito: "O que me dá coragem é [...] o pensamento de que, talvez, a minha vida possa não ter sido inútil para a humanidade".

Para um homem que só tinha se engajado na vida pública ativa por cerca de seis anos, o balanço é, de fato, impressionante! Ele havia produzido sete volumes de obras, juntamente com seu trabalho como grande comentarista político, social e econômico de sua época. Entretanto, morreu cedo demais para perceber que suas ideias teriam impactos duradouros e que as sementes que havia semeado um dia dariam copiosos e abundantes frutos. A redescoberta de Bastiat na América do século XX, uma época atormentada e envenenada pelas mesmas ideias falsas que tanto atormentaram e envenenaram a sua França, é uma clara indicação de que ele teve um grande impacto, talvez maior do que o que se pudesse apreciar quando dessa descoberta, mas que vem desde então crescendo ininterrupta e fortemente.

## 3 - O Pensamento Filosófico, Político e Econômico de Bastiat

O Professor Jörg Guido Hülsmann, um dos mais talentosos economistas austríacos da atualidade, em artigo publicado em 2002 no *Quarterly Journal of Austrian Economics* expõe sucintamente e de maneira brilhante, em apenas dezesseis páginas, o pensamento econômico de Bastiat.

Inicia escrevendo que Bastiat foi um dos maiores economistas de todos os tempos e que seu papel como organizador dos franceses e inspirador do movimento de livre comércio continental europeu do século XIX não é controverso, e todos os historiadores o reconhecem como um grande panfletário, sendo que alguns até mesmo o reputam como o mais brilhante jornalista econômico que já viveu.

A afirmação com que Hülsmann prossegue seu artigo coincide com o que escrevemos no primeiro parágrafo da primeira seção deste capítulo. Geralmente não se reconhece que Bastiat também foi um teórico significativo e brilhante, cujas descobertas tiveram uma grande importância, que perduram até hoje e continuarão a perdurar, porque são perenes. Mas, infelizmente, seu legado intelectual foi indevidamente negligenciado porque trata de problemas que não estão – no dizer de Hülsmann – "na tela do radar" dos economistas *mainstream* dos séculos XX e XXI. Ele tem muito em comum com os atuais *insights* da Escola Austríaca e o objetivo de Hülsmann em seu artigo foi apontar algumas dessas semelhanças e ajudar a recolocar Bastiat em seu lugar de direito na história do pensamento econômico.

Bastiat é muitas vezes apresentado, de forma um tanto simplista, como um campeão da *doutrina da harmonia*, certamente porque seu livro principal tem o título de *Economic Harmonies*, mas, embora isso possa ser parcialmente correto, o que esta doutrina realmente significa não é bem compreendido, assim como ela contrasta com as visões mais recentes sobre a inter-relação dos fenômenos sociais.

De acordo com Jörg Guido Hülsmann, em sua obra *Economic Harmonies* ele desenvolve e defende a tese de que:

> *os interesses de todos os membros da sociedade constituem um conjunto tão complexo quanto harmonioso, mas com a condição*

*de que os direitos de propriedade privada sejam respeitados, ou, em linguagem moderna, em que os mercados possam operar sem impedimentos e desembaraçados da intervenção do Estado[106].*

Como era característico na maneira de se expressar de Bastiat, o cerne do seu argumento é muito simples; o autor afirma que, em princípio, não há nada na natureza do livre mercado que seja capaz de impossibilitar seu funcionamento bem ordenado. Em outras palavras, o mercado livre não opera inerentemente em antagonismo aos interesses de qualquer estrato da população[107]. Defendendo um elemento essencial ao pensamento liberal, a propriedade, Bastiat deixa claro que impostores e ladrões, entretanto, formam grupos cujos interesses não são reconciliáveis com os interesses dos demais grupos da sociedade, justamente por viverem da invasão da propriedade alheia.

Bastiat foi bastante explícito no que diz respeito a esses limites de *harmonias econômicas* universais: "Por mais que nós amemos a reconciliação, há dois princípios que não podem ser conciliados: liberdade e coerção"[108].

Assim, nunca é demais enfatizar que o livre mercado pode satisfazer a todos os interesses, exceto os daqueles que, por qualquer motivo, procuram invadir a propriedade alheia.

Ao fazer a defesa da harmonia de interesses no mercado livre, Bastiat argumentou de maneira bastante pedagógica, para que se pudesse fazer entender ao mesmo tempo por um grupo grande e diversificado de adversários intelectuais. Ele não se limitou a discutir cada proposta de intervenção do governo em seu próprio mérito, mas dirigiu-se diretamente à premissa comum a todas estas propos-

---

[106] HÜLSMANN, Jörg Guido. *Bastiat's Legacy in Economics.* Disponível em: <https://mises.org/library/bastiats-legacy-economics>.
[107] Idem. *Ibidem.*
[108] BASTIAT, Frédéric. *Harmonies Économiques.* Paris: Guillaumin, 1851.

tas intervencionistas, ou seja, a premissa de que em um mercado sem entraves e controles promovidos pelo Estado alguns interesses são inerentemente antagônicos e conflituosos.

Bastiat analisou muitos desses supostos conflitos de interesse em pormenores, mostrando, em cada caso, que a alegação é sempre infundada. Por exemplo, embora os devedores e os credores pareçam ter conflitos de interesse, isso realmente não é verdade, porque o devedor tem interesse no bem-estar de seu credor, para que ele não seja incapaz de conceder-lhe novos créditos. Da mesma forma, o credor tem interesse no bem-estar de seu devedor, pois apenas um devedor saudável pode pagar o principal e os juros. Bastiat discutiu inúmeras relações semelhantes, tais como aquelas entre consumidores e produtores, proletários e proprietários, trabalhadores e capitalistas, populações rural e urbana, cidadãos nacionais e estrangeiros, proprietários de terras e moradores, povo e burguesia etc. Ele também refutou, logicamente, a teoria populacional de Malthus, segundo a qual o crescimento da população levaria à escassez de alimentos e, portanto, geraria inevitáveis conflitos de interesses entre os membros da sociedade.

Hülsmann, sempre com argumentação sólida, menciona que basta lançarmos um breve olhar sobre a história do pensamento econômico do século XX para confirmarmos o *insight* de Bastiat com relação ao denominador comum dos sistemas intervencionistas. As tentativas mais insistentes de encontrar justificativas econômicas para a intervenção do Estado são a existência de ciclos econômicos, monopólios, bens públicos e desemprego. Em cada um destes casos, o problema percebido foi apontado, ao longo do século XX, como uma "falha de mercado", ou seja, a afirmação de que o problema em consideração emerge da própria natureza do mercado. Ora – propagaram e continuam a propagar os intervencionistas de todos os matizes –, se o mercado não pode resolver esses problemas, caberia e cabe ao governo, o grande deus *ex machina*, solucioná-los mediante intervenções no processo de mercado.

Em meu artigo "A Grande Ficção das Falhas de Mercado", publicado no segundo número de *MISES: Revista Interdisciplinar de Filosofia, Direito e Economia*, procuro mostrar que a pretensa questão das falhas de mercado, à luz da Escola Austríaca – que absorveu muito do pensamento de Bastiat sobre o *princípio da harmonia dos mercados* – é uma grande ficção, pois todos os casos que a literatura *mainstream* costuma apontar como imperfeições do mercado e que precisariam ser "corrigidas" pelo Estado podem ser contestados um a um ao respaldo dessa teoria. A conclusão – como Bastiat vislumbrou no início do século XIX – é que o Estado é o responsável pelas situações que são comumente atribuídas ao processo de mercado.

Fiéis ao espírito de Bastiat, muitos economistas austríacos e alguns da economia *mainstream* refutaram estas alegações de "falhas de mercado" ao longo do século XX, caso a caso. Estas réplicas certamente ganhariam força se fossem combinadas com um ataque mais geral sobre a falácia apontada por Bastiat e subjacente a todos estes casos individuais. E a respeito desses esforços, os economistas de hoje certamente se beneficiariam muito caso tivessem empreendido um estudo cuidadoso da doutrina das *harmonias econômicas* de Bastiat.

É digno de nota que o argumento das *harmonias econômicas* de Bastiat contrasta fortemente com o argumento típico do século XX para defender o mercado livre, inspirado pelas obras de Alfred Marshall ("equilíbrio parcial") e Leon Walras ("equilíbrio geral"), segundo a qual o mercado opera em "equilíbrio", ou que "maximiza" a utilidade social.

Este tipo de argumento espalhou-se a partir da década de 1930 e, ainda hoje, é frequentemente utilizado, graças aos escritos de *keynesianos* e também aos trabalhos dos economistas de Chicago que, como sabemos, são a favor do livre mercado, mas trabalham com a hipótese irreal de que os mercados operam em "equilíbrio". Bastiat, contudo, jamais afirmou que o *laissez-faire* produzia um estado de perfeição. Seu argumento era: onde a propriedade privada é respeitada, uma ordem natural vem à existência, em que os interesses individuais não são antagônicos, mas complementares, e a sociedade então progride constantemente, mesmo não sendo perfeita em qualquer ponto do tempo.

Os escritos de Bastiat sobre a dialética providencial da propriedade privada e da lei feita pelo homem fazem dele um precursor importante da área de Direito e Economia (ou, para alguns, Economia do Direito), mesmo que ele tenha abordado este tema de um ângulo completamente diferente daquele que o *mainstream* tem utilizado na profissão contemporânea da economia. Bastiat enfatiza o ponto crucial: desde que a lei é uma instituição criada pelo homem, ela também padece dos defeitos inerentes ao homem e pode, portanto, ser pervertida e usada para outros fins que não sejam a proteção da propriedade privada.

## 3.1 - Ação humana, propriedade e valor

Em todo o pensamento de Bastiat a propriedade desempenha um papel importantíssimo, não só na análise das intervenções do Estado, mas também na teoria do valor. Infelizmente, quase todos os seus pensamentos sobre a relação entre a propriedade e o valor são desenvolvidos em sua obra *Harmonias*, inacabada (em particular, nos capítulos que tratam de troca, valor e propriedade), em que ele trabalhou em seu leito de morte e foi, portanto, escrita às pressas, o que explica sua insistência repetitiva e quase febril em alguns poucos fatos cruciais que sustentam seu argumento. Hülsmann, porém, coloca a exposição desses fatos em seu contexto geral:

> *A proposição central da teoria do valor de Bastiat é a caracterização ousada de relações de troca do mercado como relações de serviços humanos. Uma e outra vez ele afirma que o valor é a relação entre dois serviços trocados no mercado e que, além disso, apenas os serviços humanos têm valor, ao passo que os serviços da natureza são sempre gratuitos.*

E prossegue:

> *Para a compreensão da teoria do valor de Bastiat, é fundamental perceber que ele usa a palavra "serviço" em um sentido completamente diferente do que a moderna ciência econômica o faz, ou seja, no sentido estrito de serviços humanos ou, mais precisamente, no das ações humanas realizadas em serviço de outras pessoas. Aos seus olhos, a economia política é uma ciência da ação humana, e, portanto, ela deve ser 'baseada nas manifestações de nossas atividades, nos esforços individuais, nos serviços recíprocos que são trocados com o outro, porque eles são suscetíveis de serem comparados, apreciados, avaliados e o são precisamente porque são trocados uns pelos outros'. Por outro lado, necessidades e satisfações são inadequadas como bases para a ciência econômica, porque esses fenômenos estão ligados a cada indivíduo e, portanto, são incomensuráveis.*

Ainda para Hülsmann, a importância desta caracterização dos mercados como ações envolvendo trocas voluntárias deriva das suas semelhanças com a teoria lockeana e, mais tarde, rothbardiana de apropriação e propriedade. Segundo a teoria de John Locke de apropriação – que era a teoria padrão no círculo de Bastiat – um indivíduo é proprietário de um pedaço de terra *se, e na medida em que,* a tem transformado por suas ações. Trocando esta terra no mercado, então, esse proprietário rende-se a suas ações passadas ou a ações passadas de eventuais donos anteriores – isto é, falando agora como Bastiat, os serviços passados de alguém são necessariamente frutos ou de uma ação presente ou passada, misturados com alguns recursos naturais. Assim, vemos que a teoria do valor de Bastiat é nada mais do que uma aplicação coerente da insistência de Locke sobre a relação entre a propriedade e a ação humana na teoria econômica.

Economistas austríacos, como Mises, Rothbard e Hoppe, frequentemente salientaram que os preços e taxas de juros de mercado são baseados na propriedade. Não há coisas que se trocam umas por outras, como na abordagem de equilíbrio geral walrasiana; na verdade, em vez disso, todas as trocas nos mercados acontecem entre seres humanos e em todas essas interações de mercado os seres humanos trocam propriedades. Hülsmann explica: "Por exemplo, quando Brown troca uma maçã por uma pera com Green, a maçã deve ser propriedade de Brown e a pera deve ser propriedade de Green, ou nenhuma troca poderia ter lugar". A análise de Bastiat de valor e troca complementa e reforça a teoria de preços austríaca, ao argumentar que, em última análise, todas as peças de sua propriedade são ações passadas, presentes ou futuras. Com base nesta visão – aquilo por que pagamos em trocas de mercado são as ações de outras pessoas –, Bastiat desenvolve uma análise sofisticada das relações entre valor, por um lado, e a operação conjunta da ação humana e dos recursos naturais, do outro.

Como acabamos de ver, a contribuição de Bastiat para a teoria econômica foi bastante importante, de valor perene e sempre suscetível de enriquecer a pesquisa atual na tradição austríaca. Os grandes *insights* de Bastiat, a saber, *harmonia* ao invés de equilíbrio; propriedade em contraposição a espoliação, e valor e propriedade foram, desafortunadamente, quase que completamente negligenciados na ciência econômica produzida durante o século XX. É hora de voltarmo-nos para as obras deste gênio e elaborar sobre elas alguns dos fundamentos que ele nos legou.

## 3.2 - O pensamento de Bastiat em aforismos

Bastiat, sem qualquer dúvida, é um dos autores mais citados no universo da teoria econômica e nas demais áreas em que empregou sua genialidade. Naturalmente, nenhuma citação breve pode fazer justiça à obra de qualquer autor. Bastiat deve ser lido na íntegra.

Mas, por outro lado, os aforismos de Bastiat são tão geniais e condensam seus ensinamentos de maneira tão brilhante, inclusive para compreendermos nosso próprio tempo, que também podemos afirmar que devem ser lidos na íntegra.

Por isso, encerro esta seção sobre o seu pensamento como fez Roche III no final de seu livro, brindando – tenho certeza – o leitor com frases esparsas, todas extraídas das *Harmonies*, *Sophisms* e *Selected Essays*, a que já nos referimos. Dessa forma, espero que isto possa ajudar a ter uma visão que, embora condensada em frases, expressa muito bem o pensamento de Bastiat.

Adicionalmente, a inteligência, o senso de humor, a ironia fina, a simplicidade para explicar coisas que a maioria dos economistas insiste em tentar explicar com complexidade (e, muitas vezes, sem sucesso) e sua genialidade, enfim, fazem de seus aforismos, sem dúvida, uma leitura ao mesmo tempo rica em aprendizado e agradabilíssima. Passemos a alguns desses aforismos, classificados por assunto.

## 3.3 - Política

"O domínio adequado da lei e dos governos é a justiça".

"Mas o indivíduo não tem o direito de usar a força para qualquer outro fim. Eu não posso legitimamente forçar meus colegas humanos a serem trabalhadores, sóbrios, frugais, generosos, bons alunos ou piedosos; mas posso forçá-los a ser justos".

"Pela mesma razão, a força coletiva não pode ser legitimamente empregada para promover o amor ao trabalho, sobriedade, frugalidade, generosidade, aprendizagem e fé religiosa; mas pode ser legitimamente empregada para promover as regras de justiça, para defender os direitos de cada homem".

"País infeliz, onde as forças sagradas, que foram feitas para apoiar os direitos de cada homem, são pervertidas para realizar a violação desses direitos!"

"Como é que os homens sonham em se culpar por seus problemas quando eles foram persuadidos de que, por natureza, são inertes e que a fonte de toda a ação, e, consequentemente, de toda a responsabilidade, está fora deles, na vontade do soberano e do legislador?"

"Algumas nações parecem particularmente suscetíveis de serem vítimas de pilhagem governamental. São aquelas em que os homens, sem a fé em sua própria dignidade e capacidade, sentem-se perdidos se não forem governados e administrados em cada passo do seu caminho. Sem ter viajado muito, tenho visto países em que as pessoas pensam que a agricultura não pode gerar nenhum progresso, a menos que o governo apoie fazendas experimentais; que em breve não haverá mais cavalos, se o governo não fornecer cravos; que os pais não terão filhos educados, ou terão ensinado a eles somente imoralidade, se o governo não decidir o que é adequado para eles aprenderem".

"A verdade é: a palavra 'gratuito', quando aplicada aos serviços públicos, contém a mais grosseira e – posso acrescentar – a mais infantil das falácias. Fico maravilhado com a extrema credulidade do público ao ser levado por esta palavra. As pessoas nos perguntam: 'Você é contra a educação gratuita? Haras gratuitos'? Muito pelo contrário! Eu sou a favor e também seria pela alimentação gratuita e alojamento gratuito... caso eles fossem possíveis".

"Quando uma nação está sobrecarregada por impostos, nada é mais difícil, como eu diria, impossível, do que cobrá-los igualmente. Os estatísticos e as autoridades fiscais já nem sequer tentam fazê-lo. O que ainda é mais difícil, no entanto, é transferir a carga fiscal sobre os ombros dos ricos. O Estado pode ter abundância de dinheiro apenas tomando-o de todos e especialmente das massas".

"No âmbito da operação do governo, pode acontecer que os funcionários recebam serviços por parte dos cidadãos, sem a prestação de serviços em troca; nesse caso, o pagador de impostos sofre uma perda, não importa que ilusão a circulação de notas bancárias possa criar".

"[...] O Estado não tem recursos próprios. Ele não tem nada, não possui nada que não seja tomado dos trabalhadores. Quando, então, ele se mete em tudo, ele substitui a atividade privada pela atividade deplorável e cara de seus próprios agentes".

"[...] Devemos esperar até que tenhamos aprendido pela experiência – talvez cruel experiência – a confiar no Estado um pouco menos e na humanidade um pouco mais".

"...Gastos pesados do governo e liberdade são incompatíveis".

"O Estado também está sujeito à lei de Malthus. Ele tende a se expandir na proporção dos seus meios de existência e viver além de seus meios, que são, em última análise, nada mais que a essência das pessoas. Ai das pessoas que não podem limitar a esfera de ação do Estado! A liberdade, a iniciativa privada, a riqueza, a felicidade, a independência, a dignidade pessoal, todos desaparecem".

"Parece-me que tenho a meu favor a teoria, pois qualquer que seja o assunto em discussão, quer religioso, filosófico, político, econômico, quer se trate de prosperidade, moralidade, igualdade, direito, justiça, progresso, trabalho, cooperação, propriedade, comércio, capital, salários, impostos, população, finanças ou governo, em qualquer parte do horizonte científico em que eu coloque o ponto de partida de minhas investigações, invariavelmente chego ao seguinte: a solução para os problemas sociais humanos está na liberdade".

"Nós não podemos duvidar que o autointeresse é o principal motivo da natureza humana. Deve ser claramente compreendido que essa palavra é usada aqui para designar um incontestável fato universal, resultante da natureza do homem, e não um julgamento hostil, como seria a palavra egoísmo".

## 3.4 - Economia

"[...] Não conhecer a economia política é deixar-se deslumbrar pelo efeito imediato de um fenômeno; conhecer economia política é levar em conta a soma total de todos os efeitos, tanto os imediatos como os futuros".

"Meu Deus! Que monte de problemas para provar na economia política que dois e dois são quatro; e se você conseguir fazer isso, as pessoas gritam: É tão claro que é chato. Então eles votam como se você nunca tenha lhes provado nada".

"Do suor do teu rosto, comerás o teu pão. Mas todo o mundo quer muito pão e tão pouco suor quanto possível. A História fornece prova conclusiva disso".

"[...] Certos homens recorrem à lei a fim de encurtar as prerrogativas naturais de sua liberdade perante os outros homens. Este tipo de pilhagem é chamado privilégio ou monopólio".

"A escravidão está em caminho de saída, graças a Deus, e nossa inclinação natural para defender a nossa propriedade faz difícil o saque direto e sem rodeios contra nós. Uma coisa, no entanto, manteve-se. É a tendência primitiva lamentável que todos os homens têm de dividir a sua parte na vida complexa em duas partes, passando as dores para os outros e mantendo as satisfações para si".

"Fraternidade! Laço sagrado que une alma a alma, centelha divina que desceu do céu nos corações dos homens, como pode ser o teu nome, assim, tomado em vão? Em teu nome é proposto sufocar toda a liberdade. Em teu nome se propõe construir um novo despotismo como o mundo nunca viu; e bem podemos temer que depois de servir como uma proteção para tantos incompetentes, como um disfarce para tantos conspiradores ambiciosos, como uma bugiganga para tantos que arrogantemente desprezam a dignidade humana, irá por fim, desacreditada e com o nome difamado, perder o seu grande e nobre significado".

"Isso é chamado... fraternidade: Vocês têm produzido; eu não tenho nada; somos companheiros; vamos compartilhar. Você já possui algo; eu não possuo nada; somos irmãos; vamos compartilhar".

"Por isso, gostaria que cada homem tivesse, por sua própria responsabilidade, a livre disposição, administração e controle de sua própria pessoa, seus atos, sua família, suas transações, suas associações, sua inteligência, suas faculdades, seu trabalho, seu capital, e sua propriedade".

"Você diz que eu faria melhor se seguisse uma determinada carreira, trabalhar de uma determinada maneira, usar um arado de aço em vez de um de madeira, para semear mais densamente do que espaçadamente, para comprar do Oriente, em vez de comprar do Ocidente. Eu sustento o contrário. Fiz meus cálculos; afinal de contas, eu estou mais preocupado do que você em não cometer erros em questões que vão decidir o meu próprio bem-estar, a felicidade de minha família, assuntos que dizem respeito a você somente quando tocam sua vaidade ou seus sistemas. Aconselhe-me, mas não imponha sua opinião sobre mim. Vou decidir sobre o meu perigo e risco; isto é suficiente e se a lei interfere será tirania".

"[...] Desde que a liberdade ainda é uma palavra sagrada e ainda tem o poder de agitar os corações dos homens, aos seus inimigos seria bom tirá-la do seu nome e seu prestígio e, rebatizando-a de competição, a levarão adiante para sacrificar você, enquanto as multidões estenderão as mãos, aplaudindo para receber suas cadeias de escravidão".

"[...] O autointeresse é a força indomável individualista dentro de nós que nos impele para o progresso e descoberta, mas ao mesmo tempo nos dispõe a monopolizar as nossas descobertas. A competição é que nenhuma força humanitária indomável menos que arranca progresso, tão rápido como ele é feito, das mãos do indivíduo e o coloca à disposição de toda a humanidade. Estas duas forças, que podem muito bem ser deploradas quando consideradas individualmente, trabalham juntas para criar a nossa harmonia social"

"A solução do problema social se encontra na liberdade".

"O que é liberdade? É a soma total de todas as nossas liberdades. Para ser livre, dono de sua própria responsabilidade, de pensar e de agir, de falar e de escrever, para o trabalho e para a troca, para ensinar e para aprender – isso, por si só, é ser livre".

## 3.5 - Os engenheiros sociais

"A raça humana pode estabelecer uma nova base para a propriedade, família, trabalho e trocas todos os dias do ano? Pode arriscar mudar a ordem social todas as manhãs?"

"Vamos, portanto, não ter a presunção de derrubar tudo, de regular tudo, de tentar isentar todos, homens e coisas semelhantemente, a partir de mudanças das leis a que estamos naturalmente sujeitos. Vamos nos contentar em deixar o mundo como Deus o fez. Não vamos imaginar que nós, pobres escrevinhadores, não somos nada mais ou menos do que observadores precisos. Não vamos nos tornar ridículos, propondo mudar a humanidade, como se nós estivéssemos fora dela e de seus erros e defeitos".

"Enquanto isso, o socialismo levou a sua loucura ao ponto de anunciar o fim de todos os males da sociedade, mas não de todos os males do indivíduo. Ele ainda não se atreveu a prever que o homem vai chegar ao ponto onde o sofrimento, a velhice e a morte serão eliminados".

Frédéric Bastiat (1801-1850)

"Os admiradores da unidade são muito numerosos e isso é compreensível. Por um decreto providencial, todos nós temos fé em nosso próprio julgamento e nós acreditamos que há apenas uma opinião correta do mundo, ou seja, a nossa própria. Então pensamos que o legislador não poderia fazer nada melhor do que impô-la a todos; e para estar no lado seguro, todos nós queremos ser esse legislador".

"Mas, uma vez que o legislador é eleito e livre de suas promessas de campanha, oh, então sua linguagem muda! A nação retorna à passividade, à inércia, ao nada, e o legislador assume o caráter de onipotência. Dele é a invenção, dele a direção, dele a impulsão, dele a organização. A humanidade não tem nada a fazer a não ser deixar que as coisas sejam feitas para ela; a hora do despotismo chegou".

"Note que eu não estou contestando o seu direito de inventar ordens sociais, de divulgar as suas propostas, de aconselhar a sua aprovação e experimentá-las em si, por sua própria conta e risco; mas eu realmente contesto o seu direito de impô-las a nós por lei, ou seja, pelo uso de força policial e de fundos públicos".

"Isto deve ser dito: há no mundo excesso de grandes homens. Há legisladores demais, organizadores, fundadores de sociedades, condutores de povos, pais de nações etc. Gente demais se coloca acima da humanidade para regê-la, gente demais para se ocupar dela".

## 4 - Bastiat como um Protoaustríaco

Murray Rothbard nos apresenta, em seu livro *An Austrian Perspective on the History of Economic Thought*, Bastiat como uma figura central na formação e consolidação de muitas ideias da Escola Austríaca.

Embora tenha sido negligenciado por parte dos historiadores, Bastiat é, para Rothbard, o mais famoso dos economistas do *laissez-faire* francês. Escreve Rothbard: "Bastiat era, de fato, um escritor lúcido e soberbo, cujos brilhantes e espirituosos ensaios e fábulas até hoje são notáveis e devastadoras demolições de protecionismo e de todas as formas de subsídios e controle do governo".

Em *A petição*, levou ao ridículo os protecionistas; em *A janela quebrada*, mostrou as falácias do keynesianismo cem anos antes que este surgisse, mostrando que "quebrar janelas", além de não gerar empregos que iriam ser gerados e criar empregos que não iriam ser criados pelas ações e trocas voluntárias nos mercados, destrói os planos dos agentes econômicos e prejudica a economia; em *O que se vê e o que não se vê* demoliu com palavras simples a concepção de que os economistas devem preocupar-se apenas com o curto prazo; e em *A lei* deixou-nos uma aula magnífica sobre o que vem a ser a lei e de como ela pode ser pervertida a ponto de ameaçar os direitos de propriedade. Bastiat insistiu em sua convicção de que a lei e o Estado, como vimos, devem ser estritamente limitados a defender a vida, a liberdade e a propriedade das pessoas contra a violência; qualquer passo além desse papel destrói a liberdade individual e, consequentemente, a prosperidade.

Entretanto, embora muitas vezes elogiado como sendo um divulgador talentoso, Bastiat tem sido sistematicamente alvo, até os dias atuais, de tentativas de ridicularização e de desmerecimento como teórico. Ao criticar a distinção *smithiana* clássica de trabalho "produtivo" (em bens materiais) e trabalho improdutivo (na produção de serviços imateriais), deu uma importante contribuição para a teoria econômica sob a perspectiva austríaca, salientando que todos os bens, incluindo os materiais, são produtivos e são valorizados justamente porque produzem serviços imateriais. As trocas, ressaltou, consistem no comércio mutuamente benéfico desses serviços.

Essa sua tese – juntamente com sua defesa intransigente da superioridade do *laissez-faire* sobre as visões intervencionistas – despertou a ira de alguns detratores do livre mercado, e uma dessas críticas mais contundentes – e eticamente deploráveis – que lhe foram dirigidas foi a de Karl Marx, no "Posfácio" à segunda edição de *Das Kapital* [*O Capital*].

Assim se expressou o filósofo que vivia à custa do "capitalista" Engels:

> *Nessas circunstâncias, seus porta-vozes [os defensores do laissez-faire] dividiram-se em dois grupos. Uns, astutos, ambiciosos e pragmáticos, juntaram-se sob a bandeira de Bastiat, o mais superficial e, por isso mesmo, o mais bem-sucedido representante da economia apologética vulgar; outros, ciosos da dignidade catedrática de sua ciência, seguiram J. Stuart Mill na tentativa de reconciliar o irreconciliável. Assim como na época clássica da economia burguesa, também na época da sua decadência os alemães permaneceram meros discípulos, repetidores e imitadores, mascates modestos do grande atacado estrangeiro*[109].

Notemos a maldade calculada dessas palavras, porque Marx tenta qualificar Bastiat academicamente (como muitos ainda o fazem, tamanha era a simplicidade e a genialidade do francês ao expressar temas complexos de modo que todos compreendessem o que estava querendo explicar), enquanto afirma ter sido ele o representante de maior sucesso dessa economia "vulgar" e "superficial".

---

[109] MARX, KARL. "O Capital". Posfácio ao Livro primeiro. *Coleção Os Economistas*. Abril Cultural, São Paulo, 1996. p.131.

Em outro trecho do primeiro volume de *Das Kapital*[110] ele volta novamente sua artilharia enferrujada contra Bastiat:

> *Verdadeiramente engraçado é o senhor Bastiat, que imagina que os antigos gregos e romanos teriam vivido apenas do roubo. Quando, porém, se vive muitos séculos do roubo, tem que haver constantemente algo para roubar, ou seja, o objeto do roubo tem que reproduzir-se incessantemente. Parece, portanto, que também os gregos e romanos tinham um processo de produção, portanto, uma economia, a qual formava a base material de seu mundo, tanto quanto a economia burguesa forma a do mundo atual. Ou talvez Bastiat queira dizer que um sistema de produção, que se baseia em trabalho escravo, se apoia num sistema de roubo? Ele coloca-se, então, em terreno perigoso. Se um gigante do pensamento como Aristóteles, em sua apreciação do trabalho escravo, errou, por que deveria um economista nanico em sua apreciação do trabalho assalariado acertar?*

Bastiat, "nanico"? Bastiat, "superficial"? Bastiat, um defensor da "economia apologética burguesa"? Ora, Sr Marx, estamos falando de um dos economistas mais brilhantes de todos os tempos, cujas teorias "superficiais", "burguesas" e "nanicas" academicamente, quando aplicadas ao mundo real, sempre – sempre! – produziram resultados infinitamente melhores, em benefício das economias e sociedades, do que o emaranhado pseudocientífico e ideológico que infesta *Das Kapital* da primeira à última linha!

Não deixa de ser curiosa essa crítica, por si só reveladora da deformação de personalidade de Marx e da falta de base sólida de sua visão de mundo, travestida de cientificismo, que o filósofo Eric

---
[110] Idem, *op. cit.* p.195.

Voegelin muito bem detectou e assim desnudou em seu festejado livro *Reflexões autobiográficas*:

> *No caso marxista, a falsidade das premissas é mais evidente. Quando Marx escreve sobre Hegel, a distorção é tão grave que seus editores honestos não podem evitar aperceber-se do fato e expressá-lo cautelosamente. Os editores do Frühschriftenn [Escritos de juventude] de Karl Marx [editado em 1955 por Kröner], especialmente Siegfried Landshut, dizem o seguinte sobre o estudo feito por Marx da Filosofia do Direito de Hegel: 'Ao equivocar-se deliberadamente sobre Hegel, se nos é dado falar dessa maneira, Marx transforma todos os conceitos que Hegel concebeu como predicados da ideia em enunciados sobre fatos' [...]. Com este meu jeito selvagem de homem que não gosta de matar pessoas para divertir a intelectualidade, afirmo categoricamente que Marx era um charlatão intelectual deliberado [grifo meu]. Com isso, pretendia sustentar uma ideologia que lhe permitisse apoiar a violência contra seres humanos afetando indignação moral.*

E prossegue na página seguinte:

> *O charlatanismo marxista consiste na terminante recusa em dialogar com o argumento etiológico de Aristóteles, isto é, com o problema de que a existência do homem não provém dele mesmo, mas do plano divino da realidade".  E mais, ainda no Livro I: "Se um gigante do pensamento como Aristóteles errou em sua apreciação do trabalho escravo, por que poderia um economista nanico como Bastiat acertar em sua apreciação do trabalho assalariado?*

Para Voegelin, grande filósofo alemão do século XX[111], há duas *realidades*: a primeira correspondendo à situação real do

---

[111] VOEGELIN, Eric. *Reflexões Autobiográficas*. São Paulo: É Realizações, 2008.

mundo em que se insere o homem, e a segunda a situações imaginárias, porém perigosas, porque os que se deixam levar por ela e se veem enredados em suas armadilhas, veem então um mundo que não existe, a não ser em seus desejos mais profundos de usar essa *segunda realidade* para justificar, na razão direta do poder de que desfrutam, as piores ações que se possa imaginar, como Hitler o fez, por exemplo, ao incutir na mentalidade de todo um povo esse mundo que não existe, e provocar uma barbárie que foi e será sempre lembrada como um dos episódios mais vergonhosos da história de humanidade.

Evidentemente, Voegelin não pensava em Bastiat quando escreveu essas palavras, mas, ao pensar em Marx, Nietsche e outros autores a quem denominava de *charlatães intelectuais* travestidos de *scholars* e cientistas, atingiu muitos coelhos de uma só vez, porque críticas como as que Marx formulou a Bastiat (e o exemplo que escolhi foi apenas um dentre vários) revelam com clareza que ele deliberadamente mandou a *primeira realidade* (a que é relevante para nos ajudar a entender o mundo) às favas e "incorporou" a *segunda realidade*, com o intuito de usá-la para atender a seus próprios interesses. No caso da crítica a Bastiat, o que lhe interessava era mostrar que o *laissez-faire* era um mal (para seus objetivos escusos) e que precisava ser destruído, mesmo que ao preço de ataques virulentos.

Gostaria muito que Bastiat tivesse podido responder a essas críticas, demolindo e ridicularizando Marx – o que para ele teria sido tão fácil quanto abrir e fechar os olhos – com seu estilo inconfundível, direto e irônico, mas, infelizmente, quando Marx publicou o primeiro volume do *Das Kapital*, em 1867, o extraordinário pensador francês já havia falecido.

Mas deixemos essa digressão sobre o que disse Marx e voltemos a um homem que, intelectual e moralmente, lhe foi infinitamente superior, e cujas ideias o tempo se encarregou de revelar como sendo verdadeiras e aplicáveis à *primeira realidade*, em contraposição às falácias da *segunda realidade*, desordenadas e mal-intencionadas de Marx e seus adoradores pagãos.

Com base no excelente "Capítulo V" do livro de Holcombe, escrito por Thomas Di Lorenzo, *Frédéric Bastiat (1801-1850): Between the French and Marginalist Revolution*, podemos listar alguns dos aspectos "austríacos" do pensamento de Bastiat, um elo importante entre as Revoluções Francesa e Marginalista. Em seguida, vamos seguir a contribuição que DiLorenzo escreveu sobre a obra de Bastiat, acrescentando alguns comentários.

## 4.1 - O caráter subjetivo dos custos

A maior contribuição de Bastiat para a teoria do valor subjetivo pode ser imediatamente identificada na teoria subjacente a seu ensaio: *O que se vê e o que não se vê*. Ali, Bastiat enfoca incansavelmente os custos de oportunidade da alocação de recursos governamentais ocultos e destrói a falácia *protokeynesiana* de que os gastos do Estado podem criar empregos e riqueza. Na primeira edição de *Economia em uma lição*, Henry Hazlitt escreveu:

> *Minha maior dívida, no que diz respeito ao tipo de estrutura expositiva em que o presente argumento é sustentado, é o ensaio de Frédéric Bastiat, O que se vê e o que não se vê. Este trabalho[112] pode, de fato, ser considerado como uma modernização, ampliação e generalização da abordagem encontrada no panfleto de Bastiat.*

---
[112] Hazlitt refere-se ao seu famoso livro.

Com efeito, ao apontar as diferenças entre um bom e um mau economista, Bastiat estava com um século de antecedência dizendo, na linguagem de sua época, porém com argumentos tão diretos quanto irrefutáveis, que o *keynesianismo*, simplesmente, não presta. Sim, não serve para explicar a realidade, porque qualquer medida tomada pelo Estado não deve ser vista apenas sob a perspectiva de seus efeitos de curto prazo, mas principalmente sob a de suas consequências ao longo prazo. Em outras palavras e para lembrar e antecipar o grande erro de uma das frases mais famosas de Keynes, Bastiat intuiu que, embora "no longo prazo todos estaremos mortos", não podemos ser egoístas ao ponto de deixarmos de lembrar que nossos filhos, netos e descendentes estarão vivos e que, portanto, temos o dever moral de pensar no bem-estar deles. O resultado dessa ênfase no curto prazo, uma das características mais escancaradamente marcantes da prática das receitas de Keynes e seus discípulos, que vêm infestando os governos em todo o mundo desde os anos 30 do século XX, as heranças dessa crença de que o Estado pode "multiplicar pães" ou, como disse Keynes com grande pretensão quando se referiu ao "efeito multiplicador", "transformar pedras em pães", têm sido inflação, desemprego e dívidas públicas insustentáveis que todos os pagadores de tributos são forçados a pagar. Os "mortos" da geração do Sr Keynes deixaram um legado de dívidas que crescem em proporção geométrica para seus descendentes. Por isso, o *keynesianismo*, o intervencionismo e, em escala mais radical, o *marxismo*, são doutrinas imorais.

## 4.2 - A economia como ação humana

A maneira com que Bastiat descrevia a economia como um esforço intelectual é praticamente idêntica à que os austríacos modernos denominam de ciência da ação humana – ou praxeologia. Bastiat escreveu em suas *Harmonies Économiques*: "O tema da economia política é o homem dotado da capacidade de comparar, julgar, escolher e agir. Esta faculdade, a de trabalhar uns para os outros, de transmitir os seus esforços e trocar os seus serviços através do tempo e do espaço, é precisamente o que constitui a Ciência Econômica".

Portanto, como acontece com os austríacos contemporâneos, Bastiat via a economia como "a teoria das trocas", onde os desejos dos participantes do mercado "não podem ser pesados ou medidos... As trocas são necessárias para determinar o valor". Assim, para Bastiat, tal como para os economistas austríacos, o valor é subjetivo e a única maneira de saber como as pessoas estabelecem o valor das coisas é através de suas preferências demonstradas como reveladas tão somente por suas trocas no mercado.

Menger, Mises, Hayek, Rothbard e tantos outros austríacos desenvolveram a teoria subjetivista de Bastiat mais plenamente um século mais tarde, em suas críticas às teorias econômicas do *welfare state* que pegaram como pragas no século XX.

O subjetivismo, não custa lembrar, é um dos elementos de propagação (ao lado dos conceitos de "utilidade marginal" e de "ordens espontâneas") do núcleo básico, ou tríade básica, da Escola Austríaca – que são a ação, o tempo e o conhecimento[113].

Naquela obra, procurei enfatizar que o *subjetivismo* da Escola Austríaca não se limita à teoria subjetiva do valor ou à

---
[113] IORIO. *Op.cit.*

percepção de que as teorias que lidam com o campo humano seriam pessoais e, portanto, não sujeitas a testes, mas sim que se refere a uma pressuposição básica: a de que o conteúdo da mente humana – e, portanto, os processos de tomadas de decisão que caracterizam nossas escolhas ou ações – não são determinados rigidamente por eventos externos.

Assim, o *subjetivismo* enfatiza a criatividade e a autonomia das escolhas individuais e, por conta disso, subordina-se ao individualismo metodológico, à concepção de que os resultados do mercado podem ser explicados em termos dos atos de escolha individuais. Para os austríacos, a teoria econômica deve considerar prioritariamente o emaranhado de fatores que explicam as escolhas e não se limitar a simples interações entre variáveis objetivas.

O *subjetivismo*, então, analisa a ação humana levando em conta que essa ação se dá sempre em condições de incerteza genuína, não mensurável, e, também, que ela necessariamente acontece ao longo do tempo dinâmico. Quando um agente escolhe um curso de ação, os resultados de sua escolha vão depender dos cursos de ações executadas e a serem potencialmente executadas por outros indivíduos. Prevalecendo a autonomia nas decisões individuais, isto quer dizer que o futuro não pode ser conhecido e nem aprendido.

Assim escrevi em meu modesto livro. E, *also sprach*, Bastiat em sua fabulosa obra.

## 4.3 - Teoria do capital

A contribuição de Bastiat à teoria austríaca do capital pode ser identificada em sua percepção magistral de que a acumulação de capital resulta em enriquecimento dos trabalhadores, pelo aumento da produtividade marginal do trabalho, o que, consequentemente, aumenta a sua remuneração. A acumulação de capital – escreveu ele – também resulta na produção de bens de consumo mais baratos e de melhor qualidade, o que contribui para aumentar os salários reais. Ele explicou ainda como os juros sobre o capital diminuem à medida que este se torna mais abundante.

Assim, os interesses dos capitalistas e dos trabalhadores são de fato harmoniosos e as intervenções do Estado nos mercados de capitais empobrecem os trabalhadores, bem como os capitalistas. Bastiat também explicou por que em um mercado livre ninguém pode acumular capital, a menos que o utilize de uma forma que beneficie os outros, ou seja, os consumidores. Na realidade, escreveu Bastiat, o capital é sempre usado para satisfazer os desejos de pessoas que não o possuem. Em nítido contraste com a maioria de seus antecessores, Bastiat acreditava que "é necessário ver a economia do ponto de vista do consumidor. Todos os fenômenos econômicos devem ser julgados pelas vantagens e desvantagens que eles trazem para o consumidor". Mises repetiu esse ponto em *Ação Humana*, quando observou que, embora possa parecer que os capitalistas que controlam a alocação de capital por suas decisões do dia-a-dia, os consumidores é que são os "capitães" do navio econômico, porque são às suas preferências que as empresas bem-sucedidas servem, pois, se não o fizerem, correm grandes riscos de perderem mercado e irem à bancarrota.

Mesmo sem antecipar o conceito de *estrutura de capital* que viria a caracterizar os austríacos que se lhe seguiram (especialmente Böhm-Bawerk), Bastiat, ao dizer que a acumulação de capital, ou seja, investimentos, é benéfica para a economia, desde que lastreada em poupança verdadeira, contribuiu para preparar o terreno para as posteriores explorações acadêmicas dos austríacos.

## 4.4 - A pilhagem do Estado

Ao mostrar a harmonia inerente ao comércio voluntário, Bastiat também explicou como a alocação de recursos governamentais é necessariamente antagônica e destruidora dos recursos naturais e da harmonia dos mercados livres. Uma vez que o governo não produz riqueza própria, ele deve necessariamente tomar de uns para dar a outros, roubando de A para dar a B. Este último – B – é a essência do governo, como Bastiat descreveu. Além disso, como os grupos de interesses especiais procuram cada vez mais o dinheiro dos outros grupos e indivíduos sob da égide do Estado, eles minam a capacidade produtiva do mercado livre por se envolverem em política, em vez de se concentrarem em comportamentos produtivos. "O Estado, escreveu Bastiat, é a grande entidade fictícia na qual cada um tenta viver à custa de todos os demais".

Esse fato verdadeiro, em si, nada mais é do que é a essência da "*governmental plunder*" [pilhagem governamental] presente nos trabalhos dos austríacos e anarcocapitalistas modernos.

## 4.5 - Direitos naturais e liberdade de trocas

Nota DiLorenzo que Bastiat também pode ser visto como um elo entre os teóricos dos direitos naturais dos séculos XVII e XVIII e alguns membros da moderna Escola Austríaca, principalmente Murray Rothbard, que baseou sua defesa do livre mercado sobre os direitos naturais, ao invés de fixar-se apenas em argumentos utilitaristas. Para Bastiat, o coletivismo em todas as suas formas era tanto moralmente repreensível (porque se baseia em roubo legalizado) como um impedimento para a harmonização natural dos interesses humanos, que é facilitada pelo livre mercado e pelo instituto da propriedade privada.

Ele não só acreditava que o coletivismo se constitui em pilhagem legal; acreditava e enfatizava também que a propriedade privada é essencial para preencher o atributo inerente ao homem como um ser livre, que, por natureza, age em seu próprio interesse para satisfazer suas necessidades subjetivas.

Em *Sophismes Économiques*, Bastiat magistralmente criou a defesa mais completa do livre comércio construída até aquele momento, que abrangeu conceitos econômicos: o benefício mútuo do comércio voluntário; a lei da vantagem comparativa; os benefícios da concorrência ao produtor; bem como o consumidor e a ligação histórica entre as barreiras comerciais e as guerras. O livre comércio, Bastiat explicou, acarreta uma abundância de bens e serviços a preços mais baixos; mais empregos para mais pessoas e com salários reais mais elevados; mais lucros para os produtores; um nível de vida mais elevado para os agricultores; mais renda para o Estado na forma de impostos nos níveis habituais ou inferiores; o uso mais produtivo do capital, trabalho e recursos naturais; o fim da "luta de classes", que "foi baseada principalmente em tais injustiças econômicas como tarifas, monopólios e outras distorções legais do mercado; o fim da 'política suicida' do colonialismo; a abolição da guerra como uma política nacional; e melhor educação, habitação e cuidados médicos possíveis para todas as pessoas".

Bastiat era um gênio em sua facilidade extraordinária para explicar todos esses princípios econômicos e os resultados de políticas do Estado com o uso de sátiras e parábolas, a mais famosa dos quais é *A petição dos fabricantes de velas*, que, tal como muitos empresários ainda fazem até hoje em busca de privilégios pessoais, redigiram em forma de petição "uma lei para impor a cobertura de todas as janelas e claraboias e outras aberturas, orifícios e fissuras através das quais a luz do sol é capaz de entrar nas casas. Esta luz solar livre estaria prejudicando nossos negócios de fabricantes de velas".

## 4.6 - Competição e descoberta

Bastiat entendia que a competição de livre mercado era um "dinâmico de descoberta", para usarmos uma frase de Hayek e um conceito que mais tarde foi magistralmente explorado por Israel Kirzner. Os mercados são vistos como processos de descobertas permanentes e de rarefação de conhecimento, em que os indivíduos se esforçam para coordenar os seus planos e para atingir assim seus objetivos econômicos. Todas as formas de intervenção do Estado interrompem e distorcem esse processo, porque quando uma lei ou regulamento é baixado, as pessoas não precisam mais discutir, comparar, planejar com antecedência, uma vez que a lei faz tudo isso para elas. E a inteligência se torna um adereço inútil para o povo; as pessoas deixam de ser homens, perdem sua personalidade, sua liberdade, sua inventividade e sua propriedade.

## 4.7 - O falso altruísmo

O clarividente economista também viu como sendo uma falsa "filantropia" dos socialistas (*phony "philanthropy"*) suas propostas constantes de ajudar esta ou aquela pessoa ou grupo saqueando a riqueza de outras pessoas ou grupos da sociedade por meio do Estado. Todos esses sistemas – afirmou – são baseados em pilhagem legal e em injustiça organizada.

Tal como fazem com os neoconservadores de hoje, os socialistas do século XIX carimbavam os liberais clássicos com a acusação de "individualistas", o que implica que os liberais clássicos seriam contra a fraternidade, a comunidade e a associação. Mas, como Bastiat apontou clara e astutamente, ele (assim como outros liberais clássicos) só se opunha a que essas associações fossem forçadas, ou seja, impostas pelo Estado, e era um defensor de comunidades e associações voluntárias genuínas, espontâneas e não coercitivamente empurradas goela abaixo. Todas as vezes que nós nos opomos a coisas que estão sendo feitas compulsoriamente pelo governo, os socialistas (erradamente) concluem que nós nos opomos a essas coisas, quando na realidade estamos criticando o fato de elas estarem sendo impostas pelo Estado.

Bastiat exerceu grande influência sobre o pensamento econômico europeu no século XIX. Na Itália, seu seguidor e admirador mais importante foi o siciliano Francesco Ferrara, defensor vigoroso do *laissez-faire*, professor de economia política na Universidade de Turim e mentor da maioria dos economistas italianos das gerações seguintes. Ferrara também desempenhou um papel político importante na unificação da Itália e foi ministro das finanças da nova nação. Além disso, foi um eminente historiador do pensamento econômico, para o qual contribuiu editando as duas primeiras séries da tradução multi-volumes: *Biblioteca dell'Economista* (Turim, 1850-1869) e, especialmente, sua obra em dois volumes *Esame storico-critico di economisti* e *Dottrine Economiche* (de 1889 e 1892, respectivamente). Por muitos anos, Ferrara foi professor da Universidade de Turim, onde treinou muitos proeminentes economistas italianos. Além de Frédéric Bastiat, sobre quem escreveu cem páginas em seu *Esame*, Ferrara particularmente saudou as obras de Jean-Baptiste Say, de Charles Dunoyer (1786-1862) e de Michel Chevalier (1806-1879).

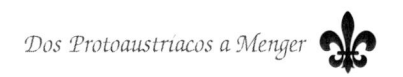

Como relata Rothbard, durante várias décadas a teoria econômica orientada pelo *laissez-faire* de Francesco Ferrara dominou entre os economistas italianos. Na década de 1870, no entanto, as tendências estatizantes interligadas do protecionismo e da chamada Escola Histórica Alemã, assim como o próprio socialismo, começaram a infestar o ambiente acadêmico da economia italiana. Ferrara combateu com bravura aquelas novas tendências. A separação formal ocorreu em 1874, quando os estatistas mais jovens, centrados em Pádua, formaram a Associação para o Desenvolvimento de Estudos Econômicos, que passou a publicar logo depois uma revista, que em breve se tornou o *Giornale degli Economisti*. Por outro lado, os seguidores de Ferrari, concentrados em Florença, formaram a Adam Smith Society, e publicaram o semanário *L'Economista*. Embora em menor número, o grupo de Ferrara contava com alguns discípulos mais jovens notáveis, incluindo Domenico Berardi, que publicou uma crítica da intervenção do Estado, em 1882, e um livro sobre a moeda cerca de trinta anos depois; A. Bertolini, que escreveu uma crítica do socialismo em 1889; Fontanelli, que escreveu uma crítica aos sindicatos e greves; e, em particular, Tulio Martello de Bolonha, conhecido como "o último dos ferraristas".

Embora lutando contra uma ação de retaguarda contra todas as adversidades, Ferrara e os economistas de sua escola ainda conseguiram tempo suficiente para influenciar o novo "exército de marginalistas-liberais" liderado por Maffeo Pantaleoni. O grupo assumiu o controle da revista econômica (o *Giornale degli Economisti*) em 1890, e permaneceu como o grupo dominante entre os economistas italianos nos anos que se seguiram.

A Suécia foi outro país fortemente influenciado por Bastiat, que lá se tornou a maior autoridade em economia política. Um jovem sueco, Johan August Gripenstedt, encontrou-se com Bastiat em uma viagem à França e foi profundamente influenciado pelo resto de sua vida pelo economista francês. Gripenstedt tornou-se o maior dos liberais econômicos na Suécia, entre 1860 e 1870, bem como o político mais influente do país escandinavo. Em 1870, Gripenstedt, praticamente sozinho, tinha conseguido eliminar todas as proibições de importação e exportação na Suécia; abolido todos os direitos de exportação; reduzido as tarifas sobre produtos industrializados e institucionalizado o livre comércio de produtos agrícolas.

Pouco tempo depois da morte de Gripenstedt, seus seguidores e discípulos formaram a Economic Society de Estocolmo, em 1877, dedicada ao estudo dos princípios de Bastiat e Gripenstedt. Alguns dos membros principais da sociedade foram Johan Walter Arnberg, diretor do Banco da Suécia, que alertou para os perigos do socialismo decorrente de demandas dos empresários por subsídios do governo; G.K. Hamilton, professor de economia na Universidade de Lund, tão dedicado a Frédéric Bastiat que escolheu o nome de "Bastiat" para seu filho, em 1865; A. O. Wallenberg, fundador do Stockholm Euskilda Bank; e Johan Henrik Palme, um banqueiro proeminente, dedicado ao livre comércio.

Além desses, houve outros dois líderes políticos proeminentes da Economic Society: um foi Axel Gustafsson Bennich (1817-1904), diretor-geral da alfândega e braço direito de Gripenstedt, lutador incansável e feliz do livre comércio e do *laissez-faire* durante sua longa vida. E o outro foi o presidente da Economic Society, Carl Freidrich Waern, comerciante de Gotemburgo, que se tornou ministro das finanças e chefe da junta comercial. Waern demitiu-se desse último posto porque se recusou a assinar uma lei que obrigava a proteger a madeira verde nas florestas, medida que ele denunciou como uma "invasão flagrante aos direitos de propriedade privada".

Ainda segundo Rothbard, assim como aconteceu com os defensores do *laissez-faire* na Inglaterra e na França, os libertários suecos se mostraram divididos sobre o que fazer com o sistema bancário. O banqueiro central Johan Arnberg e o economista Hans Forssell argumentavam que o banco central da Suécia era um meio de abolir todas as notas dos bancos privados, que eles consideravam inflacionárias e perniciosas. Por outro lado, A. O. Wallenberg, também banqueiro, defendeu com vigor o *free banking*.

Porém, em meados da década de 1880, tanto na Suécia como no resto da Europa, o estatismo começou a experimentar um retorno bem-sucedido e, gradualmente, a tornar-se o pensamento dominante. Protecionistas começaram a se infiltrar na Economic Society em meados da década de 1880, e a Suécia adotou um sistema de proteção tarifária em 1888. Em 1893, o símbolo do triunfo protecionista veio com a nomeação de um protecionista para a presidência da Economic Society, até então o núcleo central do livre comércio. Durante a década de 1880, também, apesar dos ataques amargos de Forssell e outros fundadores baluartes do *laissez-faire* e do livre comércio, a sociedade iniciou a prática da assistência social e outras políticas "Kathedersozialist" (socialismo de cátedra). Desta forma, durante aquela década, a economia política sueca foi se desviando de sua orientação original, ligada ao laissez-faire francês, para gradualmente seguir a Escola Histórica Alemã e seu socialismo monárquico. Esta mudança brusca foi muito facilitada pelo fato de o alemão ter se tornado a língua estrangeira dominante nas escolas públicas suecas, a partir de 1878.

Frédéric Bastiat (1801-1850)

Mas, mesmo na Prússia, tinha sido criado um partido de livre comércio durante a década de 1840, dedicado aos princípios de Bastiat. O movimento de livre comércio prussiano foi liderado por John Prince-Smith (1809-1874), filho de pai inglês e mãe alemã, que se correspondia com frequência com Bastiat. Em uma carta, Prince-Smith escreveu a Bastiat:

> *Os amigos a quem tenho mostrado o seu livro [Economic Harmonies] estão entusiasmados com ele. Prometo a você que ele será lido avidamente por nossos melhores pensadores... Esperamos estabelecer uma liga formal dos partidos democráticos e os comerciantes livres... 'Traga Bastiat aqui', disse-me um líder dos democratas, e prometo levar 10 mil homens em uma procissão para celebrar a sua visita à nossa capital.*

Prince-Smith não só defendeu o mercado livre, mas também comandou o movimento antiguerras e antimilitarista consistentemente, o que o levou a defender a eliminação do baluarte do Estado prussiano, o exército permanente, e a sua substituição por uma milícia dos cidadãos, muito mais barata e popularmente controlada.

Em 1843, Prince-Smith marcou sua cruzada pela liberdade de comércio que lutou ao longo de sua vida, colocando-o em um contexto histórico e sociológico que lembra os escritos de Comte e Dunoyer. Além disso, deixou claro que para ele, livre comércio significava não apenas ausência de barreiras ao comércio internacional, mas também um mercado doméstico absolutamente livre, com o Estado confinado apenas à proteção policial. Smith batalhou durante toda a sua vida pelos princípios em que acreditava e atuou em várias frentes em defesa desses princípios, não apenas na Suécia, mas também em outros países, como Alemanha e França, onde contribuiu para o *Journal des Économistes* e também ajudou a escrever e organizar o *Handwörter-buch der Volkwirtschaftslehre* [*Dicionário Conciso de Economia*], em 1866, modelado após o laissez-faire *Dictionnaire d'Économie Politique* [*Dicionário de Economia Política*] francês, organizado por Charles Coquelin (1802-1852) e Gilbert-Urbain Guillaumin (1801-1864), que, dentre os colaboradores, teve Frédéric Bastiat e Gustave de Molinari.

Durante as décadas de 1870 e 1880, o *laissez-faire* na Prússia e na Alemanha foi rapidamente substituído pela escola histórica alemã, o estatismo, e o "socialismo de cátedra". Esta mudança radical foi grandemente favorecida pela vitória política de Bismarck e do militarismo prussiano sobre o liberalismo clássico, e pela união da maior parte da nação alemã em torno do domínio prussiano de "sangue e ferro".

O ponto alto do movimento do livre comércio europeu aconteceu cedo, em um famoso congresso internacional de economistas, organizado pela associação de livre comércio belga em Bruxelas, de 16 a 18 de setembro 1847. Inspirado pela vitória da Anti-Corn Law League e do movimento Bastiat, bem pelo sucesso de uma turnê pela Europa de Cobden com 14 meses de duração, em 1846-1847, o congresso se reuniu para decidir a questão do livre comércio. Presidido pelo belga de Brouckère, contou com 170 delegados de 12 países e incluiu publicitários, produtores, agricultores, comerciantes e políticos, bem como economistas. Como Bastiat não pôde comparecer, Brouckère, em seu discurso de abertura, saudou Bastiat como o "apóstolo zeloso das nossas doutrinas".

A delegação francesa foi particularmente ativa no congresso, especialmente Louis Wolowski (1810-1876), o já mencionado Charles Dunoyer, Jérome-Adolphe Blanqui (1798-1854) e Joseph Garnier (1813-1881); também John Prince-Smith (1809-1874), chefe da delegação da Prússia, foi bastante ativo. Outros participantes de destaque foram o coronel Thomas Perronet Thompson (1783-1869), do parlamento inglês, e James Wilson (1805-1860), fundador e primeiro editor do periódico *The Economist*.

Um contingente pequeno de protecionistas esteve no congresso, mas seus integrantes foram inundados pelo sol da liberdade dos defensores do livre comércio, que aprovaram uma declaração retumbante pela liberdade de comércio. Infelizmente, os planos para novas reuniões do congresso foram interrompidos pela Revolução de 1848, que representou um grande revés para o movimento pela liberdade econômica na Europa. Depois de um breve período na década de 1860, o movimento *laissez-faire* foi paulatinamente dando lugar, nas décadas de 1870 e 1880, tragicamente, a uma Europa de protecionismo, militarismo, Estados de bem-estar, cartéis compulsórios e guerras entre blocos de poder internacionais. A teoria econômica nacionalista e estatista, uma recrudescência industrial do mercantilismo comercial, começava a dominar a Europa.

## 5 - Conclusões

A obra de Bastiat é uma ponte intelectual entre as ideias dos economistas protoaustríacos, como Cantillon, Turgot, Galiani, Say entre outros, e a tradição austríaca de Hermann Heinrich Gossen, Carl Menger e seus seguidores. Bastiat foi sem dúvida um modelo de estudos para os austríacos, que acreditavam que a educação econômica geral – especialmente o tipo de educação econômica que critica e abala os inúmeros mitos e superstições criadas pelo Estado e seus apologistas intelectuais – é uma função essencial e um dever dos economistas. Mises representou um modelo fantástico dessa abordagem, assim como Hayek e Rothbard, entre outros economistas austríacos.

Infelizmente, porém, embora nos últimos vinte ou trinta anos a importância dos trabalhos de Bastiat venha sendo resgatada, ainda hoje sua obra não é apreciada como deveria ser, porque – como Murray Rothbard explicou – os críticos de hoje, eivados de intemperança e teimosos em renegar os benefícios da liberdade econômica, "acham que é difícil acreditar que qualquer um que defenda ardentemente e consistentemente o *laissez-faire* possa ser um estudioso e teórico econômico importante". Chega a ser estranho que até mesmo alguns economistas austríacos contemporâneos pareçam acreditar que o ato de comunicar ideias – principalmente sobre política econômica – para o público em geral é, por algum incompreensível desígnio, indigno de um verdadeiro acadêmico da ciência econômica. No entanto, esse foi exatamente o modelo utilizado para estudar cientificamente a economia que o próprio Mises adotou e que foi levado adiante por, entre outros, Friedrich Hayek, Israel Kirzner e, mais agressivamente, por Murray Rothbard, todos influenciados pelo grande economista austríaco francês e pelos protoaustríacos que o antecederam.

O "nanico" a que se referiu Marx com desdém foi, na verdade, um gigante, cujos ensinamentos geraram para a humanidade benefícios infinitamente maiores do que a coleção de construções forçadas, interpretações equivocadas e o charlatanismo intelectual do autor de *O capital*. "– Luta de classes!", diria Marx, ao que responderia Bastiat: "– *Harmonies*!". "– Estado opressor?". "– Não, a lei!". "– Interesse coletivo!". "– Ora, deixe de bobagens, Sr Carl, interesses individuais é que importam!". "– Legislações e controles!". "– Isto é perverter a lei". "– Utopia!". "– Não: realidade!".

Frédéric Bastiat foi – e escrevo sem qualquer receio de estar cometendo um erro ou exagerando – um dos maiores economistas de todos os tempos. Qualquer de suas frases para explicar o mundo real vale mais do que milhares dos sistemas de equações em que os economistas de narizes empinados escondem seu desconhecimento – não por culpa própria, mas porque foram treinados assim – da economia real.

## 6 - Referências Bibliográficas

BASTIAT, Claude F. *Tome premier, Correspondance, mélanges*; *Tome deuxième, Le libre-échange*; *Tome troisième, Cobden et la Ligue ou L'agitation anglaise pour la liberté des échanges*; *Tome quatrième, Sophismes économiques. Petits pamphlets. I* [Contient: *Sophismes économiques*; *Propriété et loi*; *Justice et fraternité*; *L'État*; *La Loi*; *Propriété et spoliation*; *Baccalauréat et socialisme*; *Protectionnisme et communism*; *Tome cinquième, Sophismes économiques. Petits pamphlets. II* [Contient: *Spoliation et loi*; *Guerre aux chaires d'économie politique*; correspondance *avec F. C. Chevé et avec Pierre Joseph Proudhon*; *Ce qu'on voit et ce qu'on ne voit pas*; *Abondance*; *Balance du commerce*; *Paix et liberté ou le budget républicain*; *Discours sur l'impôt des boissons*; *Discours sur la répression des coalitions industrielles*; *Réflexions sur l'amendement de M. Mortimer-Ternaux*; *Incompatibilités* parlementaires]; *Tome sixième, Harmonies économiques* e *Tome septième, Essais, ébauches, correspondance*.

BASTIAT, Frédéric. *Harmonies Économiques*. Paris: Guillaumin, 1851.

DI LORENZO, Thomas J. "Frédéric Bastiat (1801-1850): between the French and Marginalist Revolution". In: *The Great Austrian Economists*, editado por Randall G. Holcombe. (Ludwig von Mises Institute, 1999, cap. 5).

HÜLSMANN, Jörg Guido. *Bastiat's Legacy in Economics*. Disponível em: <https://mises.org/library/bastiats-legacy-economics>.

HÜLSMANN, Jörg G. "Bastiat's Legacy in Economics". *The Quarterly Journal of Austrian Economics*. Vol. 4, nº 4 (Winter 2002)

IMB. *Frédéric Bastiat*, São Paulo, 2010, tradução de Ronaldo da Silva Legey

IORIO, Ubiratan J. "A grande ficção das falhas de mercado". In; *MISES – Revista Interdisciplinar de Filosofia, Direito e Economia*, vol. 1, nº 2, 2014

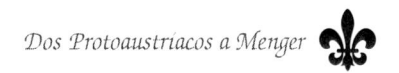

IORIO, Ubiratan J. *Ação, Tempo e Conhecimento: A Escola Austríaca de Economia*. São Paulo: Instituto Ludwig von Mises brasil, 2ª ed., 2013. Introdução

KIRZNER, Israel M. *Competição e atividade empresarial*. IMB, São Paulo, 2012

LEROUX, Robert. *Political Economy and Liberalism in France: The Contributions of Frédéric Bastiat*. London and New York, Routledge, 2011

MARX, KARL. "O Capital". Posfácio ao Livro primeiro. [*Coleção Os Economistas*. Abril Cultural, São Paulo, 1996, edição em pdf, http://www.histedbr.fae.unicamp.br/acer_fontes/acer_marx/ocapital-1.pdf].

ROCHE III, George. C. *Frederic Bastiat – a Man Alone*. Arlington House. New Rochelle, NY, 1971 [pode ser baixado da página do Mises Institute]

ROTHBARD, Murray N. "An Austrian Perspective on the History of Economic Thought" – Volume II: *Classical Economics*. Auburn: Ludwig von Mises Institute, 2006.

THORNTON, Mark. "Why Bastiat Is Still Great". Mises Daily: Monday, April 11, 2011. In: http://mises.org/daily/5180/Why-Bastiat-Is-Still-Great

THORNTON, Mark. "Frédéric Bastiat's Views on the Nature of Money". *The Quarterly Journal of Austrian Economics*. Vol. 5., nº 1 (Summer 2002)

VOEGELIN, Eric. "Reflexões autobiográficas". É Realização Editora, São Paulo, 2008 *p. 83-84.*

VOEGELIN, Eric. "Hitler e os alemães". É Realização Editora, São Paulo, 2008, especialmente o cap. 7 da Parte II.

WIKIPEDIA. Frédéric Bastiat. In: http://pt.wikipedia.org/wiki/Fr%C3%A9d%C3%A9ric_Bastiat#Biografia

# Capítulo IX

## Jaime Luciano Antonio Balmes e Urpiá (1810-1848)

## 1 - Introdução

Muito provavelmente você, caríssimo leitor, jamais ouviu falar de Jaime Luciano Antonio Balmes y Urpiá (ou, em catalão, Jaume Llucià Antoni Balmes i Urpià), porque o ensino econômico tem sido – não apenas no Brasil, mas nos Estados Unidos, no Japão e na maioria dos países europeus – conduzido exclusivamente pela tradição anglo-saxônica, derivada de David Hume, Adam Smith, David Ricardo, John Stuart Mill e muitos outros, que, ao longo dos séculos, constituiu a chamada Escola Clássica. Do outro lado do espectro doutrinário e ideológico, os jovens economistas são levados a estudar o keynesianismo e o marxismo e, quando lhes apresentam alternativas de livre mercado, estas recaem invariavelmente sobre Alfred Marshall, Milton Friedman e os monetaristas. O mundo acadêmico da ciência econômica está ocupado quase que integralmente pela tradição anglo-saxônica. Acrescento: lamentavelmente.

Jaime Balmes – como é mais conhecido –, um sacerdote e filósofo catalão não apenas foi o primeiro a desatar o nó górdio do famoso *paradoxo do valor*, em 1844, como também o primeiro a expor claramente a lei da utilidade marginal. Foi contemporâneo de Gossen (nasceram ambos no ano de 1810), mas chegou a essa importante solução – que contribuiu para abrir o caminho para o posterior desenvolvimento da Escola Austríaca – em 1844, em seu artigo *Verdadeira ideia do valor ou reflexões sobre a origem, natureza e variedade dos preços*. Já Hermann Heinrich Gossen (1810-1858) chegou ao mesmo resultado – embora, como veremos no capítulo seguinte, utilizando metodologia bem diferente –, dez anos depois, ou seja, em 1854, em seu *Die Entwickelung der Gesetze des menschlichen Verkehrs* [Desenvolvimento das leis de trocas entre os homens].

Vimos claramente no primeiro capítulo a forte influência dos escolásticos espanhóis no desenvolvimento posterior da Escola Austríaca de Economia. Para entendermos um pouco mais esse fenômeno à luz do pensamento de Jaime Balmes, um religioso da primeira metade do século XIX e, portanto, bem posterior aos pós-escolásticos, recorramos a Jesús Huerta De Soto:

> *É preciso recordar, antes de tudo, que no século XVI, o imperador e rei de Espanha Carlos V enviou o seu irmão Fernando I para ser rei da Áustria. "Áustria" significa, etimologicamente, "parte leste do Império", Império que nessa altura compreendia praticamente a totalidade da Europa continental, com a única exceção importante da França, que permanecia isolada e rodeada por forças espanholas. É assim fácil compreender a origem da influência intelectual dos escolásticos espanhóis sobre a Escola Austríaca, e que não foi uma simples coincidência ou um mero capricho da história, mas que foi o produto de íntimas relações históricas, políticas e culturais que se desenvolveram entre a Espanha e a Áustria a partir do século XVI.*

Estas relações perduraram durante vários séculos e nelas também teve papel importantíssimo a Itália, como uma espécie de ponte cultural através da qual se comunicavam as relações intelectuais entre os extremos do Império (Espanha e Áustria). Por tudo isto, segundo De Soto, existem importantes argumentos para defender a tese de que, pelo menos nas suas origens, a Escola Austríaca é, em última instância, uma escola de tradição espanhola ou, mais largamente, ibérica. Não foi por acaso, também, como se pode depreender disto, que Bandini, Galiani e Delfico, todos italianos, também estão com justiça relacionados entre os protoaustríacos.

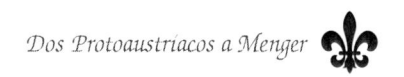

Não é de espantar que o primeiro pensador a descobrir o principal argumento sobre o qual Menger viria a erigir, 27 anos depois, quando da publicação de seus *Princípios*, a Escola Austríaca, tivesse sido um filósofo espanhol. E que, quando comparada à Escola Clássica anglo-saxônica, a Escola Austríaca seja infinitamente superior em termos de cultura geral, abrangendo a Filosofia, o Direito, a Economia e o Humanismo em geral. Está no sangue.

## 2 - Biografia de Balmes

Jaime Luciano Antonio Balmes y Urpiá nasceu em Barcelona em 1810. Filósofo, teólogo, apologista, sociólogo e político, foi uma das personalidades mais interessantes da Espanha da primeira metade do século XIX. Embora familiarizado com a doutrina de Tomás de Aquino e, portanto, guardando traços do pensamento do Aquinate, foi um filósofo original, sem pertencer a nenhuma escola específica.

É um dos mais populares no país catalão, onde em quase todas as cidades há uma rua que leva o seu nome, mas suas obras e as contribuições são mais conhecidas agora do que durante o seu tempo.

Balmes começou seus estudos em 1817, no Seminário de Vic. Seguindo os costumes da formação tradicional da época, cursou três anos de gramática latina, três de retórica e três de filosofia. Em 1825, em Solsona, recebeu a tonsura do bispo daquela cidade, Dom Manuel Benito Tabernero. Entre 1825 e 1826, aprofundou seus estudos fazendo cursos de teologia, também no Seminário de Vic. Logo a seguir, ganhou uma bolsa de estudos, o que lhe permitiu assistir a mais quatro cursos em teologia no Colégio de São Carlos, da Universidade de Cervera[114].

Por dois anos, devido a um fechamento temporário da Universidade de Cervera, Balmes continuou estudando por conta própria em Vic. Em 8 de junho de 1833, recebeu seu diploma em teologia e em setembro de 1834, na capela do palácio episcopal de Vic, Balmes foi ordenado sacerdote pelo Bispo Dom Pablo de Jesus Corcuera. Continuou seus estudos em teologia e cânones novamente na Universidade de Cervera, já então reaberta. Finalmente, em 1835, recebeu o grau de Doutor em Teologia e Bacharel em Cânones.

Em 1837, o Conselho Comum o nomeou professor de matemática, cargo que ocupou por quatro anos. É importante observar que a obra de Balmes encontra-se repleta de conceitos e ideias matemáticas, às quais em diversas ocasiões o filósofo recorreu para ajudar a esclarecer colocações filosóficas[115]. Em 1839, sua mãe, Teresa Urpiá, morreu. Dois anos depois, em 1841, Balmes mudou-se para Barcelona. Naqueles anos, iniciou a sua atividade espantosamente criativa e produtiva e contribuiu para vários jornais e revistas, algumas das quais fundou, tais como *La Civilización*, *La Sociedad* e *El Pensamiento de la Nación*[116]. Ademais, expôs suas ideias em diversos panfletos que atraíram a atenção dos leitores.

A partir de 1841, seu gênio criativo "explodiu" e manifestou-se extremamente prolífico, tanto em seus escritos como em

---

[114] As informações biográficas a respeito de Jaume Balmes foram obtidas principalmente a partir do verbete "Jaume Balmes", da *World Heritage Encyclopedia,* disponível em: <http://www.gutenberg.us/articles/jaume_balmes>.
[115] NÚÑEZ I ESPALLARGAS, Josep M. "La Cultura Matemàtica en L'Obra de Jaume Balmes". AUSA, Vol. XVI (1995): 267-276. Cit. p. 267.
[116] IGUAL, Vicente. "Jaume Balmes: Entre el Ayer y el Hoy". Espíritu, Vol. LX, No. 142 (2011): 181-201. Cit. p. 184.

sua personalidade, o que o levou a ser admirado em toda a Europa não anglo-saxônica. A envergadura de sua produção fez com que Balmes fosse um autor muito discutido e difundido no ambiente intelectual do século XIX e sua fama levou várias de suas obras a serem quase imediatamente traduzidas e publicadas em línguas como o francês, alemão e inglês[117].

Em 7 de setembro de 1844, escreveu e publicou um texto chamado *Verdadeira ideia do valor ou reflexões sobre a origem, natureza e variedade dos preços*. Trata-se de uma obra de valor inestimável para os que se interessam pela evolução do pensamento econômico em geral e pelas minúcias da Escola Austríaca em particular, dado que foi nesse trabalho que o autor resolveu o paradoxo do valor, depois de séculos de debates, controvérsias e respostas insatisfatórias ou parcialmente satisfatórias. O que Balmes fez, resumidamente, foi apresentar de maneira clara a noção de *utilidade marginal*, respondendo assim de forma brilhante a questão: "por que uma pedra preciosa [que é um 'bem de luxo'] tem um valor maior do que um pedaço de pão [um bem essencial]?".

Depois que se envolveu em atritos de caráter político e atacou o regente Espartero, foi exilado. Foi após seu retorno que fundou e editou *El Pensamiento de la Nación*, um semanário católico e conservador. Entretanto, sua fama repousa principalmente em seu livro intitulado *O Protestantismo Comparado com o Catolicismo: Em Suas Relações com a Civilização Europeia*[118], no qual elaborou uma contundente defesa do catolicismo, na medida em que representa o espírito de obediência ou ordem, em oposição ao protestantismo,

---

[117] Idem. *Ibidem*, p. 182.
[118] BALMES, Jaime. *El Protestantismo Comparado con el Catolicismo: En Sus Relaciones con la Civilización Europea*. Barcelona: Imprenta de Antonio Brusi, 1849.

associado a um espírito de revolta ou anarquia[119]. O livro é frequentemente citado como um argumento robusto contra os relatos históricos e a crença, tão difundida quanto infundada, a partir das obras sociológicas de Max Weber, que destacam o papel protagonista do protestantismo – em detrimento do catolicismo – no desenvolvimento da sociedade moderna. Em suas origens, as bases filosóficas e teológicas da Escola Austríaca são inteiramente católicas.

De acordo com a *Enciclopédia Britânica*, suas melhores obras filosóficas são as explicações claras do pensamento escolástico: a *Filosofia Fundamental* e o *Curso de Filosofia Elementar*, que ele traduziu para o latim para uso em seminários. O autor faleceu precocemente, vítima de tuberculose, em 1848. Seus restos repousam no claustro da Catedral de Vic.

## 3 - O Pensamento de Balmes

Segundo De Soto, pode-se afirmar que o principal mérito de Carl Menger teria consistido em redescobrir e impulsionar a tradição católica continental de origem espanhola e ibérica em geral, que praticamente estava esquecida e havia caído em decadência:

> *[...] como consequência, por um lado, do triunfo da reforma protestante e da lenda negra contra tudo o que fosse espanhol e, por outro lado e, sobretudo, devido à influência muito negativa que as teorias de Adam Smith e do resto dos seus seguidores da Escola Clássica da Economia tiveram na história do pensamento econômico.*

---

[119] É importante observar que, além de sua importância na evolução das ideias econômicas, a produção filosófica de Balmer abrangeu questões fundamentais de teoria política moderna, como por exemplo o problema da ordem – um tema central nas indagações acadêmicas a respeito de assuntos tais como "soberania" e "razão de Estado".

De fato, como indica Rothbard em seu livro sobre a história do pensamento econômico, Smith abandonou as contribuições anteriores dos pós-escolásticos, centradas na teoria subjetiva do valor, na função empresarial e no interesse em explicar os preços que se verificam no mercado real, substituindo-as todas pela *teoria do valor-trabalho,* sobre a qual Marx construiu no século seguinte, reforçado pelo endosso de Ricardo a essa teoria equivocada de Smith, como conclusão natural, toda a *teoria socialista da exploração.*

Além disso – prossegue De Soto –, Adam Smith concentra-se preferencialmente na explicação do preço natural de equilíbrio de longo prazo:

> *[...] um modelo de equilíbrio em que a função empresarial prima pela sua ausência no qual se supõe que toda a informação necessária já está disponível, pelo que virá depois a ser utilizado pelos teóricos neoclássicos do equilíbrio para criticar supostas 'falhas de mercado' e para justificar o socialismo e a intervenção do estado sobre a economia e a sociedade civil.*

Nada de austríaco, portanto!

Por outro lado – agora retornando a Rothbard – Adam Smith levou o *calvinismo* à Ciência Econômica, quando, por exemplo, apoiou a proibição da usura e distinguiu entre *ocupações produtivas e improdutivas*, além de romper com o *laissez-faire* radical dos seus antecessores *jusnaturalistas* da tradição continental – espanhóis, portugueses, franceses e italianos –, introduzindo na história do pensamento um liberalismo um tanto tíbio e repleto de exceções e relativizações, que muitos teóricos da socialdemocracia de nossos dias poderiam inclusivamente aceitar[120].

---

[120] ROTHBARD. *Op. cit.* p. 475-518.

Porém, mesmo durante a longa decadência ibérica dos séculos XVIII e XIX, a tradição escolástica não desapareceu completamente, apesar do enorme complexo de inferioridade em relação à "nova ciência" proposta pelo universo intelectual anglo-saxônico, típica daquela época. Uma prova cabal disso é que outro autor espanhol – Balmes – de tradição católica foi o primeiro a resolver o *paradoxo do valor* e a enunciar com toda a clareza a *lei da utilidade marginal,* dez anos antes de Gossen e 27 anos antes de Carl Menger publicar os seus *Princípios de Economia Política.*

A esse respeito, cabe descrever o que escreve De Soto:

*Assim, Balmes questiona-se: Como é que uma pedra preciosa vale mais do que um pedaço de pão, do que um cômodo vestido, e talvez até do que uma saudável e grata vivenda? E responde: 'não é difícil explicá-lo; sendo o valor de uma coisa a sua utilidade ou aptidão para satisfazer as nossas necessidades, quanto mais precisa for para a satisfação delas, maior será o seu valor; deve-se considerar também que se o número de meios aumenta, diminui a necessidade de cada um deles em particular, porque podendo-se escolher entre muitos, nenhum é indispensável. Aqui está porque razão há uma dependência necessária entre o aumento e diminuição do valor e a escassez e abundância de uma coisa. Um pedaço de pão tem pouco valor, mas é porque tem relação necessária com a satisfação das nossas necessidades, porque há muita abundância de pão, mas diminuam a sua abundância, e o seu valor rapidamente crescerá, até atingir um nível qualquer, fenômeno que se verifica em tempo de escassez, e que se torna mais palpável em todos os gêneros durante as calamidades da guerra numa praça acossada por um muito prolongado assédio'*[121]*. Desta forma, Balmes foi capaz de fechar*

---

[121] BALMES Jaime. "Verdadera idea del valor o reflexiones sobre el origin, naturaleza y variedad de los precios". In: BALMES, Jaime. *Obra Completas.* Vol. 5. Madrid: BAC, 1949. p. 615-624.

*o círculo da tradição continental e deixá-lo preparado para que a mesma fosse completada, aperfeiçoada e impulsionada, poucas décadas depois, por Carl Menger e pelo resto dos seus discípulos da Escola Austríaca de Economia.*

Mas, Murray N. Rothbard não foi o único economista austríaco a mostrar as origens espanholas da Escola Austríaca. Antes, F. A. Hayek deu o mesmo parecer, especialmente depois de ter conhecido Bruno Leoni (1913-1967), o grande estudioso e jurista italiano e autor de *Liberdade e Lei*. Leoni conheceu Hayek nos anos 1950 e convenceu-o de que as raízes intelectuais do liberalismo econômico clássico eram europeias e católicas e que deveriam ser procuradas na Europa Mediterrânea e não na Escócia.

Uma das melhores alunas de Hayek, Marjorie Grice-Hutchinson, especializou-se em literatura espanhola e traduziu para o inglês os principais textos dos escolásticos espanhóis, formando uma obra que hoje é considerada um pequeno clássico.

E Jesús Huerta De Soto nos faz uma revelação importante:

*Eu até tenho uma carta de Hayek, de 7 de janeiro de 1979, na qual ele me pede para ler o artigo de Murray Rothbard, 'The Prehistory of the Austrian School', dizendo que ele e Grice-Hutchinson 'demonstram que os princípios básicos da teoria dos mercados competitivos foram trabalhados pelos escolásticos espanhóis do século XVI e que o liberalismo econômico não foi delineado pelos calvinistas, mas pelos jesuítas espanhóis'. Hayek concluía sua carta dizendo que "eu posso garantir-lhe, pelo meu conhecimento pessoal das fontes, que o argumento de Rothbard é muito forte".*

A par de sua importantíssima contribuição à economia, ao resolver uma questão que atormentava os pensadores havia séculos, Balmes foi um filósofo excepcional. Na *Catholic Encyclopedia* pode-se ler que Balmes tem um lugar de honra universalmente admitido entre os maiores filósofos dos tempos modernos. Ele conhecia o pensamento reflexivo de sua época e do passado. Estudou e criticou cuidadosa e criteriosamente os sistemas da Alemanha – de Kant a Hegel. Era bem familiarizado com os escolásticos, especialmente Santo Tomás de Aquino. Meditou sobre eles profundamente e adotou a maioria dos seus ensinamentos, mas chegou a seus próprios processos mentais e moldou-os com o próprio gênio. Descartes, Leibniz e a Escola Escocesa tiveram uma influência considerável sobre o método e a matéria de seu pensamento, caracterizado consequentemente por um ecletismo ponderado. Considerava um perigo rejeitar automaticamente as opiniões de qualquer grande mente, uma vez que, mesmo que elas não reflitam a realidade completa, raramente são desprovidas de fundamentos fortes e contêm pelo menos alguma medida de verdade.

Balmes foi, portanto, uma das mais influentes personalidades no revigoramento da sã filosofia na Espanha e, na verdade, em toda a Europa, durante o segundo quarto do século XIX, uma influência que continua através de suas obras permanentes. Algumas de suas teorias estão naturalmente sujeitas a críticas. Ele talvez supervalorize – segundo seus críticos – o instinto intelectual, uma influência da escola escocesa, e subvalorize a prova objetiva na percepção da verdade. Na psicologia, rejeita o *agens intellectus* (o intelecto abstrato) e o *species intelligibilis* (apresentações intermediárias) e sustenta que o princípio da vida em bruto é imperecível por natureza.

Porém, estas são apenas divergências acidentais e relativamente pouco importantes do corpo permanente da filosofia tradicional – o mesmo sistema que recebe em seu *Filosofia fundamental* uma interpretação renovada e um desenvolvimento mais apurado em resposta às condições intelectuais de sua época; pois uma das convicções de Balmes era a de que o negócio do filósofo não é meramente repensar e reapresentar, mas reformular e desenvolver-se.

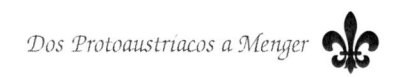

No *Diccionario Enciclopédico Hispano-Americano* encontramos um belíssimo resumo do pensamento de Balmes.

É digno de menção que ele escreveu tanto e com tal intensidade que realmente essa sua fecundidade é assombrosa e leva qualquer um a perguntar como lhe foi possível, na sua breve existência, encontrar tempo, não apenas para pensar muito e dar formas tão corretas para seus pensamentos, mas ainda para transferir para o papel todas as suas ideias. Escreveu ele sobre trigonometria, inúmeros artigos sobre política, religião, economia e em questões do dia publicadas em muitos jornais, independentemente do seu relatório sobre o celibato do clero, que foi como que a fundação de sua reputação. De todas estas obras, *O Critério* e *O Protestantismo* foram as que efetivamente ajudaram a propagar e espalhar a fama do filósofo catalão no exterior. Ambos os livros foram traduzidos para o francês, inglês, alemão e latim.

Na Wikipédia pode-se ler que geralmente a filosofia *balmesiana* é entendida simples e erroneamente como a *filosofia do senso comum*, mas que na verdade ela é mais complexa. Tanto em *Filosofia fundamental* quanto em *Filosofia Elementar* (sendo este segundo trabalho mais informativo), ele trata da questão da certeza.

Balmes divide a verdade em três classes irredutíveis, ainda que falemos da "verdade" como se fosse uma só. Estas classes são as *verdades subjetivas*, as *verdades racionais* e as *verdades objetivas*. O primeiro tipo pode ser entendido como uma realidade presente para o sujeito, que é real, mas que depende da percepção do indivíduo. Por exemplo, afirmar que se sente frio ou sede são verdades subjetivas; o segundo tipo, a *verdade racional*, é a da lógica e matemática, valendo como exemplo qualquer operação deste tipo; e, por fim, a *verdade objetiva* é entendida como aquela que, mesmo percebida por todos, não está na categoria de *verdade racional*, como, por exemplo, quando dizemos que o céu é azul, ou que em uma floresta há árvores.

Para Balmes, esses três tipos de verdade são irredutíveis e os métodos de captá-las diferem uns dos outros. Portanto, é necessário que a filosofia considere primeiro o tipo de verdade que se busca.

Não existe, para ele, a possibilidade de se duvidar de tudo, pois admitir isso importa esquecer que há uma série de regras de pensamento que admitimos como verdades exatamente para podermos duvidar delas. Semelhantemente às percepções de Santo Agostinho e Descartes, para Balmes, dizer que duvidamos necessariamente implica a certeza de que estamos duvidando e desta forma a dúvida também é uma certeza. É impossível existir um autêntico cético radical, simplesmente porque não há dúvida universal.

A certeza é anterior à filosofia natural e é natural e intuitiva como a dúvida. Sendo assim, a certeza comum e natural também engloba a certeza filosófica cartesiana. Para chegar a esta certeza, precisamos necessariamente de critérios, que nada mais são do que os meios pelos quais chegamos à verdade, e há uma variedade de critérios, assim como há vários tipos de verdades. No entanto, Balmes prefere distribuí-los em três: *critérios de consciência*, *critérios de evidência* e *critérios de senso comum* e estes são os critérios de acesso para os três tipos de verdade.

Definir, então, como *filosofia do senso comum* todo o pensamento de Balmes não se deve à sua concepção do senso comum como inerente ao esforço filosófico, mas especialmente à sua definição deste sentido como um método para se alcançar uma certeza. Vale a pena observar a relação de *verdade subjetiva* com os *critérios de consciência*, das *verdades racionais* com os *critérios de evidência* e, finalmente, das *verdades objetivas* acessíveis com o *critério de senso comum*.

Balmes argumenta que a metafísica não deve sustentar-se apenas em uma coluna, mas sobre as três que correspondem às três verdades. Assim, o princípio da consciência cartesiana – *cogito ergo sum* – é uma *verdade subjetiva*, enquanto o princípio aristotélico da *não-contradição* é uma verdade racional. Finalmente, o bom senso, o *instinto intelectual* nos apresenta a chamada *verdade objetiva*. É impossível encontrar uma verdade comum aos três princípios.

Desta forma, Balmes nega a exclusividade das teorias dos filósofos: a filosofia é a plenitude do conhecimento natural e está enraizada ao *ser homem*. Dizer, por exemplo, que o *cogito* é a fundamentação da verdade e da filosofia não é por si só uma concepção errada, pois isso é o que ele diz, mas falso o que nega, já que além do *cogito* existem outras possibilidades de fundamentação. Balmes não reduz essa ideia apenas ao campo da filosofia, mas a estende para o pensamento humano em geral.

Sendo assim, a tese fundamental de Balmes é que não existe uma fórmula que possa ser retirada do universo, nenhuma verdade a partir da qual surgem todas as outras.

## 4 - Balmes como Protoaustríaco

Alex Chafuen, escrevendo sobre Balmes, nos dá algumas características que nos permitem sem qualquer margem para dúvidas afirmar que foi um protoaustríaco genuíno.

(a) Balmes escreveu diversos artigos e ensaios sobre temas relevantes para a liberdade, publicados nas coleções de seus *Estudios Sociales* e originalmente publicados nos *Cuadernos de La Sociedad*: sete ensaios críticos sobre o socialismo, que abarcam desde a visão de Thomas More aos erros do sistema de Robert Owen.

(b) Como vimos anteriormente, foi o primeiro a encontrar, em 1844, a explicação correta para a ideia do valor e sobre a origem e natureza da variedade dos preços, antecipando em dez anos a solução de Gossen e em vinte e 27 a de Menger, Jevons e Walras. Contribuiu, portanto, decisivamente, para o desenvolvimento da tradição austríaca que se desenvolveu a partir dos *Principles*, de Menger.

(c) Dedicou cerca de 25 páginas, do capítulo XVIII até o capítulo XXVI, de seu *Curso de Filosofia Elemental* aos temas da propriedade privada, do trabalho, dos tributos, da lei civil, da usura e outros relevantes para a Escola Austríaca.

Assim, escreveu:

c1. Sobre sociedade e indivíduo:

*A sociedade é um ser moral; considerada em si mesma, e com separação dos indivíduos, não é mais do que objeto abstrato; e, por conseguinte, a perfeição que se há de buscar nela deve ter como último resultado os indivíduos que a compõem. Logo, a perfeição da sociedade é, em última análise, a perfeição do homem; e será tanto mais perfeita e quanto mais contribua para o aperfeiçoamento dos indivíduos[122].*

c2. Sobre a função do Estado:

*O Estado tem duas funções: proteger e fomentar. A proteção é para evitar e reprimir o mal, o fomento para promover o bem. Antes de fomentar deve proteger: não se pode fazer o bem se não se começar por evitar o mal. Este último é mais fácil do que o primeiro, porque o mal, enquanto perturba a ordem de maneira violenta, tem caracteres fixos, inequívocos, que orientam a implantação do remédio. Ainda não está claro quais são os meios mais a propósito para multiplicar a população; ou seja, é um mistério o fomento da vida; mas não o é sua destruição violenta: o homicídio não origina mal-entendidos. A produção e distribuição da riqueza é um objetivo econômico para o qual nem sempre se conheceram os meios, nem se os conhecem de todo agora; mas a destruição da riqueza é uma coisa palpável: desde a origem das sociedades se castigou os incendiários. Os meios de adquirir uma propriedade imóvel podem estar sujeitos a dúvidas; mas não a desapropriação que o ladrão comete ao invadir uma casa.*

(d) Em um ensaio publicado em 1842 na revista *La Civilización*, Balmes aponta as diferenças entre as ordens social, moral, política e religiosa. Recomenda buscar ou desenvolver dados fixos nos campos físico, moral e intelectual. Estatísticas econômicas, dados fixos sobre as diferenças e a desigualdade, exportações, importações etc. O mesmo no campo moral, mas adverte: "estes dados não podem

---

[122] BALMES, Jaime. "Curso de Filosofia Elemental". Paris: A. Bouret y Morel, 1849. Punto 173 (p. 443-444).

servir ao legislador para intrometer-se onde não lhe corresponda, mas sim para agir em vista do Estado social, conforme seja exigido pela utilidade e a conveniência pública". E, ainda: "Se é difícil medir questões morais (usando estatísticas de crimes, casamentos, divórcios etc.), é ainda mais difícil, mas também necessário, estudar quais são as ideias mais prevalentes em uma sociedade".

Balmes dedicou quatro anos de sua curta vida apenas para estudar a *Summa* de Santo Tomás de Aquino com comentários de Suárez e Belarmino. Suas ideias são muito semelhantes às destes, mas modernizadas.

Em suma, é bastante fácil encontrar em seu pensamento, não apenas no econômico, mas no filosófico, no político e no moral, traços bem marcantes da tradição fundada por Menger, que a meu ver são mais do que suficientes para qualificar Balmes como um de seus antecessores mais ilustres.

# 5 - Conclusões

Uma ciência, seja ela social ou exata, não é algo que nasça pronto, a partir do nada. É sempre fruto do trabalho de gerações de pesquisadores, cientistas e pensadores que, a partir de algum ou de alguns colegas que os antecederam, contribuem com suas próprias ideias, deixando a tarefa que executaram para serem aperfeiçoadas, ampliadas ou mesmo negadas pelos pesquisadores, cientistas e pensadores das gerações seguintes.

Assim como uma ciência não nasce pronta, ela também nunca fica pronta ou acabada. A evolução de uma ciência é um fenômeno que caracteriza as *ordens espontâneas*, expressão que Hayek usou para designar os fenômenos, tal como a linguagem e a moeda, que são resultantes da livre ação humana, mas que não são planejados pelo Estado ou por grupos específicos.

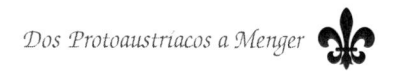

É como um edifício em permanente reforma e construção, em que cada operário, desde aqueles que iniciaram a obra, acrescenta a sua pedra de contribuição ao prédio. Algumas dessas pedras são angulares e geralmente são colocadas pelos chamados *fundadores* da ciência; outras são menos grandiosas ou importantes, mas sem elas também não existiriam as pedras angulares.

Na ciência econômica, o pesquisador a quem se costuma atribuir sua paternidade é Adam Smith, com a publicação, em 1776, de *A Riqueza das Nações*, obra que sem dúvida deu uma importante contribuição para erigir o edifício. Porém, mais importante do que a contribuição daquele brilhante escocês foi a do irlandês de origem hispânica Richard Cantillon que, como vimos no capítulo III, foi quem primeiro apresentou a economia de forma sistematizada, quarenta e seis anos antes da publicação de *A Riqueza das Nações*, em seu brilhantíssimo *Essai sur la nature du commerce en général*, escrito por volta de 1730 e publicado na França em 1755.

Cantillon – e, lembrando o que escreveu Jesús Huerta de Soto e que reproduzimos no início deste capítulo –, talvez exatamente por ter sangue espanhol, foi um importante protoaustríaco.

No caso da Escola Austríaca, a pedra fundamental foi colocada na obra pelo "pedreiro" Carl Menger, considerado por todos, com justiça, como o seu fundador. No entanto, Menger não colocou essa pedra no vazio; ele a cimentou sobre outras muito importantes que foram colocadas por muitos de seus antecessores.

Cada geração de protoaustríacos que se seguia, assim, desde os primeiros pós-escolásticos até Hermann Heinrich Gossen e Gustave De Molinari, foi se encarregando, a um ritmo às vezes *presto*, às vezes *rallentando*, ditado pelo tempo e pelas circunstâncias determinadas pelo grande sistema que Ortega y Gasset chamou simplesmente de *História*.

Neste capítulo, acreditamos ter mostrado que Jaime Luciano Antonio Balmes y Urpiá ou, simplesmente, Jaime Balmes, foi um desses antecessores imediatos, juntamente com Hermann Heinrich Gossen[123].

## 6 - Referências Bibliográficas

BALMES, Jaime. *El Protestantismo Comparado con el Catolicismo: En Sus Relaciones con la Civilización Europea*. Barcelona: Imprenta de Antonio Brusi, 1849.

BALMES Jaime. "Verdadera idea del valor o reflexiones sobre el origin, naturaleza y variedad de los precios". In: *Obra Completas*, vol. 5, Madrid, BAC, 1949.

"Biografia de Jaime Balmes". In: http://www.biografias.es/famosos/jaime-balmes.html *Catholic Encyclopedia; Jaime Luciano Balmes*. In: http://www.newadvent.org/cathen/02224b.htm

CHAFUEN, Alejandro A. *Roman Catholic Authors and the Free Society*: *Jaime Balmes (1810-1848)*. In: http://www.chafuen.com/catholiceconomicsxixcentury/jaime-balmes

DE SOTO, Jesús H. "A Escola Austríaca, IMB-Causa Liberal (trad. de André Azevedo Alves para a Causa Liberal)", cap. 3, disponível em: http://www.mises.org.br/EbookChapter.aspx?id=218

"Diccionario Enciclopédico Hispano-Americano. Balmes y Urpiá (Jaime)". In: http://www.e-torredebabel.com/Enciclopedia-Hispano-Americana/V3/Jaime-Balmes-biografia-D-E-H-A.htm

GRICE-HUTCHSON, Marjorie. *The School of Salamanca: Readings in Spanish Monetary Theory, 1544-1605* (Oxford: Clarendon Press, 1952)

GRICE-HUTCHSON, Marjorie. *Economic Thought in Spain: Essays of Marjorie Grice-Hutchinson*, Laurence Moss e Christopher Ryan, eds. (Cheltenham, U.K.: Edward Elgar, 1993).

---

[123] Que será estudado no capítulo seguinte.

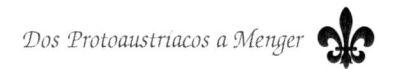

IGUAL, Vicente. "Jaume Balmes: Entre el Ayer y el Hoy". Espíritu. Vol. LX, No. 142 (2011): 181-201. Cit. p. 184.

NÚÑEZ I ESPALLARGAS, Josep M. "La Cultura Matemàtica en L'Obra de Jaume Balmes". AUSA. Vol. XVI (1995): 267-276.

ROTHBARD, Murray N. "An Austrian Perspective on the History of Economic Thought" – Volume I: *Economic Thought Before Adam Smith*. Auburn: Ludwig von Mises Institute, 2006.

Wikipédia. Jaime Balmes. Disponível em: <http://es.wikipedia.org/wiki/Jaime_Balmes>.

WORLD "HERITAGE ENCYCLOPEDIA". Jaume Balmes. Disponível em: <http://www.gutenberg.us/articles/jaume_balmes>.

# Capítulo X

## Hermann Heinrich Gossen (1810-1858)

## 1 - Introdução

O prussiano Hermann Heinrich Gossen (1810-1858) não foi propriamente um protoaustríaco, a não ser no sentido de que é frequentemente considerado como o primeiro a elaborar uma teoria geral da utilidade marginal, em 1854. O que não é pouco. Mas também não corresponde inteiramente à verdade, porque, embora por um método diferente do que o seu, o catalão Jaime Balmes lograra chegar à mesma descoberta dez anos antes, em 1844.

O livro de Gossen, *Die Entwickelung der Gesetze des menschlichen Verkehrs* [*Desenvolvimento das Leis de Trocas entre os Homens*] foi publicado em 1854, em Brunswick. Nele, o autor, sem qualquer modéstia, afirmava que era o resultado de 20 anos de meditação, e representava, para a sociedade humana, o que Nicolau Copérnico (1473-1543) havia feito na fundação das leis físicas do universo. Atribuiu a confusão que existia na doutrina econômica à ausência de tratamento matemático, já que, segundo sua visão, "lidar cientificamente com as forças complicadas requer o uso da matemática". Mas sugeriu que, enquanto não fosse possível medir quantidades absolutas de satisfação, as comparações poderiam ser feitas por princípios geométricos, e assim as medidas de quantidades desconhecidas poderiam ser estabelecidas, tal como as distâncias eram calculadas em astronomia. Pode-se dizer que seu livro é uma tentativa de colocar a economia numa base exata, matemática. Por essa razão, Gossen é considerado por muitos como o fundador da Economia Matemática. Pouco austríaco, não?

*Die Entwickelung*, um volume com 277 páginas, foi organizado em duas partes, a primeira dedicada à teoria pura e a segunda à teoria aplicada. Permaneceu desconhecido até 1879, quando foi redescoberto por Jevons. Gossen, atacado pela tuberculose, morreu em 1858, extremamente decepcionado e certo de que suas ideias, que considerava, com razão, de alto valor, jamais fariam seu nome tornar-se famoso.

Sua filosofia é essencialmente utilitarista e hedonista. Mas seu grande objetivo é o de contribuir para uma soma maior de felicidade humana. Gossen desenvolveu uma lei de diminuição da quantidade de satisfação ou utilidade, fazendo uso de figuras geométricas comuns, com coordenadas, abscissas e curvas. A partir desta lei, ele deriva os seguintes princípios, conhecidos como Leis de Gossen:

*(1) Existe uma forma de apreciar cada satisfação, principalmente dependente da frequência de acordo com a qual a soma de satisfação do homem atinja um máximo. Se for atingido este máximo, a soma de satisfação será diminuída por uma repetição mais frequente, bem como por uma menor frequência;*

*(2) A utilidade é, pelo menos, fracamente quantificada, o que importa que, em estado de equilíbrio, o agente vai alocar os gastos de forma que a relação entre a utilidade marginal e o preço (custo marginal de aquisição) seja igual em todos os bens e serviços;*

*(3) Existe a possibilidade de aumentar a soma das satisfações da vida, mesmo sob as condições atuais, quando uma nova satisfação, por menor que seja, é descoberta, ou quando uma já conhecida é prorrogada.*

De acordo com Gossen, as coisas têm valor na proporção em que proporcionam satisfações, utilidades ou prazeres. Nesta base, os produtos podem ser divididos em três classes: em primeiro lugar, aqueles que têm todas as propriedades para prover satisfações ou rendimentos, ou seja, os bens de consumo – ou *genussmittel*, como ele os chamava. Em seguida vêm "bens da segunda classe", aqueles em que falta a união de todas as propriedades para o gozo completo, como, por exemplo, tubos e fornos e outros bens complementares. Finalmente, os bens de produção, como terra, máquinas etc, que têm um valor indireto, devido à sua capacidade de produzir bens das outras classes (ele desenvolve uma teoria da imputação). Reparem que isto nos remete, embora um tanto remotamente, à teoria *mengeriana das ordens dos bens*.

O que acabamos de escrever nos permite observar que esse desconhecido economista alemão antecipou muito do desenvolvimento recente na teoria econômica. O lado subjetivo do valor é enfatizado por ele; a ideia da utilidade marginal na determinação do valor, também; e esta é posta em correlação com a margem da *desutilidade*. Sua classificação dos bens em diferentes ordens ou classes é sugestiva, como observamos, do pensamento de Menger; não bastasse, contribui para o desenvolvimento de métodos matemáticos de apresentação. Talvez a falta de elegância, de modéstia e de clareza na exposição possa ser responsável por certo descaso que alimentaram por ele. As principais críticas a Gossen costumam ser dirigidas à ausência de um sistema de apresentação e a um fracasso para lidar adequadamente com a questão dos preços de mercado.

## 2 - Biografia de Gossen

Hermann Heinrich Gossen nasceu em Duren, na Renânia, em 7 de setembro de 1810, e morreu em Colônia, em 13 de fevereiro de 1858. Publicou apenas uma obra – *Die Entwickelung der Gesetze des menschlichen Verkehrs, und der daraus fließenden Regeln für menschliches Handeln* [*O desenvolvimento das leis das relações humanas e as consequentes regras da ação humana*], em 1854 – em que desenvolve, com a ajuda da matemática, uma teoria abrangente do cálculo hedonista. Nesse trabalho, Gossen postulou pela primeira vez – antecipando Menger, Jevons e Walras – o princípio da utilidade marginal decrescente, e a partir deste derivou o seguinte teorema: para maximizar a utilidade, uma determinada quantidade de um bem deve ser dividida entre os diferentes usos, de tal maneira que as utilidades marginais em relação aos preços de cada bem sejam iguais em todos os usos. Na literatura continental o postulado é normalmente referido, como observamos, como a Primeira Lei de Gossen, e o teorema, como sua Segunda Lei.

Gossen estudou em Bonn e até 1847 foi funcionário do governo da Prússia, como seu pai, Georg Joseph Gossen (1780-1847). Após se retirar do serviço público, trabalhou até a morte vendendo apólices de seguro de vida.

Antes de Gossen, uma série de teóricos – incluindo Gabriel Cramer (1704-1752), Daniel Bernoulli (1700-1782), William Forster Lloyd (1794-1852), Nassau William Senior (1790-1864) e Jules Dupuit (1804-1866) – tinham empregado ou afirmado a importância da noção de utilidade marginal. Mas Cramer, Bernoulli e Dupuit se concentraram em problemas específicos, Lloyd não apresentou qualquer aplicação, e Senior, embora efetivamente tenha tentado desenvolver a teoria de forma mais abrangente, o fez em uma linguagem que tornou obscuras, para a maioria dos leitores, as aplicações da teoria.

O livro de Gossen desenvolveu muito explicitamente as implicações teóricas gerais de uma teoria da utilidade marginal, de tal modo que William Stanley Jevons (um dos preceptores da revolução marginalista) mais tarde escreveu: "É bastante evidente que Gossen me antecipou completamente no que diz respeito aos princípios gerais e métodos da teoria econômica. Até onde eu pude perceber, o tratamento da teoria fundamental é ainda mais geral e completo do que o que eu fui capaz de fazer".

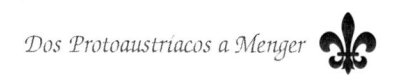

A despeito de sua importância, o livro *Die Entwickelung* não teve uma boa recepção. Primeiramente, porque a Escola Histórica, ocupava uma posição dominante na Alemanha. Mas também devido a seu estilo rigorosamente matemático, que outros economistas de sua época não entendiam ou não apreciavam[124]. Embora o próprio autor tenha declarado seu trabalho comparável ao de Copérnico[125], os demais não concordaram com essa comparação. Com isso, a maior parte das cópias do livro não foram vendidas e foram, subsequentemente, destruídas.

Gossen permaneceu quase desconhecido até sua morte, em 1848, e assim por muitos anos, até que Jevons o reabilitasse, em 1879, reconhecendo o valor de sua obra. Mas seu nome aparece até hoje sem maior destaque, inclusive nos livros sobre história do pensamento econômico, o que é certamente uma injustiça.

## 3 - O Pensamento de Gossen

Hayek, na "Introdução" aos *Princípios de Economia Política*, de Menger, pondera:

> As doutrinas da Escola Clássica haviam presumivelmente caído em tal descrédito que, aos interessados em problemas teóricos, já não

---

[124] SANDELIN, Bo et al. "A Short History of Economic Thought". London and New York: Routledge, 2014. Cit. p. 45-46
[125] SUNTUM, Ulrich van. "The Invisible Hand: Economic Thought Yesterday and Today". Berlin: Springer-Verlag, 2005. Cit. p. 28.

*serviriam de possível base para inovações. Nas obras dos autores alemães de Economia Política da primeira metade do século XIX existiam, no entanto, pontos de partida que possibilitavam nova evolução. Mas um dos motivos pelos quais a Escola Clássica jamais lograra criar raízes na Alemanha era o seguinte: os autores alemães de Economia Política sempre tiveram consciência da existência de certas contradições inerentes a toda teoria sobre o valor dos custos ou sobre o valor do trabalho. Partindo talvez das obras de Galiani e de outros autores franceses e italianos do século XVIII, conservara-se na Alemanha uma tradição que recusava separar totalmente o valor da utilidade. Do início do século XIX até os anos 50 e 60, uma série de autores – entre os quais Hermann talvez fosse o de maior destaque e influência (e Gossen, um pleno sucesso, permanecesse totalmente ignorado) – tentaram combinar o conceito de utilidade com o de escassez, para esclarecer o conceito de valor. Assim chegavam, frequentemente, bem perto da solução encontrada por Menger. O grande débito da obra de Menger seria, pois, para com essas especulações, que para os economistas políticos ingleses da época, voltados mais para a prática, forçosamente pareceriam fugas inúteis para o campo da Filosofia. Um exame das notas explicativas de rodapé encontradas nos Princípios da Economia Política, de Menger, ou um exame do índice de autores anexo à presente edição de sua obra, revela o conhecimento extraordinariamente profundo que Menger possuía desses autores alemães, franceses e italianos, e quão ínfima é, em comparação, a influência dos clássicos ingleses sobre ele.*

É curioso que Menger não tenha feito nenhuma menção ao nome de Gossen em seu famoso livro, uma vez que Hayek sugere que Menger havia superado os outros dois cofundadores da teoria da utilidade marginal no que diz respeito à profundidade de seu conhecimento da bibliografia especializada – um conhecimento tão vasto que, pela reduzida idade do autor por ocasião da redação dos *Princípios*, só poderia ser esperado de um apaixonado colecionador de livros, estimulado por Roscher, exemplo da erudição universal.

E assim prossegue Hayek:

*Nele [Menger] existem, todavia, surpreendentes lacunas no índice de autores citados, o que explica basicamente a diferença de ponto de partida de sua pesquisa, em relação aos de Jevons e Walras. É significativo que Menger, na época em que escreveu os Princípios de Economia Política, obviamente não conhecia os trabalhos de Cournot, autor no qual parecem basear-se, direta ou indiretamente, os demais fundadores da Economia Política moderna, Walras, Marshall e possivelmente também Jevons. Ainda mais surpreendente é, porém, que Menger nessa época obviamente ainda não conhecia a obra de Thünen, com a qual certamente estaria em profunda sintonia. Se, pois, por um lado se pode dizer que Menger trabalhou em circunstâncias manifestamente favoráveis à elaboração de uma análise teórica da utilidade, por outro, é inegável que, para elaborar uma teoria moderna sobre o preço, ele não dispunha da base firme e sólida com que puderam contar seus colegas, a influência de Cournot, à qual se acresce ainda, no caso de Walras. A influência de Dupuit, e no caso de Marshall, a de Thünen.*

E segue com uma dúvida instigante:

*Seria interessante procurar imaginar qual teria sido a evolução do pensamento de Menger, se ele tivesse travado conhecimento com os citados fundadores da análise matemática. É notável que, enquanto saibamos, em parte alguma tenha feito qualquer observação sobre o valor da Matemática como instrumento para a teoria econômica, embora se possa presumir que não lhe faltassem conhecimento técnico nem pendor para essa ciência. Pelo contrário, é incontestável seu interesse pelas ciências naturais, e sua obra toda evidencia forte predileção pelo método dessas ciências. Também o interesse de seus irmãos, nomeadamente Anton, pela Matemática e o fato de seu filho Karl ter-se tornado um matemático de renome, indicam a existência de um pendor para a Matemática na família Menger. Mas, embora chegasse a conhecer, mais tarde, os trabalhos de Jevons e de Walras, bem como os de seus compatrícios Auspitz e Lieben, Menger e seus escritos sobre as questões de método nem mesmo levam em consideração o método matemático. Devemos concluir daí que, para ele, a utilidade da Matemática é duvidosa?*

E, na nota 2, página 215, ele afirma que não era surpresa que Menger não tenha conhecido seu antecessor prussiano, Gossen.

No entanto, em outra nota, na mesma introdução, assim escreveu Hayek, a respeito do livro de Maffeo Pantaleoni, *Princípios de Economia Pura*:

*Uma observação injusta na edição italiana, acusando Menger de plágio de Cournot, Gossen, Jennings e Jevons, foi eliminada na edição inglesa, e Pantaleoni depois fez as pazes com a edição, com um prefácio de sua autoria em uma tradução italiana do Grundsätze, cf. C. Menger, Principii fondamentali di economia pura, Ímola, 1909 (publicado pela primeira vez como um suplemento do Giornale degli Economisti, em 1906 e 1907, sem o prefácio de Pantaleoni). O prefácio também é reimpresso na tradução inglesa da segunda edição do Grundsätze, que foi publicada em Bari, 1925.*

E, na página 318, Hayek menciona novamente Gossen:

*Outro exemplo, talvez menos importante, mas significativo, do receio que Menger tinha de resumir explicações em uma só fórmula já aparece quando fala da intensidade decrescente da necessidade individual com o aumento do atendimento da necessidade. Esse fato psicológico que, sob o nome de 'lei de Gossen sobre o atendimento das necessidades', mais tarde passou a ocupar lugar supervalorizado dentro da teoria do valor, foi elogiado pelo próprio Wieser como sendo a principal descoberta de Menger. No sistema de Menger, no entanto, ocupa lugar mais adequado e menos importante – o de ser apenas um dos fatores capazes de nos pôr em condições de ordenar diferentes sensações individuais de necessidade, segundo seu grau de importância.*

Como é notório, no início da década de 1870, William Stanley Jevons, Carl Menger e Leon Walras, trabalhando separadamente, reintroduziram a teoria da utilidade marginal. Durante as discussões sobre qual dos três foi o primeiro a formular a teoria, um colega de Jevons descobriu uma cópia do *Die Entwicklung*. No entanto, a descoberta (em 1878) veio muitos anos depois de os três principais nomes da *revolução marginalista* terem publicado os seus livros e, sendo assim, as diferenças significativas com as contribuições originais de Gossen foram ignoradas.

Gossen foi superado em dez anos por Jaime Balmes, como o pioneiro no desenvolvimento da teoria subjetiva do valor com base no princípio marginal; como já escrevemos, seu trabalho foi negligenciado durante sua vida e ele morreu amargurado, depois de ter retirado do mercado as cópias não vendidas de seu livro. Seu trabalho foi brevemente mencionado em um livro de história do pensamento econômico publicado no ano de sua morte e, mais favoravelmente, em 1870, na segunda edição de um livro sobre o problema do trabalho de F. A. Lange, o famoso historiador do materialismo. Jevons, ao ler o livro de Gossen, afirmou:

> *Estou, portanto, na posição infeliz de sentir que o maior número de pessoas não tenha compreendido a teoria [da utilidade marginal] e, de resto, descobrir que ela não é nova, mas encontrou conforto para acrescentar que a teoria em questão tenha sido de fato independente e descoberta três ou quatro vezes mais, e deve, portanto, ser verdadeira.*

Em seguida, Jevons falou a Walras da antecipação pioneira de Gossen. Ambos reconheceram publicamente a prioridade de Gossen e se esforçaram para salvar seu trabalho do esquecimento; Jevons, no prefácio à segunda edição de sua *Teoria da Economia Política* (1879), e Walras, em um artigo no *Journal des économistes*, em 1885. Walras ainda preparou uma tradução francesa do livro de Gossen, que jamais foi publicada. Muito mais tarde, apareceu uma tradução em italiano.

Nessa discussão, devemos notar um fato bastante significativo: apesar de Hayek ter colocado o nome de Gossen seis vezes na introdução ao livro de Menger, o autor de *Grundsätze* não é mencionado sequer uma única vez, tanto por Menger quanto por Rothbard, em seu volumoso texto *An Austrian Perspective on the History of Economic Thought*. A meu ver, Menger provavelmente não conhecia o livro de Gossen, mas Rothbard pode ter desdenhado de sua importância.

Spiegel sugere que Gossen, católico, via seu trabalho com o fervor messiânico do fundador de uma nova religião: as leis da ciência eram o dogma; o cálculo hedonista, o princípio moral; a instrução nas leis da ciência era o culto; as experiências, os sacramentos; e os cientistas, os sacerdotes. Alguns pensamentos de Gossen ecoam os de Bentham, Saint-Simon e Comte, mas como Gossen não os citou, é incerto se, ou até que ponto, ele se sentia em dívida para com esses autores. Traduções para o alemão de duas obras jurídicas de Bentham tinham aparecido na década de 1830, e uma delas tinha sido publicada em Colônia, onde Gossen passou muitos anos de sua vida. Ele pode ter sido influenciado pela filosofia hedonista de Bentham, mas o tratamento matemático foi a característica do seu trabalho, como provavelmente foi sua a elaboração do princípio da utilidade marginal decrescente. Houve, como já apontamos anteriormente, outros economistas anteriores que intuíram a teoria subjetiva do valor e o princípio marginal, como Gabriel Cramer, Daniel Bernoulli, William Forster Lloyd, Nassau William Senior e Jules Dupuit, mas nenhum deles logrou desenvolver a teoria como Gossen o fez.

Como ainda notou Spiegel, em matéria de economia política, o individualismo acentuado de Gossen levou-o a um ponto de vista modificado de *laissez-faire*. Tudo o que existe, sustentou, por si só deve criar os meios para promover a existência; caso contrário, não merece continuar a existir. Nesta base, ele rejeitou o apoio do governo à religião, à arte e à ciência. O alívio do Estado aos pobres deveria ser realizado sob a forma de empréstimos: um sistema geral de empréstimos do governo deveria ser estabelecido para que todos pudessem tirar o máximo proveito das suas oportunidades. A propriedade privada deveria ser protegida e livre de restrições que dificultam a iniciativa individual, mas a terra deveria ser nacionalizada (comprada pelo governo) e depois leiloada pela melhor oferta, na forma de um contrato de locação, para facilitar o seu uso mais produtivo.

Ainda de acordo com Spiegel, não é difícil saber porque a obra de Gossen foi quase completamente negligenciada por praticamente um quarto de século: o autor era praticamente desconhecido no meio acadêmico. A formação original de Gossen foi em Direito e, posteriormente, ingressou no serviço público da Prússia. Após ficar um tempo no cargo, abandonou o posto e decidiu empreender no ramo dos seguros. Publicou seu livro com a expectativa de obter reconhecimento, porém optou por um título exagerado e pretensioso: *Desenvolvimento das Leis de Relações Humanas e do Regulamento de Ação Humana delas Derivadas*. Ademais, empregou um estilo acentuadamente pesado. Sua excessiva autoestima levou-o a comparar-se, logo no início do livro, com a obra revolucionária de Copérnico. Afirmou, ainda, que seu sistema de pensamento, caso adotado, seria capaz de criar um paraíso na terra. Como era de se esperar, os representantes da Escola Histórica, que na época começavam a dominar o cenário acadêmico, consideraram as ideias de Gossen absurdas.

Além disso – acentua Spiegel – "o livro de Gossen é repleto de diagramas, fórmulas e ilustrações matemáticas longas". É importante observar que, aproximadamente cinquenta anos após a sua publicação, outro economista, Alfred Marshall, sob circunstâncias muito mais simpáticas ao emprego de métodos e rigor matemático na economia, ainda considerava aconselhável tomar um grande cuidado com o recurso ao tratamento matemático, por ser praticamente impalatável para boa parte dos leitores. Dessa maneira, se o livro de Gossen logrou despertar alguma simpatia, isso deveu-se mais a sua postura belicosa contra comunistas e socialistas e também porque a teoria subjetiva do valor poderia ser utilizada como uma poderosa arma contra a fundamentação das propostas socialistas na economia. Os economistas históricos alemães, por sua vez, tinham à disposição outras maneiras de lidar com as ideias socialistas. Assim, muitas décadas depois da publicação do livro de Gossen, ainda estavam mais inclinados a depreciá-lo ao invés de aproveitar suas ideias para enriquecer o arsenal do novo ramo austríaco da teoria do valor. A rejeição das ideias de Gossen foi tamanha que até mesmo os austríacos só começaram a prestar atenção a ele a partir de 1889.

Spiegel também realiza outra observação significativa: na época do nascimento de Gossen, a Renânia ainda era uma parte componente da França sob Napoleão, e seu pai trabalhava para o governo. Assim, o pensamento de Gossen era considerado como sendo fundamentalmente não alemão – o que levou seus compatriotas a responderem com frieza e mesmo desgosto a seu hedonismo e utilitarismo, bem como à sua fundamentação nas ideias do direito natural. Não foi, portanto, por mero acaso que suas ideias tenham sido reconhecidas apenas tardiamente e por estrangeiros.

## 3.1 - As "Leis de Gossen"

Gossen algumas vezes é mencionado em textos de História do Pensamento Econômico, sucintamente, como o autor de três "leis", as chamadas "Leis de Gossen", resumidas nos três postulados seguintes:

- **Primeira lei:** a utilidade marginal é decrescente, ou seja, diminui em todos os intervalos relevantes para a tomada de decisões à medida que unidades sucessivas de um bem ou serviço vão sendo consumidas.
- **Segunda lei:** pressupõe que um agente está em "equilíbrio" quando aloca os gastos de forma que a relação entre a utilidade marginal e o preço (custo marginal de aquisição) é igual em todos os

bens e serviços. Gossen expressou essa lei matematicamente: sendo $U$ a utilidade total, $q_i$ a quantidade consumida do bem ou serviço, $i$, $P_i$ o preço desse bem ou serviço, $Ux_i$ a utilidade marginal de $i$ e $Ux_j$ a utilidade marginal de $j$, então:

$$(Ux_i/P_i) = (Ux_j/P_j), \text{ (quaisquer que sejam i e j)}$$

Ao leitor não iniciado em cálculo diferencial, creio que cabe esclarecer que $Ux_i$, ou seja, a utilidade marginal do bem $i$, é definida como sendo a variação causada na utilidade total que resulta do consumo de uma unidade adicional (marginal) do bem ou serviço $i$ e que isto pode ser representado como a derivada parcial da utilidade total em relação a $i$. E, ainda, para que se possa afirmar que a utilidade marginal seja decrescente, devemos admitir – algo bastante indigesto para os austríacos! – que a "função utilidade" seja contínua, diferenciável em todos os seus pontos e, adicionalmente, que possua derivadas de segunda ordem e que estas sejam negativas. Portanto, a linguagem matemática pode ser válida para descrever simbolicamente ou simplificar, mas não pode representar a ação humana no mundo real, que é caracterizada pela subjetividade.

• **Terceira lei:** a escassez é pré-condição para o valor econômico de um bem ou serviço.

O princípio da utilidade marginal decrescente significa que, com o aumento da quantidade consumida de um bem ou serviço, o valor de cada unidade adicional (átomo) sofre uma diminuição contínua, até que chegue a zero. Assim, os produtos que produzem apenas uma utilidade têm seu consumo limitado pelo tempo ou o número de unidades consumidas. Para um conjunto de bens, se os meios e poderes dos agentes não são suficientes para produzir todos os meios possíveis de satisfação, o homem deve produzir cada bem de tal forma que a última unidade de cada um tenha valor igual para ele.

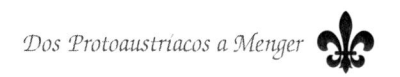

Mas, o que dizer quanto aos custos? Gossen indica a esse respeito que "Diferentes produtos requerem diferentes graus de esforços para a sua produção e o valor das coisas produzidas deste modo, naturalmente, é reduzido no mesmo grau com a estimativa da dificuldade, como tal".

Segue-se que, a fim de se obter um máximo de satisfação, os homens têm que dividir o seu tempo e energia gastos para obter satisfações diferentes, de modo que a última unidade de qualquer satisfação (ou utilidade) seja igual à quantidade de dificuldade ou desutilidade que seria causada se aquela unidade fosse produzida no último momento de esforço, isto é, na margem da desutilidade.

Adicionalmente, Gossen não deixa vontades ou desejos soltos e faz algumas análises quanto a diferenças de elasticidades etc. Ele distingue "necessidades" (*bedürfnisse*) de luxo ou desejos de prazer, a primeira sendo aquela que não pode ser "fortificada" (ele usa este termo), ou seja, erigida sem trazer economia em outras satisfações; e observa alguns dos resultados que decorrem do fato de que os homens diferem em seu poder de compra.

## 4 - Gossen como Protoaustríaco

Parece não haver dúvidas quanto ao fato de que Hermann Heinrich Gossen foi o segundo economista que desenvolveu uma teoria plena da demanda, fundamentada no princípio da utilidade marginal. No entanto, isto é suficiente para caracterizá-lo como um protoaustríaco? A pergunta é pertinente, pois, dos três economistas que ficaram com os louros de fundadores do marginalismo – a saber, Menger, Jevons e Walras –, apenas o primeiro foi um austríaco autêntico.

Em termos técnicos, o livro de Gossen é uma peça como as de Dupuit, Jevons, Walras, e, em menor medida, Menger. No entanto, mais do que ninguém, com a possível exceção de Jevons, sua teoria econômica parece estar enraizada em uma tentativa de expressar o hedonismo de Jeremy Bentham em linguagem matemática. Com efeito, Gossen via a economia como a teoria do prazer e da dor, ou, mais especificamente, de como as pessoas, como indivíduos e como grupos, podem obter o máximo de prazer com o mínimo de esforço doloroso. Ele insistiu que o tratamento matemático era a única maneira correta para lidar com as relações econômicas e aplicar este método para determinar máximos e mínimos.

Assim sendo, diante dessas dúvidas, creio que podemos classificar Gossen como um *protoaustríaco híbrido*, com alguns genótipos compatíveis com a tradição de Viena e outros herdados diretamente das tradições inglesa, francesa e alemã. Entre os primeiros, acredito que possamos listar:

## 4.1 - A falta de confiança no Estado

Como vimos, Gossen rejeitou o apoio do governo à religião, à arte e à ciência, e enfatizou que a ajuda do Estado aos pobres seria melhor realizada sob a forma de empréstimos, propondo um sistema geral de empréstimos públicos para que todos pudessem tirar o máximo proveito das suas oportunidades, de acordo com sua capacidade, habilidade, inteligência e disposição para o trabalho.

## 4.2 - A defesa da propriedade privada

Gossen sustentava que a propriedade privada era fundamental e deveria ser protegida e desamarrada de quaisquer restrições que dificultassem a iniciativa individual. E, mesmo que defendesse que a terra deveria ser nacionalizada, completava dizendo que ela deveria ser comprada pelo Estado e depois leiloada, estabelecendo-se contratos de locação para facilitar o seu uso mais produtivo.

Ou seja, ao Estado caberia comprar terrenos privados a baixos preços para recuperar mais tarde o seu investimento devido ao crescimento das rendas. De acordo com Hayek, a ideia de Gossen foi uma verdadeira novidade na Alemanha do seu tempo, pois nunca antes alguém tinha proposto um plano semelhante de nacionalização da terra; porém, como o livro passou despercebido, o seu impacto foi insignificante.

## 4.3 - O esboço da teoria austríaca do capital

Para Gossen, o valor dos bens e serviços é derivado de sua capacidade de proporcionar satisfações, utilidades ou prazeres. Sendo assim, os bens e serviços podem ser divididos em três classes: (1) aqueles que possuem todas as propriedades para proporcionar satisfações ou gerar rendimentos, ou seja, os bens de consumo, ou *genussmittel*; (2) os "bens de segunda classe", que carecem de atributos capazes de proporcionar o gozo completo, como, por exemplo, martelos, tubos e fornos e outros bens complementares; e (3) os bens de produção, como terra, máquinas etc., que têm um valor indireto, devido à sua capacidade de produzir bens de outras classes mediante imputação. Trata-se, como vemos, de uma antecipação, embora rudimentar, da teoria *mengeriana* das *ordens* dos bens.

## 4.4 - Subjetivismo e utilidade marginal

Gossen não subestimou os aspectos subjetivos da determinação do valor. Pelo contrário, mesmo adotando métodos matemáticos, foi pioneiro em desenvolver uma teoria subjetiva do valor com base nos princípios marginais. Creio que esta foi sua maior contribuição para a ciência econômica.

Acredito que esses quatro temas que acabei de listar sejam suficientes para me permitirem incluir o nome de Gossen na galeria dos protoaustríacos, embora, como ressaltei, de uma natureza miscigenada. Por isso, achei conveniente incluí-lo neste livro, até mesmo para que seu nome possa ser mais conhecido – ou menos desconhecido.

## 5 - Conclusões

Filosoficamente, Gossen foi um utilitário e um liberal clássico, isto é, ele se opôs à intervenção do Estado, especialmente nos casos em que a iniciativa individual e a livre competição fossem suficientes como princípios norteadores da ordem econômica. Hoje em dia, talvez fosse classificado como um defensor do *estado mínimo*, ou *minarquista*.

É evidente, portanto, que Gossen, a rigor, não pode ser considerado um austríaco *puro-sangue*. Mas também é inegável que, no único livro que escreveu, tenha conseguido contribuir com bastante sucesso para a teoria econômica em sua época. E que tenha antecipado – juntamente com Balmes – a solução de Menger, Jevons e Walras para o nó górdio que vinha atormentando os estudiosos de economia desde o tempo de Santo Tomás de Aquino: a resposta à pergunta sobre o que determina o valor das coisas.

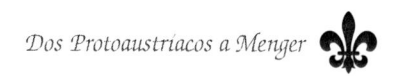

Não encontramos qualquer referência à importante pergunta: Gossen conhecia o artigo de Balmes? Provavelmente não, porque Balmes escreveu em outro idioma – o espanhol – e também para um público diferente.

Outro exemplo da contribuição de Gossen é sua análise do trabalho: o trabalho proporciona satisfação, porém indiretamente, pela renda que as horas trabalhadas permitem auferir, mas é acompanhado pela desutilidade devida à exigência de esforços. Segue-se que temos que trabalhar até o ponto em que a satisfação proporcionada pela renda do trabalho seja igual à desutilidade marginal do trabalho. Outra demonstração de sua criatividade pode ser encontrada na análise das trocas: para Gossen, os envolvidos nas trocas ganham utilidade até o ponto em que, para cada um, as utilidades marginais dos bens trocados se igualem, sendo que a troca continua enquanto a utilidade marginal do bem ou serviço demandado seja maior do que a do bem ofertado.

Eis, portanto, Gossen, nosso *protoaustríaco híbrido*.

## 6 - Referências Bibliográficas

"HANS HERMANN GOSSEN". In: *Economic Theories. History of economic theory and tought* (http://www.economictheories.org/2009/10/hermann-heinrich-gossen.html)

HAYEK, Friedrich A. "Herman Heinrich Gossen". In: *Encyclopaedia of the Social Sciences.* Volume 7, p. 3. Macmillan. Nova York.

JEVONS, William S. *The Theory of Political Economy*, Prefácio da segunda edição 1879.

MENGER, Carl. *Princípios de Economia Política.* Introdução de F. A. Hayek. Abril Cultural. 1983.

PANTALEONI, Maffeo. "Pure Economics". New York: Kelley & Millman, 1957, p. 28 e seguintes.

ROTHBARD, Murray N. "An Austrian Perspective on the History of Economic Thought" – Volume I: *Economic Thought Before Adam Smith Classical Economics*. Auburn: Ludwig von Mises Institute, 2006.

SANDELIN, Bo; TRAUTWEIN, Hans-Michael & WUNDRAK, Richard. *A Short History of Economic Thought*. London and New York: Routledge, 2014.

SPIEGEL, Henry W. "Gossen, Hermann Heinrich". *International Encyclopedia of the Social Sciences.* 1968. In: http://www.encyclopedia.com/topic/Hermann_Heinrich_Gossen.aspx

SUNTUM, Ulrich van. *The Invisible Hand: Economic Thought Yesterday and Today*. Berlin: Springer-Verlag, 2005.

WALRAS, Léon. "Walras on Gossen". In: *Henry W. Spiegel (editor), The Development of Economic Thought.* New York: Wiley. 1952 p. 470-488. Publicado originalmente em *Journal des économistes.*

# Capítulo XI

## Gustave De Molinari (1819-1912)

## 1 - Introdução

Este capítulo é sobre a obra daquele que é considerado o primeiro defensor explícito do anarcocapitalismo ou anarquismo de mercado, o economista e teórico social belga do século XIX, Gustave de Molinari.

Quando abrimos a página do Molinari Institute encontramos uma significativa citação de Thomas Paine, extraída de *The Rights of Man*, de 1792:

> *Grande parte dessa ordem que reina entre os homens não é o efeito do governo. Tem a sua origem nos princípios da sociedade e da constituição natural do homem. Ela existia antes do governo e existiria se a formalidade do governo fosse abolida. A dependência mútua e interesse recíproco que o homem tem sobre o homem e todas as partes da comunidade civilizada sobre o outro, criam essa grande cadeia de ligação que se mantém unida. O proprietário de terras, o agricultor, o fabricante, o comerciante, o homem de negócios – todos prosperam com a ajuda que uns recebem dos outros. O interesse comum regula as suas preocupações e forma a sua lei; e as leis que o uso comum decreta têm uma influência maior do que as leis do governo. Em suma, a sociedade realiza para si quase tudo o que é atribuído ao governo.*

Rothbard, no capítulo 14 de seu livro sobre a história do pensamento econômico, observa que, dentre todos os principais economistas libertários de língua francesa de meados e final do século XIX, o mais proeminente e inusitado foi Gustave de Molinari (1819-1912).

Nascido em Liège, filho de um médico belga e "barão que tinha sido um oficial do exército napoleônico", Molinari passou a maior parte de sua vida na França, onde se tornou um autor e editor prolífico e incansável, sempre apoiando o puro *laissez-faire*, a paz internacional e manifestando oposição determinada e intransigente a todas as formas de estatismo, controle governamental e militarismo. Em contraste com o utilitarismo britânico *soft-core* sobre políticas públicas, Molinari foi um campeão inabalável da liberdade e da lei natural.

Relata Rothbard que, ao chegar a Paris, centro cultural e político do mundo de língua francesa, com a idade de 21 anos, em 1840, Molinari juntou-se à Société d'Économie Politique, desde sua criação. Em 1842, tornou-se o secretário da Associação Bastiat para o livre comércio e quando se formou em Paris, em 1846, logo passou a ser um dos editores da revista da associação, *Libre-échange*. A partir de então, começou a publicar intensamente na imprensa voltada para o livre comércio e o livre mercado, tornando-se editor do *Journal des économistes*, em 1847. Publicou o seu primeiro de muitos livros, *Études Economiques: sur l'organisation de la liberté industrielle et la abolição de l'esclavage* [Estudos econômicos: sobre a organização da liberdade industrial e da abolição da escravatura], em 1846.

## 2 - Biografia de Molinari

Gustave de Molinari (1819-1912) nasceu no Reino Unido dos Países Baixos, neto de um napolitano – como seu sobrenome sugere –, sempre esteve fortemente associado com economistas adeptos do *laissez-faire*, como o grande ícone da liberdade, Frédéric Bastiat.

Sobre sua infância e adolescência há poucas informações, a não ser as relativas ao seu gosto pelas Letras. Com efeito, para muitos jovens europeus da época, Paris era um centro artístico e cultural essencial. Assim, em 1840, aos 21 anos, ele deixou sua família e seu país para se instalar na capital francesa. Sua fisionomia comum, seu tamanho mediano, sua miopia e sua audição sofrível foram compensados – ouso dizer, mais do que compensados – por uma energia inesgotável e também por uma cabeleira abundante e estendida, bem como por um bigode em total conformidade aos padrões exigidos na época imperial. Seu projeto mais desejado, o de ser jornalista e direcionar sua atividade para o campo da economia, em breve tomou forma, provavelmente devido, em primeiro lugar, à sua capacidade de persuasão e à sua incansável e ousada "pena", que o mantém, ainda hoje, como um mestre da língua francesa, tal sua precisão de expressão, seu respeito à gramática, seu zelo pelo significado das frases e pela clareza da redação. Molinari defendeu em toda a sua obra a paz, o livre comércio, a liberdade de expressão, a livre associação – inclusive a dos sindicatos –, todas as liberdades negativas (ou seja, "liberdade de") e foi inimigo ferrenho da escravidão, do colonialismo, do mercantilismo, do protecionismo, do imperialismo, do nacionalismo, do corporativismo, da intervenção econômica e dos controles do Estado sobre as artes e a educação; em suma, de tudo o que restringia da liberdade. Viveu em Paris nos anos de 1840, onde ingressou na Free Trade League [Liga de Livre Comércio], animado por Bastiat, que o admirava tanto a ponto de, em seu leito de morte, em 1850, ter dito que Molinari seria o continuador de seu trabalho.

Em 1849, imediatamente após a revolução do ano anterior, Molinari publicou dois trabalhos: *De la Production de la Sécurité* [Da Produção de Segurança] e *Les soirées de la rue Saint-Lazare* [As noites da rua São Lázaro], descrevendo como o livre mercado de justiça e proteção privados poderiam vantajosamente substituir o Estado. Nesta obra, defendeu o livre mercado e a propriedade privada na forma de um diálogo entre um economista de livre mercado, um conservador e um socialista. Ele estendeu as ideias antiestatistas radicais apresentadas anteriormente no primeiro trabalho citado em um artigo ainda mais controverso, também sob o título *De la Production de la Sécurité,* no *Onzième Soirée,* publicado em outubro do mesmo ano no *Journal des économistes,* em que argumentou que as empresas privadas tais como as de segurança poderiam fornecer serviços de polícia e até mesmo de segurança nacional de forma mais barata, mais eficiente e mais defensável moralmente do que poderia realizar o Estado.

Em *Les Soirées* ele escreveu:

*O monopólio do governo não é melhor do que qualquer outro. Qualquer governo prestará um serviço ruim e caro quando não tiver competição a temer, quando os governados forem privados do direito de livremente escolher outros governos. Conceda a um dono de mercearia o exclusivo direito de suprir uma vizinhança, evite que os habitantes dessa vizinhança comprem bens de qualquer outra mercearia dentro ou fora da região, e você verá quão detestável o privilegiado comerciante será e que preços praticará! Você verá as despesas dos infelizes consumidores crescerem junto com a arrogância do merceeiro. Bem, o que é verdadeiro para os serviços mais humildes não é menos verdadeiro para os mais importantes. O monopólio do governo não é diferente do monopólio do nosso merceeiro. A produção de segurança inevitavelmente torna-se cara e ruim quando organizada em condições de monopólio. É o monopólio da segurança a principal causa das guerras que têm assolado a humanidade.*

E, ainda:

*Sob um regime de liberdade, a organização natural da indústria de segurança não seria diferente daquela das outras indústrias. Em distritos pequenos, um único empreendedor seria suficiente. Esse empreendedor poderia deixar o negócio para seu filho ou vendê-lo para outro empreendedor. Em distritos maiores, uma companhia por si mesma acumularia recursos para adequadamente exercer essa importante e difícil empresa. Se fosse bem gerenciada, essa companhia poderia facilmente perdurar e a segurança perduraria junto com ela. Na indústria de segurança, como na maioria dos outros ramos de produção, este último modo de organização provavelmente substituiria o primeiro, no final. Por um lado, isso seria uma monarquia, por outro, uma república; mas seria uma monarquia sem monopólio e uma república sem comunismo.*

No prefácio da tradução para o inglês de *De la Production de la Sécurité*, Murray Rothbard considerou essa obra como a primeira apresentação na história humana do que ficou depois conhecido como *anarcocapitalismo*, apesar de saber que Molinari não usou a terminologia e que provavelmente teria recusado o termo. O economista austríaco Hans-Hermann Hoppe, nascido na Alemanha e principal mentor do anarcocapitalismo atual, por sua vez, afirmou que o artigo é provavelmente a mais importante contribuição à moderna teoria do anarcocapitalismo.

Nos anos de 1850, Molinari viu-se obrigado a refugiar-se na Bélgica, para escapar das ameaças do imperador Napoleão III, só retornando a Paris por volta de 1860, indo então trabalhar no influente *Le Journal des Debats*, que editou de 1871 a 1876. Foi também editor do *Journal des Économistes*, famosa publicação da Sociedade de Economia Política Francesa, de 1881 a 1909. Em seu livro de 1899, *La société de demain* [A Sociedade de amanhã], propôs um sistema federativo de segurança coletiva e reiterou seu apoio à competição entre agências privadas de defesa. Em *Les Soirées de la rue Saint-Lazare*, como já vimos anteriormente, alargou suas ideias antiestatistas expostas no *Onzième Soirée*.

Molinari, sem dúvida, foi o principal representante da escola de *laissez-faire* do liberalismo clássico na França na segunda metade do século XIX, e ainda estava em plena campanha contra os espectros protecionistas, estatistas, militaristas, colonialistas e socialistas aos 90 anos, na antessala da Primeira Guerra Mundial. Como afirmou pouco antes de sua morte, seus pontos de vista liberais clássicos tinham permanecido os mesmos em toda a sua longa vida, mas o mundo em torno dele tinha conseguido girar completamente o círculo no mesmo período.

Como observa Hart, durante a década de 1850 ele contribuiu com uma série de artigos importantes sobre livre comércio, paz, colonização e escravidão no *Dictionnaire de l' économie politique* (1852-1853), antes de ir para o exílio em sua Bélgica natal para escapar do regime autoritário de Napoleão III. Tornou-se então professor de Economia Política no Musée de l' industrie royale belge e publicou um tratado significativo, *Cours d' économie politique*[126], além de uma série de artigos criticando a educação estatal. Na década de 1860, retornou a Paris para trabalhar no *Journal des Debats*, tornando-se seu editor de 1871 a 1876. Entre 1878 e 1883, publicou em série dois de seus trabalhos históricos mais significativos no *Journal des économistes* e, em seguida, *L'Évolution économique*

---

[126] DE MOLINARI, G. *Cours d'Économie Politique.* Paris: A. Lacroix, Verboeckhoven et Cie, 1863.

*du dix-neuvieme siècle: théorie du progres* (1880) e *L'Évolution politique et la révolution* (1884), obras de síntese histórica que tentaram mostrar como o mercado livre e a sociedade industrial moderna surgiram a partir de sociedades em que a exploração de classes e privilégios econômicos predominavam, e qual teria sido o papel desempenhado pela Revolução Francesa nesse processo.

Nos 19 anos anteriores à sua morte (de 1893 a 1912), Molinari publicou incansavelmente numerosos trabalhos atacando o ressurgimento do protecionismo, do imperialismo, do militarismo e do socialismo, que ele acreditava que iriam dificultar o desenvolvimento econômico, restringir severamente a liberdade individual e, finalmente, levariam à guerra e à revolução. As obras principais deste período de sua vida são *Grandeur et decadence de la guerre* (1898*), Esquisse de l'organisation politique et économique de la société future* (1899), *Les Problèmes du XX e siècle* (1901), *Théorie de l'évolution: Économie de l'histoire* (1908), e seu último trabalho, apropriadamente intitulado de *Ultima verba: mon dernier ouvrage* [Última palavra: minha obra derradeira], publicado em 1911, quando ele tinha 92 anos de idade.

Depois dessa longa e produtiva vida de lutas pela liberdade, faleceu em Paris, com quase 93 anos, e seu túmulo está no cemitério Père Lachaise. Sua morte, naturalmente, enfraqueceu bastante o movimento liberal clássico na França. Apenas alguns membros da "velha escola" mantiveram-se ensinando e escrevendo – o economista Yves Guyot e o ativista antiguerra Frédéric Passy, que sobreviveram até a década de 20. Os postos acadêmicos e editoriais das principais revistas caíram em mãos dos "novos liberais" ou socialistas, o que desmantelou o liberalismo *laissez-faire* do século XIX. Para o mal de todos na França e no mundo.

## 3 - O Pensamento de Gustave de Molinari

O legado de Gustave de Molinari, retomado muitos anos depois, especialmente por Rothbard (que o cita quatro vezes em seu *For a new liberty*, além de ter prefaciado o *De la production de la securitè*) e por Hans-Hermann Hoppe em *Uma Teoria sobre Capitalismo e Socialismo*, pode ser denominado de *anarquismo de mercado* – ou, se preferirem, *anarcocapitalismo* – uma doutrina que sustenta que as funções legislativas, judiciárias e de proteção, sempre injustas e ineficientes quando monopolizadas coercitivamente pelo Estado, devem ser totalmente entregues às forças voluntárias e consensuais da sociedade de mercado, vale dizer: a iniciativa privada.

Seu retorno à Bélgica após o período criativo que viveu foi propício ao direcionamento de sua vida acadêmica e profissional em três vertentes: a primeira, a continuação de suas atividades jornalísticas, colaborando regularmente com os economistas do jornal belga *The Economist*, em 1855.

A segunda, seu aprofundamento, em várias obras, de conceitos-chave, tais como: as regras naturais de organização do mercado, os meios dos trabalhadores para atuarem no mercado de trabalho (bolsas de estudo), as áreas de "não-mercado" como religião, educação etc., e o lugar e o papel do governo.

E a terceira, o ensino: durante aquele período, além de jornalista e redator, lecionou economia no Museu Real da Indústria, em Bruxelas e no Instituto Superior de Comércio, da Antuérpia. Esse período, semelhante em alguns aspectos a um "deserto", foi essencial, porque permitiu a Molinari viver experiências fortes, aprofundar o seu pensamento e desenvolver-se intelectualmente. Sempre e prioritariamente preocupado com a compreensão e explicação de suas ideias, nunca hesitou em levar a lógica aos seus limites extremos, a fim de identificar as molas mestras e tirar as lições necessárias.

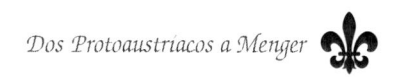

O método científico conferiu à sua mente uma disposição radical, o que provavelmente explica sua inclusão na lista dos "ultras", um pensador movido por uma busca constante de rigor e abrangência para identificar formas de trabalhar indiscutíveis. Este período transitório, rico em realizações, encerrou-se em 1860, quando ele embarcou mais uma vez no trem a caminho de Paris.

O aprofundamento de seu pensamento continuou no *Journal des Économistes*, do qual – conforme visto anteriormente – tornou-se editor-chefe, em 1881. Colaborou também com o *Journal des Débats* e escreveu vários livros. Toda a sua abordagem é construída em torno da ideia básica da verdadeira liberdade do indivíduo e um equilíbrio natural de forças entre capital e trabalho. Lúcido e não propenso a idealismos pueris, sempre desconfiou de todos os excessos que permitem a detenção do capital pelo Estado e dos riscos inerentes à coletivização e dominação dos indivíduos pelo Estado. Isso o levou a se opor aos socialistas e comunistas e a todas as ideias liberticidas, bem como à política de Napoleão III, que não permitia a necessária liberdade de expressão e ação. Sua lógica era completa, da qual fluía naturalmente o primado do indivíduo sobre o Estado como única garantia de uma liberdade real e duradoura.

Em um mundo em rápida mudança, sua coerência rigorosa foi alvo de críticas e acerbamente combatida. Com base nos fatos, Molinari continuou sua reflexão e ação defendendo, sempre ardentemente, três pontos considerados essenciais para o desenvolvimento harmonioso das relações entre os indivíduos: a liberdade de expressão – em que, como o antiliberal Voltaire, defendia que todas as opiniões devem ser expressas, cujo benefício seria o progresso da ciência em todas as áreas; o direito de associação dos trabalhadores – porque, para ele, a possibilidade de associação de indivíduos é um requisito fundamental para o equilíbrio das sociedades e, neste contexto, a liberdade dos trabalhadores, confrontados com o poder do capital, seria de particular importância, sendo esta a razão pela qual ele criticou a posição restritiva de Napoleão III sobre este ponto; e, por fim, a necessidade de formar indivíduos – porque a liberdade de expressar-se plenamente não seria a seu ver suficiente para garantir o progresso, pois antes seria necessário que os indivíduos fossem educados gradualmente, para, deste modo, serem capacitados a tomarem as decisões de seus próprios assuntos, livremente.

Essas análises levaram natural e logicamente Molinari a desenvolver sua obra em direção à concessão de bolsas de estudos para trabalhadores e à necessidade absoluta de moralidade no campo econômico.

Percebeu que o "estado de guerra" é a base para a privação de liberdade dos indivíduos em favor do Estado, e defendeu alianças coletivas e sistemas de defesa para eliminar gradualmente tal alienação.

As análises de Molinari, sempre vibrantes, atraentes e rigorosas, não foram valorizadas com justiça e equilíbrio no momento de seu desenvolvimento. Podem ser apresentadas várias razões para tentar entender esse fato. Em uma situação econômica extremamente difícil, em que os falsos diagnósticos socialistas vicejavam como tiririca em gramados, o fato de não tomar "o lado" dos trabalhadores "contra" os capitalistas era bastante impopular (e, até hoje, ainda é um artifício usado largamente por socialistas e demagogos de todos os matizes); embora sua análise primasse pela lógica e coerência, a abolição total do Estado tinha pouca chance de ser admitida, dada a crença cega de que a entidade suprema – o Leviatã – é aceita passivamente como sendo sempre consistente – embora por razões muitas vezes opostas ao que representa na realidade –, como um remédio ou referência final e essencial para o bem-estar humano.

Então, tal como agora, muitos podem até aparentarem estar convencidos, conceitualmente, da necessidade do livre comércio, porém, ontem e hoje, quando pensam em viver essa liberdade na prática, ela ainda é temida como um grande risco para os "mais fracos" e, portanto, considerada equivocadamente como "liberdade para o mais forte".

A relevância das demonstrações de Molinari não implicava, necessariamente, em seu sucesso, pois falar de uma liberdade total dos indivíduos e do equilíbrio natural que se seguiria dela poderia parecer, na melhor das hipóteses, uma bela "aposta" e, na pior, uma utopia. Por outro lado, a coerção que o Estado representa – por definição – pode ser menos atraente, mas é entendida erroneamente como asseguradora de garantias reais. O ser humano, muitas vezes, age como galinhas que defendem raposas.

Ciente de ter levado sua análise até o fim, como convém a qualquer análise científica, Molinari soube medir a distância que o separava das pessoas do seu tempo, fossem donos do capital ou trabalhadores; consumidores ou produtores. Por isso, em seus últimos anos, ele aceitou alterar alguns de seus princípios gerais: especialmente no campo econômico, ele concordou em mudar sua visão do Estado e aparentemente reconheceu a necessidade de um Estado policial, mas continuou a negar qualquer papel estatal na produção de bens e serviços. Alguns libertários de hoje condenam Molinari por esse que teria sido um "recuo" em suas convicções libertárias, mas tal crítica é um tanto exagerada e descabida à luz dos fatos históricos, que não podem e não devem ser negligenciados; na verdade, Molinari, cercado de intervencionistas por todos os lados, e vendo as ideias socialistas crescerem, simplesmente – esta é a minha suposição – optou por algo do tipo: "dos males o menor", tendo em vista o furacão socialista-comunista que varria o mundo acadêmico em seus últimos anos de vida. Para mim – e dentro da perspectiva histórica de Skinner, que vimos no "Proêmio" deste livro – Gustave de Molinari nunca deixou de ser um libertário de mercado ou anarcocapitalista.

Molinari assim inicia o "Prefácio" de *Soirées*:

*A sociedade – diziam os economistas do século XVIII – é organizada sob a égide das leis da natureza; essas leis têm como essência a justiça e a utilidade. Quando não reconhecidas, a sociedade sofre; quando plenamente atendidas, a sociedade tem a abundância máxima e a justiça reinando nas relações dos homens.*

E prossegue:

*Essas leis providenciais são hoje respeitadas ou ignoradas? Os sofrimentos das massas têm sua origem nas leis econômicas que governam a sociedade ou em barreiras feitas contra a ação benéfica dessas leis? Essa é a pergunta que os eventos têm levantado. A esta pergunta, as escolas socialistas respondem às vezes negando que o mundo econômico é, como o mundo físico, governado por leis naturais; às vezes, dizendo que essas leis são imperfeitas ou viciosas, e que os males da sociedade são provenientes de suas deficiências ou de seus vícios. Os mais tímidos concluem que há necessidade de mudanças; e os mais ousados acreditam que se deve abandonar uma organização radicalmente ruim e substituí-la por uma nova organização.*

Em seguida, enfatiza que a base sobre a qual repousa todo o edifício da sociedade é a propriedade e que os socialistas, portanto, esforçam-se para manchar ou destruir o princípio da propriedade. Mas que, por outro lado, embora os conservadores defendam a propriedade, eles o fazem erroneamente. E diagnostica:

> *Os conservadores são naturalmente favoráveis ao status quo; eles acham que o mundo é bom tal como é e apavoram-se com a ideia de mudanças. Em consequência, sondam as profundezas da sociedade, com o temor provocado pela crença de que uma reforma nas instituições existentes exigiria sofrimento. Por outro lado, eles não gostam de teorias e têm pouca fé em princípios. Não são suas características, as discussões sobre a propriedade; eles parecem temer a iluminação para este princípio sagrado. Seguindo o exemplo de cristãos ignorantes e selvagens que preferiam ignorar os hereges em vez de refutá-los, eles invocam a lei, em detrimento da ciência, de causar as aberrações do socialismo.*

Segue Molinari afirmando que a heresia socialista exige outro tipo de refutação, e a propriedade privada, outro tipo de defesa:

> *Reconhecendo, como todos os economistas, a propriedade como base da organização natural da sociedade, eu pesquisei se o mal denunciado pelos socialistas, e que ninguém, salvo se for cego ou tiver má-fé deve negar, vem da propriedade ou não. O resultado dos meus estudos e minha pesquisa foi a de que o sofrimento da sociedade, longe de ter a sua origem no princípio da apropriação, pelo contrário, não é provocado direta ou indiretamente por este princípio. Daí eu concluí que a solução do problema da melhoria da condição da classe trabalhadora se encontra na posse definitiva da propriedade.*

Com a clareza e firmeza habituais em seus escritos, Molinari afirma que, já que o princípio da propriedade serve como base da organização natural da sociedade e como esse princípio sempre tem sido atacado e desconsiderado, então os males de que é acusado provocar não têm fundamento; e como, finalmente, institucionalizar a restauração da propriedade é benéfico para a organização natural da sociedade, uma organização equitativa e eficaz em sua essência. Esta é a substância desses diálogos.

E, com humildade, reconhece que sua tese não é nova, pois muitos economistas já haviam defendido a propriedade, e que a economia política nada mais é que a demonstração de leis naturais com base na propriedade. Quesnay, Turgot, Adam Smith, Malthus, Ricardo e Say passaram suas vidas observando essas leis, demonstrando-as aos seus discípulos McCulloch, Senior, Wilson, Dunoyer, Michel Chevalier, Bastiat, Joseph Garnier, entre outros. Ele modestamente afirmava que não fazia mais do que seguir o caminho que seus antecessores demarcaram.

E assim, finaliza seu prefácio ao *Soirées*:

> *Talvez porque eu estivesse muito longe, e por força de querer me manter no caminho certo da política, eu não poderia evitar o abismo das quimeras e utopias; mas isso não importa! Tenho convicção profunda de que a verdade econômica se encontra abaixo destas quimeras e utopias aparentes; estou profundamente convencido de que a posse completa, a propriedade absoluta por si só pode salvar a sociedade, realizando todas as esperanças nobres e generosas de justiça e humanidade.*

Já em seu prefácio para *Notions fondamentales d'Économie politique et programme économique*, ele escreve:

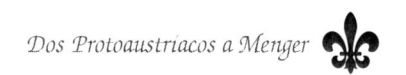

*O progresso de qualquer tipo tem aumentado, desde um século, o poder produtivo do homem e provocado um enorme aumento na riqueza. Mas se os resultados da produção de bens que proporcionam bem-estar são prejudicados pelo emprego improdutivo ou prejudicial, ou que a distribuição é viciada, é manifesto que a condição de maior número de produtores não melhorou [o bem-estar] em proporção ao aumento da produção. Esse sofrimento e descontentamento é que dá origem ao que é chamado de 'questão social'.*

Argumenta em seguida, antecipando as teses a serem expostas no livro, que os socialistas pecam porque se prendem às causas aparentes desses males, sem que deem a necessária atenção ao organismo complicado da sociedade e das leis que governam a produção, a distribuição e o consumo de suas forças vitais, bem como das causas profundas que agem de forma a perturbar suas funções e a provocar suas doenças, e, convencidos por eles mesmos de que o gênio pode dispensar a ciência, eles inventaram os remédios para a cura dos males sociais mais estapafúrdios, tais como a abolição do trabalho assalariado, a subordinação do capital ao trabalho, a nacionalização da terra, a abolição da propriedade individual etc. (Aqui podemos notar claramente a influência que Molinari recebeu do pensamento de Bastiat). Aduz que os economistas poderiam, obviamente, lutar com grande vantagem contra concorrentes com tão pouca bagagem, sem constrangimento. E que bastaria reportá-los há menos de um século de observação assídua dos fenômenos na vida das sociedades, para descobrir as leis que a governam, e com base no conhecimento do assunto fazê-los enxergar os remédios aplicáveis aos males que apontam. Em seguida, resume o conteúdo do livro:

445

> *Tentamos, neste livro, resumir os fundamentos da ciência que foi o produto deste trabalho já secular e mostrar como as leis naturais que governam em todos os tempos as sociedades e determinam seu progresso, bem como a ignorância ou desprezo a essas leis foi e não deixou de ser a fonte dos males que afligem a espécie humana. Nós, então, formulamos em seguida um 'programa econômico', destacando os dados da ciência e adaptando-o às condições atuais de existência das sociedades, mas sem pretender que tenha a virtude de curar, de forma instantânea, de todos os males da humanidade.*

Adverte que, a esse respeito, seu "programa econômico" difere essencialmente dos programas socialistas. Primeiro, porque envolve não só a reforma do Estado, mas implica o governo dos indivíduos por eles próprios. E, em segundo, porque não exige nenhuma conquista do poder e apenas se oferece para aqueles que se comprometem a alcançar uma satisfação puramente moral. É por esse motivo que Molinari afirma que tem o prazer de afirmar que "somos voluntários" em discordar com as "tendências atuais dos espíritos", e não nos iludimos de que teremos a chance de conquistar a opinião pública a não ser após o fracasso das experiências dos programas de justiça socialistas. Admite apenas uma recompensa platônica suficiente para estimular o zelo de seus adeptos, que é friamente recebida pelas classes conservadoras e pelo povo. Para as classes conservadoras, tudo deve continuar como está; conservadores têm repugnância pelas possíveis reformas. Já o povo dá preferência às "farmácias" onde se promete cura imediata e radical de seus males, sem exigir esforços de sua parte.

Que palavras atuais! Vendedores embusteiros de remédios milagrosos, como o elixir da felicidade total socialista, sempre existiram.

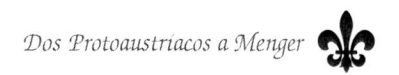

Em *La societé future*[127] escreve o economista a respeito dos motivos da ação humana:

> *O homem é um organismo composto por forças físicas, intelectuais e morais vitais. Este tema e essas forças, que formam o indivíduo e as espécies, só podem ser preservados e desenvolvidos pela assimilação, ou, para usar o termo econômico, o consumo de materiais e forças naturais. Sem o consumo, sua vitalidade é definitivamente extinta. Mas o desperdício e a extinção de vitalidade causam dor e sofrimento, e é o estímulo da dor e do sofrimento que impele o homem a adquirir os materiais necessários para o desenvolvimento e preservação de sua vida. Todos estes materiais estão presentes em seu ambiente, no ar etc., e a natureza lhe dá um pequeno número de bens livres de custos. Mas, com exceção desta minoria, eles devem ser descobertos, adquiridos e adaptados para fins de consumo. O homem deve ser um produtor.*

Mas o homem é também sujeito a novas necessidades inerentes ao seu ambiente. Ele deve defender a vida e os meios que a suportam contra os ataques de vários espoliadores e agentes de destruição. E os riscos a que se expõe para isso implicam mais dor e, portanto, mais resistência.

É para atender a essa necessidade – sustentação dupla e autodefesa – que o homem trabalha para produzir as coisas necessárias ao consumo e para neutralizar ou destruir os agentes ou elementos que ameaçam a sua segurança. Portanto, o trabalho implica desperdício de força vital e, consequentemente, maior resistência e dor. A

---

[127] Ver a tradução em inglês: DE MOLINARI, G. *The Society of Tomorrow*. New York: G. P. Putnam's Sons, 1904.

humanidade está, então, subordinada ao prazer e alegria que derivam do consumo de bens que suportam a vida e prestam os serviços que a protegem. (Eis aqui um esboço do princípio austríaco da *preferência temporal*). Mas sempre, como há essa questão de consumo ou de autodefesa, o prazer dessas ações é "comprado" com uma dor. É uma troca e, como em qualquer outra troca, pode resultar em lucro ou perda. É rentável quando a soma da vitalidade, adquirida ou preservada, excede a quantidade de força vital gasta na tarefa. O produto pode ser concreto ou um serviço, mas é sempre sujeito aos custos de produção, que são inseparáveis de todas as despesas exigidas pelo esforço.

Em seguida:

> *O excesso de custos sobre receitas significa, por outro lado, perdas, de tal forma que o homem só é estimulado a trabalhar quando espera que suas receitas ou ganhos irão exceder seus esforços e despesas, que o prazer irá superar a dor. E o grau de estímulo varia naturalmente com os montantes envolvidos e a taxa de lucro esperada; o motivo principal da atividade humana, não menos do que a de todas as outras criaturas, é, portanto, a esperança de lucro. Este motivo, ou potência do motor, tem sido chamado de juros.*

## 4 - Molinari como Protoaustríaco

Gustave de Molinari foi o primeiro anarcocapitalista ou anarquista de mercado. E isso não pode ser deixado de levar em conta ao ressaltarmos suas características austríacas. Sem dúvida, foi um austríaco, na medida em que valorizou o indivíduo perante o Estado, o mercado livre perante os controles e obstruções dos burocratas, a liberdade de comércio, o pacifismo e muitas outras posições comungadas pelos austríacos atuais.

Por essa razão – a de ter sido o primeiro anarcocapitalista – pareceu-nos mais conveniente mencionar suas facetas austríacas expondo esses aspectos de sua obra, em lugar de separá-las por tópicos, como fizemos em todos os capítulos anteriores.

Assim sendo, que tal começarmos pesquisando, embora resumidamente, o que pensam dele os anarcocapitalistas mais reconhecidos da atualidade?

Rothbard, em *For a New Liberty* sustenta que Gustave de Molinari foi o primeiro dentre os economistas da história a advogar um mercado livre de segurança e proteção. Sustentou que poderiam existir, eventualmente, diversas agências de polícias privadas nas cidades, e uma agência privada em cada área rural.

E Hans-Hermann Hoppe escreveu em *Uma Teoria sobre Socialismo e Capitalismo*:

> *Se o que tem sido explanado no capítulo precedente com relação ao funcionamento de uma economia de mercado é verdade, e se os monopólios são completamente inofensivos aos consumidores enquanto estes tiverem o direito de boicotá-los e livremente entrarem no mercado eles mesmos como concorrentes, então se deve chegar à conclusão de que tanto por razões econômicas ou morais, a produção de todos os bens e serviços deveria ser deixada para a iniciativa privada. Em particular, segue-se que mesmo a produção da lei e da ordem, justiça e paz – aquelas coisas que somos levados a pensar que são as mais prováveis candidatas a serem bens providos pelo Estado [...] – deveriam ser fornecidas pela mão privada, por um mercado competitivo. Esta é certamente a conclusão de G. de Molinari, um renomado economista belga, formulada já em 1849 –*

um tempo em que o liberalismo clássico era ainda a força ideológica dominante, e "economista" e "socialista" eram geralmente (e também corretamente) considerados termos antônimos.

Essa brilhante afirmativa de Hoppe parece ter sido corroborada um século antes por Molinari, quando escreveu, em *Da produção de segurança*, que:

> [...] se o consumidor não é livre para contratar a segurança com quem ele deseja, imediatamente vê-se aberta uma ampla profissão dedicada à arbitrariedade e ao mau gerenciamento. A Justiça torna-se lenta e custosa, a polícia vexaminosa, a liberdade individual não é mais respeitada, o preço da segurança é abusivamente inflado e injustamente repartido, de acordo com o poder e influência desta ou daquela classe de consumidores.

Voltando ao mais famoso dentre os anarcocapitalistas modernos, Murray Rothbard, vejamos o cerne da introdução que escreveu em 1977 para o livro *Da produção de segurança*[128]:

> O pensamento laissez-faire nunca foi tão dominante quanto entre os economistas franceses, a começar por J. B. Say, no começo do século XIX, passando pelos seguidores mais modernos de Say, Charles Comte e Charles Dunoyer, até os primeiros anos do século XX. Durante praticamente um século, os economistas laissez-faire controlaram a sociedade dos economistas profissionais, a Société d'Économie Politique, e a sua revista acadêmica, o *Journal des Économistes*, bem como muitas outras revistas e publicações universitárias. Ainda assim, poucos desses economistas tiveram as

---

[128] ROTHBARD, Murray N. "Prefácio". In: *MOLINARI, Gustave de. Da Produção de Segurança*. São Paulo: Instituto Ludwig von Mises Brasil, 2014. p. 7.

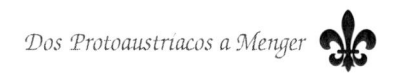

*suas obras traduzidas para o inglês, e quase nenhum é conhecido entre os professores americanos e ingleses — sendo a única exceção Frédéric Bastiat, que não é o mais intenso desses pensadores. Todo esse ilustre grupo permanece desconhecido e não estudado.*

E prossegue afirmando que o mais "extremista", consistente, prolífico e de vida mais longa foi Molinari. Rothbard chama a atenção para o fato de que, ao contrário dos pensadores individualistas e *semianarquistas* anteriores, como La Boétie, Hodgskin ou o jovem Fichte, Molinari não baseou seus argumentos em uma oposição moral ao Estado, apesar de ter sido um individualista completo, mas fundamentou-os na ciência econômica de livre mercado e formulou a importante questão: Se o livre mercado deve ofertar todos os outros bens e serviços, por que não também os serviços de segurança?

Rothbard ressalta que no mesmo ano de publicação de *Da produção de segurança* (1849), Molinari radicalizou sua teoria no conjunto de 11 diálogos conhecidos como *Les Soirées de la Rue Saint-Lazare*, em que mostrava três pontos de vista: um "conservador" (defensor de altos impostos e de privilégios monopolísticos estatais), um "socialista" e um "economista" (ele próprio). No diálogo final elabora mais profundamente a sua teoria de serviços de defesa de livre mercado. E, 40 anos depois, em seu *Les lois naturelles de l'économie politique*, de 1887, Molinari continuou defendendo firmemente as empresas de polícia, de serviços públicos e de defesa privadas em mercados competitivos. Mas observa, com tristeza, que: "Infelizmente, em sua única obra traduzida para o inglês, *La société future*, Molinari recuou parcialmente em sua posição, ao defender o estabelecimento de uma única agência privada monopolista de defesa e proteção ao invés da permissão da competição livre".

A respeito da utilização por Molinari da forma literária do diálogo em *Les Soirées*, Carlo Lottieri observa que tal expediente o coloca em uma tradição que inclui não só os textos clássicos de Platão, mas – o mais importante para nos referirmos a trabalhos mais recentes à época de Molinari, bem como à sua sensibilidade – várias obras da cultura francesa do século XVIII, como o *Dialogue du chapon et de la poulard*, de Voltaire, e o *Supplément au voyage de Bougainville*, de Denis Diderot. E o estilo *molinariano* é todo ele pedagógico e iluminista, no sentido de que tem como objetivo destacar o que a seus olhos parece perfeitamente racional e científico.

Em defesa de Molinari, a respeito de seu suposto recuo de posição expresso em *La société future*, podemos argumentar que, primeiramente, em 1904, as ideias socialistas já tinham avançado vertiginosamente em relação ao que representavam 40 anos antes; não bastasse, ele se via cada vez menos cercado por colegas defensores do livre mercado e mais rodeado por socialistas e intervencionistas; e, por fim, em 1904, ele já contava com 84 anos de idade, com vivência suficiente para saber que suas ideias eram demasiadamente avançadas para o seu tempo (como o são até os tempos atuais, diga-se de passagem). Assim, talvez tenha preferido um pássaro na mão (a agência privada monopolista de defesa e proteção) do que o bando de pássaros voando (a competição entre agências privadas) que sua lógica dizia ser superior. Prefiro poupá-lo, por essas razões, da acusação de que teria deixado de ser um autêntico anarcocapitalista.

*Voltando a Soirées*, como era de se esperar, aquela obra desencadeou enorme controvérsia entre os economistas franceses, inclusive entre os partidários do *laissez-faire*. Um encontro da Société d'Économie Politique em outubro de 1849 foi dedicado inteiramente a debater a nova e radical teoria de Molinari ali exposta, sob o título *Debates de 'Les Soirées' pela Société d'économie politique*. Estavam presentes à discussão Horace Say, como *chairman*, o próprio Gustave de Molinari, Charles Coquelin, Frédéric Bastiat, Marie-Louis-Pierre Félix Esquirou de Parieu (1815-1893), Louis Wolowski, Charles Dunoyer, Charles Augustin Sainte-Beuve, Salomon Lopès-Dubec (1808-1860), Denis Louis Rodet (1781-1852) e Claude-Marie Raudot (1801-1879)[129]. Charles Coquelin argumentou que a justiça necessita de uma "autoridade suprema" e que nenhuma competição poderia existir sem a autoridade suprema do Estado (um argumento em que muitos ainda creem hoje, mesmo alguns austríacos). Mesmo Bastiat, que sempre admirou Molinari, declarou que a justiça e a segurança só podem ser garantidas através da força e que a força só pode ser atributo de um "poder supremo": o Estado. Mas, segundo Rothbard expõe em seu livro de história do pensamento econômico, nenhum dos debatedores preocupou-se em criticar os argumentos de Molinari, talvez porque fossem avançados demais e chocassem, o que os fazia parecerem absurdos, atributos que os levaram a ser alvos de críticas desprovidas de argumentos, a ponto de muitos economistas defensores do *laissez-faire* terem posto de lado o que haviam demonstrado conhecer muito bem em todos os outros contextos não ligados ao debate sobre *Soirées*: que esse tal "poder supremo" nunca tinha provado ser garantidor da propriedade privada, no passado ou no presente (para não dizer nada do futuro).

Ainda para Rothbard, somente Charles Dunoyer fez isso, alegando que "Molinari havia se deixado levar pelas 'ilusões da lógica', e sustentando que a competição entre agências governamentais é quimérica, pois leva a batalhas violentas". E escreveu que:

---
[129] Ver *Journal des Economistes*, vol. XXIV (15 de outubro de 1849). p. 314-16.

> *Dunoyer preferia acreditar na 'competição' entre partidos políticos no contexto de um governo representativo – o que está longe de ser uma solução libertária satisfatória para o problema do conflito social! Ele também opinou que era mais prudente deixar a força nas mãos do Estado, 'onde a civilização a colocou' – isso veio de um dos maiores precursores da teoria da conquista do Estado [pelo indivíduo]!*

Lamentavelmente – conclui Rothbard em sua introdução – esse tema crucial (o da discussão verdadeiramente acadêmica da produção privada de segurança) foi deixado de lado e a disputa se concentrou em Dunoyer e os outros economistas criticando Molinari por ter ido longe demais com seus ataques a todos os tipos de domínio de que o Estado faz uso[130].

Gabriel Calzada, em brilhante artigo sobre Molinari, assim descreve aquele episódio:

> *A tese de Molinari foi tão longe que até seus colegas tiveram sérios problemas para digeri-la. Houve um debate realizado em 10 de outubro de 1849, na Société d' Économie Politique, em Paris, para discutir a proposta de Molinari de submeter o governo aos princípios do livre mercado, que definiu o modelo de defesa resultante como um em que algumas empresas de segurança operariam em um ambiente de livre competição, o que seria capaz de garantir a segurança de seus clientes. O círculo ilustre de Molinari: Coquelin, Bastiat, Parieu, Rodet, Wolowski, Dunoyer e Raudot rejeitou a ideia central de seu artigo mesmo sem refutar seus argumentos. Para eles, Molinari havia esquecido de que o Estado é um requisito para a liberdade individual*

---

[130] Aqui, Rothbard nos remete ao *Journal des Économistes*, XXIV (15 de outubro de 1849). p. 315-16. Ver também HART, David M. "Gustave de Molinari and the Anti-statist Liberal Tradition". *Journal of Libertarian Studies*, vol. V, no. 3 (Summer 1981): 263-290; vol. V, no. 4 (Fall 1981): 399-434; vol. VI, no. 1 (Winter 1982): 83-104.

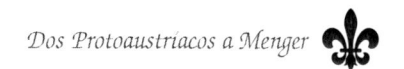

*e o livre mercado. Apenas Charles Dunoyer tentou justificar esse dogma, explicando que Molinari tinha se deixado levar por uma ilusão de lógica e que, na prática, o seu sistema era uma quimera que levaria a lutas violentas entre as diferentes empresas. Gustave de Molinari voltaria à mesma ideia no final desse mesmo ano, com a publicação de Les Soirées de la Rue Saint Lazare.*

No mesmo artigo, Calzada começa reconhecendo o valor do economista belga:

*Mencionar Gustave de Molinari e visualizar um defensor e inconfundível amante da liberdade natural deveria ser uma reação natural e quase automática de cada pessoa culta, hoje em dia. Não foi em vão que ele foi um dos indivíduos que com maior esforço intelectual, constância e fidelidade difundiram e fizeram avançar o ideário liberal. Apenas ele, dentre todos os grandes nomes da escola liberal francesa, Joseph Schumpeter apresenta ligado a um adjetivo em sua História do Pensamento Econômico. Um adjetivo que não poderia ser outro se não: infatigável.*

De fato, Molinari esbanjou uma repulsa notável à fadiga e ao derrotismo, característica que deixou clara em todos os campos em que foi envolvido, do ativismo de propaganda à pesquisa acadêmica, dos trabalhos editoriais aos administrativos, o que lhe granjeou a admiração tanto de amigos quanto de detratores. Mas observa Calzada, em conformidade com o que escrevemos linhas atrás: "No entanto, o véu que o socialismo francês implantou em sua memória o converteu em um autor relativamente desconhecido, mesmo entre os liberais contemporâneos".

Prossegue Calzada afirmando que o ano de 1849 entrou para a história do liberalismo graças a Molinari, pois naquele ano Paris sediou o II Congresso Internacional de Amigos da Paz, do qual participaram Frédéric Bastiat, Michel Chevalier, Charles Dunoyer, Horace Say, José Garnier e Gustave de Molinari, sendo que Joseph Garnier, então diretor do *Journal des Économistes*, foi escolhido como secretário. O grande Bastiat resumiu magistralmente a posição de toda a escola: a intervenção do Estado leva a revoluções e guerras e para que esses eventos sejam evitados o livre mercado precisa ser fortalecido e as Forças Armadas reduzidas ou eliminadas.

Evidentemente, a posição radical destes pacifistas liberais, com a possível exceção de Chevalier, foi classificada por muitos como ingênua, ultrapassando os limites do otimismo e do senso prático. A maioria pensava que o livre comércio e a redução do tamanho dos exércitos seriam medidas suficientes para acabar com as guerras. Seguindo essa linha, Bastiat exortou o auditório com as seguintes palavras: "Estejam em paz, porque seus interesses são harmoniosos, e o aparente antagonismo que muitas vezes coloca as armas em suas mãos é um erro vulgar".

Voltando a Rothbard, exceto com poucas exceções, mesmo os economistas liberais não conseguiram e ainda não conseguem lidar com a tese sobre a segurança de Molinari, criticando-o por supostamente ter avançado além do razoável em seus ataques a todo o uso do poder por parte do Estado.

Particularmente interessante foi o tratamento geral de "inconformista, rebelde e dissidente" atribuído a Molinari por seus colegas economistas libertários franceses. Entretanto, ele persistiu na defesa de seu ponto de vista anarcocapitalista por muitas décadas, como, por exemplo, em seu *Les lois naturelles de l'économie politique*, de 1887. Mas Molinari nunca foi tratado como um pária, um excluído, por suas ideias "heréticas". Pelo contrário, foi tratado como realmente era: um pensador que acreditava na lógica de seus próprios pontos de vista, mesmo que eles não fossem aceitos plenamente. Com a morte de Joseph Garnier, em 1881, Molinari tornou-se editor do *Journal des économistes*, cargo que ocupou até completar 90 anos, em 1909.

Esse respeito que Molinari recebia da parte de seus colegas pode ser exemplificado a partir de uma nota de rodapé de Joseph Garnier, o editor da revista, na introdução ao primeiro artigo revolucionário de Molinari, de 1849. Garnier observou:

> *Embora este artigo possa parecer utópico nas suas conclusões, acreditamos, no entanto, que devemos publicá-lo, a fim de atrair a atenção de economistas e jornalistas para uma questão que tem até agora sido tratada apenas de uma forma aleatória e desconexa, mas que deve, no entanto, nos nossos dias e nossa idade, ser abordada com maior precisão. Muitas pessoas exageram a natureza e as prerrogativas do Estado e o artigo se tornou útil para formular rigorosamente os limites fora dos quais a intervenção da autoridade se torna anárquica e tirânica, mais do que protetora e geradora de benefícios.*

Rothbard nos informa que, 55 anos mais tarde, com o aparecimento da primeira tradução para o inglês da obra de Molinari, o seu companheiro, economista e advogado do *laissez-faire*, Frédéric Passy (1822-1912), escreveu um comovente tributo a seu amigo e colega, em que mencionou sua "estima e admiração pelo caráter e talento do homem que é o decano dos nossos economistas liberais – dos homens com os quais, no entanto, ai de mim! poucos em número, eu tenho sido feliz em estar lado a lado durante mais de meio século". Passy afirma que estes princípios liberais tinham sido proclamados por Cobden, Gladstone e Bright, na Inglaterra, e por Turgot, Say, Chevalier e Bastiat, na França. Escreve ainda Passy:

> *E cresce ano a ano minha convicção cada vez mais forte de que, sem estes princípios, as sociedades do presente não teriam riqueza, paz, grandeza material ou dignidade moral. [...] Molinari tem mantido esses princípios desde a sua juventude, de sua Soirée de la Rue St. Lazare, durante a Revolução de 1848, a suas palestras e escritos, a sua editoria do Journal des économistes onde, mês a mês, a importante revista de que é editor-chefe os repete em novas aparências. [...] Finalmente, os livros de Molinari – anualmente, por assim dizer, surge mais um livro, sempre distinguido pela clareza de compreensão quanto pelo estilo literário admirável – saem para dar testemunho da constância de suas convicções, nada menos do que o vigor intacto de sua perspectiva mental e a serenidade viril de sua verde velhice.*

Também de acordo com Calzada, para muitos libertários contemporâneos a data de publicação de *Da produção de segurança* (15 de fevereiro de 1849) pode ser considerada como a do nascimento do anarcocapitalismo concebido como um conjunto coerente de ideias políticas e econômicas.

Entre o primeiro e o último de seus livros, Molinari não alterou nenhuma de suas posições, e em sua velhice foi tão radical como em sua juventude, com a vantagem de que, com o passar dos anos, seus argumentos ganhavam maior solidez e força. No entanto, o mundo, durante o tempo de sua vida, foi transformado de tal modo que se tornara quase irreconhecível. O destino, no entanto, poupou Molinari de assistir à concretização daquilo que ele sempre identificara como a consequência lógica do intervencionismo e do monopólio da segurança: guerras em larga escala e de terrível destruição. Sua morte, como sabemos, se deu em 28 de janeiro de 1912, quando estava prestes a completar 93 anos, tempo em que o mundo já estava no limiar da I Guerra Mundial.

Mas a ideia de Molinari acerca da eliminação do monopólio estatal sobre a segurança e mesmo da necessidade do Estado sobreviveu, embora aos trancos e barrancos, ao longo do século XX. Sua solução baseada em empresas de segurança concorrentes significou não só o início do *liberalismo anarquista*, mas, a criação de uma corrente que se dedicou a especificar como as companhias de segurança poderiam fornecer um seguro contra todos os tipos de agressões e ao mesmo tempo terem desempenho superior ao Estado, em termos de defesa. Essas são as principais diretrizes pelas quais as ideias de Molinari chegaram até nós, sustentadas por pensadores liberais ilustres, como Benjamin Tucker (1854-1939), Herbert Spencer (1820-1903), Morris Tannehill (1926-1988) Linda Tannehill, Murray N. Rothbard e Hans-Hermann Hoppe, entre outros.

No entanto, observemos que a privatização da segurança e da defesa é apenas uma das grandes e complicadas questões estudadas pelo economista belga. Como escreveu Gabriel Calzada no último parágrafo de seu artigo:

> *La pujanza del movimiento liberal a nivel mundial y el apadrinamiento de Molinari por estos grandes pensadores durante las últimas décadas hacen pensar que el siglo XXI podría ser el del redescubrimiento de nuestro personaje*[131].

---

[131] A pujança do movimento liberal em todo o mundo e o apadrinhamento de Molinari por esses grandes pensadores durante as últimas décadas fazem pensar que o século XXI poderá ser o do redescobrimento de nosso personagem.

Resumindo suas ideias, podemos dizer que sua contribuição singular foi a de nos afastar do falso pressuposto de Thomas Hobbes (1588-1679) de que de alguma forma o Estado é necessário para manter a sociedade livre do caos; que, pelo contrário, a sociedade livre é a fonte da ordem que decorre da própria liberdade individual; que não existe contradição, e nem mesmo tensão, entre liberdade e segurança; e o ensinamento de que, se a livre iniciativa funciona bem em um determinado setor da sociedade, ela não pode também deixar de funcionar bem nos outros setores.

Molinari era de fato radical, mas principalmente no sentido de que antecipou o desenvolvimento do pensamento libertário americano, um radical do capitalismo em todas as áreas da vida social, um campeão consistente da *sociedade de homens livres (nomos-cosmos)* a que aludiu Hayek. Talvez tenha havido um tempo em que as pessoas consideravam o monopólio do governo sobre a polícia e os tribunais como benignos e insubstituíveis, como partes do Estado "vigia noturno" defendido pelos liberais clássicos. Mas o desempenho do estado policial, bem como o do Estado do bem-estar, mostrou tantos defeitos e causou tantos problemas que atualmente, de maneira progressiva e ininterrupta, cada vez um número maior de pessoas se mostra mais propensa a entender que os serviços de "segurança" (sim, com aspas!) do Estado são uma das mais perigosas ameaças à liberdade que enfrentamos. Nesse sentido – fulmina Rothbard – "Molinari é o homem do momento".

Mais do que um protoaustríaco, portanto, Molinari pode em muitos aspectos ser considerado um *pós-austríaco*, ou um austríaco do século XXI – que viveu a maior parte de sua vida no século XIX.

## 4.1 - Molinari, Vilfredo Pareto e uma anedota

Parece-me interessante relatar o que escreve Rothbard em seu livro *An Austrian Perspective on the History of Economic Thought*[132]. Diz Rothbard:

> *Uma pessoa de destaque, porém raramente associada pelos estudiosos com a escola de laissez-faire de Bastiat-Ferrara, foi o eminente sociólogo e teórico econômico, Vilfredo Federico Damaso Pareto (1848-1923). Pareto nasceu em Paris de uma "família nobre genovesa" (seu pai era o Marquês Raffaelle Pareto, engenheiro hidráulico). O jovem Vilfredo estudou no Politécnico de Turim, onde obteve um diploma de pós-graduação em Engenharia, em 1869; sua tese de pós-graduação era sobre o princípio fundamental de equilíbrio em corpos sólidos. Tal tese o levou mais tarde, sob a influência de Léon Walras (1834-1910), à ideia de que o equilíbrio na mecânica é o paradigma adequado para a investigação sobre a economia e as ciências sociais. Após a formatura, Pareto tornou-se diretor do ramo em Florença da Roma Railway Cia., e, em poucos anos, chegou a diretor-gerente de uma fábrica de ferros e de produtos derivados de ferro em Florença.*

Vilfredo Pareto, um dos fundadores da Adam Smith Society na Itália, também concorreu, sem sucesso, ao Parlamento por duas vezes, durante o início da década de 1880. Fortemente influenciado por Molinari, seus escritos começaram a despertar a atenção do

---

[132] ROTHBARD, Murray. "Vilfredo Pareto: Pessimistic Follower of Molinari". In: ROTHBARD. *Classical Economics: An Austrian Perspective on the History of Economic Thought.* Op. cit. p. 4009-931.

mundo acadêmico em 1887, ano em que o economista belga o convidou para escrever artigos para o *Journal des économistes*. Pareto conheceu os liberais franceses e fez amizade com Yves Guyot, que era para ser o sucessor de Molinari como editor da revista. Pouco depois de entrar em contato com Molinari, porém, a mãe de Pareto faleceu, e ele desistiu de seu cargo na fábrica, tornou-se um engenheiro consultor, casou-se e retirou-se para sua casa de campo em 1890, para dedicar o resto de sua vida à escrita, à vida acadêmica e às ciências sociais. Livre das suas funções de negócios, Pareto mergulhou em uma "cruzada de um homem só" contra o Estado e o estatismo, e cultivou estreita amizade com o economista marginalista neoclássico Maffeo Pantaleoni, que direcionou Pareto para a teoria econômica técnica. Tornou-se, então, um walrasiano sob a tutela de Pantaleoni, e sucedeu a Léon Walras como professor de Economia Política na Universidade de Lausanne. Continuou a viver naquela bela cidadezinha suíça às margens do lago Léman, também ensinando Sociologia, até 1907, quando adoeceu e retirou-se para uma casa no lago de Genebra (a parte sul e mais estreita do lago Léman), onde continuou a estudar e escrever até sua morte.

Ressalte-se, contudo, que tal guinada de Pareto para a teoria econômica neoclássica e suas técnicas matemáticas nem por um momento comprometeu sua batalha pela liberdade e contra todas as formas de estatismo, incluindo o militarismo. Como ressalta Rothbard, uma ideia de seu incisivo liberalismo *laissez-faire* pode ser facilmente percebida a partir de seu artigo sobre "Socialismo e Liberdade", publicado em 1891: "Assim, podemos agrupar socialistas e protecionistas sob o nome de restricionistas, enquanto aqueles que desejam basear a distribuição da riqueza apenas em livre concorrência podem ser chamados de *liberationists* [libertarianistas]".

Também deve ser notado, além disso, que os escritos de Pareto estão repletos de elogios e de citações longas de Molinari. Por exemplo, no mesmo artigo sobre "Socialismo e Liberdade", Pareto elogia Molinari por ter "delineado e consolidado um sistema único e arrojado em favor da conquista da liberdade, usando todo o conhecimento que é oferecido pela ciência moderna".

Outras provas da admiração que Pareto nutria por Molinari (e também por Herbert Spencer) estão em seu *Cours d'Économie Politique*, de 1896, em que ele sustenta que em cada comunidade política há uma classe dominante explorando a maioria, que são os governados. Trata as tarifas como um exemplo de espoliação, saque e roubo legalizados, e não deixa nenhuma dúvida de que seu objetivo era erradicar toda essa pilhagem oficializada. Contrariamente ao que alguns analistas afirmam, jamais adotou a visão marxista da luta de classes em seu *Cours d'Économie Politique*. Pelo contrário, adotou a doutrina libertária francesa de classes. Assim, Pareto diz:

> *A luta de classes assume duas formas em todos os momentos. Uma consiste na competição econômica, que, quando é livre, produz a maior utilidade [para] todas as classes, assim como para cada indivíduo, mesmo que sua ação seja em benefício próprio, ela é indiretamente útil para os outros. A outra forma de luta de classes é a única em que cada classe faz o máximo para tomar o poder e torná-lo um instrumento para despojar as outras classes.*

Infelizmente, contudo, Pareto defendeu – com brilhantismo, diga-se *en passant* – uma metodologia positivista, em conformidade com sua confiança em relação aos modelos da física e da mecânica.

## 4.2 - A anedota

Mas isso, para Rothbard, foi mais do que compensado porque Pareto nos deixou uma anedota imortal em uma defesa brilhante do direito econômico natural contra os "antieconomistas" da escola histórica alemã. É uma anedota que Ludwig von Mises gostava de contar com humor em seu seminário:

> *Uma vez, durante um discurso que ele estava fazendo em um congresso de estatística em Berna, Pareto falou de "leis econômicas naturais", após o que Schmoller [Gustav Schmoller, líder da Escola Histórica Alemã], que estava presente, disse que não existia tal coisa. Pareto não disse nada, apenas sorriu e fez uma reverência. Subsequentemente, por intermédio de um dos seus vizinhos [na mesa de debates], ele fez chegar a Schmoller uma pergunta: se ele estava bem familiarizado com Berna. Quando Schmoller disse que sim, Pareto lhe perguntou novamente se ele sabia de uma estalagem, onde se podia comer sem pagar nada. O elegante Schmoller deve ter olhado com um misto de pena e desdém para Pareto – que estava vestido modestamente, ainda que todos soubessem que era uma pessoa bem de vida –, por ter que responder que havia uma abundância de restaurantes baratos, mas que era preciso pagar alguma coisa em todos os lugares. Imediatamente, Pareto disse: "Portanto, existem leis naturais na economia política!".*

## 5 - O Que Está Vivo e o Que Está Morto em Gustave de Molinari

Molinari foi a tal ponto polêmico em seu radicalismo que creio ser bastante conveniente examinarmos a importantíssima indagação formulada por Carlo Lottieri – respeitado mundialmente como um dos grandes conhecedores da obra de Molinari, dos austríacos e do liberalismo em geral. A questão a que me refiro é a que dá título a seu brilhante, lúcido e esclarecedor artigo: *Ciò che è vivo e ciò che è morto in Gustave de Molinari* [O que está vivo e o que está morto em Gustave De Molinari], publicado em 2009, na Itália.

O professor Carlo Lottieri, um estudioso infelizmente desconhecido no Brasil, é natural de Brescia (Itália) e professor de Filosofia Política na Università de Siena. Graduou-se bacharel (*summa cum laude*) em Filosofia pela Università di Genova, fez seu mestrado no Institut Universitaire d'Etudes Européens (hoje ligado à Universidade de Genebra) e o doutorado na Université Paris-Sorbonne. Seus interesses de pesquisa científica são Filosofia do Direito, Federalismo, Libertarianismo, Teologia Política, Religião e Vida Pública, Ética Militar, Elitismo, Teoria da Evolução do Direito, Propriedade e Estado Moderno. Editou muitas obras de Bruno Leoni em inglês, italiano, francês, espanhol e checo. É uma honra ser seu colega como professor na Scuola di Liberalismo della Fondazione Vincenzo Scoppa e também colega como membro do corpo editorial e como articulista da *Rivista Liber@mente*, editada pela mesma Fundação. Agradeço penhorada e publicamente ao professor Lottieri pelo gentil envio de seu artigo, que não consegui encontrar em minhas pesquisas na internet, bem como pela autorização para usar suas reflexões neste meu modesto livro. Devo ainda, por uma questão de gratidão e ética, mencionar que esta quinta seção é baseada no mencionado artigo de Lottieri, a que me atreverei a acrescentar algumas reflexões pontuais.

Vejamos, então, como o professor Carlo Lottieri – inegavelmente uma das maiores autoridades mundiais em Escola Austríaca e em De Molinari – responde à sua própria indagação: o que ainda é atual e o que não é mais atual na obra desse grande pensador?

Para respondê-la, divide seu artigo em cinco seções, a saber: (a) outro radicalismo; (b) liberalismo como ciência; (c) propriedade e liberdade; (d) mercado de trabalho e monopólio e (e) competição entre governos.

Percorramos, então, sua análise, ponto a ponto.

## 5.1 - Outro radicalismo

Lottieri começa explicando o que entende por considerações de outro tipo de radicalismo, e explica que, apesar de pouco conhecido hoje, o trabalho do economista franco-belga Gustave de Molinari continua sendo uma das expressões mais originais do pensamento liberal no século XIX. Sendo assim, é claro seu esforço para preservar o radicalismo da perspectiva teórica da tradição lockeana em uma "idade que viu o avanço inevitável do movimento socialista". Isto explica porque Proudhon o tenha definido, ao mesmo tempo, como "um homem de esquerda" e "ultraliberal".

Quando, na revolução de 1848, um grupo de socialistas irrompeu as instalações do Club de la liberté du travail – uma das iniciativas empreendidas por Molinari e seus colegas liberais parisienses – e acabou com a reunião que estava em andamento fazendo uso da violência, tornou-se claro que a sociedade ocidental estava enfrentando um conflito crucial. Dentro dessa situação, a competição intelectual que naqueles anos os liberais franceses foram forçados a travar com os coletivistas foi bastante estimulante. De acordo com Molinari, foi a mesma crise de ordem política que mobilizou as consciências e contribuiu fortemente para a promoção das teses liberais, a tal ponto que ele dizia que nos três anos, de 1848 a 1851, "foi feito mais para aumentar a conscientização destas doutrinas que nos últimos cinquenta anos"[133]. No entanto, no confronto com as ideias de Karl Marx, Pierre-Joseph Proudhon, Mikhail Bakunin e outros teóricos socialistas europeus, uma posição firme em defesa da propriedade e do mercado como a de Molinari terminaria sucumbindo, e a Europa caminhou para uma era de culturas políticas e arranjos institucionais de cortes nitidamente coletivistas.

Não foi por acaso que Molinari, muito admirado e apreciado no século XIX, foi quase totalmente esquecido durante uma grande parte do século XX. Foi somente com a definição de um novo radicalismo libertário nos Estados Unidos, na década de 70 do século XX, a partir de Rothbard, que o autor de *Soirées de la Rue Saint-Lazare* voltou a ser lembrado e publicado.

Nesse contexto, o pensamento do estudioso europeu se impõe especialmente pela coerência excepcional e a natureza visionária de seus *insights* sobre o tema da concorrência entre agências de segurança, ideias que anteciparam as reivindicações do casal Tannehill (Morris e Linda), Murray N. Rothbard, David Friedman, Bruce L. Benson e Hans-Hermann Hoppe. Quando, em 1849, Molinari ima-

---

[133] DE MOLINARI, *Gustave*. "Preface a Le Mouvement socialiste et les réunions publiques avant la révolution du 4 septembre 1870". Paris: Garnier, 1872. p. XIV.

ginou governos competindo entre si e agências privadas cuidando dos serviços de segurança, defesa e justiça, ele formulou uma hipótese que nunca antes – durante todo o desenrolar do Ocidente moderno, marcado pelo aparente sucesso do Estado – tinha vindo à luz. Ele contestou um dogma, mas o fez com a ingenuidade daquela criança da história de Hans Christian Andersen: ora, se para os economistas liberais é sempre melhor que todos os serviços sejam ofertados sob estrutura competitiva e livres de monopólios legais, então é claro que não haveria lugar para reis e imperadores.

Escreve então o professor Lottieri, citando Campan:

> *Para usar as palavras de J. Gael Campan, ele desafiou seus amigos do Journal des économistes, convencido dos benefícios da economia de troca, colocando-os frente a esta dura alternativa: ou o princípio do laissez-faire tem fundamentos sólidos e por isso sempre se aplica à produção de cada bem, e então, portanto, deve aplicar-se à administração da justiça, ou este princípio é parcial e relativo, o que significa que não é um princípio*[134].

Muitos liberais poderiam continuar tranquilamente a acreditar na legitimidade e na necessidade do Estado, mas depois da sacudida que lhes deu Molinari, tornou-se difícil referir-se ao liberalismo clássico sem perceber a natureza problemática do Estado e a contraditória e ingênua aceitação de seu poder.

Seus dois escritos de 1849 sobre o tema da segurança – *La prodution de la sécurité* e a décima primeira carta de *Soirées* – além de importantes reflexões sobre a lógica econômica – representaram, nas palavras de Lottieri, "*la dissoluzione del diritto pubblico in quanto*

---

[134] O artigo citado é o seguinte: CAMPAN, Gael J. "Does Justice Qualify as an Economic Good?: A Böhm-Bawerkian Perspective". *The Quaterly Journal of Austrian Economics.* Volume 2, Number 1 (Spring 1999). p. 21.

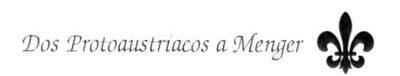

*tale, poiché le istituzioni di governo sono pensate ed esaminate a partire dai rapporti negoziati dai singoli*"[135].

Gustave de Molinari foi bastante influenciado pela magnífica obra de Say e, portanto, insistia que não pode existir Economia Política se esta não for provida de uma séria reflexão sobre o poder e sobre a sua função[136]. Mais de um século antes da *Public Choice School*, o paradigma econômico penetrava na ordem política, mas a operação proposta por Molinari foi muito mais radical do que a de James M. Buchanan: ele usou suas ideias sobre a produção e a divisão do trabalho para denunciar a natureza não essencial do Estado, sua incompatibilidade com a abordagem liberal e a absorção completa de suas funções até então vistas unanimemente como *régaliennes* (soberanas) dentro das trocas de mercado.

Não muitos anos depois, um expoente do pensamento de inspiração *jeffersoniana*, como Lysander Spooner, chegou a posições bastante compatíveis com as de Molinari, embora tendo concentrado sua análise (toda ela política) na questão do consenso, e adotado uma estrutura conceitual jurídica que reinterpreta o direito público a partir dos instrumentos do direito privado. Spooner trouxe à luz uma espécie de "paradoxo constitucional": por um lado, se existem regras imutáveis ou mesmo rígidas, segue-se que o consenso é sacrificado e, na verdade, nem sequer pode se expressar. Mas, por outro lado, se imaginarmos as regras fundamentais que repousam sobre o consenso, inevitavelmente temos que lidar

---

[135] "A dissolução do direito público como tal, uma vez que as instituições do governo são imaginadas e examinadas a partir de relatos das negociações realizadas por indivíduos"

[136] Para uma excelente reflexão sobre a questão do poder à luz da Escola Austríaca, ver INFANTINO, Lorenzo. "Potere: La Dimenzione Politica Dell'Azione Umana". Soveria Mannelli: Rubbettino, 2013.

com as mudanças de preferências e a necessidade de abandonar qualquer supernorma vinculante. Mas a arquitetura legal deve ser alterada quando mudam os pontos de vista dos indivíduos e não podemos ter qualquer estrutura constitucional.

No caso de Molinari, porém – prossegue Lottieri –, o caminho em direção à extinção do Estado é diferente. Em Spooner temos o renascimento de temas clássicos filosóficos do radicalismo liberal, que remetem aos direitos invioláveis da pessoa humana: dos *levellers* a Locke; de Jefferson a Burke. No entanto, como aponta David Hart[137], Burke desenvolveu seu pensamento a partir da economia, transpondo-o para a política da lógica da competição. Mas só a partir do estudioso franco-belga é que se começou a formular hipóteses a respeito de um liberalismo integral, que se move extensamente para todas as áreas do mercado livre e, assim, desafia a obrigação política *per se*.

Desta forma, veio a se definir no pensamento europeu uma perspectiva liberal, certamente, mas, ao mesmo tempo, uma verdadeira "exceção" à versão mais conhecida desta doutrina política, especialmente pelo fato de estar bem distante de ser compatível com a perspectiva mais famosa, a da identificação de Benjamin Constant (1767-1830) entre liberalismo e constitucionalismo.

Se na maior parte do século XIX, eram reconhecidos como liberais os autores que visavam essencialmente a definir, especialmente graças à constituição, limitações às autoridades públicas, Molinari difere dessa perspectiva teórica. O giro radical que ele propôs se caracterizava essencialmente pelo desejo de prescindir do Estado, que, então, passa não mais a ser uma entidade que apenas deva ser restrita, mas sim ser substituída por empresas privadas competitivas.

---

[137] HART. "Gustave de Molinari and the Anti-statist Liberal Tradition". *Op. cit.*, Part I.

Em outras palavras – vejam como Molinari propôs uma guinada radical em direção à plena liberdade! –, o governo deixa de ser um "mal necessário" a ser minimizado, para transformar-se em uma agência de prestação de serviços; e, além disso, de serviços de utilidade fundamental. Privado de sua natureza coercitiva, o aparato governamental é desmistificado e proposto como apenas uma empresa, entre outras. A necessidade de sustentar sua constante coerção e colocá-la sob o controle institucional perde o sentido: será a concorrência entre agências que "forçará" os responsáveis por este ou aquele governo a operarem o melhor que puderem para atenderem aos indivíduos.

Notemos a importância da guinada promovida por Molinari: ele simplesmente propôs uma "secularização radical" de certos aspectos da vida social – justiça, defesa, proteção e segurança –, que deixam de ser aceitos como dogmas e perdem a sua "aura", são totalmente "dessacralizados" e passam a ser entregues à maior eficiência das regras simples, naturais e harmônicas das ações de indivíduos autônomos nos mercados.

A competição entre governos delineada por Molinari sugere normas de convivência de natureza contratual. Gustave de Molinari foi um economista clássico que viveu, como vimos, em uma época que assistiu às ideias socialistas emergirem. Isso o ajudou a entender como cada uma das soluções anteriores (séculos XVI e XVII) de consolidação da vida social, financiadas compulsoriamente, representavam uma antecipação de soluções comunistas. Quando os defensores das teses *proudhonianas* ou *fourieristas* propuseram o estabelecimento de repartições estatais para cuidarem da produção de pão ou de tecidos, estavam apenas estendendo a outras áreas as "soluções" já tradicionalmente aceitas no contexto da justiça ou segurança. Por esta razão, um Estado que está envolvido na produção de educação ou na criação artística é, em síntese, conforme a uma sociedade comunista.

Quando, quase no final de sua vida, o pensador franco-belga defendeu a superação do Estado, é claro que ele também estava ciente da natureza extremista e difícil de traduzir-se em realidade de sua proposta. Isso explica por que, em um contexto mais prático e orientado para interagir com as instituições e as culturas políticas dominantes, Molinari sugeriu uma solução característica do liberalismo clássico dos séculos XVIII e XIX: o sufrágio limitado de características censitárias[138]. Esta tese teve um papel muito importante na tradição liberal, convencida de que, se no âmbito das instituições as pessoas são representadas, a propriedade é destruída. Para Lottieri:

> *obviamente a questão é mais complexa, uma vez que se por um lado é verdade que a atribuição de direitos de voto aos não proprietários abre o caminho para a expropriação dos proprietários, também é verdade que é difícil pensar em igualdade perante a lei (entendida como ordem não discriminatória e sem privilégios ou monopólios), na presença de uma ordem política controlada por um grupo social específico.*

Prossegue o professor da Universidade de Sena:

> *No caso de Molinari, no entanto, criar duas câmaras – alta e baixa – selecionadas diversamente (onde a primeira emerge de um voto censitário e a segunda de um sufrágio universal), significa tentar contrastar a vocação socialista do povo com a vocação da elite pelo monopólio e vice-versa. Aqui Molinari*

---

[138] DE MOLINARI, Gustave. *La République Tempérée*. Paris: Garnier, 1873.

*permanece inteiramente dentro da lógica do constitucionalismo e, em particular, daquele constitucionalismo sociológico que vários autores liberais e conservadores do século XIX haviam formulado na tentativa de estabelecer um sistema de pesos e contrapesos (a classe média contra o proletariado, os políticos contra os eleitores, os camponeses contra operários, e assim por diante) e tentar evitar um desvio absolutista.*

Não é difícil perceber que, neste caso, a ilusão é tentar opor-se à vocação demagógica das pessoas, especialmente da elite politicamente organizada, e às tendências monopolistas da classe dominante. No entanto, é claro que desta forma o princípio da igualdade (a dignidade da pessoa humana, afirmada pelo estoicismo e, principalmente, pelo cristianismo) é subestimado, e o quanto isto pode ser perigoso. Em outras palavras, não apenas não se pode escapar à ligação ética e lógica entre igualdade e justiça, mas, ao mesmo tempo, não se pode subestimar o niilismo inerente ao jacobinismo e ao republicanismo, em que a igualdade substancial leva à soberania coletiva, trazendo uma autêntica religião civil e, finalmente, levando a involuções totalitárias múltiplas.

Enfim, parece que a força mais pujante da proposta de governos competitivos de Molinari é sua condição de evitar o estatismo. Desta forma, esse autor supera toda a necessidade de se tentar endireitar o "pau que nasceu torto", ou seja, a dita "modernidade política". Em suas observações, o mercado não é apenas um espaço de interações voluntárias, mas também um sistema de contrapoderes que ajuda a proteger cada membro da sociedade do domínio opressivo e de qualquer monopolização. Neste sentido, seu pensamento se desenvolve como uma teoria absolutamente original.

## 5.2 - O liberalismo como ciência

É significativo que, ao formular a apologia da racionalidade humana contra todas as formas de ceticismo e historicismo, Molinari interpreta um tema muito presente na tradição liberal dos direitos naturais. Insistindo no caráter não meramente convencional das regras que norteiam a sociedade humana, ele se esforça para ancorar a ordem social em princípios sólidos, na esperança de que eles possam proteger a autonomia dos indivíduos.

Porém, também é verdade que ele é de fato um homem de sua época, quando identifica, por exemplo, liberalismo com ciência. Na conversa entre o "conservador" e o "socialista" em *Les soirées*, o mercado é concebido numa perspectiva completamente positivista e várias vezes falta uma tematização clara dos *a priori* éticos que estão na origem da perspectiva integral adotada. A própria escolha molinariana para definir-se nos diálogos como o "economista" (e não como o "liberal") também indica essa sua condição de homem de sua época, uma vez que revela a ideia de identificar o argumento libertário com o mesmo estatuto de objetividade atribuído, na sociedade ocidental da era moderna, às ciências naturais.

Ainda a este respeito, parece emblemática a frase de François Quesnay colocada como epígrafe em *Soirées*, em que o fisiocrata dá uma identificação entre as leis físicas e as leis morais, e, em seguida, abre o caminho para uma espécie de naturalismo. Desde o início fica claro que as leis da ordem social são concebidas *à la manière* dos economistas do século XVIII, em uma perspectiva de que é a ciência que gradualmente absorve o mundo da moralidade e da lei.

Com efeito, o tema da relação entre moral e ciência, assim como o da relação entre fé e razão, em Molinari, é uma questão delicada, uma vez que seu positivismo é particular, já que, apenas para exemplificar, coloca tanto na moralidade humana como na religiosidade dois dados objetivos. Molinari rejeita o reducionismo materialista vulgar, que caracteriza grande parte do cientificismo moderno; pelo contrário, sua visão enfatiza a correspondência entre espírito e matéria, entre humanidades e ciências naturais, sem nunca desvalorizar um aspecto em detrimento do outro.

Neste sentido, não é surpreendente constatar que, para Molinari, "existem leis econômicas que regem a sociedade, como há leis físicas que regem o mundo material. As essências dessas leis são a utilidade e a justiça. Isso significa que as observando de forma absoluta tem-se certeza de agir de forma útil e equitativa, para si e para os outros".

Racionemos com Lottieri:

*Esta maneira de estender a abordagem científica para a economia, a moral e os fins de direito, no entanto, termina tornando muito rígido o liberalismo molinariano. Molinari certamente não é avesso às inovações, mas sustenta que o engenho criativo não deve desafiar a ordem jurídica natural, porque quando as pessoas não respeitam as leis da sociedade, tornam-se criminosas e miseráveis.*

Nesta posição, Lottieri identifica elementos de força e fraqueza. Por um lado, é verdade que uma das maldições da cultura ocidental contemporânea é aparente na imposição de uma redução do direito a simples normas positivas – ou *thesis*, na nomenclatura *hayekiana* -, com a ideia de que não existe um critério externo à vontade do soberano que seja capaz de justificar uma norma. Contra tal voluntarismo (*voluntas facit legem*), Molinari reafirma a necessidade da objetividade, que é também a condição para cada diálogo.

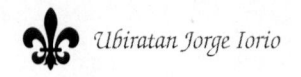

Sem a hipótese de um *giusto in sé* [direito em si], não faz sentido a ideia de um debate racional sobre estas questões. Prossegue Lottieri:

> *Ao mesmo tempo, no entanto, ele elimina a dimensão prescritiva pela descritiva: a natureza a que se refere é suscetível de ser substancialmente atribuída aos fins da física, que é o modelo de um pensamento capaz de separar também as regras do útil e do certo. Neste sentido, é de uma compreensão muito limitada da realidade humana e das relações sociais que ele se propõe a mudar para descrever sua ideia peculiar de lei natural. [...] Além disso, o estudioso franco-belga ignora totalmente a grande lição do direito natural clássico. Seu jusnaturalismo é uma espécie de cientificismo jurídico, que pretende oferecer uma descrição completa e definitiva da lógica, típicas das regras sociais. Enquanto na perspectiva tomista apenas uma área muito limitada dos preceitos primários pode reivindicar um caráter de universalidade e imutabilidade, o jusnaturalismo molinariano ultramoderno estende essa área de forma ilimitada e, portanto, difícil de justificar.*

Ora, o liberalismo jurídico do século XX (como o de Bruno Leoni e Friedrich Hayek, por exemplo,) foi caracterizado precisamente por uma consciência clara dos limites da razão humana e pela necessidade de imaginar na lei mais do que mera forma de "codificação". Nesse sentido, pode-se perfeitamente argumentar que permaneceram em Molinari importantes, porém ingênuos, traços do Iluminismo.

Felizmente, no entanto, esta compreensão limitada de como uma sociedade livre requer também uma maneira muito diferente de pensar e de praticar a lei não altera a visão do espaço político de Molinari. Ele criticou a imprensa socialista porque esta propunha, no passado, revoluções para mudar a forma de governo, e no tempo em que viveu propunha os mesmos meios, mas agora para alterar o tipo de sociedade. Sem dúvida, é uma acusação forte de *construtivismo* que Molinari disparou contra o socialismo, e isto mostra claramente que o racionalismo molinariano, apesar das deficiências identificadas por Lottieri, não possui qualquer pretensão no sentido de determinar nem de impor de cima para baixo a realidade social e tampouco de reformular as relações interpessoais.

## 5.3 - Propriedade e liberdade

Em *Soirées*, o fundamento da vida social é a propriedade, que é uma instituição crucial e inerente a toda a sociedade humana. No segundo *Soirée*, Molinari desenvolve uma reflexão analítica sobre os juros, com tintas claramente utilitárias e às vezes até epicuristas. Aqui, a motivação da utilidade ou satisfação é considerada natural e fundamental para todos os seres humanos: sofrer o mínimo possível – física, moral e intelectualmente – para desfrutar o máximo possível a partir deste triplo ponto de vista – este seria, em última instância, o grande motivo da vida humana, o pivô em torno do qual giram todas as nossas vidas. E este *leitmotif* é chamado de *juros*.

O que se oferece, então, é uma leitura reducionista, que reivindica classificar tudo em categorias econômicas e que tenta ler a propriedade em termos puramente naturalistas. Como autores contemporâneos, Molinari e seu amigo e colega Fréderic Bastiat sustentam que a dimensão fisiológica e bioeconômica, embora sendo um elemento crucial da relação do homem com o mundo exterior, não pode ter qualquer outra pretensão, e que se deve buscar estabelecer a mesma ideia legal da propriedade na simples necessidade humana de possuir a fim de alimentar-se.

Assim sendo, o jusnaturalismo de Molinari é concebido como naturalismo, porque baseia sua importância nas necessidades e impulsos básicos da existência humana para buscar a representação científica e objetiva do próprio homem. Para este fim, a propriedade desempenha um papel crucial, uma vez que "vem de um instinto natural de que toda a raça humana está dotada". Esse instinto revela ao homem, antes de qualquer argumento racional, que ele é o proprietário de sua pessoa e pode dispor a seu gosto de todas as forças que compõem o seu ser, sejam aquelas que ele possui, sejam aquelas de que não dispõe.

A propriedade também é vista – e essa afirmativa é claramente uma intenção de retrucar o socialismo – como a melhor solução para os problemas das classes trabalhadoras e da chamada "questão social". Por esta razão, afirma: "A propriedade é a base natural da organização da sociedade, [e] a melhoria da situação da classe trabalhadora reside na simples liberação da propriedade".

Adverte, porém, o Professor Lottieri:

> *É interessante que Molinari defende sempre e de forma consistente a propriedade, mas não os proprietários. A sua posição não é uma posição de classe, porque ele está realmente convencido de que só liberando a propriedade de qualquer controle político será possível oferecer às classes trabalhadoras uma emancipação mais rápida e mais sólida. Neste sentido, seu liberalismo é infundido com o espírito do iluminista, uma vez que aos seus olhos os males da sociedade não são derivados de leis fundamentais, mas [sim] de sua própria violação.*

Portanto, aduzo, o que Molinari expõe é uma representação teórica liberal da luta de classes que se desenvolve de forma independente do todo, porque suas origens são autônomas e remotas, comparativamente à versão, mais popular, marxista. No pensamento de Molinari não se trata de opor proprietários dos meios de produção ao proletariado, mas sim proprietários legítimos dos bens aos que os expropriaram ilegalmente. Consequentemente, no centro da história humana, por conseguinte, não há uma luta incessante entre opressores e (seus) oprimidos, depredadores e depredados, ladrões e roubados, nem saqueadores e saqueados, pois desde a origem da sociedade a humanidade tende constantemente para a liberação da propriedade. Assim sendo, a solução para os problemas sociais pode ser resumida na liberação da propriedade, tanto a interior como a exterior, tanto a propriedade de cada homem sobre si como sua propriedade sobre o trabalho e os bens materiais.

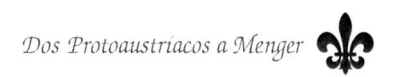

Mas, como sustenta com acuidade Lottieri:

*Ao delinear a origem e o desenvolvimento da propriedade, Molinari segue uma lógica marcadamente lockeana, a partir do momento em que se desloca da autopropriedade, em seguida, confronta-a com o trabalho e, finalmente, explora a relação do sujeito com os bens físicos externos. Mas a maneira pela qual Molinari considera a propriedade como um meio de proteger e assegurar o trabalhador acaba por enfraquecer o próprio fundamento da propriedade externa, porque se os direitos sobre os bens físicos provessem do trabalho e, especialmente, da adição de um valor artificial ao valor natural que já está presente na mesma, este direito termina no momento em que este valor artificial perece.*

Quanto ao direito à propriedade intelectual, sua defesa mostra-se muito mais clara, radical e consistente com sua visão de mundo. O direito à propriedade intelectual parece-lhe um direito de propriedade em sua plenitude, uma vez que é um *trabalho puro* e, portanto, não pode ter apenas sua duração limitada "por razões sociais". De acordo com Molinari, qualquer limitação temporal ao direito do inventor ou do artista a ter exclusividade das ideias que ele próprio criou é uma forma de comunismo, porque se baseia sobre pretensos direitos da sociedade sobre os produtos da inteligência.

Aqui, mais uma vez, pondera Lottieri:

*Na verdade, Molinari tem razão apenas pela metade. Certamente, quando ele aponta que, se se aceita o ponto de vista proprietarista mesmo quando se trata de produtos intelectuais, é difícil acolher como procedente a tese de que eles são impostos pela legislação moderna, que atribuem um título limitado no tempo; e também está certo quando afirma que um autor tem sempre direito a dispor totalmente do trabalho de seu próprio talento. Mas a instituição da propriedade intelectual não se limita a garantir a um autor que não seja incomodado ao fazer uso de sua inteligência e sua imaginação. Se tudo se limitasse a isso, não haveria qualquer dificuldade. No entanto, é evidente que a proteção legal sobre a propriedade intelectual dá ao autor um monopólio legal, que é a premissa para limitar os direitos de outros sujeitos sobre seus próprios bens (aqui entendidos como bens físicos), e por fim sobre seu próprio corpo.*

Pondera ainda o professor lombardo que da criação das patentes, tanto as limitadas a períodos como as ilimitadas (como queria Molinari), flui inevitavelmente a consequência de que um inventor que não registrou sua invenção, fruto do seu trabalho e inteligência, bem como do seu tempo despendido, ou que chega apenas um dia atrasado para identificar como sendo sua alguma solução técnica, pode ser impedido de usar livremente suas próprias ideias e bens.

A este respeito – sustenta com consistência Lottieri – o argumento de Tom Palmer de que se a fundação do direito natural à propriedade é a propriedade de si mesmo, então as reivindicações de propriedade de ideias ou de outros objetos ideais entram em conflito com este direito de autopropriedade, uma vez que tal afirmação não é nada mais do que a reivindicação de um direito de controlar como algum outro usa o seu próprio corpo. Assim, uma teoria que parece ser consistente com a tradição liberal acaba de lançar as bases para uma invasão constante dos direitos de propriedade material e também da disponibilidade de cada um sobre si.

Ao defender a liberdade de iniciativa contra os monopólios e corporações, Molinari usa os mesmos argumentos que são suscetíveis de virar-se contra sua apologia da propriedade intelectual:

> *Viola-se a propriedade interna quando se impede o homem de usar suas faculdades como lhe agradar, quando se diz a ele: Não praticarás essa atividade ou, se a praticares, estarás sujeito a determinados requisitos e forçado a obedecer a determinadas regras. O direito natural que todos possuímos de usar nossas faculdades da maneira mais útil para nós e nossas famílias será restringido ou regulamentado:*
> *– Em virtude de quê?*
> *– Em virtude do direito superior da sociedade.*
> *– Mas se eu não fizer uso nocivo de nenhuma das minhas faculdades?*
> *– A sociedade está convencida de que você não pode executar algumas tarefas sem prejudicá-la.*
> *– Mas e se a sociedade estiver errada? Se, aplicando livremente minhas faculdades em todos os ramos da produção, não causo danos a ela?*
> *– Bem, tanto pior para você! A sociedade não pode estar errada!*

Há indícios fortes de que Molinari concebia o *proprietarismo* como uma forma de trabalhismo, como sugere a passagem entre o colono americano que ocupa uma área rural e trabalha nela, e o inventor, aquele que primeiro adentra em um dado universo conceitual. Pois bem, Molinari descreve a situação como uma forma de apropriação intelectual (*homesteading*), com a justificativa utilitarista de que a terra seria muito limitada e mal trabalhada se seu novo proprietário – o colono – ali permanecesse por cinco, dez ou quinze anos. Isto, segundo ele, justificaria a perpetuidade da propriedade intelectual.

A própria forma com que Molinari formula suas convicções em favor da propriedade não é totalmente convincente. Isso não quer dizer que ele não está certo quando expressa seu apreço por esta instituição, mas apenas que a sua abordagem estritamente clássica – em grande parte dependente do trabalho de Smith e Ricardo – esboça um quadro teórico frágil. Com efeito, no liberalismo econômico clássico do século XIX pode-se sentir algum tipo de *irenismo*, de tentativa de conciliação, tão otimista quanto ingênua, da identificação do interesse particular de um indivíduo com os interesses de todos os demais, o que não corresponde à verdade observável de que esses interesses, embora possam de fato ser conciliados, muito dificilmente poderão coincidir integral e perfeitamente.

Algumas teses de Molinari são, portanto, estreitamente dependentes da doutrina *smithiana* e *ricardiana* do *valor-trabalho*. De fato, sua sugestão de que a simples ação do agricultor que cultiva a terra é uma justificativa suficiente para que tenha sua propriedade coincide com a ideia de que o valor é o resultado da ação humana de quem trabalhou: "A propriedade encontra-se apenas no valor do campo que o trabalho tem dado à área e os proprietários da terra não deram qualquer valor para o subsolo e nem para a atmosfera. Procure quem trabalhou ou aqueles que trabalham, e você sempre saberá quem possui ou deve possuir".

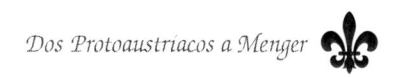

Ora, isto se aplica à terra e a tudo o mais. Até mesmo o sistema monetário molinariano é concebido a partir do conceito rígido e equivocado do valor-trabalho: "Uma moeda não tem valor porque algum soberano cunhou uma moeda de prata ou de ouro com sua efígie, mas porque contém certa quantidade de trabalho".

Neste sentido, não é de estranhar que, pelo menos nesta fase de sua obra e por causa de sua estrita teoria positivista, Molinari tenha subestimado o papel do empresário. A este respeito, é significativo notar o que diz sobre o lucro: "Certifique-se de que a propriedade seja plenamente respeitada e eu garanto que os lucros [anormais] vão desaparecer por si mesmos. (...) Se o lucro não é de todo uma parte do custo de produção, então o que é? É a diferença entre o preço corrente das coisas (o preço a que são vendidas) e os seus custos de produção".

Na verdade, obviamente, quem compra preferiria não pagar nada e quem vende deseja receber um preço muito alto, pois as *harmonias econômicas* – para usar a expressão de Bastiat – são assim e porque as pretensões legais, porém ilegítimas, não se concretizam, e então é necessário afirmar que cada um reconheça no outro, como em si mesmo, uma realidade que o transcende. Mas este entendimento – evidente em autores como Locke e Rosmini – não é explicitamente reconhecido por Molinari.

Em vez de uma representação consciente da alteridade, aquela qualidade ou natureza do que é de outro e diferente em seus direitos, temos aqui uma versão secularizada da Providência:

a ideia de que o mecanismo das relações econômicas, como era entendido pelos autores clássicos, pode levar a uma harmonia pré-estabelecida. Além disso – o que o afasta da Escola Austríaca – o modelo subjacente a esse entendimento é o de concorrência perfeita, uma vez que, nas palavras do próprio Gustave de Molinari:

> *Em todas as empresas sujeitas ao regime da livre concorrência, o preço deve necessariamente descer ao nível do custo real da produção ou exploração, e os proprietários de um canal ou de uma estrada não podem obter algo a mais do que a justa remuneração do seu capital e trabalho. É um direito econômico válido e preciso como uma lei da física.*

Como observa Lottieri, as leis rígidas e quase férreas dessa física social seriam, portanto, suficientes para delinearem e atingirem o ideal de uma sociedade em que imperasse a justiça e a prosperidade.

Podemos ainda identificar em Molinari a crença de que os mercados operam em equilíbrio, por exemplo, a partir de sua afirmativa:

> *Os preços tendem sempre, irresistivelmente, a atingir seu nível natural, isto é, para representar com precisão a mesma quantidade de trabalho que o custo de [produção] das mercadorias. Terei a oportunidade de voltar novamente a este projeto de lei que realmente é o elemento essencial da construção econômica.*

Uma afirmativa e uma conclusão que nada têm de austríacas! Na realidade, Molinari raciocina dentro de certa "termodinâmica das forças sociais", em que todos se põem a serviço do próximo; senão vejamos: "No sentido da mesma lei da física, todas as coisas úteis – estradas, pontes, canais, pão, carne etc., são produzidos sempre que a sociedade precisa. Quando um dado bem útil é demandado, ele naturalmente tende a ser produzido com uma intensidade de movimento igual à da pedra que cai".

Se, portanto, dentro de uma ordem econômica existem lucros anormais, então isto se deve ao fato de que tal ordem é livre (observemos aqui a semelhança com a *mainstream economics*!):

> *Certifique-se de que estas causas de perturbação desapareçam e em breve acontecerá a recuperação da ordem natural da sociedade, assim como vemos restabelecer-se o curso natural da água, após a destruição de uma barragem; vai acontecer a concentração da produção em locais onde existirá maior utilidade [e lucro] e o consumo retomará suas proporções normais; por isso, as flutuações do preço corrente e do preço natural cada vez mais se enfraquecem até tornarem-se quase imperceptíveis e eventualmente desaparecerem levando embora com elas os lucros [anormais].*

Em defesa de Molinari registremos, contudo, que ele aparenta ter consciência de que se trata apenas de uma analogia e que o rigor requerido pela física é só uma imagem a que recorre, uma vez que representa apenas uma tendência, já que ele escreve que "esta tende naturalmente a ser produzida". Da mesma forma, ele também não tematiza o intervalo de tempo suficiente entre o surgimento da demanda e sua satisfação, ignorando assim o papel criativo do empreendedor e mesmo especulando que hipoteticamente uma economia pode operar com lucros tendendo a zero. Neste sentido, ele acredita que o preço atual dos juros é "sempre uma representação exata dos elementos ou dos custos de produção dos juros".

Podemos afirmar, portanto, como Benkemoune, citado por Lottieri que, para o teórico franco-belga, encontramos um *libertarianismo sem empreendedorismo*, por mais paradoxal que tal afirmativa possa parecer.

O libertarianismo de Molinari, nesse aspecto, é um retrocesso em comparação com o de Jean-Baptiste Say, já que este distingue claramente as diferenças entre retornos sobre o capital e lucros empresariais. É sobre este aspecto particular, graças ao qual a ação econômica emerge – exatamente como Say havia observado – das categorias do determinismo estrito, que a Escola Austríaca irá mesclar alguns dos seus *insights* mais específicos.

É por esse motivo que Lottieri escreve:

*Neste sentido, é importante notar que o nascimento e desenvolvimento – o objetivo final do século XX – do pensamento libertário tem lugar em grande parte dentro de suas categorias conceituais características, dependentes das teses de Mises e Hayek, as quais enfatizam a subjetividade radical dos pontos de vista, a instabilidade estrutural de qualquer ordem econômica, o papel do Homo agens como empreendedor lato sensu, a imperfeição cognitiva de cada ator e também as imperfeições de cada aparato.*

E mais:

*A este respeito, é difícil entender o libertarianismo contemporâneo ignorando a reflexão daqueles autores [Mises e Hayek] vienenses sobre as ordens econômicas como sendo ordens que veiculam bens e recursos, mas que vivem principalmente de informações e que precisam proteger a propriedade privada e a liberdade de iniciativa exatamente para permitir a maior mobilização racional dos conhecimentos e inteligências. [...] Se o universo clássico de Molinari parece viver em grande medida ditado pelo automatismo de leis inteiramente exteriores às escolhas individuais, o universo do libertarianismo contemporâneo austríaco valoriza decisivamente a lógica interativa (de adaptabilidade, iniciativa, especulação etc) de cada ator individual.*

## 5.4 - Mercado de trabalho e monopólio

Molinari considerava que as intervenções do Estado sobre os preços acarretavam sempre a precipitação da ordem econômica na penumbra da irracionalidade, sejam essas agressões praticadas contra preços de bens, sejam nos mercados de trabalho. Seu argumento principal em defesa dessa posição era que qualquer regulamentação, assim como qualquer monopólio, acarreta em aumento direto ou indireto do preço dos produtos e, portanto, em diminuição da produção. Sua visão de uma sociedade totalmente livre deixa subentendida a grande confiança que depositava na capacidade de os mercados abertos eliminarem os cartéis. Quando escreve sobre a moeda nos diálogos a que nos referimos, ele passa ao conservador a tarefa de rejeitar com argumentos liberais a hipótese de que os produtores privados de moeda possam aumentar seus próprios ganhos mediante a restrição da oferta. Sua tese é a seguinte:

> *A livre concorrência não demora muito para romper as coalizões mais fortes. Quando o equilíbrio entre oferta e demanda se rompe, os preços mostram em pouco tempo um ganho de curto prazo tal que a concorrência começará a ter efeito. Quem produzir então a um preço acima do nível estabelecido pela coalizão será punido, pois seu preço corrente não será suficiente para justificar a produção.*

Mas, naturalmente, para o socialista do diálogo, isso não é verdade, já que as relações numéricas (os empresários são muito menores em número do que os trabalhadores) e do ordenamento jurídico tendem a tornar mais fácil a formação de um cartel do capital, mesmo que prejudicando um cartel do trabalho. O socialista cita o próprio Adam Smith para mostrar como há uma comparação injusta entre as partes envolvidas na negociação:

> *Não é, no entanto, difícil prever qual das duas partes em uma situação normal vai prevalecer na disputa, obrigando a outra a aceitar suas condições. Os patrões, sendo em menor número, podem se aglutinar mais facilmente; e a lei, além disso, autoriza ou pelo menos não proíbe suas coligações, enquanto proíbe as dos trabalhadores. Não existem leis no Parlamento contra coalizões destinadas a reduzir o preço do trabalho [os salários], embora existam muitas vezes contra coalizões para elevá-lo. Em todas essas disputas os patrões podem aguentar muito mais tempo. Um proprietário, um fazendeiro, um dono de fábrica ou um comerciante, também sem empregar um único trabalhador, pode geralmente viver um ou dois anos com os fundos que possui, enquanto muitos operários desempregados não poderiam sobreviver uma semana, poucos poderiam sobreviver um mês e dificilmente nenhum um ano. No longo prazo, o trabalhador pode ser tão necessário ao seu patrão quanto este ao operário, mas a necessidade não é, entretanto, imediata.*

E o socialista cita ainda Smith para mostrar que no mercado existe um poder econômico que coloca os capitalistas em condições de dominarem os trabalhadores, argumentando que os salários dependem em qualquer mercado de um contrato comumente firmado entre as duas partes cujos interesses divergem. E que os operários desejam sempre receber o maior salário possível e os patrões pagarem o menor possível, o que leva os primeiros a fazerem coalizões para elevar o salário e os segundos a fazer coalizões para diminuí-lo.

O economista de Molinari, no diálogo, responde criticando toda e qualquer lei que impeça ou interfira na liberdade associativa dos trabalhadores (sindicatos), mas constrói sua resposta na defesa de qualquer organização de coalizão, seja operária ou patronal e, essencialmente, de qualquer "acordo de cartel": não vê qualquer ação criminosa no fato de dois ou mais indivíduos agirem para obter aumentos de preços das mercadorias ou serviços que vendem, tanto bens por parte dos produtores quanto horas de trabalho por parte dos operários. E aduz que a aprovação de qualquer lei que reprima esse direito causa grandes danos às propriedades dos primeiros e dos segundos. E vai mais além: *"Dico di più. Vietando le coalizioni, si impedisce un accordo spesso indispensabile"*[139].

A função da lei deve ser a de tutelar a liberdade de formação de associações, a começar pelas de trabalhadores, e a economia deve reconhecer que as interferências regulatórias terminam favorecendo uns em detrimento de outros. Para ele, essas considerações são suficientes para refutar as teses socialistas sobre o "poder de mercado" ligado à existência de cartéis patronais legais.

Mas, para o socialista, mesmo na ausência dessas normas classistas, persistiria o *poder econômico* (como se vê, os argumentos dos socialistas, há séculos, são sempre os mesmos e seus fundamentos sempre muito frágeis). Molinari sugere, para que exista um mercado verdadeiro, a liberalização de todos os sindicatos de trabalhadores, para que estes possam retirar sua força de trabalho do mercado sempre que julgarem necessário. Assim, os mecanismos da economia de mercado são suficientes para superar crises e problemas, desde que possam operar livres dos distúrbios causados pelas legislações "protetoras". Chegou, inclusive, a propor *bolsas de trabalho*, que serviriam para "estruturar" a negociação do trabalho – um bem imaterial ou intangível – nos mercados de ações ou de *commodities*.

---

[139] "Digo mais. Proibindo as coligações, impede-se um acordo frequentemente indispensável".

Uma vez que os preços dos cereais, matérias-primas ou as ações de um grande número de empresas não são apenas livres, mas livres até certo ponto, pois, de um lado, resultam de trocas voluntárias, mas, de outro, também são constantemente monitorados e tornados públicos através da rede de grandes e pequenas bolsas, por que não fazer o mesmo para o trabalho? Mas, na prática, essa arquitetura imaginativa acarretaria sempre dificuldades, por razões claras: o trabalho humano, diferentemente das matérias-primas e demais bens tangíveis, possui uma variedade muito ampla e também é firmemente ancorado em mercados locais. Como escreve Lottieri: *"A ben guardare, non vi è dubbio che esista un mercato del lavoro e vi sono pure agenzie che collegano chi offre e chi domanda lavoro, ma queste interazioni non hanno mai condotto alle borse ipotizzate da Molinari"*[140].

Porém, é interessante notar que, a fim de contornar a tese socialista (que hoje é acolhida fortemente pelas legislações) sobre a alegada disparidade entre aqueles que oferecem e os que compram trabalho e, portanto, sobre a necessidade de "controle" da economia de trocas, Gustave de Molinari terminou deixando de lado – sem perceber, talvez – a equivocada teoria do valor-trabalho. Tal como, mais de cem anos depois, Bruno Leoni, para rebater o argumento de que nas tensões contratuais entre trabalhadores e capitalistas, os segundos podem suportar mais tempo sem nada ganhar do que os primeiros, Molinari pôs de lado a identificação entre valor e trabalho, enfatizando, portanto, o caráter subjetivista das preferências.

Para o pensador, as leis naturais da economia nada têm de "classistas" nem favorecem uma das partes em detrimento da ou-

---

[140] "Olhando bem, não há dúvida que existe um mercado de trabalho e também há agências que ligam aqueles que ofertam com os que demandam trabalho, mas essas interações não levaram jamais à criação das bolsas imaginadas por Molinari".

tra; muito pelo contrário, se existir liberdade máxima de ação e de iniciativa para todos os agentes, começando pelos operários, o resultado seria geralmente benéfico. A concepção das bolsas de trabalho molinarianas para estimular a mobilidade máxima dos trabalhadores e permitir que possam colher os frutos de quaisquer eventuais oportunidades move-se nessa direção e sentido e, embora possa parecer excessivamente engenhosa ou impraticável, tem o mérito de tornar evidentes os benefícios de um sistema de trocas voluntárias livres de intervencionismo.

Adicionalmente, essa proposta contribuiu para Molinari corrigir, pelo menos parcialmente, aquele seu esquema mecanicista a que aludimos anteriormente: melhora a circulação de informações e torna mais eficaz a competição. Diz ele, em *La production et le commerce du travail*:

> *Quando tentamos estabelecer certas bolsas de trabalho, a fim de informar os empregadores e empregados sobre a situação do mercado, temos que lidar com a oposição de um e de outro, porque os industriais temem que o efeito será o de remover os trabalhadores de seu domínio nos mercados locais em que estabelecem a lei, enquanto os trabalhadores das grandes empresas temem o contrário, que esse processo reduzirá os salários, aumentando a demanda de mão de obra.*

Para Molinari, toda a racionalidade social é regida pela propriedade e pela liberdade total de trocas. Nesse – digamos – "radicalismo", ele antecipa também a proposta de Hayek de desnacionalização da moeda e de sua sugestão de que os bancos privados possam emitir moeda e competir entre si para conquistar a confiança dos agentes econômicos.

O pai do *anarquismo de mercado* também atacou abertamente os órgãos públicos que utilizam recursos obtidos através de impostos para fornecer cursos de estudo baratos ou mesmo gratuitos, porque essa prática tem o efeito de impedir o desenvolvimento de um sistema de ensino pluralista e competitivo. Seu argumento é simplesmente fulminante e pode ser resumido na pergunta:

> *Se o Estado se arvora a produzir e fornecer generosamente tecidos pela metade do preço ou gratuitamente, quem ainda se atreveria a fabricar tecidos? A indústria privada de tecidos poderia expandir-se na presença de um concorrente que vende seus produtos de graça? Então, o ensino gratuito será uma ilusão desmistificada por uma certeza: a de que o Estado, os departamentos e municípios não cessarão absolutamente de se intrometer na educação pública.*

A oposição entre o mercado livre e o monopólio legal de trabalho em Molinari é apenas um caso específico de um quadro maior. Liberar as regras de negociação sobre salários significa libertar um dos elementos cruciais para qualquer ordem social. Mas quando sua visão se move para outro setor, a resposta não é diferente.

E isto o leva, por exemplo, a ser resistente em relação ao serviço postal monopolizado pelo Estado, e também contra qualquer forma de regulamentação do direito de qualquer um de deixar seus bens aos herdeiros. Opondo-se à divisão forçada da herança de terras, Molinari lembra a importância, em alguns casos, da "concentração" dos meios de produção e salienta que a agricultura europeia sofreu frequentemente com as consequências negativas da fragmentação imposta pela via legal.

## 5.5 - Competição entre governos

Nada soa mais provocativo do que as teses molinarianas sobre a concorrência entre governos. O que é crucial e mais original no libertarismo ainda está até os dias atuais para ser reconhecido: é a intuição central do trabalho de Molinari, que pediu aos liberais para serem coerentes com suas premissas e superarem o mito moderno da soberania, deixando a ideia de que deve haver áreas que, pela sua natureza, devem ser consideradas como essencialmente estatais e, portanto, que devem ser geridas por uma única agência hegemônica.

Molinari antecipou brilhantemente a crítica austríaca à chamada "teoria dos bens públicos" e aos males do intervencionismo em geral, tal como Mises, nos anos 20 do século XX, tão bem estabeleceu em sua famosa demonstração da impossibilidade do cálculo econômico em regimes coletivistas, que eliminam a propriedade privada. Como sabemos, a perspectiva austríaca não se limita a opor um pretenso conhecimento perfeito do mercado ao conhecimento necessariamente limitado de qualquer planejador central, mas a enfatizar a impossibilidade de gestão racional de recursos e mostrar como estes problemas são enormemente amplificados na ausência da ferramenta – imperfeita, mas crucial – que são os preços de mercado[141].

Para a Escola Austríaca, se em uma sociedade existem áreas inteiras que são administradas por monopolistas e fora da lógica das trocas, quem administra essas áreas não tem oportunidade de avaliar os benefícios e os custos de produções competitivas, já que estas, simplesmente, não existem. Como não há preços de mercado, é im-

---

[141] Para a questão do cálculo, ver: BARBIERI, Fabio. *História do Debate do Cálculo Econômico Socialista*. São Paulo: Instituto Ludwig von Mises Brasil, 2013. Para a crítica à teoria dos bens públicos, ver IORIO. *Ação, Tempo e Conhecimento: A Escola Austríaca de Economia. Op. cit.*

possível escolher entre investimentos alternativos e ter capacidade de saber, por exemplo, se é melhor investir mais em novas tecnologias na indústria farmacêutica ou na militar, na construção de universidades ou tribunais, na agricultura ou em sistemas antirroubo.

Segue-se daí que toda a sociedade é levada a aumentar seu desperdício e ineficiência. Apesar da pretensão dos que afirmam ser possível identificar coisas como de "interesse geral" e "bens públicos", tal identificação é impossível, simplesmente porque tais coisas não existem e o que sempre acaba acontecendo é que os indivíduos são obrigados – através de tributos a pagar por algo que não existe e de que, portanto, não poderão desfrutar para seu uso.

Gustave de Molinari, pensando dentro dos padrões da economia clássica, percebeu que o intervencionismo do Estado é antissocial e destruidor de riqueza, pois as ações impostas pelo governo desviam o capital para setores em que ele não teria sido utilizado na ausência das coerções, que são, por definição agressões externas ao mercado.

No entanto, Lottieri escreve que "examinando de perto a reflexão de Molinari é, porém, fácil encontrar vários pontos fracos. Se é forte em lógica, ela não é equipada de realismo".

Por exemplo, quando Molinari afirma que só existem dois sistemas possíveis, o da liberdade completa e o da escravidão completa e que o regime em que vivemos, semi-proprietário e semi-comunista, não pode durar muito tempo, Lottieri contrapõe que uma sociedade pode situar-se – e que isso é o que acontece na prática – em situações intermediárias entre os dois extremos, embora ele afirme que intelectualmente, tal como Mises e Hayek fizeram no século XX com brilhantismo, seja muito difícil defender esses sistemas mistos, como a socialdemocracia.

Outro ponto passível de críticas em Molinari, a juízo de Lottieri, seria que ele deixou de considerar, ao defender a produção exclusivamente privada de serviços de segurança, que existe uma distância entre uma ordem caracterizada pela pluralidade de agências e uma ordem efetivamente protetora do mercado, em que as instituições em condições de utilizar a violência são efetivamente implantadas para a proteção dos indivíduos, sem usar seu poder para atacá-los.

Certamente é verdade que, em um quadro libertário que valoriza completamente a autonomia dos indivíduos, os Estados são vistos essencialmente como criminosos, uma vez que são realidades que são impostas independentemente de qualquer consenso, mas isso não nos exime de interrogar sobre as condições que garantiriam uma ordem protetora isenta baseada na competição de governos.

Na perspectiva libertária, a pluralidade de agentes protetores é preferível – e quem pode discordar quanto a isso? – a uma ordem monopolizada por um único aparato. A ideia básica é que a existência de mais indivíduos em condições de usar a violência é *coeteris paribus* mais capaz de fornecer segurança e justiça do que se apenas um ente possui essa condição. Em outras palavras, a suposição é que eles podem garantir de forma mais adequada a proteção dos direitos individuais.

Mas é bom não se identificar sociedade sem Estado com sociedade de mercado. Em mais de uma ocasião o libertarianismo encontrou dificuldades para ser reconhecido como uma teoria coerente, porque não discute explicitamente, ou não o faz apropriadamente, ou simplesmente omite esta distinção. Lottieri – um libertário, sem dúvida – fornece então alguns importantes esclarecimentos, tanto léxicos como conceituais, sobre essa importante diferença:

O modelo abstrato de uma sociedade de mercado indica uma ordem social em que os direitos dos indivíduos – entendidos como direitos de propriedade – são totalmente garantidos por uma pluralidade de empresas privadas. Esta sociedade é justa e, ao mesmo tempo, imperfeita. É justa apenas porque dentro dela são evitadas todas as agressões possíveis, mas permanece imperfeita porque a justiça não tem como eliminar a baixeza moral dos homens que compõem a sociedade, nem pode abolir os limites ontológicos que caracterizam toda a existência humana. No modelo ideal da sociedade de mercado, a vida humana continua sendo dominada pela escassez de tempo, recursos materiais, afeto e solidariedade dos outros, conhecimento, e assim por diante. É uma sociedade em que a morte, a pobreza, a solidão, o egoísmo, a ignorância e o sofrimento permanecem, juntamente com a dificuldade humana de cuidar do próximo.

Neste sentido, não é possível abordar o libertarianismo desconhecendo os limites da natureza humana, o que o tornaria quase como uma utopia salvífica semelhante ao marxismo ou anarquismo e passível da acusação de "perfeccionismo", no sentido em que este termo foi introduzido na reflexão filosófica por Antonio Rosmini. No entanto, a simples existência de todos esses entraves não é um argumento contra a sociedade de mercado, uma vez que ninguém pode e nem deve, à luz da experiência e da verdade, esperar da lei que altere a condição humana.

Por sua vez, uma sociedade sem Estado é aquela em que a abolição do monopólio da violência legal abre caminho para uma ordem *policêntrica*, em que empresas podem encontrar espaço mais ou menos certo para assegurar a proteção de terceiros, teorias jurídicas mais ou menos respeitosas dos direitos, sociedades filantrópicas junto com máfias agressivas e assim por diante. Escreve o professor Lottieri:

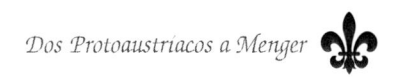

> *Para ser claro, podemos considerar essencialmente como uma sociedade sem Estado a Somália da década de 90 do século XX, tal como é definida no rescaldo do colapso das instituições do Estado. Isso, no entanto, não permite definir a sociedade somalina daquela década como uma sociedade de mercado (também pelas muitas tensões, de matizes religiosas e culturais, que a caracterizavam e que resultaram em flagrante negação das liberdades individuais), embora muitos analistas tenham visto um progresso drástico – em termos econômicos, mas também de proteção dos direitos – em comparação com a situação que existia no momento do Estado despótico, sob a ditadura socialista de Siad Barre.*

O que Lottieri quer enfatizar – com meu endosso e, creio, também com o de qualquer austríaco – é que a capacidade de uma sociedade sem Estado de gerar ordenamentos jurídicos que respeitem os direitos individuais é bastante dependente de sua cultura, de suas práticas sociais e comportamentais. E acrescenta uma observação muito interessante, a de que uma sociedade em que ninguém dispõe por inteiro da força e nem reivindica isso, pode ser definida – em comparação com a sociedade imperfeita do paradigma anterior – como uma *sociedade mais do que imperfeita*.

Ou seja, a simples abolição da agressão institucionalizada não é suficiente para eliminar todos os prejuízos causados aos direitos individuais e para conduzi-la a ser uma sociedade de mercado. Mas esta *sociedade mais do que imperfeita* é condição necessária, embora não suficiente, para a instauração de uma sociedade de mercado. Este ponto é muito interessante!

Para os libertários, a liberdade individual é o fim político supremo e a competição é o instrumento que pode nos fazer melhor conseguir isso. Enquanto o direito natural liberal define os objetivos de uma sociedade justa (proteção da propriedade e, portanto, da liberdade humana), o pluralismo de uma ordem de proteção exercida por governos concorrentes cerceia bem os limites de uma ordem monopolística que nega qualquer forma de concorrência, livre escolha e estratégia de saída.

Onde estaria, então, o erro crucial de Molinari?

Para Lottieri, ele parece não ter conseguido enxergar que o bem "segurança" (ou "proteção", como alguns preferem) pertence a um gênero muito particular; que o fornecimento de segurança – para garantir a incolumidade pessoal e a proteção à propriedade – implica certa ordem política e legal. É fácil conceber um mercado competitivo para o fornecimento de um bem genérico, como a água, por exemplo, porque a competição entre empresas estaria colocada dentro de um enquadramento legal. Mas a diferença essencial entre a água e a segurança está no fato de que a produção da segunda pressupõe algo que, para que a produção da primeira seja dada como garantida, já seja um dado existente. Um verdadeiro mercado de produção de segurança já implica, em alguns aspectos, uma sociedade jurídica e a prevalência do que é, em nossos dias, muitas vezes referido como *rule of law*.

A este respeito, é apropriado nos referirmos à reflexão de Bruno Leoni que, movendo-se de uma concepção austríaca sobre as trocas no mercado, delineia uma ordem *una* e *trina* – unificada e tripartite – integrada, ao mesmo tempo, na qual às relações econômicas de mercado: ele acrescenta o conjunto de relações jurídicas com base nas reivindicações das trocas comerciais e a ordem complexa de poderes políticos que garantam a paz e a ordem. Na reflexão leoniana, o trio *economia*, *direito* e *política* vive então de negociações – ainda que em níveis diferentes – que remetem uns aos outros e, nesse sentido, não é possível encontrar um ponto de apoio original, dado que também é verdade que as relações comerciais implicam normas, mas estas, muitas vezes, surgem apenas das próprias trocas. Pensar na lei dos contratos significa pensar também na lei das trocas. E o mesmo pode ser dito para a relação da política com a lei e com a economia.

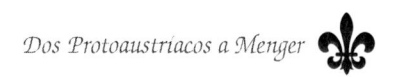

O limite de sua tese parece ser o fato de que, não se confrontando adequadamente com as razões profundas do direito natural, ela parece fazer a sociedade liberal coincidir com essa complexa rede de negócios e compromissos econômicos, jurídicos e políticos. Mas sua lição é valiosa para aqueles que, apesar de distinguir os dois planos e mantendo a distância entre a sociedade de mercado e sociedade sem Estado, saibam reconhecer a importância da articulação institucional e a dispersão dos poderes mais conformes com uma ordem em sintonia com as necessidades e exigências do direito libertário.

Assim, a aposta dos libertários *à la* Molinari e Rothbard deve consistir essencialmente em tentar mostrar ao seus interlocutores e críticos como a pluralidade de aparatos de segurança (exércitos, forças policiais, sistemas de segurança e uma rede independente de tribunais paralelos) é preferível a uma ordem monopolista, e também como ela pode razoavelmente fazer surgir uma sociedade de direito, regida por empresas voltadas para garantirem a melhor proteção e segurança dos indivíduos.

Dentro de uma perspectiva liberal, seria muito fácil contrapor uma ordem de mercado a um monopólio estatal e mostrar como a primeira é preferível à segunda. O desafio libertário, no entanto, é muito mais difícil e pede que se demonstre a primazia de uma sociedade sem Estado e, portanto, com difusão de poder (com mais atores "armados" em cena) com relação a um Estado caracterizado pelo monopólio da violência legal.

Creio que a dificuldade desse desafio libertário – e de como sua proposta precisa ser demarcada objetivamente no campo institucional – pode ser ilustrada pela má experiência, no Rio de Janeiro nos últimos vinte anos, com as chamadas "milícias", que nada mais são do que polícias privadas que exercem – ou melhor, impõem pela força e pela ameaça – o monopólio da segurança em determinadas áreas pobres. Essas associações, que muitos dizem pertencer a policiais ou ex-policiais, em muitos casos estabelecem o terror aos que dizem proteger, cobrando mensalidades compulsoriamente e punindo fisicamente quem não as paga, a par de atuarem sem competidores. É claro que a proposta de Molinari não tem nada a ver com essa prática, mas também parece evidente que sem aparatos institucionais e legais adequados, a interessante sugestão do libertário francês pode provocar distorções prejudiciais à ordem social. É patente a prevalência, para que se possa sair do terreno da utopia, da *rule of law*.

O "núcleo duro" do realismo libertário é a crença de que uma ordem sem Estado, delineada pela teoria social de Bruno Leoni, é a melhor condição para a existência de uma sociedade de mercado e, portanto, justa, com base na lei e no respeito pleno às prerrogativas legítimas de cada indivíduo.

Gustave de Molinari não poderia mesmo resolver estas questões, que estão agora no centro do pensamento e dos embates libertários. Mas ele teve o grande mérito de ter aberto – em uma época em que a cultura parecia destinada a abraçar totalmente uma perspectiva antiliberal – uma nova maneira de olhar para a sociedade e para as relações políticas.

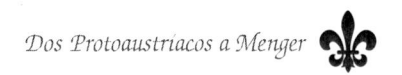

## 6 - Conclusões

Este capítulo apresentou Gustave De Molinari – sua vida, sua obra, seu pioneirismo, seu idealismo e muitas de suas facetas. Esse homem desempenhou um papel tão importante que me recuso a escrever essas conclusões da forma habitual, apenas me limitando a resumir o que foi escrito ao longo do capítulo.

O pensamento do economista belga estava, indubitavelmente e na hipótese mais otimista, um século além da época em que viveu. Mas, evidentemente, o tempo passou e, decorridos mais cem anos após seu falecimento, algumas de suas ideias ainda não são plenamente aceitas e, tal como no seu tempo, muitos dentre os que não as aceitam – e creio que podemos incluir entre estes muitos liberais contemporâneos e mesmo alguns austríacos – não o fazem por meio de críticas lógicas, mas por tentativas de qualificar Molinari como um "maverick", isto é, nada mais do que um radical, rebelde, inconformista, dissidente e outros adjetivos semelhantes.

Sem dúvida, ele foi um radical, mas um radical que escreveu sempre dentro das fronteiras da lógica, embora algumas de suas posições possam ser contestadas pelos próprios austríacos, também respeitando as imposições da lógica e da realidade dos fatos, de acordo com o *falsificacionismo popperiano* e *hayekiano*, como tentamos mostrar ao longo deste capítulo.

Gustavo de Molinari, como qualquer um de nós, não foi perfeito nem onisciente. Seu pensamento revela algumas fraquezas, mas sua crença inabalável na liberdade, sua coragem para assumir posições vistas como radicais por seus próprios pares e sua persistência em defender sempre aquilo que sua lógica o levava a acreditar foram e continuam sendo um exemplo para todos.

# 7 - Referências Bibliográficas

BARBIERI, Fabio. *História do Debate do Cálculo Econômico Socialista.* IMB, São Paulo, 2013.

BENKEMOUNE, Rabah. "Gustave de Molinari's Bourse Network Theory: A Liberal Response to Sismondi's Informational Problem", *p. 258*

CALZADA, Gabriel. "Gustave de Molinari (1819-1912) nº 29", Retratos. In: *La ilustración liberal* – Revista española e americana. Disponível em: http://www.ilustracionliberal.com/29/gustave-de-molinari-1819-1912-gabriel-calzada.html

CAMPAN, Gael J. "Does Justice Qualify as an Economic Good?: A Böhm-Bawerkian Perspective". *The Quaterly Journal of Austrian Economics*, vol. 2, n.1, Spring 1999, p.21.

DE MOLINARI, Gustave. "Les Soirées de la Rue Saint- Lazare: Entretiens sur les lois économiques et défense de la propriété (1849)". *The Online Library of Liberty: A Project Of Liberty Fund, Inc.*

DE MOLINARI, Gustave. "Notions fondamentales d'Économie politique et programme économique". *Online Library of Liberty; A Project Of Liberty Fund, Inc.*

DE MOLINARI, Gustave. "La societè future". *Online Library of Liberty: The Society of Tomorrow* p. 18

DE MOLINARI, Gustave. *Da produção de segurança.* IMB. São Paulo. 2014.

DE MOLINARI, Gustave. "Preface a Le Mouvement socialiste et les réunions publiques avant la révolution du 4 septembre 1870". Paris, Garnier, 1872, p. XIV

DE MOLINARI, Gustave. *La République tempérée.* Paris, Garnier, 1873

DE MOLINARI, Gustave. "La production et le commerce du travail". In: *Quéstions économiques à l'ordre du jour.* **Paris,** Guillaumin, 1906, p. 76-7.

# Capítulo XII
## Carl Menger
## (1840-1921)

## 1 - Introdução

Chegamos enfim ao capítulo derradeiro, dedicado ao fundador da moderna Escola Austríaca. Por ser o mais conhecido dentre todos os demais pensadores dos capítulos anteriores e, portanto, por existir ampla bibliografia sobre a vida, a obra e a importância de Carl Menger, acreditamos que neste capítulo final não há necessidade de explanações longas.

Carl Menger é geralmente reconhecido por duas contribuições: a de ser o fundador da Escola Austríaca e a de ser cofundador da doutrina da utilidade marginal. Quanto à primeira, não há polêmicas, embora Menger tenha sido influenciado, como é natural, pelos protoaustríacos estudados nos capítulos anteriores, bem como, ainda que parcial e indiretamente, por alguns economistas da chamada Escola Clássica. Mas a segunda, como vimos nos capítulos IX e X – dedicados, respectivamente, a Jaime Balmes e a Hermann Gossen – não corresponde à verdade.

É fato que Menger trabalhou separadamente de William Stanley Jevons e de Léon Walras, e que cada um deles chegou a conclusões semelhantes e corretas a respeito da determinação do valor mediante o princípio da utilidade marginal, porém por métodos diferentes.

Também é verdade que Menger, ao contrário de Jevons, não acreditava que o consumo de bens fornece "úteis" (ou unidades de utilidade). Em vez disso, percebeu que os bens são valiosos porque servem para vários usos, cujas importâncias são diferentes segundo as escolhas individuais subjetivas e o tempo em que estas são feitas. Por exemplo: suponhamos que você disponha de quatro folhas de papel em branco em seu escritório e, já tarde da noite, ainda permaneça lá trabalhando: se você, em uma pausa para descanso, resolver utilizar de algum modo essas folhas, a primeira será usada para satisfazer aos seus fins mais importantes naquele momento, como o de anotar o endereço de um amigo que você acabou de saber pelo telefone; a segunda, para deixar um recado na mesa da sua secretária, avisando-a de que no dia seguinte não irá ao escritório na parte da manhã; e as folhas seguintes, você utilizará para fins sucessivamente decrescentes *em importância*, como, por exemplo, afinar a ponta do lápis na terceira folha e fazer um barquinho de papel com a quarta.

Léon Walras, por sua vez, preferiu dar tratamento matemático ao princípio da utilidade marginal, influenciando Vilfredo Pareto, Maffeo Pantaleoni e outros, a partir dos quais se desenvolveram mais tarde as modernas *teorias de equilíbrio geral*, como, por exemplo, *a teoria das expectativas racionais* (ou a *economia dos novos clássicos*), que notabilizou Robert Lucas a partir da segunda metade dos anos 60 do século XX.

Mas a verdade é que não foram Menger, Jevons e Walras, no entanto, os "pais da doutrina da utilidade marginal", contrariamente ao que nos vem sendo ensinado geração após geração. Não podemos e nem devemos deixar de fazer justiça ao verdadeiro descobridor dessa doutrina, o catalão Jaime Luciano Antonio Balmes y Urpiá, que, em 1844 – e, portanto, 17 anos antes do trio que ficou com a fama –, expôs perfeitamente essa doutrina em seu artigo *Verdadeira ideia do valor ou reflexões sobre a origem, natureza e variedade dos preços*. Balmes, ao ser o primeiro a resolver definitivamente *o paradoxo do valor e a formular cientificamente a doutrina da uti-*

*lidade marginal*, foi, sem qualquer margem de dúvida, "o cara". Como vimos no capítulo X, houve um outro "cara" que desvendou os mistérios da utilidade marginal, porém dez anos depois de Balmes: Hermann Heinrich Gossen. O próprio Jevons leu o seu *Die Entwickelung der Gesetze des menschlichen Verkehrs*, de 1854, e reconheceu esse fato, informando-o a Walras, nada se sabendo sobre se Menger teve ou não ciência do pioneirismo de Balmes e de Gossen (que não são citados em seu *Principles*), e nem se Jevons chegou a ler o artigo de Balmes.

Portanto, Menger não foi, assim como Walras e Jevons, o primeiro a desvendar o *paradoxo do valor* e a formular consistentemente a *teoria da utilidade marginal*. Mas também não há dúvida de que isso não diminui sua grandeza na história do pensamento econômico e que ele foi, de fato, o fundador da Escola Austríaca. Além disso, sua contribuição para o pensamento econômico transcendeu, em muito, suas descobertas sobre a teoria do valor e dos preços, como veremos quando analisarmos seu pensamento.

Menger, como é sabido, usou o conceito de utilidade marginal para resolver o famoso *paradoxo da água e dos diamantes* – que tinha confundido Adam Smith – e também para refutar a *teoria do valor-trabalho*. Os bens adquirem valor – demonstrou com clareza – não por causa da quantidade de trabalho utilizada na sua produção, mas por causa de sua capacidade de satisfazer as necessidades dos indivíduos. De fato, Menger demoliu completamente, em termos científicos, a teoria do valor formulada por Adam Smith, endossada por David Ricardo e apropriada por Karl Marx.

Se o valor dos bens é determinado pela importância das necessidades a que satisfazem, então o valor do trabalho, bem como o dos outros insumos usados em sua produção (que ele chamou de *bens de ordens superiores*) deriva de sua capacidade de produzir esses bens. Isso significa que o valor depende de avaliações subjetivas feitas pelos consumidores agentes e, portanto, que decorre essencialmente da existência ou da ausência de demanda pelo referido bem, assim como da intensidade ou fraqueza dessa demanda. Em suma, Menger disse claramente que o valor depende da demanda!

Ele usou sua teoria subjetiva do valor para chegar a uma das ideias mais importantes – tão importante quanto simples – da economia do mundo real: os dois lados, oferta e demanda, ganham com as trocas! Os agentes econômicos trocam algo que valorizam menos por algo que valorizam mais e, porque todos assim agem em suas trocas, todos ganham. Essa percepção levou-o a ver que os intermediários são também altamente produtivos, pois facilitam as operações que beneficiam os que compram e os que vendem. Sem os intermediários, essas transações ou não teriam ocorrido ou teriam sido mais caras.

Menger também explicou magistralmente os fenômenos monetários: se as pessoas trocam diretamente os bens (isto é, em uma economia de trocas, sem moeda), elas raramente podem conseguir o que querem apenas com uma ou duas transações. Se elas têm galinhas e querem um armário, por exemplo, não vão necessariamente ser capazes de trocar galinhas por armários, mas, em vez disso, poderão ter de fazer algumas trocas intermediárias, ou seja, terão incômodos, aborrecimentos e perda de tempo. Por exemplo, terão que trocar suas galinhas por cadeiras, estas por uma carroça e esta pelo armário, supondo que o vendedor só aceitasse uma carroça em troca do armário. Mas, claramente, esses incômodos, aborrecimentos e perda de tempo são muito menores quando elas trocam o que têm por algum bem que seja amplamente aceito e, em seguida, usam esse bem para comprar o que desejam. Esse bem que é largamente aceito torna-se então, naturalmente, sem qualquer necessidade de invencionices por parte do Estado, o dinheiro ou moeda. Os economistas modernos descrevem esta função da moeda como a de "evitar a necessidade da dupla coincidência de desejos".

A palavra "pecuniária" deriva do latim *pecus*, que significa "gado", que em algumas sociedades serviu como dinheiro. Outras sociedades usaram cigarros, conhaque, sal (de onde vem a palavra "salário"), peles, conchas, tecidos ou pedras como dinheiro. E, à medida que as economias se tornaram mais complexas e ricas, elas começaram a usar metais preciosos como dinheiro.

Entretanto, Menger estendeu sua análise a outras instituições: argumentou que a linguagem, por exemplo, desenvolveu-se pela mesma razão que a moeda – facilitar a interação entre as pessoas. Ele chamou essa evolução de *orgânica* e, mais tarde, Hayek as denominaria de *ordens espontâneas*. Nem a linguagem, nem o dinheiro, nem qualquer *ordem espontânea* ou *orgânica* foram planejados e muito menos desenvolvidos pelo Estado, mas pelos mercados, mediante ações livres de indivíduos.

A Escola Austríaca de Economia foi erigida a partir dos escritos de Menger e de dois de seus discípulos, Eugen von Böhm-Bawerk e Friedrich von Wieser (1851-1926). Mais tarde, economistas austríacos como Ludwig von Mises e Friedrich August von Hayek usaram as ideias de Menger e de seus discípulos diretos, cada um à sua maneira, mas seguindo os mesmos princípios metodológicos inspirados pelo fundador da escola, como ponto de partida.

Como escreveu com bastante propriedade o prof. Peter G. Klein, Menger foi de fato um revolucionário.

## 2 - Biografia Menger

Podemos, a respeito da vida de Menger, seguir Joseph Salerno, um dos maiores conhecedores da Escola Austríaca e de sua história, em seu *Biography of Carl Menger: The Founder of the Austrian School (1840-1921)* [Biografia de Carl Menger: O Fundador da Escola Austríaca].

Carl Menger nasceu em 28 de fevereiro de 1840, na Galícia (ou Galiza), região situada a oeste da atual Ucrânia e ao sul da Polônia, cujo nome deriva da cidade ucraniana de Halych, que hoje faz parte da Polônia. De acordo com Joseph Salerno, Menger descendia de uma antiga família austríaca que incluía artesãos, músicos, funcionários públicos e oficiais do exército que haviam emigrado da Boêmia uma geração antes de seu nascimento. Seu pai, Anton, era advogado, e sua mãe, Caroline (nascida como Gerzabek), era filha de um rico comerciante da Boêmia. Carl Menger teve dois irmãos, Anton e Max: o primeiro, chegou a ser um eminente autor socialista e também seu colega como professor na Faculdade de Direito da Universidade de Viena. O segundo tornou-se advogado e foi deputado liberal no Parlamento austríaco. A família Menger conseguiu atingir a nobreza, embora o próprio Carl tenha perdido o título "von" no início da idade adulta[142].

Menger estudou Economia nas universidades de Praga e Viena, no período entre 1859 e 1863. Logo a seguir, passou a trabalhar como jornalista. O jovem Menger rapidamente atingiu uma posição de proeminência nessa profissão e também como escritor, produzindo uma série de romances e comédias (que, aparentemen-

---

[142] SALERNO, Joseph T. *Biography of Carl Menger: The Founder of the Austrian School (1840-1921)*. Disponível em: <https://mises.org/library/biography-carl-menger-founder-austrian-school-1840-1921>.

te, foram serializados para publicação em jornais). Em 1865, conheceu e passou a partilhar ideias com o primeiro-ministro austríaco liberal, Richard Graf von Belcredi. No outono de 1866, deixou o *Wiener Zeitung*, um jornal oficial para o qual trabalhava como analista de mercado, com o propósito de se preparar para os exames orais de um doutorado em Direito. Depois de aprovado neste exame, passou a trabalhar como advogado aprendiz em maio de 1867, recebendo seu diploma de Direito na Universidade de Cracóvia, em agosto de 1867. No entanto, nunca se afastou de suas atividades como escritor e voltou a trabalhar como jornalista econômico, ajudando inclusive a fundar um jornal diário[143].

Cabe neste ponto um importante parêntesis. É bem plausível supor que o período que Menger passou na Polônia pode ter exercido alguma influência em sua posição favorável ao liberalismo econômico e inclusive com as raízes marcadamente católicas da Escola Austríaca de Economia. Conforme relata Ludwikowiski, do Institute of Political Science da Jagiellonian University de Cracóvia, os termos *liberal* e *liberalismo* já eram bem conhecidos e populares no Leste Europeu. Em uma nação dividida, submetida a constantes invasões de nações vizinhas e sem um Estado, palavras tais como *liberdade*, *tolerância* e *independência* eram naturalmente dotadas de forte apelo.

Foi no círculo de economistas poloneses que as noções de liberalismo foram interpretadas em primeiro lugar, a rigor, nas duas primeiras décadas do século XIX. Naquele período, passaram a ser valorizados na Polônia alguns dos principais atributos do espírito liberal, como a tolerância, o comprometimento com o progresso, as atitudes prospectivas e proativas, a liberdade para agir e empreen-

---

[143] Idem. *Ibidem.*

der, a valorização da competição e a economia de mercado. Como sugere Ludŵikowski, na situação política que a Polônia vivia naquele período, a ideia de tolerância, relacionada com o princípio da liberdade religiosa, tinha um papel importante. E o catolicismo, embora suprimido nas regiões russas e prussianas da dividida Polônia, sempre foi a religião da maioria dos poloneses, servindo, portanto, como elemento unificador da nação e merecedor de proteção. Por outro lado, o catolicismo defendia princípios conservadores e demandava prioridade para a Igreja. Isso levou naturalmente a conflitos com as minorias não católicas, que eram prejudiciais aos interesses da nação. A ideia de tolerância ou de liberdade total no que respeita à fé era muito importante, naquelas condições. Os liberais que defendiam esses princípios enfatizavam que na Polônia, onde, mesmo nos tempos da Inquisição, não houve execuções por motivos religiosos, o princípio da tolerância deveria ser tratado como algo absoluto.

Esse quadro político polonês prolongou-se pelas décadas seguintes, atingindo o período que Menger passou em Cracóvia.

No final de 1815, o Czar Alexandre aprovou a constituição do reino da Polônia, como parte do grande Império Russo. Aquela constituição foi reconhecida como a mais liberal de todo o mundo. Os poloneses esperavam que a organização do Legislativo em duas câmaras lhes permitisse participar das decisões e do poder político. O Czar, que era o rei da Polônia, manteve o direito à iniciativa e ao veto sobre as decisões do Legislativo. As duas câmaras podiam discutir esboços de programas de governo e relatórios da situação do país, enquanto a câmara baixa podia requerer explicações dos ministros e estabelecer, antes do Senado, os relatórios sobre as atividades do Estado. A publicidade dos debates tinha a intenção de abrir a possibilidade do controle público e da observância da lei. Em poucos anos, porém, algumas expressões vagas contidas na constituição abriram as portas para contornar seus princípios e para lutas entre os parlamentares e o governo.

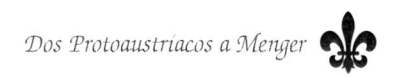

Esse fato acelerou a formação de uma oposição no Parlamento, que decidiu defender o princípio da observância rigorosa das liberdades e direitos garantidos pela constituição. Esses oposicionistas eram conhecidos como os *benjaministas*, em alusão ao famoso liberal francês Benjamin Constant, cujas doutrinas aprovavam inteiramente.

Fechado o parêntesis, podemos prosseguir com Salerno, quando observa que foi em setembro de 1867, imediatamente após receber seu diploma de Direito, que, segundo ele mesmo declarou, Menger "atirou-se na Economia Política" e, nos quatro anos seguintes, trabalhou meticulosamente o sistema de pensamento que tão profundamente iria reformular a teoria econômica. A "economia mengeriana" tornou-se realidade em 1871, com a publicação de *Die Grundsatze der Volkswirtschaftslehre* [Princípios de Economia Política], obra que indubitavelmente mudou a história do pensamento econômico.

Como jornalista econômico, Menger observara o contraste nítido entre os fatores que a economia clássica havia identificado como sendo os mais importantes na explicação da determinação de preços, e os fatores que os participantes do mercado acreditavam que exerciam a maior influência na formação dos processos de fixação de preços. Seja ou não verdadeiro que essa teria sido a inspiração original para o mergulho repentino e profundo de Menger nas questões econômicas depois de 1867, é inegável que foi consistente com seu objetivo final de reconstruir a teoria de preços.

Em 1870, Menger obteve um emprego no departamento de imprensa do gabinete austríaco (o *Ministerratspraesidium*), que era formado por membros do Partido Liberal. Com um trabalho publicado na mão e a conclusão bem-sucedida de seu exame de habilitação em 1872, Menger, cumprindo os requisitos exigidos, obteve sua nomeação como *Privatdozent* – um conferencista não remunerado, porém com privilégios docentes completos – na Faculdade de Direito e Ciência Política da Universidade de Viena. Após a sua promoção para o cargo remunerado de professor em tempo integral (*Professor Extraordinarius*), no outono de 1873 demitiu-se do departamento de imprensa ministerial, mas continuou suas atividades jornalísticas no setor privado até 1875.

Em 1876, foi nomeado para ser um dos tutores do príncipe herdeiro, Rudolph von Habsburg, então com 18 de idade e, ao longo dos dois anos seguintes, tutelou-o enquanto viajava com ele por toda a Europa. Após seu retorno a Viena, o imperador Franz Joseph, pai de Rudolph, nomeou-o para a Cátedra de Economia Política da Faculdade de Direito de Viena, onde tomou posse em 1879 como *Professor Ordinarius* [Professor Titular].

Seguro em sua nova e proeminente posição acadêmica, era agora capaz de preocupar-se com a formulação da explicação e defesa do método teórico que adotara em seu *Princípios*. Seu livro tinha sido ignorado na Alemanha, porque, na década de 1870, a academia alemã estava quase completamente dominada pela *Historische Schule der Nationalökonomie* [Escola Histórica Alemã], liderada por Gustav Schmoller, que foi bastante hostil ao livro e seu estilo "abstrato" de teorizar a economia (assim como era crítico severo da Escola Clássica de Economia).

Eram tempos do *Kathedersozialismus* [socialismo de cátedra] – expressão cunhada em 1871, por Oppenheim –, por ser propagado do alto das cátedras universitárias, que sugeria intervenções do Estado para amenizar pretensos "conflitos de classe". Esse movimento surgiu nos anos 60 e 70 do século XIX, na Alemanha – principalmente com A. Wagner, G. Schmoller, L. Brentano e W. Sombart –, e conseguiu manter influência até o princípio do século XX. Alegavam que o "Estado burguês" estava acima das "classes" e que era perfeitamente capaz de reconciliar seus interesses antagônicos e de introduzir o socialismo paulatinamente, mas sem que fossem afetados os interesses dos capitalistas e, na medida do possível, tendo em conta as reivindicações dos trabalhadores. (Na Rússia, eram os "marxistas legais" que difundiam os pontos de vista dos socialistas de cátedra).

Porém, nós, os austríacos – que, conforme se pode depreender, sempre fomos perseguidos dentro das academias desde a época de Menger –, parece termos sido dotados pelo Criador com o dom da perseverança, quando se trata de defender as ideias que acreditamos serem as mais corretas. E nossa motivação vem, segundo creio, do Alto, e também do que Menger e os que deram sequência ao seu pensamento escreveram enquanto estiveram vivos, assim como dos colegas contemporâneos que, cada vez em maior número, estão difundindo a Escola Austríaca pelo mundo.

Os frutos da perseverança e da pesquisa metodológica de Menger foram, enfim, publicados em 1883, em um livro intitulado *Untersuchungen uber die Methode der Sozialwissenschaften und der politischen Okonomie insbesondere* [Investigações sobre o método das ciências sociais com referência especial à economia]. Se o livro anterior tinha sido friamente ignorado, o *Untersuchunge* precipitou um verdadeiro furor entre os economistas alemães, que responderam acaloradamente e com ataques irônicos a Menger e à recém-nascida Escola Austríaca. Na verdade, este último termo originou-se quando os historicistas alemães o aplicaram com o intuito de enfatizar o isolamento de Menger e seus seguidores da corrente principal da economia alemã. Menger respondeu, em 1884, com um panfleto mordaz, *Irrthumer des Historismus in der deutschen Nationalökonomie* [Os erros do historicismo na teoria econômica alemã] e, consequentemente, o famoso *Methodenstreit* (debate metodológico) entre a Escola Austríaca e a Escola Histórica Alemã teve início.

Nesse meio tempo, os escritos e o ensino de Menger, em meados dos anos 70, haviam começado a atrair seguidores brilhantes, mais notadamente Eugen von Böhm-Bawerk e Friedrich von Wieser. Entre 1884 e 1889, as obras desses homens e de outros, também influenciados por Menger, começaram a jorrar em abundância, levando a uma aglutinação de uma escola econômica identificável. No final dos anos 80, a doutrina *mengeriana* também foi sendo introduzida para os economistas de países onde o alemão não é a língua nativa, como a França, a Holanda, os Estados Unidos e a Grã-Bretanha.

Depois de retirar-se de sua participação ativa na *Methodenstreit*, no final de 1880, os interesses de Menger deslocaram-se das preocupações metodológicas para as questões de teoria econômica pura e aplicada. Em 1888, publicou um artigo notável sobre a teoria do capital, *Zur Theorie des Kapitals*. Também durante aquele período, Menger foi o principal membro de uma comissão encarregada de reformar o sistema monetário austríaco, um papel que o estimulou a refletir profundamente sobre os problemas de teoria e política monetária. O resultado foi uma série de artigos sobre economia monetária publicados em 1892, incluindo *Geld* (Dinheiro), uma contribuição pioneira para a teoria monetária.

Menger continuou na vida acadêmica até demitir-se de seu cargo de professor, em 1903, mas, infelizmente, apesar do fato de que viveu até 1921, não produziu obras mais importantes.

## 3 - O Pensamento de Menger

Apesar dos diversos precursores ilustres percorridos nos capítulos anteriores, em uma pré-história de cerca de cinco séculos, Carl Menger foi de fato o verdadeiro e único fundador da Escola Austríaca de Economia, tal como a entendemos hoje, ou seja, um conjunto uniforme de proposições em que identificamos um núcleo fundamental ou tríade básica, formada pelos conceitos de *ação, tempo* e *conhecimento* e por três elementos de propagação, a saber, o *subjetivismo*, o conceito de *utilidade marginal* e o de *ordens espontâneas*. Esse núcleo e esses elementos de propagação são levados pelos austríacos para os campos da filosofia política, da epistemologia e da economia.

Menger merece esse posto, não apenas porque criou e divulgou o sistema explicativo do valor e dos preços mediante o conceito de utilidade marginal, que constitui um dos elementos de propagação da teoria econômica austríaca, mas porque ele fez muito mais do que isso: também originou e aplicou consistentemente o método correto – o praxeológico – para analisar os fenômenos econômicos, ou seja, enfatizou a importância da ação individual ampliada e aperfeiçoada no século seguinte por Mises; debuxou com simplicidade e maestria uma teoria do capital que pressupõe a importância do tempo subjetivo, e intuiu elementos a respeito da insuficiência e dispersão do conhecimento, que foram posteriormente desenvolvidos por Hayek. Estabeleceu, portanto, as raízes austríacas modernas que constituem o núcleo fundamental ou tríade básica. E fez mais: com relação aos elementos de propagação, além de ter "inventado" (embora o verdadeiro inventor tenha sido, como vimos, Jaime Balmes) a utilidade marginal, ressaltou também enfaticamente sobre o subjetivismo que rege as ações humanas e sobre as ordens espontâneas, especialmente quando, no capítulo VIII dos *Princípios*, estudou a evolução da moeda.

Foi, portanto, inquestionavelmente, o primeiro dos austríacos, na concepção moderna dessa Escola.

Não foi por outra razão que Mises escreveu: "O que é conhecido como a Escola Austríaca de Economia começou em 1871, quando Carl Menger publicou um volume fino, sob o título *Grundsätze der Volkswirtschaftslehre* [Princípios de economia]. Até o final da década de 1870 não havia uma "escola austríaca". Havia apenas Carl Menger"[144].

Para Hayek, "as ideias fundamentais da Escola Austríaca pertencem totalmente e inteiramente a Carl Menger. O que é comum para os membros da Escola Austríaca, o que constitui a sua peculiaridade e forneceu as bases para as contribuições posteriores, é sua aceitação das ideias de Carl Menger"[145].

E mais: "O objetivo final de Menger não era destruir a economia clássica, como por vezes tem sido sugerido, mas completar e firmar o projeto clássico fundamentando a teoria da determinação dos preços e do cálculo monetário em uma teoria geral da ação humana"[146].

Quando Menger despertou sua atenção para a teoria econômica, em 1867, existia um sistema consolidado – embora repleto de falhas – de teoria econômica, que havia sido construído principalmente pela Escola Clássica britânica, ou seja, principalmente por David Hume, Adam Smith, David Ricardo e David Hume.

---

[144] SALERNO, Joseph T. "Carl Menger: The Founder of the Austrian School". In: HOLCOMBE. *The Great Austrian Economists*. p 192-262.
[145] Idem.
[146] Idem.

Na visão dos economistas clássicos, tanto os preços como a produção comportavam-se de acordo com leis definidas de causa e efeito. A economia clássica, por isso, contém de fato uma teoria embrionária da ação humana, mas bastante incompleta, porque focalizava estritamente o *Homo economicus*, aquele agente absolutamente calculista, que comprava sempre na "baixa" e vendia na "alta". Em outras palavras, como sublinha Salerno, a teoria clássica dos preços e da produção era uma teoria da ação, sim, mas uma ação com a característica de ser perfeitamente calculável, ou seja, uma ação no mercado praticada, onde todos os meios e fins, custos e benefícios, lucros e as perdas podem ser calculados em termos de dinheiro.

A Escola Clássica, assim, embora tenha representado uma conquista e um passo ousado da ciência econômica, pecava por ignorar completamente as avaliações subjetivas, não quantificáveis, e as preferências do consumidor, que são, para Menger, a própria razão de ser de toda a atividade econômica no mundo real. A explicação para esta negligência repousa, indubitavelmente, na grande falha da economia clássica: sua teoria do valor. Na tentativa de analisar o valor dos bens como base para sua teoria do preço, os economistas clássicos concentraram-se em categorias abstratas ou em classes de bens; por exemplo: trigo, pão, arroz, ferro, diamantes, água etc. e a utilidade geral desses bens para a humanidade, ao invés de se concentrar em quantidades específicas de um bem concreto e sua importância, percebida subjetiva e individualmente, por parte de cada indivíduo.

Os economistas clássicos eram, por isso, impossibilitados de resolver o famoso *paradoxo do valor*: a questão de por que o preço de um quilo de pão no mercado é quase insignificante em comparação com o preço de um diamante com o mesmo peso, sendo o pão indispensável para a vida humana e os diamantes somente úteis para serem apreciados por sua beleza ou serem ostentados.

Para avançar ainda mais em sua análise, os economistas clássicos foram assim forçados a dividir o valor em duas categorias, o *valor de uso* e o *valor de troca*, o primeiro referindo-se à importância de um bem em atender aos desejos humanos e o segundo apenas para indicar o preço de mercado. Os clássicos, então, tomaram o valor de uso como um dado e como pré-condição inexplicável para o valor de troca, e passaram a concentrar a sua análise exclusivamente neste último. Esta abordagem para a teoria do valor, naturalmente, impediu que os economistas clássicos desenvolvessem uma teoria completa da ação humana, que integrasse as avaliações e escolhas dos consumidores com os cálculos e as escolhas dos produtores.

Salerno observa então que, incapazes de fundamentar sua teoria dos preços nos valores subjetivos atribuídos pelos consumidores, os economistas clássicos voltaram-se então para os custos objetivos de produção e, ao fazê-lo, identificaram as condições técnicas em que os bens são produzidos com as escolhas humanas como determinantes da atividade econômica. Isto, evidentemente, resultou em uma teoria dos preços bifurcada e contraditória, segundo a qual os preços de mercado – aqueles efetivamente pagos nas transações – são determinados pela oferta e demanda. Notemos que isso é ensinado até hoje, sob o nome de *lei da oferta e da procura*.

Mas essa teoria explica apenas a oferta! Sim, porque segundo essa tese a oferta é o resultado dos cálculos monetários de empresários "maximizadores" de lucros, enquanto as demandas dos diversos bens de consumo eram assumidas como dadas. E, embora as escolhas humanas determinassem diariamente os preços de mercado de todos os bens, no longo prazo o *valor de troca* de bens "reprodutíveis" convergiria inexoravelmente para o preço "natural", aquele estabelecido pelos custos de produção do bem, custos esses que, contudo, permaneceram sem explicação.

Os *scarcity goods* ("bens de escassez"), aqueles cuja oferta não pode ser aumentada pelos processos convencionais de produção – tais como antiguidades, moedas raras, pinturas famosas etc. – eram tratados separadamente como uma categoria de bens relativamente sem importância, cujos *valores de troca* seriam determinados inteiramente pela oferta e pela demanda. Eis, portanto, a divisão dos clássicos entre a teoria do valor e a teoria dos preços. Mas havia também outra contradição não resolvida, pelo menos no caso dos bens reprodutíveis: embora a determinação de preços reais a cada momento seja gerada pela ação humana calculada, esses preços também escondem uma misteriosa tendência para gravitar em torno de um nível determinado por fatores totalmente estranhos à vontade dos indivíduos.

O prof. Salerno identifica uma desconexão imperdoável no *insight* clássico:

> *E, com relação à importante questão da determinação dos rendimentos dos fatores de produção, a análise clássica era praticamente inútil, porque – novamente – era conduzida em termos de classes amplas e homogêneas, em agregados como "trabalho", "terra" e "capital". Este procedimento desviou os clássicos da importante tarefa de explicar o valor de mercado ou os preços reais dos tipos específicos de recursos, em favor de uma busca utópica pelos princípios que regeriam a renda agregada ser distribuída para cada uma das três classes de proprietários dos fatores de produção – trabalhadores, proprietários da terra*

*e capitalistas. A teoria da distribuição da Escola Clássica era, portanto, desconectada de sua teoria aproximadamente praxiológica de preços e centrou-se quase que exclusivamente nas diferentes qualidades objetivas da terra, do trabalho e do capital como explicação para a divisão da renda agregada entre eles. Considerando que o núcleo da teoria clássica dos preços e da produção incluía uma teoria sofisticada de ação calculável, a teoria clássica da distribuição era grosseiramente focalizada nas qualidades técnicas dos bens isolados.*

E arremata, com precisão quase cirúrgica (pois não menciona Balmes, embora talvez possa estar se referindo, indiretamente, a Gossen):

*Este era o estado insatisfatório em que Menger encontrou a teoria econômica no final dos anos 1860. É verdade que uma escola de valor subjetivo, que traçou suas raízes através de J.B. Say, A.R.J. Turgot e Richard Cantillon, dos escritores escolásticos da Idade Média, floresceu no continente durante todo o período de ascensão da Escola Clássica na Grã-Bretanha. E o próprio Menger, um renomado bibliófilo, nutriu-se e aprofundou-se no ramo dos escritos em língua alemã desta tradição do valor subjetivo. No entanto, enquanto os escritores associados a esta tradição repetidamente enfatizaram que "utilidade" e "escassez" são os únicos determinantes dos preços de mercado e, em alguns casos, até mesmo tenham formulado o conceito de utilidade marginal, ninguém antes de Menger foi capaz de elaborar sistematicamente esses insights para desenvolver uma teoria abrangente do processo de formação de preços e da economia em geral.*

Já Huerta de Soto argumenta que a Escola Clássica, de tradição anglo-saxônica, influenciou negativamente a ciência econômica, e que tal prejuízo acentuou-se com os sucessores de Adam Smith e, em especial, com Jeremy Bentham, que, nas palavras de Jesús Huerta De Soto:

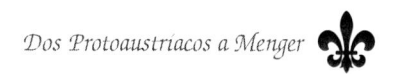

> *inoculou o bacilo do mais estreito utilitarismo na nossa disciplina, impulsionando com ele o desenvolvimento de toda uma análise pseudocientífica de custos e benefícios (que se acredita que possam ser conhecidos), e o surgimento de toda uma tradição de "engenheiros sociais" que pretendem moldar a sociedade à sua vontade utilizando o poder coercivo do Estado.*

E prossegue:

> *Na Inglaterra, Stuart Mill culmina esta tendência com o seu abandono do laissez-faire e as suas numerosas concessões ao socialismo, e na França o triunfo do racionalismo construtivista de origem cartesiana explica o domínio dos intervencionistas da École Polytechnique e do socialismo cientificista de Saint-Simon e Comte. Afortunadamente, e apesar do obscuro imperialismo intelectual que os teóricos da escola clássica anglo-saxônica exerceram sobre a evolução da nossa disciplina, a tradição continental de origem católica impulsionada pelos nossos escolásticos do Século de Ouro espanhol nunca foi totalmente esquecida".*

Assim, esta corrente doutrinal continental influenciou dois notáveis economistas a quem dedicamos dois capítulos deste livro. O irlandês Cantillon e o francês Turgot. Ambos podem, com justiça, ser considerados os verdadeiros fundadores da Ciência Econômica. Cantillon, por volta de 1730, escreve seu *Ensaio sobre a natureza do comércio em geral* que, segundo Jevons, é o primeiro tratado sistemático de Economia, em que realça o empreendedor como o motor do processo de mercado e explica pormenorizadamente que o aumento da quantidade de moeda não afeta imediatamente o "nível geral de preços", uma vez que o seu impacto na economia real se dá por etapas, ou seja, sucessivamente e através de um processo que inevitavelmente afeta e distorce os preços relativos que surgem no mercado. Trata-se do famoso "efeito Cantillon" que analisamos no capítulo III, logo copiado por Hume e depois retomado por Mises e Hayek em sua análise sobre a teoria do capital e dos ciclos.

Menger, portanto, ao seguir a tradição continental iniciada pelos pós-escolásticos, e que teve sequência com Bandini, Cantillon, Turgot e, mais tarde, Galiani, Delfico, Say e Bastiat, logrou estabelecer um sistema completo de pensamento que condensou, desenvolveu e aperfeiçoou em seu *Die Grundsatze der Volkswirtschaftslehre*, que pode ser, com justiça, apontado como tendo sido o primeiro livro de Economia da Escola Austríaca.

## 4 - Menger, Fundador da Escola Austríaca

O que se pode dizer de um fundador – de alguém que colocou a pedra angular do edifício em permanente construção? Bem, há fundadores e "fundadores". Menger está entre os primeiros, porque construiu um sistema claro, coerente e articulado de ensinamentos econômicos, que foram sendo aprofundados e alargados pelas gerações seguintes. Já Lord Keynes, o fundador do keynesianismo, está claramente entre os segundos – o grupo dos "fundadores com aspas" –, tamanha a falta de clareza de sua obra mais importante, a *General Theory of Employment, Interest and Money*, de 1936, haja vista as centenas de livros que até hoje são publicados pretendendo explicar o que Keynes desejava dizer nessa ou naquela passagem de seu confuso livro. Podemos até afirmar que houve um só Menger, mas uma multidão de Keynes.

*Die Grundsatze der Volkswirtschaftslehre* enfeixa oito capítulos, em que os dois primeiros expõem brilhantemente a teoria geral dos bens e as relações entre economia e bens econômicos. Menger, ao ressaltar o nexo causal existente entre eles, as leis que os regem no que diz respeito à sua qualidade como bem, a implicação de considerar o tempo e o erro, as causas do bem-estar progressivo da humanidade, a demanda humana, as quantidades disponíveis dos bens, a origem da economia humana e os bens econômicos, a riqueza e o patrimônio, traça fortemente a essência de uma teoria austríaca do capital, mais tarde esmiuçada por Böhm-Bawerk, ao classificar os bens em ordens: desde os bens de primeira ordem (bens de consumo final, aqueles que atendem direta e imediatamente as necessidades humanas) aos bens de ordens superiores, que apresentam "nexo causal apenas indireto para a satisfação de tais necessidades".

Essa classificação introduz uma dinâmica até então desprezada na teoria econômica: o *tempo* e a *incerteza* (genuína), que acarretam o *erro*. Para Menger, o processo por meio do qual os bens de ordens superiores são transformados em bens de ordens inferiores seguem leis de causalidade, e o próprio conceito de causalidade implica a consideração do *fator tempo*. Leva tempo a transformação dos bens de ordens superiores em bens de ordens inferiores, e a estrutura de capital da economia toma em consideração os bens de todas as ordens, desde os de ordens elevadas, mais afastados do consumo final, até os de primeira ordem, ou bens de consumo final, além de considerar o tempo gasto na transformação do bem desde o início do processo produtivo até que se transforme em um bem de primeira ordem.

Outra faceta do tempo que é ignorada pela economia clássica, mas que é enfatizada por Menger e pelos austríacos que o sucederam é que, ao levarmos em conta o tempo despendido para produzir um bem, temos que olhar para o outro lado, ou seja, para a demanda: na teoria clássica, mesmo nos modelos ditos "dinâmicos", um automóvel fica pronto para consumo no mesmo instante em que começa a ser produzido, enquanto a Escola Austríaca considera a situação bem mais realista de que, por exemplo, um carro que começa a ser produzido em maio e ficará acabado, digamos, em agosto, ao ficar pronto deverá, para que exista *coordenação* (outro importante conceito austríaco), atender à demanda de agosto. Se isso não acontecer, não haverá coordenação entre a oferta e a demanda: se a demanda pelo bem acontecer em julho, como ele só estará disponível para consumo final em agosto, haverá escassez e, se por outro lado, a demanda se verificar em outubro, haverá um excesso de produção em agosto e setembro, com a formação forçada de estoques.

Perceberam a diferença? É claro que a economia clássica prevê casos de excesso de demanda e de oferta, mas sempre sob o ponto de vista estático. A Escola Austríaca estuda o excesso e a escassez dinamicamente, pois considera, ao contrário da economia clássica, o tempo de produção; além disso, ao contrário da Escola Clássica, ela não trabalha com "mercados em equilíbrio" (algo profundamente irreal), mas considera os mercados como processos que tendem geralmente para um equilíbrio que, no entanto, jamais será alcançado, porque as condições subjacentes ao mercado também são processos dinâmicos – *coeteris non sunt paribus*!

O passo seguinte de Menger é analisar as causas do aumento do bem-estar humano, e aqui ele critica Smith, que negligenciou outros fatores relevantes para fixar-se na questão da divisão do trabalho. A utilização de bens de ordens elevadas tende a ampliar as quantidades produzidas de bens de primeira ordem, e para o desenvolvimento desses bens de ordem superior, o limite é o conhecimento disponível.

Escreve a esse respeito:

*Os bens de consumo, que antes eram simplesmente o resultado de uma coincidência casual das condições de seu surgimento, passam a ser, no momento em que os homens assumiram o controle do processo, um produto da vontade humana (dentro dos limites impostos pela Natureza), e as quantidades de bens disponíveis só encontrarão um limite: a compreensão do nexo causal entre as coisas e fatores, mais o domínio e controle desse processo por parte dos homens. O conhecimento progressivo do nexo causal das coisas com o bem-estar humano e o domínio progressivo das condições mais remotas do mesmo conseguiu, portanto, levar a humanidade do estágio primitivo e de miséria extrema para o estágio atual de cultura e bem-estar [...] e [...] também no futuro é dessa forma que se dará o progresso econômico da humanidade*[147].

O terceiro capítulo – sobre a *teoria do valor* – começa mostrando a natureza e a origem do valor dos bens, sua medida última e as leis que os regem, ressalta o caráter subjetivo do valor, considerado por Menger como não inerente aos bens (como se fossem uma propriedade especial ou algo independente e subsistente por si mesmo), mas um *juízo* subjetivo que os agentes fazem, de acordo com sua consciência, a respeito da importância de cada bem para atender a sua satisfação.

---

[147] MENGER, Carl. "Princípios de Economia Política". Trad. de Luiz João Baraúna. São Paulo: Abril Cultural, 1983. p. 257.

Ora, isto, além de ser um golpe mortal na relação direta entre trabalho e valor, confere ao mesmo tempo importância ao papel do *conhecimento,* no sentido de que as oscilações de valor têm sua origem no fato de que *o conhecimento* da importância que atribuímos a cada bem para atender à nossa satisfação se modifica no e com o tempo.

No capítulo IV, Menger discute a *doutrina das trocas*, analisando seus fundamentos e seus limites. O capítulo V cobre a *teoria do preço*, desde sua formação em trocas isoladas, passando em seguida à sua formação em monopólios e à sua formação e distribuição em condições de competição bilateral. No capítulo VI, discute o conceito neoclássico de *valor de uso* e *valor de troca*, e a relação entre ambos e a troca do fator econômico que predomina na formação do valor. No capítulo VII, apresenta sua *doutrina das mercadorias*, seu conceito nas acepções popular e científica e sua prerrogativa de serem vendidas.

Finalmente, no capítulo VIII, sobre a *teoria da moeda*, Menger começa mostrando a *origem do dinheiro*, atribuindo sua existência, como já vimos anteriormente, não a uma invenção do Estado, mas à ação dos indivíduos – *ordem espontânea*. Discute as espécies de moeda peculiares a cada povo e a cada época, explica a moeda como um parâmetro dos preços, como a forma mais econômica de armazenar estoques monetários destinados à permuta e termina discorrendo sobre a cunhagem de moedas.

Este último capítulo é, até hoje, depois de praticamente um século e meio, uma das peças mais importantes e brilhantes de teoria monetária, que serviu de base para a esplêndida, exaustiva e definitiva análise desenvolvida por Mises em seu tratado *Theorie des geldes und der Umlaufsmittel* [*Teoria sobre a Moeda e os Meios Fiduciários*], de 1912.

Menger foi, como disse Peter G. Klein, um revolucionário. Toda a tradição que gerou a sua obra, em especial esse livro perfeitamente inteligível para não-economistas, possibilitou o nascimento e o desenvolvimento da Escola Austríaca.

# 5 - Conclusões

O que dizer mais sobre esse gigante do pensamento econômico, desse estudioso que escreveu relativamente pouco, mas que transformou a ciência econômica de maneira a reumanizá-la e a fazê-la explicar bem mais adequadamente o mundo real do que as escolas alternativas tinham tentado fazer sem sucesso, ou com pouco êxito?

A fama, naturalmente, fica com os fundadores, assim como, analogamente, no futebol, ela fica com quem faz o gol: se Conca dá um passe para Fred e este faz o gol, então o gol será sempre lembrado como "aquele gol de Fred" e nunca como "aquele gol de Conca", ou mesmo como "aquele gol de Fred que recebeu um lançamento espetacular de Conca", embora sem o lançamento deste o artilheiro não teria como marcar. Na ciência econômica, atribui-se o gol a Adam Smith, mas isso, a meu ver, foi um "erro de arbitragem", pois quem empurrou a bola para as redes não foi de fato Smith, mas Cantillon e, um pouco depois, Turgot.

Na Escola Austríaca, embora o gol tenha sido marcado por Menger, neste livro tentamos mostrar que ele foi resultado de todo um trabalho de equipe.

Ele, como nenhum outro, soube sintetizar toda uma tradição de séculos, iniciada com os brilhantes pós-escolásticos ibéricos e prosseguida por outros não menos brilhantes pensadores, acrescentando a essa tradição uma uniformidade como nenhum outro fizera. Nos protoaustríacos encontramos elementos da Escola Austríaca, em alguns autores esparsos e em quantidade e intensidade menor, mas em Menger encontramos todos os elementos dessa Escola, seu núcleo ou tríade básica (ação, tempo e conhecimento), seus elementos de propagação (subjetivismo, utilidade marginal e ordens espontâneas) e seus desdobramentos principais para a Filosofia Política (como a evolução nas ciências sociais, a contenção do poder e a crítica ao construtivismo ou racionalismo arrogante), para a Epistemologia (como o individualismo metodológico, a ênfase na economia do mundo real, a afirmação da economia como uma ciência social) e, evidentemente, na Economia (o mercado como um processo, a função empresarial, a dificuldade de calcular custos objetivamente, a moeda, o capital e a semente da explicação para os ciclos econômicos).

Menger não foi apenas um revolucionário. Foi um revolucionário vitorioso. Derrubou, com *insights* científicos sempre lógicos, mitos que infestavam a economia há séculos. Sua obra, bem como a de seus antecessores e sucessores, precisa urgentemente ser divulgada para muitos outros economistas em formação (pois os "velhos" dificilmente abandonam os padrões que aprenderam e que passam a repetir por toda a vida) e também para qualquer pessoa que se interesse pelas ciências humanas em geral.

Cultivo a esperança de que este modesto livro tenha sido do seu agrado, caro leitor, e também que possa contribuir para essa finalidade, porque acredito firmemente que os pós-escolásticos – São Bernardino de Sena, Santo Antonino de Florença, Francisco de Vitoria, Martin de Azpilcueta, o "Doutor Navarro", Diego de Covarrubias y Leiva, Luís Saravia de la Calle, Gaetano, Francisco de García, Luís de Molina, Genónimo Castillo de Bobadilla, Juan de Mariana, Francisco Suárez, Juan de Lugo, Leonardo Léssio, Grócio e Pufendorf, Bandini, Cantillon, Turgot, Galiani, Delfico, Say, Bastiat, Balmes, Gossen, Molinari, Menger e seus sucessores podem ser resumidos em uma só palavra: Liberdade!

## 6 - Referências Bibliográficas

IORIO, Ubiratan Jorge. "Ação, Tempo e Conhecimento: A Escola Austríaca de Economia". São Paulo: Instituto Ludwig von Mises Brasil, 2ª ed., 2013. Introdução e caps. 1 e 2.

KLEIN, Peter G. *Menger, o Revolucionário*. Instituto Ludwig von Mises Brasil, 24 de abril de 2008. Link: http://www.mises.org.br/Article.aspx?id=85

LUDWIKOWSKI, Rett R. "Liberal Traditions in Polish Political Thought". *The Journal of Libertarian Studies*, Vol V, No. 3, Summer 1981, p. 255-261

MENGER, Carl. *Investigations into the Method of the Social Sciences, with Special Reference to Economics*. Ed. Louis Schneider, trad. Francis J. Nock (New York: New York University Press, 1985).

MENGER, Carl. "Principles of Economics. Chap. VIII, The Theory of Money, nota de rodapé n. 26". Mises Institute, Alabama. In http://mises.org/etexts/menger/eight.asp

MENGER, Carl. *Princípios de Economia Política*. Introdução de F. A. Hayek. Trad. de Luiz João Baraúna, Abril Cultural, 1983.

MISES, Ludwig von. "Carl Menger e a Escola Austríaca". In: *O Conflito de Interesses e Outros Ensaios*. Ed. Alex Catharino; Prefs. Adriano Gianturco & Murray N. Rothbard; Apres. Fritz Machlup; Introd. Hans-Hermann Hoppe; Posf. Claudio A. Téllez-Zepeda; Trad. Isabel Marisa Motta. São Paulo: LVM Editora, 2017. (Coleção von Mises, Volume 03). p. 113-124.

MISES, Ludwig von. *O Contexto Histórico da Escola Austríaca de Economia*. Ed. Alex Catharino; Apres. Fritz Machlup; Introd. Lleweyn H. Rockwell Jr.; Pref. José Manuel Moreira; Posf. Joseph T. Salerno; Trad. Isabel Regina Rocha de Sousa. São Paulo: LVM Editora, 2017. (Coleção von Mises, Volume 02).

SALERNO, Joseph T. *Biography of Carl Menger: The Founder of the Austrian School (1840-1921)*. Disponível em: <https://mises.org/library/biography-carl-menger-founder-austrian-school-1840-1921>.

SALERNO, Joseph T. "Carl Menger: the Founder of the Austrian School". In: Holcombe, Randall. G., cap. 6, *The Great Austrian Economists*. Ludwig von Mises Institute, Auburn, Alabama, 1999, iBook, pp 192-262

SOTO, Jesús H. "A Escola Austríaca - Mercado e criatividade empresarial". p. 137 e ss.

THE CONCISE ENCYCLOPEDIA OF ECONOMICS. *Carl Menger (1840-1921)*. In: http://www.econlib.org/library/Enc/bios/Menger.html

# Posfácio à Primeira Edição

*José Manuel Moreira*

Nem o ideário do que na década de 1980 se chamou *"nova economia liberal"*[148] nem o denominado neoliberalismo[149] são uniformes. A crença na eficácia do mercado, as vantagens de confiar os processos de produção e de consumo à livre iniciativa pessoal e a conveniência de reduzir as intervenções do Estado na vida econômica estão entre os traços comuns, mas as diferenças são muitas mais: desde matizações ou detalhes nas políticas aos fundamentos doutrinais. Até entre velhos liberais ingleses, como Lord Lionel Robbins (1898-1984), monetaristas da Escola de Chicago, seguidores da Escola Austríaca e continuadores da Escola de Friburgo, que se uniram na Mont Pelerin Society, o acordo, mesmo sobre a importância relativa a atribuir aos distintos problemas, sempre se revelou difícil.

Discordâncias e coincidências que serão melhor compreendidas a partir da investigação sobre as origens da Escola Austríaca.

---

[148] BELTRÁN, Lucas. *La Nueva Economía Liberal.* Madrid: Unión Editorial, 1982.
[149] Chamou-se inicialmente neoliberalismo à corrente impulsionada principalmente pela Escola Austríaca de Carl Menger, Ludwig von Mises, F. A. Hayek, Israel M. Kirzner, Murray N. Rothbard. Ver: CUBEDDU, Raimondo. *La Filosofia de la Escuela Austriaca.* Madrid: Unión Editorial, 1997.

Caminho a que o professor Ubiratan Jorge Iorio meteu ombros, fazendo luz sobre os fios que, na sua diversidade, unem os protoaustríacos, e as adversidades com que depararam até a Escola conseguir ganhar rosto fundador.

Obra em que se dá boa conta dos avanços e recuos, e das tensões e lutas que acompanharam a emergência da marca austríaca no âmbito do pensamento liberal. Um pluralismo que não surpreende num movimento que tanto valoriza a liberdade humana e intelectual. Percebe-se, por isso, que à dificuldade de sistematizar as ideias dos neoliberais[150], se tenha de acrescentar a falta de concordância em relação a conceitos-chave, como a existência de uma ordem econômica tida como "natural". Discordâncias facilitadas por esse carácter "natural" ser de compreensão difícil, dando azo a largas controvérsias que obrigam a recuar até ao pensamento antigo, recuperando um contraste entre natural e artificial que anima os desenvolvimentos da "lei natural": visíveis na escolástica e na Escola de Salamanca[151]. Numa evolução que ajuda a explicar a diversidade de fundamentos no emprego da palavra "natural" em David Hume (1711-1776), Adam Smith (1723-1790) e Richard Cantillon (168?-1734), sem esquecer os fisiocratas. Uma dinâmica que, com especificidades próprias, F. A. Hayek (1899-1992) recuperou com a "ordem espontânea". Uma ordem – nem inteiramente natural nem inteiramente artificial – que, para sua continuidade, depende de uma recorrente "mão invisível".

---

[150] Segundo Gonzalo Fernández la Mora, os primeiros a utilizarem o termo "neoliberal" foram os krausistas espanhóis (e portugueses) que tinham uma concepção idealista, mais ou menos hegeliana, do Estado como o grande organismo da liberdade. FERNÁNDEZ LA MORA, Gonzalo. *Los teóricos izquierdistas de la democracia orgánica*. Barcelona: Plaza & Janés, 1986.

[151] Para mais desenvolvimento, ver: ALVES, André Azevedo & MOREIRA, José Manuel. *The Salamanca School*. New York: Bloomsbury, 2013.

Dificuldades que, no notável trabalho do professor Ubiratan Jorge Iorio, prendem-se com a necessidade de se ter de escolher e excluir autores e deslindar fios condutores numa teia de ideias onde nem sempre é fácil descortinar cruzamentos e descobrir ligações. Escolhas que correm sempre o risco de omitir nomes e comprometer futuros. Uma tarefa muito melindrosa que tentarei evidenciar a partir de dois contemplados, Ferdinando Galiani (1728-1787) e Hermann Heinrich Gossen (1810-1858), e um grande excluído: Adam Smith. Aproveitando esta exclusão para avivar debates históricos que continuam a toldar o nosso horizonte. Como a defesa do capitalismo, o racionalismo e o utilitarismo. Terminando com interrogações sobre a "moral" do liberalismo e com a tentativa de compreender e aprender com os "pecados" de Adam Smith.

## 1 - Da Utilidade Marginal de Galiani e Gossen a Smith e Steuart

A antecipação da moderna doutrina da utilidade marginal por Ferdinando Galiani, um italiano que passou grande parte da sua vida em França, ilustra bem a diversidade de leituras e de descontinuidades no percurso de uma ideia nova, como a aparecida em *Della moneta* (1750): *"o valor das coisas depende da sua utilidade e escassez, o ar e a água não têm valor porque, ainda que sejam muito úteis, não são escassos; um saco de areia trazido do Japão para a Europa tem pouco valor, porque, ainda que escasso, não é útil"*.

Como se compreende que Adam Smith, que até conheceu o abade Galiani na sua viagem à França, em vez de seguir esse caminho, tenha voltado à ideia (também com precedentes) de que o valor das coisas depende da quantidade de trabalho? Ideia que, depois, passou a David Ricardo (1772-1823), e deste a Karl Marx (1818-1883). Dando razão a muitos marxistas para considerarem Adam Smith como seu precursor.

Descaminho que para muitos austríacos é razão de exclusão. Atitude que se torna mais compreensível, sabendo-se que há outros pontos em que esteve mal, como nos movimentos monetários internacionais, se o compararmos com Richard Cantillon e David Hume. Ou mesmo na lei dos rendimentos decrescentes da terra e na teoria do juro. Matérias em que Anne Robert Jacques Turgot (1727-1781), que Adam Smith também conheceu, esteve muito melhor.

Terá sido, aliás, a pouca originalidade de Adam Smith em problemas de teoria econômica que levou Joseph A. Schumpeter (1883-1950), na sua *History of Economic Analysis* [*História da Análise Econômica*], a considerar *A Riqueza das Nações* como um livro medíocre. Um julgamento que poderá ser matizado pela tendência de Schumpeter para contrariar opiniões aceites para melhor impressionar os seus leitores ou por seu livro de história do pensamento econômico estar inacabado quando o autor morreu[152].

Em abono de Adam Smith podemos dizer que o seu livro, ainda que com instrumentos de análise econômica mais toscos, é não só muito parecido a manuais atuais como o seu conteúdo é mais rico e sistemático do que qualquer obra anterior, incluindo Antoine de Montchrétien (1575-1621), Richard Cantilon ou François Quesnay (1694-1774).

Mas também é verdade que nove anos antes do aparecimento de *A Riqueza da Nações*, outro escocês, James Steuart (1713-

---

[152] E só ter sido completada e publicada mais tarde pela sua viúva e discípulos. Posição que, por outro lado, contrasta com uma atitude mais favorável a Adam Smith no conjunto da sua obra.

1780), depois de longos anos de desterro, publicou *An Inquiry into the Principles of Political Economy* [*Uma Investigação sobre os Princípios da Economia Política*] em 1767. Desterro resultante do apoio deste aristocrata à dinastia dos Stuart e à monarquia absoluta. Acresce que Smith esteve longe de tratar bem este seu compatriota, nascido em Edimburgo, de quem copiou as palavras iniciais do seu livro: *An Inquiry*. O que se pode explicar pelas diferenças de credo político, mas talvez mais por não ter visto com bons olhos o aparecimento do livro de Steuart quando ele há cerca de quinze anos estava a trabalhar no seu.

Seja como for, a obra de Smith é mais completa e cientificamente superior. Além de bem escrita e com um brilhantismo expositivo que favoreceu a difusão das ideias deste liberal, partidário da casa de Hannover e da monarquia constitucional. O que fez com que, ao contrário de Steuart, que defendia ideias mercantilistas, estivesse politicamente bem situado[153].

Tudo isto deverá servir para sermos mais ponderados nas avaliações históricas que fazemos dos sucessos e falhas dos nossos mestres. Reconhecendo em Adam Smith um traço de grande transcendência[154] – a modéstia e humildade frente à complexidade da vida humana – que o aproxima da Escola Austríaca e lhe dá lugar maior e singular numa tradição intelectual de liberdade que nos é cara.

> *Não é, sem dúvida, pura coincidência saber que Adam Smith foi pessoalmente muito correto e modesto. Era racionalista, no sentido em que afirmava os direitos da razão para julgar sobre*

---

[153] BELTRÁN. *Op. cit.*, p. 55-58.
[154] STIGLER, George J. "The Successes and Failures of Professor Smith". *Journal of Political Economy*. Vol. 84, Number 6 (1976): 1199-1213.

*todas as questões que estão sujeitas a essa potência, mas não era racionalista no sentido que com frequência se dá a essa palavra, porque estava convencido das limitações da inteligência humana, da impossibilidade da mesma de organizar a sociedade como se constrói uma máquina. Acreditava que o homem não é omnisciente e que, por isso, não pode planear o desenvolvimento social: não se pode dizer agora que decisões serão oportunas dentro de um ano, porque a oportunidade de tais decisões dependerá de tudo o que saberemos então, e o que ocorrerá durante o próximo ano não o sabemos hoje. Descartes e Rousseau eram homens soberbos que acreditavam ser possível organizar e reger o mundo. E a soberba é uma tentação difícil de resistir e a que o homem moderno não resistiu. Karl Marx, herdeiro de ambos, levou as suas concepções centrais ao limite: a missão dos filósofos e dos políticos era mudar tudo, porque tudo poderia ser mudado pela vontade do homem forte*[155].

Um acento no voluntarismo que contraria a ideia de equilíbrio e continuidade que liga Adam Smith ao pensamento antigo e medieval e a quantos na Escola Austríaca insistem em não separar a filosofia da economia e a razão da tradição. Mas também um traço de modéstia que nos reconduz à teoria da utilidade marginal, agora já na sua formulação verdadeiramente moderna, feita inicialmente pelo alemão Hermann Heinrich Gossen em *Entwicklung der Geretze des menschlichen Vekehrs* [*Desenvolvimento das Leis do Tráfico Humano*]. Obra – publicada em 1854 – com tão pouco êxito que, quatro anos mais tarde, o seu autor a retirou do mercado amargurado pelo seu fracasso, morrendo pouco tempo depois. Mais um traço de semelhança com a Escola Austríaca que se torna mais relevante quando se sabe que, duas décadas mais tarde, a

---
155 BELTRÁN. *Op. cit.*, p. 66-67.

"teoria" foi redescoberta quase ao mesmo tempo por três autores: Carl Menger (1840-1921), William Stanley Jevons (1835-1882) e Léon Walras (1834-1910), que generosamente reconheceram a precedência de Gossen. A ponto de às duas leis fundamentais da doutrina da utilidade marginal se ter dado o seu nome[156].

## 2 - Defesas Austríacas do Capitalismo e Argumentos mais Antigos

A defesa da superioridade do sistema de organização que conhecemos pelo nome de capitalismo, economia livre ou livre mercado, pode fazer-se por via dos resultados, comparando-os com os obtidos por qualquer outro sistema. Ou dando primazia aos valores morais em que se baseia o sistema: o fomento e proteção da liberdade[157].

É a esta luz que deve ser vista a crítica que Robert Nozick (1938-2002) faz a F. A. Hayek, acusando-o de subordinar o princípio da liberdade a uma consideração consequencialista, já que para Nozick é necessário defender a liberdade mesmo que ela acarrete prejuízos em vez de benefícios. Um dilema que Hayek consideraria falso, por a eficácia econômica estar historicamente ligada a sistemas baseados na liberdade.

Problemática que Rafael Termes (1918-2005) enquadra no âmbito da grande mudança produzida ao passar do pensamento grego ao cristão. De uma cultura imanente – os gregos especu-

---
[156] BELTRÁN, Lucas. "Historia de las Doctrinas Económicas". Barcelona: Ed. Teide, 1989. p. 227-228.
[157] Tida como característica essencial e distintiva do homem, em que radica a sua grande dignidade, e que, pelo contrário, não é respeitada nos sistemas econômico coletivistas. TERMES, Rafael. *Antropologia del Capitalismo*. Barcelona: Plaza & Janes Editores, 1992. p. 11.

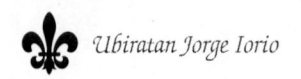

laram sobre as diversas maneiras de ser feliz neste mundo – a uma cultura transcendente. O cristianismo, embora ensinando que é bom desejar ordenadamente ser feliz neste mundo, entende que o importante é ser feliz definitivamente, no mais além: salvar-se.

Salvação é, aqui, uma palavra-chave, que entronca na tradição judaica. Mas, no cristianismo, o caminho para a salvação particular, partindo do homem que vive no mundo, pode conceber-se de três maneiras distintas: *contra* o mundo, *no* mundo ou *com* o mundo. Ora, destas três maneiras de se ser cristão talvez a mais próxima da Escola Austríaca seja a de lutar por salvar-se no mundo; quer dizer, sem abandonar aquelas coisas que constituem a ordinária e necessária ocupação do homem corrente para seu sustento e desenvolvimento próprio, da sua família e, em geral, do meio em que se move e no que influi. Postura que se forma ainda na Idade Média, graças ao pensamento de Santo Tomás de Aquino (1225-1274), que harmoniza magistralmente natureza e graça[158].

Quanto à ideia de que a utilidade está acima da natureza como determinante do valor das coisas, aparece já em Santo Agostinho (354-430), quando, em *A Cidade de Deus*, afirma que vale mais um pão em casa do que um rato. Capítulo onde o bispo de Hipona, ao tratar dos graus e diferenças entre as criaturas e depois de as distinguir, atendendo à superioridade entre seres, em razão da sua natureza, diz:

> [...] há outra ordem de apreciação fundada sobre o uso particular que fazemos de cada um dos seres. Assim, colocamos alguns que carecem de sensibilidade antes de outros que dela são dotados (...) Quem não prefere ter pão a ratos em casa? Dinheiro a pulgas?

---

[158] Idem. *Ibidem.*, p. 42-44.

*Mas que se admira, mesmo quando se trata de avaliar homens cuja natureza é de tamanha dignidade, se compra muito mais caro um cavalo do que um escravo, mais caro uma pedra preciosa do que uma escrava! Assim, a liberdade de apreciação estabelece uma grande diferença ente reflexões da razão e a necessidade do indigente ou o prazer do desejoso*[159].

O que o leva a dizer que a razão atende ao que o ser vale por si, numa ordem cósmica, e a necessidade ao que vale para o fim que pretende. Raciocínios que sabemos terem servido a São Bernardino de Siena (1380-1444) e aos escolásticos tardios para desenvolver a ideia de que o valor dos bens depende da utilidade no que respeita ao comércio e ao preço justo. Uma boa ilustração disso aparece na *Suma Teológica Moral* de Santo Antonino de Florença (1389-1459), onde este dominicano, em linha com os *Sermões* do franciscano Bernardino, afirma que as coisas têm dois valores: um objetivo, baseado na sua natureza, e, neste sentido, o rato, a pulga e a formiga valem mais do que o pão, porque têm vida e o pão não, nem tão pouco a pérola; e outro valor, baseado no uso, que está influído essencialmente pela sua utilidade subjetiva. Acrescentando que os bens em venda se valoram pelo seu valor de uso e que este se determina por três fatores: *virtuositas* ou valor de uso objetivo, *raritas* ou escassez e *complacibilitas* ou desejabilidade[160].

Mesmo assim, muitos pretenderam desqualificar cientificamente a doutrina escolástica por os monges estarem sujeitos à obediência do Papa: uma autoridade suprema e absoluta. Levando o insuspeito Schumpeter a defender que a subordinação monásti-

---
[159] SANTO AGOSTINHO. "A Cidade de Deus". Lisboa: Fundação Calouste Gulbenkian, 1993. Vol. II, p. 1027.
[160] ANTONINO DE FLORENCIA. *Suma Teológica Moral.* II, 1, 16.

ca à autoridade em questões de fé e de disciplina era compatível com a ampla liberdade de opinião em todos os outros assuntos (incluindo a economia)[161]. Mais, que a situação sociológica do monge – fora da estrutura de classes – lhe permitia uma atitude independente e crítica de muitas coisas e até mais capaz de proteger a liberdade. Daí que, por comparação com época posteriores, estivesse menos exposto que o intelectual laico à interferência da autoridade política e aos grupos de pressão. E em relação ao modo escolástico de argumentar, dá o exemplo de Santo Tomás de Aquino, ao oferecer soluções sem temer o desacordo com figuras tão importantes como seu "mestre" Alberto Magno (1193-1280), ou mesmo São Boaventura (1221-1274), Santo Agostinho, Platão (427-347 a.C.) e Aristóteles (384-322 a.C.).

É verdade que os escolásticos citavam muito, mas nós também o fazemos. E que, por comparação com o nosso tempo, apelavam mais à autoridade, mas era porque valorizavam a opinião comum mais que a individual e davam grande importância à continuidade da doutrina[162]. O que não deixa de estar próximo de quantos na Escola Austríaca, em especial Carl Menger e F. A. Hayek, favoreceram a interação entre a teoria e a história e a continuidade entre a tradição e a inovação[163].

---

[161] SCHUMPETER, Joseph A. "Historia del Análisis Económico". Barcelona: Ariel, 1994. p. 112-16.
[162] Idem. *Ibidem.*, p. 115, nota 4.
[163] MOREIRA, José Manuel. "Hayek: Epistemologia e Tensões na Tradição Austríaca". *MISES: Revista Interdisciplinar de Filosofia, Direito e Economia.* Volume I, Número 2 (Jul./Dez. 2013): p. 337-56; CATHARINO, Alex. "A Escola Austríaca entre a Tradição e a Inovação". *MISES: Revista Interdisciplinar de Filosofia, Direito e Economia.* Volume I, Número 2 (Jul./Dez. 2013): p. 305-23.

## 3 - Smith: Sistemas Morais, Virtude e Críticas ao Utilitarismo

Ao tratar dos diferentes sistemas morais, Adam Smith agrupa-os, no que se refere à natureza da virtude, em três categorias: correção (*propriety*), prudência e benevolência. Reservando um quarto capítulo para os sistemas licenciosos que negam a possibilidade de um comportamento virtuoso, que personifica no sistema do doutor Bernard Mandeville (1670-1733) e a cuja crítica dedica todo o capítulo VII da sua *Teoria dos Sentimentos Morais*.

Uma abordagem tripartida muito próxima da marca austríaca que F. A. Hayek expressou nos seus "triângulos" com recusa de dicotomias como egoísmo/altruísmo e natural/artificial.

Daí que quando se refere à aprovação, Smith também divida os sistemas em três grupos: segundo a aprovação assente na razão, no sentimento ou no amor a si mesmo (*self-love*). E em relação a este, distingue perfeitamente entre *self-love* ou *sef-interest*, que pode traduzir-se por amor a si mesmo e interesse próprio ou pessoal, e *selfish* que corresponde estritamente ao vício moral que denominamos egoísmo. É, por isso, excessivamente simplificador entender que cada vez que fala em interesse próprio está a falar em egoísmo. Além de que o interesse próprio é, em Smith, apenas uma das motivações – não a única – da ação humana. A ponto de considerar que nem no campo específico da economia é um princípio absoluto, na medida em que a sua persecução se deve realizar no âmbito de uma ordem não só econômica, jurídica e sociológica, mas também ética[164].

---

164 TERMES, *Op. cit.*, p. 122.

Matizações que todo o austríaco deveria ter em conta, ainda que, por outro lado, se possa dizer que Smith, ao seguir um método de raiz newtoniana, acaba por ver a simpatia como princípio de valoração aplicado pelo observador que atua como juiz. Simpatia que, como em Hume, é uma paixão, que enquadra em dois tipos: as que olham para si mesmos e as que olham para os outros. E, embora considere que ambas podem ser virtuosas, Smith situa a simpatia entre as paixões benevolentes que olham para os outros. Entendendo-a inicialmente no sentido comum ou vulgar do seu tempo: como piedade e compaixão. Para passar depois a defini-la como uma certa harmonia, acordo ou concordância de sentimentos entre agente e observador: uma correspondência de sentimentos que ajuda o espectador honrado e imparcial a deduzir se uma ação é correta[165]. Um sentido análogo ao "amar ao próximo como a si mesmo" onde o crescimento das virtudes morais se liga ao bom funcionamento de uma sociedade. Com enfatização dos sacrifícios pessoais no âmbito da relação com a pessoa do outro, dando realce a um teorema fundamental da ética que opera da mesma forma que a "mão invisível": o esforço por ajudar as outras pessoas no desenvolvimento das suas virtudes é a política de atuação que assegura que a realização do objectivo pessoal do desenvolvimento das próprias virtudes[166].

## 4 - O Liberalismo como Sistema Amoral?

O exposto reflete uma aplicação da "mão invisível, que tende a uma valorização da pessoa que sempre esteve na base do huma-

---

[165] Idem. *Ibidem.*, p. 124-125; e MOREIRA, José Manuel. "A Contas com a Ética Empresarial". Cascais: Principia, 1999. p. 38-41.
[166] PÉREZ LÓPEZ, Juan A. "El logro de la eficácia social através de la libre iniciativa individual". In: TERMES, *Op. cit.*, p. 213.

nismo cristão. Um entendimento de que os austríacos, se quiserem contribuir para um futuro respeitador da riqueza do seu passado, não podem prescindir. E que está em linha com as *Explicações Filosóficas* de Robert Nozick, livro onde este distinto professor de Harvard sustenta que o homem, pelo facto de o ser, é intrinsecamente valioso, relevando assim a importância da liberdade. Antes de mais a liberdade *exterior* para cada um poder fazer o que a sua liberdade *interna* exige: o exercício das virtudes, já que só a adesão à verdade e ao bem nos torna realmente livres.

Num claro regresso de Robert Nozick a Immanuel Kant (1724-1804): o meu valor define o que deve ser o meu comportamento para estar à altura do que valho, e o teu valor o que devo fazer para respeitar o que tu vales. Numa dupla exigência – *ethical push* e *ethical pull* – que faz com que eu me comporte em conformidade com o que valho e te respeite de acordo com o que vales. Daí que o equilíbrio entre o meu próprio fim e o das outras pessoas implique uma complementar interação no desenvolvimento de virtudes. E a consideração de dois tipos de solidariedade. A coativamente organizada e a virtude da solidariedade, esta tão longe do *indiferentismo egoísta* perante a necessidade do próximo como do *sentimentalismo estéril* diante dessa situação.

Em Nozick, a recusa do liberalismo como projeto amoral ao serviço da eficácia significa não querer deixar ao socialismo o privilégio do ideal a que se sacrifica a eficiência. Defendendo, por isso, como bom liberal, que só o Estado mínimo é moralmente legítimo. E que qualquer concepção mais alargada não tem justificação moral: por violar os direitos dos indivíduos, ao não impedir que sejam usados por outros como meios ou ferramentas, ou mesmo com instrumentos ou recursos[167]. O que implica a valorização da utopia, da

---
[167] NOZICK, Robert. "Anarquía, Estado y Utopia". México: Fondo de Cultura Económica, 1988. p. 319.

cooperação voluntária e da crença em valores objetivos: há coisas moralmente boas e coisas moralmente más.

Com isto, não se pretende negar a diversidade de pensadores liberais (e austríacos): utilitaristas, consequencialistas, empiristas, egoístas e amorais. Nem defender que no liberalismo não cabem idealistas, finalistas, inatistas, altruístas e morais. Aqui, estou mais uma vez com Termes quando afirma que o bom funcionamento do sistema liberal de economia não pressupõe nem exige uma axiologia baseada no utilitarismo ou no egoísmo, ou qualquer outra postura moralmente censurável[168]. O sistema, em si mesmo considerado, funciona, independentemente dos valores que imperam na sociedade em que o sistema de economia de mercado se desenvolve. Acrescentando, todavia, que os resultados desse sistema só serão aceitáveis do ponto de vista ético se as pessoas individuais que operam nele e nas instituições que o acolhem forem moralmente corretas. Daí a importância de urgir a melhoria moral das pessoas e estruturas, ainda que importe deixar claro que não se trata, com isso, de corrigir uma suposta maldade intrínseca do processo de afetação de recursos na economia de mercado. Tanto mais que, se este processo fosse intrinsecamente perverso, não haveria possibilidade de o sanar por muito elevada moralmente que fosse a intencionalidade dos agentes: o *finis operantis*. Mesmo sendo verdade que determinados processos e negócios são imorais pela natureza da atividade: o *finis operis*. Mas, excluída essa circunstância, não se deve negar a bondade intrínseca do ato comercial, como bem viu Domingo de Soto (1495-1560): *"os vícios dos comerciantes não são próprios do comércio, mas das pessoas que o exercem"*[169].

---

168 TERMES, *Op. cit.*, p. 215-218.
[169] DE SOTO, Domingo. *De Iustitia et Iure*. III, Liber VI, q. 2, a 2. Ver, também: ALVES, André Azevedo & MOREIRA, José Manuel. "Virtue and Commerce in Domingo de Soto's Thought: Commercial Practices, Character and Common Good". *Journal of Business Ethics*. Volume 113, Number 4, Special Issue. Putting Virtue into Pratice. p. 627-638.

Em suma: se, como liberais e austríacos, queremos que o capitalismo dê muitos e bons frutos, não devemos tentar corrigir coativamente o funcionamento do sistema, mas regenerar moralmente o clima em que funciona: melhorando o sistema ético-cultural e o sistema jurídico-institucional. E valorizando uma antropologia baseada na natureza e valor do homem, como ser racional e livre, com um fim próprio que é, ao mesmo tempo imanente e transcendente[170].

Um desiderato que se torna mais difícil num tempo em que o desafio já não é o regresso à tradição econômica propriamente liberal frente ao socialismo, mas afrontar um novo tipo de sistema: o "capitalismo de Estado". Um sistema que, nas suas duas formas de socialdemocracia (e de falso pluralismo entre direita e esquerda), acabou por impor o seu domínio político e cultural, absorvendo ideias neoliberais sem renunciar ao estatismo. Este é o liberalismo atual, que conta, entre outros santos máximos, com as figuras de Jürgen Habermas e de John Rawls (1921-2002)[171]! Um liberalismo que nos obriga a recordar a oposição entre duas tradições europeias. A genuína, ou romana: antiestatista e republicana, em que o público ou comum – o Governo, a Pátria, ou seja, a terra dos antepassados – pertence aos cidadãos. E a inovadora tradição hobbesiana, grega e estatista, e ainda republicana: no sentido em que os cidadãos pertencem à Cidade, ao Estado.

É, pois altura de se perceber que garantir a vanguarda à Escola Austríaca[172] vai depender muito da nossa sagacidade para aprender com as vicissitudes do nosso historial de modo a conseguirmos olhar

---

[170] TERMES, *Op. cit.*, p. 217.
[171] NEGRO, Dalmacio. "Historia de las formas del Estado: Una introducción". Madrid: El Buey Mudo, 2010. p. 339-340.
[172] Como tão bem foi ilustrado no "Editorial" do primeiro número do periódico MISES pelo seu editor responsável Ubiratan Jorge Iorio. Ver: IORIO, Ubiratan Jorge. "A Escola Austríaca de Economia na Vanguarda". *MISES: Revista Interdisciplinar de Filosofia, Direito e Economia*. Volume I, Número 1 (Jan./Jun. 2013): p. 5-18.

para os problemas do mundo atual sem perder o sentido do dinamismo da condição humana: "a economia é a ação humana ao longo do tempo, nos mercados, sob condições de incerteza"[173]. Reinserindo-nos numa historicidade que, longe de reduzir horizontes de futuro, os tem de alargar, dando aos austríacos vantagem na capacidade de aprender, desaprender e reaprender, para usar expressões de Alvin Toffler (1928-2016).

## 5 - Erro e Elogio. Aversão à Ostentação e Desconfiança do Poder

Numa época como a nossa, marcada pelo keynesianismo e por um (neo) mercantilismo hostil à poupança, o elogio de Adam Smith à frugalidade deveria merecer-nos redobrada atenção. Mais ainda quando vê o homem frugal como uma espécie de arquétipo do benfeitor público. Compreende-se assim melhor a sua aversão ao consumismo ostentoso e frívolo que, segundo ele, proporciona satisfações ilusórias. Atitude bem evidenciada nesta longa passagem da *Riqueza das Nações*:

> Mas aquilo que toda a violência das instituições feudais nunca conseguiu, trouxe-o gradualmente ao cimo a ação silenciosa e insensível do comércio externo e das manufaturas. Estes começaram gradualmente a proporcionar aos grandes proprietários algo pelo qual eles podiam trocar todo o excedente das suas terras, e que podiam consumir sem necessidade de o repartir com os rendeiros e servidores. Tudo para nós e nada para os outros, parece ter sido em todas as épocas do mundo, a vil máxima da humanidade. Assim, logo que encontraram

---

[173] IORIO, Ubiratan Jorge. "Ação, Tempo e Conhecimento: A Escola Austríaca de Economia". São Paulo: Instituto Ludwig von Mises Brasil, 2011. p. 61.

*uma maneira de eles próprios consumirem todo o valor dos seus réditos, deixaram de ter vontade de os compartilhar com outros. Por um par de brincos de diamantes, ou algo igualmente frívolo e inútil, trocavam, talvez, a manutenção ou, o que é a mesma coisa, o preço da manutenção de um milhar de homens por ano, e com ela toda a influência e autoridade que isso lhes proporcionava. Os brincos, contudo, seriam totalmente seus e ninguém os poderia compartilhar, ao passo que, no antigo modo de despesa, deveriam compartilhar com, pelo menos, um milhar de pessoas. Para os juízes que determinaram a preferência, esta diferença era absolutamente decisiva; e assim, pela satisfação da vaidade mais infantil, mais mesquinha e mais sórdida, trocaram gradualmente todo o seu poder e autoridade[174].*

Citação reveladora da hostilidade ao consumismo[175] e do seu apreço pela frugalidade e laboriosidade. O que, nas circunstâncias do seu tempo – de desprezo pela poupança –, ajudará a melhor entender porque, mesmo um homem que defendia que o objetivo da atividade econômica era aquisição de riquezas, acaba por cair num tão grave erro, que o torna odioso aos olhos de tantos os austríacos.

Sabemos bem que o seu aval à teoria do valor do trabalho – ainda que no sentido de *labour commanded* e não do trabalho contido – e a sua pouca propensão a uma teoria do valor baseada na utilidade, não se deve ao desconhecimento. Tantos foram os que no passado a defenderam e que bem conhecia, incluindo o contri-

---

[174] SMITH, Adam. "A Riqueza das Nações". Lisboa: Fundação Calouste Gulbenkian, 1981. Vol. I, p. 702-03. Citação feita com base na History (ed. de 1773, vol. III, p. 400; vol. V, p. 488) do seu amigo David Hume.

[175] Que Lord Acton (1834-1902) vê como consequência da moral hedonista e da inconsiderada aplicação da teoria keynesiana. Para mais desenvolvimentos, MOREIRA, José Manuel e ALVES, André Azevedo. "Crise econômica e financeira ou cultural e institucional? Análise à luz do debate entre Hayek e Keynes". *Revista de Economia e Relações Internacionais*. Volume 9, Número 17 (2010): 108-25.

buto dos escolásticos, que por certo lhe chegaram por via de Hugo Grócio (1583-1645), de Samuel Pufendorf (1632-1694) e de outros seus contemporâneos. Mas, quiçá, tão gravíssimo erro de Smith se possa explicar por esta sua valorização da frugalidade e aversão ao consumismo o ter induzido a fazer depender o valor das coisas da quantidade de trabalho necessário para as obter. Pressupondo que esse custo psicológico do trabalho seria significativamente mais estável para a pessoa do que o prazer psicológico, que detestava, de consumir qualquer conjunto de bens.

Percebe-se assim melhor porque diz que o desejo comum a todos nós de querer melhorar a sua própria condição – um desejo que, embora normalmente calmo e desapaixonado, nos acompanha desde o berço e não nos abandona até ao túmulo[176] – é o princípio que nos leva a poupar. Desejo a que, em geral, se juntam duas importantes virtudes: a prudência e a frugalidade dos cidadãos. Virtudes que nem sempre se encontram entre os reis e ministro: os máximos esbanjadores. Daí que a prodigalidade e a imprudência públicas sejam mais de temer do que as privadas. Por isso, Smith conclui que seria uma grande impertinência e presunção por parte destes senhores pretender vigiar a economia privada dos cidadãos, de que eles mesmos precisam para assegurar os seus próprios interesses[177].

O que, do ponto de vista da teoria política, traduz a essência do liberalismo clássico: *"O homem normal, o governado, é confiável; mas esse mesmo homem colocado numa situação de poder, o governante, não é de todo confiável"*[178]. Uma desconfiança em relação ao poder político que aproxima Smith da tradição austríaca, ajudando a explicar porque a ideia fisiocrata de que a realização do sistema de

---
[176] SMITH. *Op. cit.*, p. 598.
[177] Idem. *Ibidem.*, p. 604.
[178] MOREIRA. A. "Contas com a Ética Empresarial". *Op. cit.*, p. 146-47.

*perfeita liberdade* deveria estar sujeita à aprovação e proteção de um grande monarca mereceu a sua desaprovação. É que, enquanto Quesnay se preocupava tanto com o poder do rei como com o bem-estar do povo, Smith desconfiava do poder real e considerava a liberdade como elemento constitutivo do bem-estar popular. Percebendo-se então porque estadistas como Pitt e Shelburne, que foram os que com mais firmeza levaram a cabo uma política de liberdade comercial, não gozavam da sua aprovação política, na medida em que o apoio prestado ao rei debilitava seriamente a Câmara dos Comuns.

Em suma, para Adam Smith a liberdade política era mais importante do que o êxito das políticas econômicas. Por isso, como partidário dos 'Whigs' de Charles Watson-Wentworth (1730-1782), 2.º Marquês de Rockingham, como o seu amigo Edmund Burke (1729-1797), sempre apoiou os usos constitucionais e as restrições ao poder do monarca. Desejando, tal como Burke, preservar as coisas que tinham superado a prova do tempo: a mudança não devia ser radical, mas gradual.

Uma abordagem assente numa antropologia realista que ajuda a explicar a sua recusa da educação negativa preconizada por Jean-Jacques Rousseau (1712-1778): que consiste não em ensinar a virtude e a verdade, mas em preservar Emílio do vício e do erro, de modo a libertar o homem, fazendo surgir o altruísmo do bom selvagem que habita na essência da alma humana. Um realismo antropológico tão distante do pessimismo negativo de Thomas Hobbes (1588-1679), que leva à amoralidade, como do otimismo exagerado de Rousseau que conduz a uma ingénua moralidade geral[179]. Re-

---

[179] TERMES, *Op. cit.*, p. 98. Acresce que para Smith a incorporação do homem na vida industrial ou na comercial torna-o anônimo. Considerando que só numa família ou dentro de um grupo de amigos ou seita religiosas o homem pode aprender a vigiar a sua conduta e a ser vigiado em ordem ao correto. Daí que veja a família como forma de recuperação da aprendizagem moral. LÁZARO, Raquel C. "Adam Smith: Interés particular y bien común". *Cuadernos empresa y humanismo*. Número 84, p. 59-61.

alismo consistente com um sistema tripartido – econômico-político-
-cultural – a que Michael Novak (1933-2017) chamou *uno* e *trino*.
Sistema que está no âmago de uma Escola que para ter futuro precisa
de reconquistar lastro histórico e fundamento humano e filosófico.
Tarefa a que o professor Iorio com invulgar labor e competência se
entregou, pese a minha ousadia em a querer complementar a partir
dos erros econômicos de Adam Smith, sem descurar as virtudes que
o transformaram em rosto de união entre os liberais que se reconhecem na Mont Pelerin Society.

# Índice Remissivo e Onomástico

## A

Abruzzo, 267, 271, 272, 281, 282, 283, 287
Academia de Georgofili, 118
Academia Francesa de Ciências, 335
*Ação Humana: Um Tratado sobre Economia* ver *Human Action: A Treatise on Economics*
*Ação, Tempo e Conhecimento: A Escola Austríaca de Economia,* de Ubiratan Jorge Iorio, 19
Acquaviva, Cláudio (1543-1615), 76, 88
Adams, Douglas (1952-2001), 25
Addison, Joseph (1672-1719), 198
África, 136
Agostinho (354-430), Santo, 52, 55, 58, 100, 106, 398, 540, 542
Alberto Magno, Santo (1193-1280), 55, 109
Alexandre (356-323 a.C.), o Grande, 79
Alighieri, Dante (1265-1321), 110, 116
*All Colonies Must Sooner or Later Make their own Laws,* de Turgot, 211
Alzamento, 255, 256, 257, 258
*American War, The,* de Turgot, 211
Anarcocapitalismo, 44, 431, 435, 438, 458
Anarquismo de mercado, 44, 431, 438, 492
Anderson, William L., 319
*Angleterre et des Anglais, De l',* de Jean-Baptiste Say, 293
Anselmo, Santo (1033-1109), 54, 57, 108
*Anti-capitalist Mentality, The [Mentalidade Anticapitalista, A],* de Ludwig von Mises, 40
Antiliberal, 440, 500
Antonino de Florença (1389-1459), Santo, 58, 64, 89, 530, 541
Aquino, Tomás de ver Tomás de Aquino, Santo
Aquitaine, 335
Aristóteles (384-322 a.C.), 54, 56, 58, 140, 233, 241, 363, 364, 542
Aritmética, 53, 320
Asimov, Isaac (1920-1992), 25
Astrain, Antonio (1857-1928), 88
Astronomia, 53, 409
Atos dos Apóstolos, 53
Áustria, 202, 388
*Austrian Perspective on the History of Economic Thought, An,* de Murray Rothbard, 59, 294, 298, 360, 418, 461
Averróis (1126-1198), 58
*Avis sur l'assiette et la repartition de la taille,* de Turgot, 199
Azpilcueta, Martin de (1493-1586), 65, 530

# B

Bacon, Francis (1561-1626), 98
Bacon, Roger (1214-1292), 55, 109
Baius, Michael (1513-1589), 100
Ballyronan, Condado de Kerry, 156
Balmes, Jaime (1810-1848), 11, 16, 37, 387, 388, 389, 390, 391, 392, 394, 396, 397, 398, 399, 400, 401, 402, 404, 409, 417, 427, 505, 506, 507, 517, 522, 531
Báltico, 136
Bandini, Sallustio (1677-1760), 8, 16, 28, 37, 115, 117, 121, 122, 123, 125, 129, 131, 133, 135, 137, 141, 143, 145
Barbieri, Fabio (1970- ), 15, 46
Barcelona, 389, 390
Basilicata, 267, 269
Bastiat, Frédéric (1801-1850), 11, 16, 22, 37, 69, 103, 261, 324, 331, 332, 333, 334, 336, 337, 338, 339, 340, 341, 342, 343, 344, 345, 346, 347, 348, 349, 350, 351, 352, 353, 360, 361, 362, 363, 364, 365, 366, 367, 368, 369, 370, 371, 372, 373, 374, 376, 378, 379, 380, 381, 432, 433, 444, 445, 451, 453, 454, 456, 458, 461, 477, 483, 524, 531
Bauny, Etienne (1564-1649), 100
Baviera, Violante Beatrice da (1673-1731), 120, 121
Bayonne, 335
Beccaria, Cesare (1738-1794), 120, 236
Belarmino, São Roberto (1542-1621), 75

Bélgica, 68, 89, 100, 335, 435, 436, 438
Bennich, Axel Gustafsson (1817-1904), 376
Benvoglienti, Uberto (1668-1733), 124
Berkeley, George (1685-1753), 99
Bernardino de Sena (1380-1444), São, 16, 58, 63, 89, 110, 530, 541
Bernardo de Chartres (†1160), 57, 108
Bernoulli, Daniel (1700-1782), 412, 419
*Biblioteca dell'Economista*, de Francesco Ferrara, 374
*Bill of Rights*, 202
*Biography of Carl Menger: The Founder of the Austrian School (1840-1921)*, de Joseph Salerno, 510
Blanc, Louis (1811-1882), 339
Blanqui, Jérome-Adolphe (1798-1854), 379
Blaug, Mark (1927-2011), 171
Boaventura, São (1221-1274), 55, 58, 109, 542
Boécio (480-525), 52, 107
Boêmia, 510
Boettke, Peter J. (1960- ), 33
Böhm-Bawerk, Eugen von (1851-1914), 16, 36, 68, 146, 154, 167, 190, 220, 225, 226, 227, 241, 252, 261, 370, 509, 516, 525
Boisguilbert, Pierre Le Pesant de (1646-1714), 121
Bolonha, 99, 124, 375
Bonn, 412

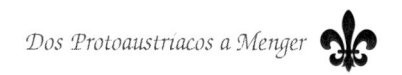

Bordeaux, 157, 333
Bourbon (dinastia), 76, 268, 272
Brasil, 387, 465
*Breve cenno sul progetto di un porto da costruirsi alla foce del fiume Pescara,* de Melchiorre Delfico, 282
Broggia, Carlo Antonio (1698-1767), 239
Brunswick, 409
Buchanan, James M. (1919-2013), 241, 316, 469
Buridan de Bethune, Jean (1300-1358), 62
Burke, Edmund (1729-1797), 551

# C

Caetano, Cardeal ver Vio, Tommaso de
Calábria, 46, 267
*Cambiis, De,* de Tommaso de Vio, 7, 16, 70, 71
Campânia, 267
Cantillon, Richard (168?-1734), 8, 16, 22, 43, 146, 153, 154, 155, 156, 157, 158, 159, 160, 161, 162, 163, 164, 165, 166, 167, 168, 169, 170, 171, 172, 173, 174, 175, 176, 177, 178, 179, 180, 181, 182, 183, 184, 185, 186, 187, 188, 189, 197, 226, 227, 261, 294, 311, 324, 333, 380, 403, 522, 523, 524, 529, 531, 534, 536
Carletti, Gabriele, 268, 284
*Capital, O* ver *Kapital, Das* 362, 363, 365, 381,
Capitalismo, 13, 318, 319, 338, 438, 449, 460, 535, 539, 547
Carlos V (1500-1558), 123, 388
Castillo de Bobadilla, Jerónimo (1547-1605), 66, 531
Catharino, Alex (1974- ), 7, 18, 46, 59, 111, 542
Centro Interdisciplinar de Ética e Economia Personalista (CIEEP), 59
*Certainty Attainable in all Sciences,* de Turgot, 211
Chafuen, Alejandro A. (1954-), 27, 62, 103, 104
Chevalier, Michel (1806-1879), 375, 444, 456
*Church and State,* de Turgot, 211
Ciaccheri, Giuseppe (1724-1804), 124
Cicé, Jean-Baptiste-Marie Champion de Cicé (1725-1805), o Abade de, 212
Ciclo de comércio, 176, 177, 183
Ciclos Econômicos, 169, 171, 172, 190, 224, 305, 306, 308, 320, 326, 348, 530
Ciência, 42, 55, 86, 102, 188, 199, 260, 273, 297, 317, 332, 339, 362, 394, 402, 403, 419, 424, 440, 443, 445, 446, 451, 463, 474, 507
*Ciò che è vivo e ciò che è morto in Gustave de Molinari,* de Carlo Lottieri, 465
Ciro II (600-530 a.C.), o Grande, 79
Clark, John Bates (1847-1938), 37
Clarke, Arthur C. (1917-2008), 25
*Classical Economics: An Austrian Perspective on the History of Economic Thought,* de Murray N. Rothbard, 294
Classicismo britânico, 284, 311
Clement, Jacques (1567-1589), 81
*Clerical Intolerance,* de Turgot, 211
*Coena Domini, In,* de Pio V, 86

Coimbra, 58, 65
Colônia, 55, 77, 411, 419
Commerce et le Gouvernment: Considerés relativement l'Un à l'Autre, La, do Abade de Condillac, 69
Commodities, 72, 223, 300, 301,308, 314, 489
Competição dinâmica, 66
Comte, Auguste (1798-1857), 101, 209, 378, 419
Conciliateur, Le, de Josias Tucker, 199
Concílio de Trento, 111, 124
Condillac, Etienne Bonnot de Condillac (1714-1780), o Abade de, 69, 95, 186
Condorcet, Marie Jean Antoine Nicolas de Caritat (1743-1794), Marquês de, 196, 210, 273
Confidence in the Public Spirit of British America, de Turgot, 211
Conselho Comum, 390
Constant, Benjamin (1767-1830), 470, 513
Constitucionalismo, 470, 473
Constituição Polaco-Lituana de 3 de maio de 1791, 202
Construtivismo, 477, 530
Conti, Louis-François de Bourbon (1717-1776), 205
Contra Reforma Católica, 70
Copérnico, Nicolau (1473-1543), 409, 420
Coquelin, Charles (1802-1852), 379, 453, 454
Corn Law, 334, 379
Corpus Areopagiticum, 53

Cosimo I (1519-1574), 123
Cossa, Luigi (1831-1896), 251
Cours complet d'économie politique pratique, de Jean-Baptiste Say, 293
Cours d'économie politique, de Gustave de Molinari, 463
Covarrubias y Leiva, Diego de (1512-1577), 65, 530
Cracóvia, 512
Cramer, Gabriel (1704-1752), 412, 419
Craven, Richard Keppel (1779-1851), 269
Cristianismo, 53, 124, 286, 473, 540
Critério, O, de Jaime Balmes, 397
Critérios de consciência, 398, 399
Critérios de evidência, 398, 399
Critérios de senso comum, 398
Croce, Benedetto (1866-1952), 251, 254
Croydon, 292, 295
Currency School, 171
Curso de Filosofia Elementar, de Jaime Balmes, 392
Custodi, Pietro (1771-1842), 250

# D

D'Epinay, Louise (1726-1783), Madame, 236, 258
D'Alembert, Jean-Baptiste Le Rond (1717-1783), 202, 236
Damaris, 53
D'Argenson, Marc-Pierre de Voyer de Paulmy (1696-1764), o Marquês D'Argenson, 226
Davanzati, Bernardo (1529-1606), 234, 241, 247, 248

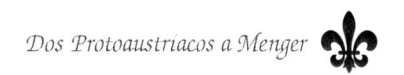

*Descrição da terrível erupção do Vesúvio, A,* de Ferdinando Galiani, 237
De Soto, Jesus Huerta (1956- ), 51, 90, 226, 388, 395, 403, 523
Declaração de Independência dos Estados Unidos, 80
Declaração Francesa dos Direitos do Homem e do Cidadão, 202
Delfico, Gregorio De Filippis *ver* Longano, Conde de
Delfico, Melchiore (1744-1835), 10, 16, 28, 37, 146, 233, 261, 267, 268, 269, 270, 271, 272, 273, 274, 275, 276, 277, 278, 279, 280, 281, 282, 283, 284, 285, 286, 287, 389, 524, 531
*Delitti e delle pene, Dei [Delitos e das Penas, Dos],* de Cesare Beccaria, 120, 236
Descartes, René (1596-1650), 98, 99, 208, 260, 396, 398, 538
*Desenvolvimento das Leis de Relações Humanas e do Regulamento de Ação Humana delas Derivadas,* de Hermann Heinrich Gossen, 420
Desutilidade, 411, 423, 427
Determinação do valor, 92, 411, 426, 505
*Dez Lições Fundamentais de Economia Austríaca,* de Ubiratan Jorge Iorio, 17
Dialética, 53, 350
*Dialeto napolitano, O,* de Ferdinando Galiani, 237
*Dialogue du chapont de la poulard,* de Voltaire, 452

*Dialogues sur le commerce des bleds,* de Ferdinando Galiani, 258
*Dictionnaire d'Économie Politique [Dicionário de Economia Política]* de Charles Coquelin e Gilbert-Urbain Guillaumin, 379
*Dictionnaire du commerce,* do Abade Morellet, 199
Diderot, Denis (1713-1784), 202, 236, 258, 452
Dietrich, Paul Henri *ver* Holbach, Barão de Dijon, 236
Dionísio, o Areopagita, 52, 53
*Discorso economico in Scrittori classici Italiani di economia politica,* de Sallustio Bandini, 140
*Discorso sopra il vero fine delle lettere e delle scienze [Discurso sobre o verdadeiro propósito da literatura e das ciências],* de Antonio Genovesi, 268
*Discorso sulla Maremma di Siena,* de Sallustio Bandini, 130
*Discurso de las Enfermedades de la Compania,* de Juan de Mariana, 88
Disputationes, 57
*Dizionario Biografico degli Italiani,* de Mario Mirri, 116, 122, 149
*Dottrine Economiche,* de Francesco Ferrara, 374
Du Pont de Nemours, Pierre Samuel (1739-1817), 196, 198, 201, 210
Duas Sicílias, 267, 271
Dunoyer, Charles (1786-1862), 375, 378, 379, 444, 450, 453, 454, 455, 456

Duns Scotus, beato Johannes
    (1266-1308), 55
Dupuit, Jules (1804-1866),
    412, 415, 419, 424
Duren, 411

# E

Economia clássica, 155, 294, 321,
    494, 513, 518, 519, 526
*Economia e Liberdade: A Escola
    Austríaca e a Economia Brasileira*,
    de Ubiratan Jorge Iorio, 17
Economia Matemática, 409
*Economia nazionale, Della,* de
    Gianmaria Ortes, 140
*Economic Harmonies [Harmonias
    Econômicas]*, de Frédéric
    Bastiat, 334, 346, 378
*Economic Sophisms [Sofismas
    Econômicos]*, de Frédéric
    Bastiat, 334, 341, 343
*Economic Thought Before
    Adam Smith,* de Murray
    N. Rothbard, 59, 155
*Economics of Time and Ignorance,
    The,* de Mario Rizzo e Gerald
    P. O'Driscoll, Jr., 186
Edimburgo, 43, 537
*Elements of Economics, The,* de
    Henry Dunning Macleod, 141
*Éloge Vincent de Gournay*,
    de Turgot, 199
*Entwickelung der Gesetze des
    menschlichen Verkehrs, und
    der daraus fließenden Regeln
    für menschliches Handelnde*,

*Die*, de Hermann Heinrich
    Gossen, 388, 409, 411, 507
Erígena, João Escoto (815-877),
    52, 53
*Esame storico-critico di economisti*,
    de Francesco Ferrara, 374
Escassez relativa, 68, 92, 165
Escobar y Mendoza, Antonio
    de (1589-1669), 67
Escócia, 202, 395
Escola Clássica britânica, 518
Escola de Chicago, 156, 169, 533
Escola de Expectativas Racionais, 72
Escola de Salamanca, 7, 22,
    25, 59, 92, 93, 94, 101
Escola Escocesa, 396
Escola Histórica Alemã, 253, 375,
    377, 379, 464, 514, 516
Escola Napolitana, 9, 238, 240, 241
Escolástica Média, 57
Escolástica Primitiva, 57
Escolástica Tardia, 27, 52, 57, 58,
    59, 62, 63, 64, 68, 70, 103
Escolástica, 52, 53, 54, 55, 56, 57,
    58, 59, 63, 71, 78, 79, 95, 96,
    97, 98, 99, 394, 534, 541
Espanha, 7, 51, 58, 60, 64, 75, 76,
    82, 83, 84, 85, 92, 94, 103, 156,
    173, 202, 233, 293, 388, 389, 396
*Esquisse de l'organisation politique
    et économique de la société future*,
    de Gustave de Molinari, 437
*Essai sur la legislação et le commerce
    des grains,* de Jacques Necker, 204
*Essai sur la nature du commerce en
    general,* de Richard Cantillon,
    153, 154, 186, 188, 189, 403

*Essai sur les moyens de reformer les moeurs d'une nation,* de Jean-Baptiste Say, 292
Estado mínimo, 132, 426, 545
Estado policial, 441, 460
Estados Unidos, 33, 87, 211, 292, 293, 319, 387, 467, 516
*Estudios Sociales,* de Jaime Balmes, 400
Ética, 70, 71, 94, 97, 98, 104, 153, 240, 465, 466, 473, 544
*Études Economiques: sur l'organisation de la liberté industrielle et la abolição de l'esclavage,* de Gustave de Molinari, 432
Evolução de orgânica, 509
*Explicações Filosóficas,* de Robert Nozick, 545

## F

*Fair and Markets,* de Turgot, 214
*Faith and Liberty: The Economic Thought of the Late Scholastics [Fé e Liberdade: O Pensamento Econômico da Escolástica Tardia],* de Alejandro A. Chafuen, 27
*Ferdinando Galiani (1728-1787), an Italian Precursor to the Austrians,* de Robert W. McGee, 233
Ferrara, Francesco (1810-1900), 241, 374, 375
*Fiera franca in Pescara,* de Melchiorre Delfico, 282
Filangieri, Gaetano (1752-1788), 268, 270, 274
Filipe II (1527-1598), rei da Espanha, 75

*Filosofia Fundamental,* de Jaime Balmes, 282
Filosofia Política, 33, 36, 76, 82, 97, 326, 465, 517, 530
Fisiocratismo, 62, 138
Florença, 116, 127, 128, 275, 375, 461
Fondazione Vincenzo Scoppa (FVS), 46, 465
Foundation for Economic Education (FEE), 34, 310
França, 43, 60, 67, 69, 76, 81, 82, 93, 94, 100, 101, 141, 153, 156, 158, 159, 167, 177, 195, 199, 202, 203, 205, 216, 233, 236, 251, 295, 296, 333, 334, 335, 337, 338, 339, 341, 345, 376, 377, 378, 388, 403, 421, 432, 436, 437, 458, 516, 523, 535
Francisco de Borja, São (1510-1572), 54, 74
Francisco de Vitoria (1492-1546), 58, 64, 111, 530
Franklin, Benjamin (1706-1790), 196, 202
Free banking, 316, 377
*Free Trade,* de Turgot, 316, 377
*Freedom of Thought,* de Turgot, 211
Friedman, Milton (1912-2006), 156, 169, 172, 174, 294, 387
*Frutto della moneta, Del,* de Ferdinando Galiani, 255
*Future of Colonies, The,* de Turgot, 211

## G

Gaetano, Cardeal *ver* Vio, Tommaso de Gage, Joseph (1687-1766), 7, 70, 71

Galanti, Giuseppe Maria
(1743-1806), 268
*Galeota in Parnaso venticinque motti,*
de Ferdinando Galiani, 237
Galiani, Ferdinando (1728-1787), 9,
13, 16, 37, 68, 69, 95, 121, 146,
186, 203, 233, 234, 235, 236,
237, 238, 239, 240, 241, 242, 243,
244, 245, 246, 247, 248, 249,
250, 251, 252, 253, 254, 255,
256, 257, 258, 259, 260, 261,
380, 389, 414, 524, 531, 535
Galícia, 510
Galileu Galilei (1564-1642), 121
García, Francisco de (1525-1585),
66, 531
Garnier, Joseph (1813-1881),
379, 444, 456, 457
Genebra, 292, 462, 465
*General Theory of Employment,
Interest and Money,* de John
Maynard Keynes, 524
Genovesi, Antonio (1713-1769),
238, 250, 268, 270, 274
*Geography and History,*
de Turgot, 211
Geometria, 53, 121, 125
George Mason University (GMU), 33
Gianni, Francesco Maria
(1728-1821), 119
Gigli, Girolamo (1660-1722), 125
Gossen, Georg Joseph
(1780-1847), 412
Gossen, Hermann Heinrich (1810-
1858), 12, 13, 16, 248, 261, 380,
387, 394, 400, 403, 409, 410,
411, 412, 413, 414, 415, 416,
417, 418, 419, 420, 421, 422,
423, 424, 425, 426, 427, 505,
507, 522, 531, 535, 538, 539
Gournay, Vincent de (1712-1759),
198, 199
Grã-Bretanha, 293, 315,
321, 516, 522
Graffigny, Françoise de
Graffigny (1695-1758),
Madame de, 198, 209
Gramática, 53, 433
*Grandeur et decadence de la guerre,*
de Gustave de Molinari, 437
Graziani, Augusto (1933-2014), 251
*Great Austrian Economists, The,*
de Randall G. Holcombe,
154, 217, 294
*Great Questions to be Discussed
Philosophically,* de Turgot, 211
Greaves, Betina Bien (2017- ), 40
Grice-Hutchinson, Marjorie
(1908-2003), 94, 101, 395
Grimaldi, Domenico (1735-1805), 268
Grimm, Friedrich Melchior
von (1723-1807), 236
Grócio, Hugo (1583-1645),
68, 531, 550
Grosseteste, Roberto (1175-
1253), 55, 109
*Grundsätze der Volkswirtschaftslehre,*
de Carl Menger, 513, 518, 524, 525
Guillaumin, Gilbert-Urbain
(1801-1864), 379
Gutenberg, Johannes (1398-1468), 99

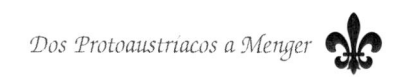

## H

Halych, 510
*Handbook on Contemporary Austrian Economic,* de Peter J. Boettke, 33
*Handwörter-buch der Volkwirtschaftslehre [Dicionário Conciso de Economia],* de John Prince-Smith, 379
Harmonias Econômicas ver Economic Harmonies
Hayek, F. A. [Friedrich August von] (1899-1994), 334, 346, 378
Helvétius, Claude-Adrien (1715-1771), 210
Henrique I (1550-1588), duque de Guise, 81
Henrique III (1551-1589), rei da França, 81
Henrique IV (1553-1610), rei da França, 76, 81
Hermann, Friedrich B. W. von (1795-1868), 69
Hobbes, Thomas (1588-1679), 140, 460, 551
Holanda, 132, 157, 202, 516
Holbach, Paul Henri Dietrich (1723-1789), Barão de, 236
Holcombe, Randall G. (1950- ), 51, 90, 154, 217
Homero, 198
Hoppe, Hans-Hermann (1949- ), 435, 438, 449, 459, 467
Horácio (65-8 a.C.), 198
Hugo de São Vítor (1096-1141), 54, 108
*Human Action: A Treatise on Economics [Ação Humana: Um Tratado sobre Economia],* de Ludwig von Mises, 19
Hume, David (1711-1776), 43, 44, 146, 198, 210, 223, 258, 387, 518, 534, 536
Hutchinson, Francis (1660-1739), 68

## I

Idade Média, 52, 53, 54, 59, 99, 106, 522, 540
Igreja, 53, 71, 72, 92, 96, 120, 121, 124, 197, 268, 286, 512
Iluminismo, 96, 122, 201, 202, 210, 243, 251, 268, 272, 273, 274, 277, 286, 333, 476
Imperialismo, 433, 437, 523
*Importanza di far precedere le cognizioni fisiologiche allo studio della filosofia intellettuale, Della,* de Melchiorre Delfico, 282
Inácio de Loyola, Santo (1491-1556), 74
*Index Librorum Prohibitorum et Expurgandorum,* 77
*Individual Freedom,* de Turgot, 211
Infantino, Lorenzo (1948- ), 36
*Influência das tarifas inglesas e francesas, A,* de Frédéric Bastiat, 334
Inglaterra, 60, 78, 132, 141, 157, 181, 202, 292, 295, 334, 337, 377, 458, 523
*In Praise of Gournay,* de Turgot, 214, 226
*Inquiry into the Principles of Political Economy, An,* de James Steuart, 537

Instituto Ludwig von Mises
Brasil (IMB), 15, 28, 46
*Instrucción de Mercaderes,* de
Luís Saravia de la Calle, 65
Iorio, Ubiratan Jorge (1946- ),
15, 16, 17,18, 19, 27, 28,
29, 47, 534, 535, 547
Irlanda, 53, 156, 187
*Irrthumer des Historismus in der deutschen Nationalökonomie,* de Carl Menger, 516
Ischia, 271
Itália, 44, 58, 63, 67, 93, 94,
102, 103, 115, 140, 145, 202,
233, 236, 254, 293, 335,
344, 374, 388, 461, 465

## J

James I (1566-1625), rei
da Inglaterra, 78
*Janela quebrada, A,* de Frédéric
Bastiat, 336, 361
Jansen, Cornelius (1585-1638), 100
Japão, 387, 535
*Jealousy of Trade, On the [Sobre o Ciúme no Comércio],* de David Hume, 198
Jefferson, Thomas (1743-1826),
196, 202, 293, 470
Jevons, William Stanley (1835-1882),43, 154, 164, 187,
241, 412, 417, 505, 539
Johnson, Samuel (1709-1784), 198
Juan de Mariana (1535-1624), 7, 16,
28, 51, 59, 64, 66, 67, 74, 78, 79,
81, 82, 84, 87, 111, 227, 324, 531
Júlio César (100-44 a.C.), 79, 198

Jusnaturalismo, 103, 121,
124, 133, 476, 478
*Justitia et Jure, De,* de
Juan de Lugo, 92

## K

Kant, Immanuel (1724-1804),
202, 396, 545
*Kapital, Das [Capital, O],* de
Karl Marx, 362, 363, 365
Kaplan, Edward H., 42
Kates, Steven, 304, 305, 306
*Key of Wealth, The,* de William Potter, 157
Keynes, John Maynard (1883-1946),
22, 43, 146, 294
Keynesianos, 216, 221, 305, 325, 350
Kirkcaldy, 43
Kirzner, Israel M. (1930- ), 373, 381
Klein, Peter G. (1966- ), 509, 529
Knight, Frank H. (1885-1972), 37

## L

Lachmann, Ludwig M. (1906-1990),
20, 66, 246, 261
Laissez-faire, 9, 133, 144, 195, 196,
198, 258, 312, 350, 361, 362, 365,
374, 375, 376, 377, 379, 381,
393, 419, 432, 436, 437, 450, 452,
453, 457, 461, 462, 468, 523
Langenstein, Heinrich von
(1325-1397), 62, 71
Laures, John, 74, 75, 76
Law, John (1671-1729), 154, 157,
158, 163, 170, 197, 213
Lazio, 116
Le Havre, 333

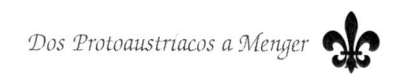

Leão X, [João de Lourenço de
    Médici (1475-1521)], Papa, 71
Lecce, 235
*Legenda Áurea,* de Jacopo
    de Varazze, 74
*Lei, A,* de Frédéric Bastiat, 331, 361
Lei da oferta e da procura, 520
Lei de Gresham, 62, 301
Lei de Say, 10, 221, 291, 303,
    304, 305, 306, 307, 308,
    310, 317, 319, 320, 324
Lei dos rendimentos decrescentes
    da terra, 220, 536
Lei natural, 67, 71, 97, 99, 133,
    189, 207, 299, 432, 476, 534
Leibniz, Gottfried Wilhelm
    (1646-1716), 208, 396
Leis de Gossen, 12, 410, 421
Leoni, Bruno (1913-1967), 395,
    465, 476, 490, 498, 500
Leopoldo, Pietro (1747-
    1792), 118, 119, 147
Lespinasse, mademoiselle Julie
    de (1732-1776), 210
Léssio, Leonardo (1554-1623),
    68, 89, 90, 91, 93, 100, 531
*Lettre sur la tolérance civile,*
    de Josias Tucker, 119
*Lettres à M. Malthus sur
    l'économie politique et la
    stagnation du commerce,* de
    Jean-Baptiste Say, 293
*Lettres sur la liberté du commerce
    des grains,* de Turgot, 200
Liberais utilitaristas, 284
Liberalismo econômico,
    148, 395, 482, 511
Liberdade e Lei, de Bruno Leoni, 395

Libertarianismo, 465, 485,
    486, 495, 496
Libertarianistas, 462
Liga Britânica, 334
Linguet, Simon-Nicholas Henri
    (1736-1794), 204
Liverpool, 43
*Living Economics: Yesterday,
    Today and Tomorrow,* de
    Peter J. Boettke, 34
Livre mercado, 134, 200, 253,
    292, 333, 347, 350, 362, 371,
    372, 373, 387, 432, 433, 434,
    451, 452, 454, 455, 456, 539
Lloyd, William Forster (1794-1852),
    412, 419
Locke, John (1632-1704), 121,
    137, 140, 168, 172, 176, 241,
    254, 272, 352, 470, 483
Londres, 43, 140, 156, 157,
    158, 159, 206, 292, 295
Longano, Gregorio De Filippis Delfico
    (1801-1847), Conde de, 268, 272
Lopès-Dubec, Salomon
    (1808-1860), 453
Lottini, Gian Francesco
    (1512-1572), 234
Lucas, Robert (1937- ), 72, 506
Lucas, São, o evangelista, 53
Lucros cessantes, 66, 73, 74
Ludolfo da Saxônia (1300-1378), 74
Lugo, Juan de (1583-1660),
    67, 89, 92, 531
Luís XVI (1754-1793), 9,
    196, 200, 201, 205
LUISS Guido Carli, 36
Lutero, Martinho (1483-1534), 71
Lyon, 292, 295

# M

Macroeconomia, 69, 305
*Magistrato dell'Abbondanza [Magistrado da Abundância]*, 121, 126, 127, 128, 132
Magno, Alberto (1193-1280), 55, 109, 542
Mahony, Mary (1701-1751), 159
Mainstream economics, 43, 67, 68, 174, 191, 485
Malesherbes, Guillaume-Chrétien de Lamoignon de (1721-1794), 204, 205, 206
Mandeville, Bernard (1670-1733), 543
Mântua, 120
Manzoni, Alessandro (1785-1873), 254
Maquiavel, Nicolau (1469-1527), 242
Maremma, 116, 117, 118, 126, 127, 128, 129, 130, 136, 140,
Mariana, Juan de ver Juan de Mariana
Mario Pagano, 274
Maritain, Jacques (1882-1973), 96
Marshall, Alfred (1842-1924), 43, 101, 102, 161, 225, 241, 247, 294, 349, 387, 415, 420
Marx, Karl (1818-1883), 22, 254, 317, 319, 362, 363, 364, 365, 366, 381, 467, 507, 536, 538
Maurepas, Jean-Frédéric Phélypeaux de (1701-1781), 204, 205, 206
*Meaning and Understanding in the History of Ideas*, de Quentin Skinner, 34, 246
*Meditations on Political Economy*, de Pietro Verri, 259

*Mémoire sur la marque des fers*, de Turgot, 200
*Memoria sul Magistrato dell'Abbondanza*, de Sallustio Bandini, 128, 142
*Memoria sulla libertà del Commercio*, de Melchiorre Delfico, 277
*Memorie storiche della Repubblica di San Marino*, de Melchiorre Delfico, 271
Menger, Carl (1840-1920), 13, 16, 35, 36, 44, 51, 66, 69, 72, 103, 115, 138, 146, 154, 161, 186, 241, 253, 294, 300, 324, 380, 392, 394, 395, 403, 417, 505, 510, 517, 518, 533, 539, 542
*Mentalidade Anticapitalista, A* ver *Anti-capitalist Mentality, The*
Mercado de trabalho, 12, 438, 466, 487
*Mere Physical Courage*, de Turgot, 211
Milão, 116, 250, 272, 276
Militarismo, 379, 380, 432, 437, 462
Mill, James (1773-1836), 303
Mill, John Stuart (1806-1873), 22, 37, 43, 102, 155, 225, 284, 294, 387
Mises, Ludwig von (1881-1973), 15, 16, 17, 19, 28, 36, 37, 40, 41, 42, 46, 47, 51, 59, 66, 89, 146, 147, 153, 161, 168, 169, 171, 184, 186, 213, 215, 222, 224, 261, 294, 299, 302, 310, 311, 320, 331, 352, 368, 370, 380, 381, 450, 464, 486, 493, 494, 509, 517, 518, 524, 528, 533, 548
*MISES: Revista Interdisciplinar de Filosofia, Direito e Economia*, 17, 47, 276, 349

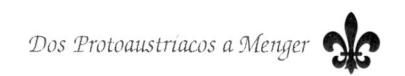

Mitologia da coerência, 38
Modena, 237
Molina, Luís de (1531-1601), 66, 111, 531
Molinari, Gustave de (1819-1912), 12, 16, 37, 44, 69, 103, 261, 379, 403, 431, 432, 433, 435, 436, 437, 438, 439, 440, 441, 442, 443, 444, 445, 446, 447, 448, 449, 450, 451, 452, 453, 454, 455, 456, 457, 458, 459, 460, 461, 462, 463, 465, 466, 467, 468, 469, 470, 471, 472, 473, 474, 475, 476, 477, 478, 479, 480, 481, 482, 483, 484, 485, 486, 487, 488, 489, 490, 491, 492, 493, 494, 495, 497, 498, 499, 500, 501, 531
Molinariano, 452, 475, 476, 477, 483
Molise, 267
*Moneta, Della,* de Ferdinando Galiani, 9, 141, 235, 239, 241, 242, 248, 249, 253, 254, 255, 258, 535
*Monetae Mutatione, De,* de Juan de Mariana, 77, 87
Monetaristas, 169, 174, 337, 387, 533
*Money, On,* de David Hume, 258
Monopólio, 86, 157, 158, 195, 228, 273, 277, 302, 336, 357, 434, 435, 459, 460, 466, 472, 480, 487, 492, 496, 499, 500
Montanari, Geminiano (1633-1687), 186, 234, 241, 248
Montchrétien, Antoine de (1575-1621), 536
Monte Amiata, 122
Montefusco, 235
Montesilvano, 272

Montesquieu, Charles-Louis de Secondat (1689-1755), Barão de La Brède e de, 196, 202, 254
Montorio al Voma, 267
Moral, 51, 54, 92, 100, 115, 211, 251, 280, 401, 475, 477, 535
Moreira, José Manuel, 13, 15, 41, 46, 533
Morellet, André (1727-1819), 198, 199, 210
Música, 53
Mutualismo, 338

# N

Nantes, 157
Nápoles, Reino de, 235, 267, 268, 270
Necker, Jacques (1732-1804), 204, 206
Nemours, Pierre Samuel Du Pont de (1739-1817), 196, 198, 201, 210
Neoliberalismo, 533
Newton, Isaac (1643-1727), 121, 197, 208
Nietzsche, Friedrich (1844-1900), 254
Niilismo, 473
Nominalismo, 59, 61, 71
Nova economia liberal, 533
Novo Mundo, 136
Nozick, Robert (1938-2002), 539, 545

# O

Ockham, Guilherme de (1285-1347), 56, 57, 58, 110
Odo de Tournai (1050-1113), 57
Oferta monetária, 156, 168

Olivi, Pierre Jean (1248-1298), 63, 109
Oncken, August (1844-1911), 207
*Opere complete,* de Melchiorre Delfico, 275
*O que se vê e o que não se vê,* de Frédéric Bastiat, 342, 343, 361, 366
Ordem espontânea, 35, 245, 333, 509, 528, 534
Ordem Jesuíta, 82, 88
Ordem orgânica, 509
Ordoliberalismo, 277
Oresme, Nicole (1325-1382), 62
*Origine e del commercio della moneta, Dell',* de Gian-Rinaldo Carli, 140
Ortega y Gasset, José (1883-1955), 35, 404
Ovídio (43 a.C.-18 A.D.), 198
Oxford, 55, 99

# P

Pádua, 237, 375
Pagano, Francesco Maria (1748-1799), 268
Países Baixos, 432
*Palavras do vocabulário do dialeto napolitano, As,* de Ferdinando Galiani, 237
Palmieri, Giuseppe (1721-1793), 268
Pantaleoni, Maffeo (1857-1924), 251, 416, 462, 506
Paradoxo do valor, 92, 234, 248, 250, 387, 391, 394, 506, 507, 519
Pareto, Vilfredo (1848-1923), 12, 461, 506

Parieu, Marie-Louis-Pierre Félix Esquirou de (1815-1893), 453, 454
Paris, 58, 75, 81, 99, 141, 156, 157, 158, 159, 195, 197, 198, 203, 205, 207, 210, 236, 258, 260, 293, 296, 314, 339, 341, 343, 432, 433, 435, 436, 437, 439, 454, 455, 461, 465
Pascal, Blaise (1623-1662), 95, 100, 101
*Paternal Government,* de Turgot, 211
Paulo, São, o apóstolo, 53
Pedro Abelardo (1079-1142), 54, 55, 57, 108
Pedro Lombardo (1100-1160), 54, 108
Penna Sant'Andrea, 272
*Pensieri,* de Delfico, 273, 275
*Perhaps For Ever,* de Turgot, 211
Pescara, 272, 282, 283, 284
*Petição dos fabricantes de velas, A,* de Frédéric Bastiat, 372
*Philosophical Review of the Successive Advances of the Human Mind, A,* de Turgot, 198, 208
Pio V, São [Antonio Ghislieri Michele (1504-1572)], Papa, 86
Pisa, 344
*Plan for a Paper on Taxation in General, on Land Taxes in Particular, and on the Project of a Land Register,* de Turgot, 216
Platão (427-347 a.C.), 260, 452, 542
*Politica para Corregidores y Señores de Vassallos,* de Jerónimo Castillo de Bobadilla, 66

*Political Doctrines Subject to Modification,* de Turgot, 211
*Political Economy of Juan de Mariana, The,* de John Laures, 74
Polônia, 202, 510, 511, 512
*Ponderibus et Mensuris, De,* de Juan de Mariana, 76
Pope, Alexander (1688-1744), 198
Popper, Karl (1902-1994), 21, 147
Porfírio (233-305), 56
Portugal, 46, 51, 58, 60, 67, 103, 173, 233
Pós-escolásticos ibéricos, 529
*Potere: La dimensione politica dell'azione umana,* de Lorenzo Infantino, 36
Preço justo, 64, 71, 72, 84, 89, 92, 93, 541
Preferência intertemporal, 65, 227
Preferência temporal, 223, 224, 234, 252, 316, 448
*Preferenza de sessi, Della,* de Melchiorre Delfico, 281
Price, Richard (1723-1791), 210, 211
Primeira Guerra Mundial, 436
Prince-Smith, John (1809-1874), 378, 379
*Príncipe, O,* de Nicolau Maquiavel, 242, 285
Princípio da harmonia dos mercados, 349
Princípio da subsidiariedade, 137, 144
*Princípios de Economia Política,* de Carl Menger, 69, 138, 154, 186, 394, 413, 415, 513
*Princípios de Economia Pura,* de Maffeo Pantaleoni, 416

*Problèmes du XX e siècle, Les,* de Gustave de Molinari, 437
*Production de la Sécurité, De la,* de Gustave de Molinari, 433, 434, 435, 438
Propriedade privada, 350, 372, 377, 400, 419, 425, 434, 443, 453, 486, 493
Proprietarismo, 482
Protecionismo, 130, 133, 134, 334, 336, 361, 375, 380, 433, 437
*Protestantismo Comparado com o Catolicismo: Em Suas Relações com a Civilização Europeia, O,* de Jaime Balmes, 391
Proudhon, Pierre-Joseph (1809-1865), 11, 338, 339, 340, 466, 467
Prússia, 335, 378, 379, 380, 412, 420
Public Choice, 172, 176, 316, 469
Pufendorf, Samuel (1632-1694), 68, 95, 531, 550
Puglia, 237, 267

# Q

Quadrivium, 53
Quaestiones, 57
Quesnay, François (1694-1774), 62, 198, 333, 474, 536
*Questions sur le commerce,* de Josias Tucker (1713-1799), 199

# R

*Raccolta in Morte del Boia,* de Ferdinando Galiani, 259
Racionalismo molinariano, 477

*Ragionamento su le carestie,* de Melchiorre Delfico, 278
*Raices Cristianas de La Economia de Libre Mercado,* de Alejandro A. Chafuen, 62, 103
Raudot, Claude-Marie (1801-1879), 453, 454
Ravaillac, François (1577-1610), 76, 81
Rawls, John (1921-2002), 547
*Reflections on the Formation and Distribution of Wealth,* de Turgot, 212
*Réflexions politiques sur les finances et le commerce,* de Dutot, 141
*Réflexions sur la formation et la distribution des richesses,* de Turgot, 201, 217
*Reflexões autobiográficas,* de Eric Voegelin, 364
*Reform for France Depends,* de Turgot, 211
*Rege et Regis Institutione De,* de Juan de Mariana, 75
Reino da Sicília, 267
Reino de Nápoles, 235, 267, 268, 270
*Religion of Humanity, The,* de Turgot, 211
*Remarks on the Notes to the Translation of Josiah Child,* de Turgot, 213
Renânia, 411, 421
Republicanismo, 473
Reservas fracionárias, 8, 65, 181, 190, 301
Retórica, 53, 389
Revolução Americana, 196, 202, 205

Revolução Francesa, 196, 204, 251, 296, 318, 321, 437
Ricardo, David (1772-1823), 22, 43, 102, 294, 313, 319, 321, 323, 387, 507, 518, 536
*Riflessioni sulle monete, and Lettera ad un legislatore della Republica Cisalpina,* de Giambattista Coriani, 141
Riqueti, Victor (1715-1789), 160
*Riqueza das Nações, A,* de Adam Smith, 69, 153, 155, 187, 210, 292, 298, 403, 536, 548
Robbins, Lord Lionel (1898-1984), 533
Rodet, Denis Louis (1781-1852), 453, 454
Roma, 36, 92, 99, 120, 123, 235, 267, 270, 276, 335, 461
Roscelino de Compiègne (1050-1120), 57
Roscher, Wilhelm (1817-1894), 69, 415
Roseto degli Abruzzi, 272
Rothbard, Murray N. (1926-1995), 161, 164, 187, 217, 294, 360, 371, 381, 395, 435, 450
Rousseau, Jean-Jacques (1712-1778), 202, 272, 273, 538, 551
Rússia, 202, 237, 293, 515

# S

*Saggio filosofico sul matrimonio,* de Melchiorre Delfico, 275, 282
Sainte-Beuve, Charles Augustin (1804-1869), 453

Saint-Péravi, Jean-Nicolas-Marcelin Guérineau de (1735-1789), 221
Salamanca, 7, 22, 25, 44, 51, 58, 59, 64, 65, 67, 92, 93, 94, 99, 101
Salas, Juan de (1553-1612), 67
Salisbury, João de (1120-1180), 57, 108
Sant'Egidio alla Vibrata, 272
Santos, Renan, 55, 56
Saravia de la Calle, Luís, 65, 530
Say, Horace (1794-1860), 295, 453, 456
Say, Jean-Baptiste (1767-1832), 10, 16, 22, 69, 103, 146, 155, 196, 207, 261, 291, 292,293, 294, 295, 296, 297, 298, 299, 300, 301, 302, 303, 304, 305, 306, 307, 308, 309, 310, 311, 312, 313, 314, 315, 316, 317, 318, 319, 320, 321, 323, 324, 325, 326, 333, 375, 444, 450, 453, 456, 458, 469, 486, 522, 524, 531
Scaccia, Sigismundo (1564-1634), 93, 94
*Scarcity goods* ("bens de escassez"), 521
Schumpeter, Joseph (1883-1950), 154, 164, 187, 455
Segóvia, 65
*Selected Essays,* de Frédéric Bastiat, 353
Seminário de Vic, 389
Sena, 115, 120, 121, 122, 123, 124, 125, 126, 127, 128, 129, 130, 132, 142, 472
Sena, São Bernardino de ver Bernardino de Sena
Sêneca (4 a.C.-65 A.D.), 198

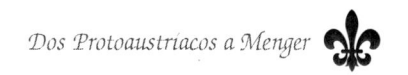

Senior, Nassau William (1790-1864), 412, 419
Serra, Antonio, 239
Sicília, 75, 267
Siena, São Bernardino de ver Bernardino de Sena
Sismondi, Jean Charles Léonard de (1773-1842), 318
Sistema de Mississippi, 155, 163
Sisto V, [Felice Peretti (1521-1590)], Papa, 81
Skinner, Quentin (1940- ), 34, 246
Skousen, Mark (1947- ), 304, 305, 306, 307, 311
Smith, Adam (1723-1790), 22, 43, 44, 196, 197, 210, 221, 226, 250, 259, 292, 294, 295, 296, 298, 311, 313, 322, 324, 333, 375, 387, 392, 393, 403, 444, 461, 487, 507, 518, 523, 529, 534, 535, 536, 537, 538, 543, 548, 551, 552
*Sobre os deveres dos princípios neutros versus os princípios beligerantes e destes em relação aos neutros,* de Ferdinando Galiani, 237
Socialismo, 335, 336, 338, 341, 359, 375, 376, 377, 379, 393, 400, 437, 438, 443, 449, 455, 462, 463, 477, 478, 514, 515, 523, 545, 547
*Société de demain, La,* de Gustave de Molinari, 436
*Society for Development of Austrian Economics (SDAE),* 34
*Sofismas Econômicos* ver *Economic Sophisms*
*Soirées de la rue Saint-Lazare, Les,* de Gustave de Molinari, 433, 436, 451, 467

Solsona, 389
*Some Social Questions, Including the Education of the Young,* de Turgot, 209
*Somme des Pechez,* de Etienne Bauny, 100
Sorbonne, 75, 197, 465
Soto, Domingo de (1495-1560), 111, 546
Sowell, Thomas (1930- ), 319, 320
Spencer, Herbert (1820-1903), 459, 463
Spinelli, Troiano (1712-1777), 239, 240
Status quo, 443
Steuart, James (1713-1780), 536
*Study of Languages the Best Lesson in Logic,* de Turgot, 211
Suárez, Francisco (1548-1617), 58, 67, 78, 79, 402, 531
*Subjection of Women, The [Sujeição das Mulheres, A],* de John Stuart Mill, 284
Suécia, 335, 376, 377, 378
*Sugli antichi confini del Regno,* de Melchiorre Delfico, 287
*Sull'origine e i progressi delle Società civili,* de Melchiorre Delfico, 287
*Suma Teológica Moral,* de Santo Antonino de Florença, 541
*Summa Theologica,* de Santo Tomás de Aquino, 71
Summenhart, Conrad (1455-1511), 72, 73
*Supplément au voyage de Bougainville,* de Denis Diderot, 452

# T

*Tableau Économique,* de François Quesnay, 102
TACE ver Teoria Austríaca dos Ciclos Econômicos
Tannehill, Linda (1939- ), 459
Tannehill, Morris (1926-1988), 459
Taranto, 235
Tavanti, Angelo (1714-1782), 119, 147
Taxa natural de juros, 37
Taylor, Harriet (1807-1858), 284
Teologia, 51, 54, 55, 56, 58, 69, 75, 82, 92, 94, 95, 107, 389, 390, 465
Teoria Austríaca dos Ciclos Econômicos (TACE), 10, 37, 171, 184, 224, 308, 320
Teoria das expectativas racionais, 506
Teoria do capital e dos ciclos, 524
Teoria do capital, 9, 11, 22, 68, 220, 227, 369, 516, 517, 524
Teoria do juro, 536
Teoria do valor subjetivo, 234, 241 242, 366
Teoria do valor-trabalho, 22, 324, 393, 490, 507
Teoria geral dos bens, 525
Teoria quantitativa da moeda, 65, 84, 168, 171, 173, 234
*Teoria sobre Capitalismo e Socialismo, Uma,* de Hans-Hermann Hoppe, 438
Teorias de equilíbrio geral, 506
Teramo, 272, 274, 275, 282, 283, 287
Termes, Rafael (1918-2005), 539, 546
Termodinâmica das forças sociais, 484
Terrasson, Jean (1670-1750), 197

Terray, Joseph Marie (1715-1778), 200, 203
*Testament politique du Maréchal de Vauban,* de Pierre Le Pesant de Boisguilbert, 134
*Théorie de l'évolution: Économie de l'histoire,* de Gustave de Molinari, 437
Thompson, Thomas Perronet (1783-1869), 380
*Time and Money: The Macroeconomics of Capital Structure,* de Roger Garrison, 186
Tocqueville, Alexis de(1805-1859), 44
Toledo, 74, 75
Tomás de Aquino (1225-1274), Santo, 16, 54, 55, 58, 59, 63, 69, 70, 71, 73, 92, 109, 389, 396, 402, 427, 540, 542
Tomismo, 62, 71, 98, 99
Torre del Greco, 271
Toscana, 63, 115, 116, 117, 120
Trabalhismo, 482
*Tractatus de Commerciis et Cambiis,* de Sigismundo Scaccia (1564-1634), 93
Tracy, Destutt de (1754-1836), 333
Tradição anglo-saxônica, 387, 522
*Traité d'économie politique ou simple exposition de la manière dont se forment, se distribuent et se composent les richesses,* de Jean-Baptiste Say, 292, 325
*Traité,* de Richard Cantillon, 187, 292, 293, 300, 319, 320, 325, 326
Trani, 235
*Tratado Utilíssimo de Todos los Contractos, Quantos en los Negocios Humanos se Pueden Ofrecer,* de Francisco de García, 66
Triângulo de Hayek, 222
*Trivium,* 53
Tucker, Benjamin (1854-1939), 459
Tucker, Josias (1713-1799), 199, 210
Turbolo, Gian Donato, 239
Turgot, Anne Robert Jacques (1727-1781), 9, 16, 22, 37, 68, 69, 95, 103, 146, 148, 155, 186, 195, 196, 197, 198, 199, 200, 201, 202, 203, 204, 205, 206, 207, 208, 209, 210, 211, 212, 213, 214, 215, 216, 217, 218, 219, 220, 221, 222, 223, 224, 225, 226, 227, 228, 261, 294, 311, 333, 380, 444, 458, 522, 523, 524, 529, 531, 536

## U

Ucrânia, 510
*Ultima verba: mon dernier ouvrage,* de Gustave de Molinari, 437
*Universal History, On the,* de Turgot, 208
Universidade de Leipzig, 69, 110
*Untersuchungen uber die Methode der Sozialwissenschaften und der politischen Okonomie insbesondere,* de Carl Menger, 515
*Use of Knowledge in Society, The,* de F. A. Hayek, 253
Usura, 69, 72, 73, 91, 93, 95, 96, 97, 100, 163, 176, 340, 393, 400
Utilidade marginal, 12, 13, 45, 66, 68, 92, 191, 247, 248, 249, 324, 333, 368, 387, 391, 394, 409, 410, 411, 412, 414, 417, 418, 419, 421,

422, 423, 426, 427, 505, 506, 507, 517, 522, 530, 535, 538, 539

Von Mises, Ludwig ver Mises, Ludwig von

## V

Valência, 66
Valor de troca, 250, 313, 314, 520, 521, 528
Valor de uso, 92, 250, 313, 314, 520, 528, 541
*Valore della moneta, Del,* de Ferdinando Galiani, 255
*Value and Money,* de Turgot, 215, 224
Varazze, Jacopo de (1230-1298), 74
Veneza, 214, 237
*Verdadeira ideia do valor ou reflexões sobre a origem, natureza e variedade dos preços,* de Jaime Balmes, 387, 391 506
Verdades objetivas, 397, 399
Verdades racionais, 397, 399
Verdades subjetivas, 397, 398
Verri, Alessandro (1741-1816), 236
Verri, Pietro (7128-1797), 250, 259
Veyne, Paul (1930- ), 42
Viena, 144, 424, 510, 514
Violante Beatrice (1673-1731), da Baviera, 120, 121
Vio, Tommaso de (1469-1534), 7, 16, 70, 71, 72, 73
Virgílio (70-19 a.C.), 198
Virgínia, 33, 136
*Vita Christi,* de Ludolfo da Saxônia, 74
Voltaire, [François-Marie Arouet (1694-1778)], 196, 198, 199, 202, 210, 242, 254, 260, 273, 440, 452

## W

Walras, Léon (1834-1910), 241, 349, 417, 461, 462, 505, 506, 539
*War Being Now Avoided, On,* de Turgot, 211
*Warning for Spain, A,* de Turgot, 211
*Was Richard Cantillon an Austrian Economist?,* de Robert Hebert, 185
Weber, Max (1864-1920), 44, 392
Wicksell, Knut (1851-1926), 37, 164, 171, 184
Wicksteed, Philip (1844-1927), 36
Wieser, Friedrich von (1851-1926), 417, 509, 516
Wilson, James (1805-1860), 380, 444
Wolowski, Louis (1810-1876), 379, 453, 454
*Writing History: Essay on Epistemology,* de Paul Veyne, 42

## X

Ximenes, Leonardo (1716-1786), 118

## Z

*Zur Theorie des Kapitals,* de Carl Menger, 516

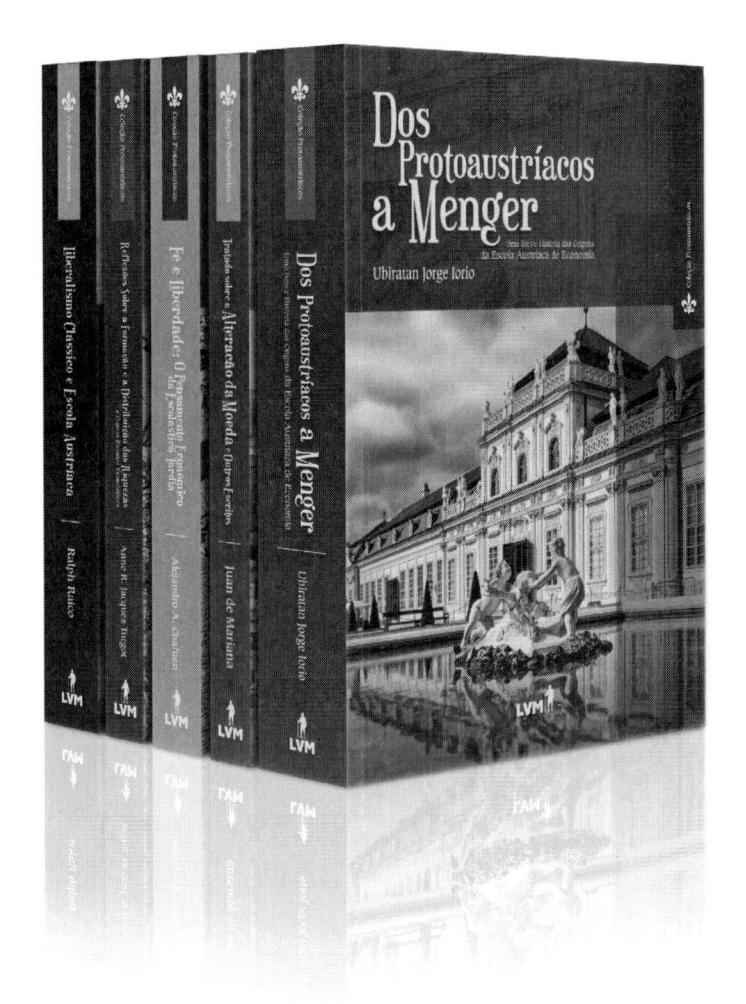

No intuito de cumprir parte da missão da LVM Editora, de publicar obras de renomados autores brasileiros e estrangeiros nas áreas de Filosofia, História, Ciências Sociais e Economia, a **Coleção Protoaustríacos** lançará em português inúmeros trabalhos de teólogos, filósofos, historiadores, juristas, cientistas sociais e economistas que influenciaram ou anteciparam os ensinamentos da Escola Austríaca de Economia, além de estudos contemporâneos acerca dos autores que, entre a Idade Média e o século XIX, ofereceram bases para o pensamento desta importante vertente do liberalismo.

Dentre os escolásticos tardios ibéricos, o sacerdote jesuíta, teólogo e historiador castelhano Juan de Mariana, S.J. (1536-1624) foi o mais importante precursor da Escola Austríaca Economia. Lançado originalmente em latim no ano de 1609, o *Tratado sobre a Alteração da Moeda* analisa o fenômeno conhecido em nossos dias como inflação, demonstrando suas consequências nefastas para a sociedade e o papel dos governantes em sua implementação. O presente volume também reúne excertos de outras obras do autor.

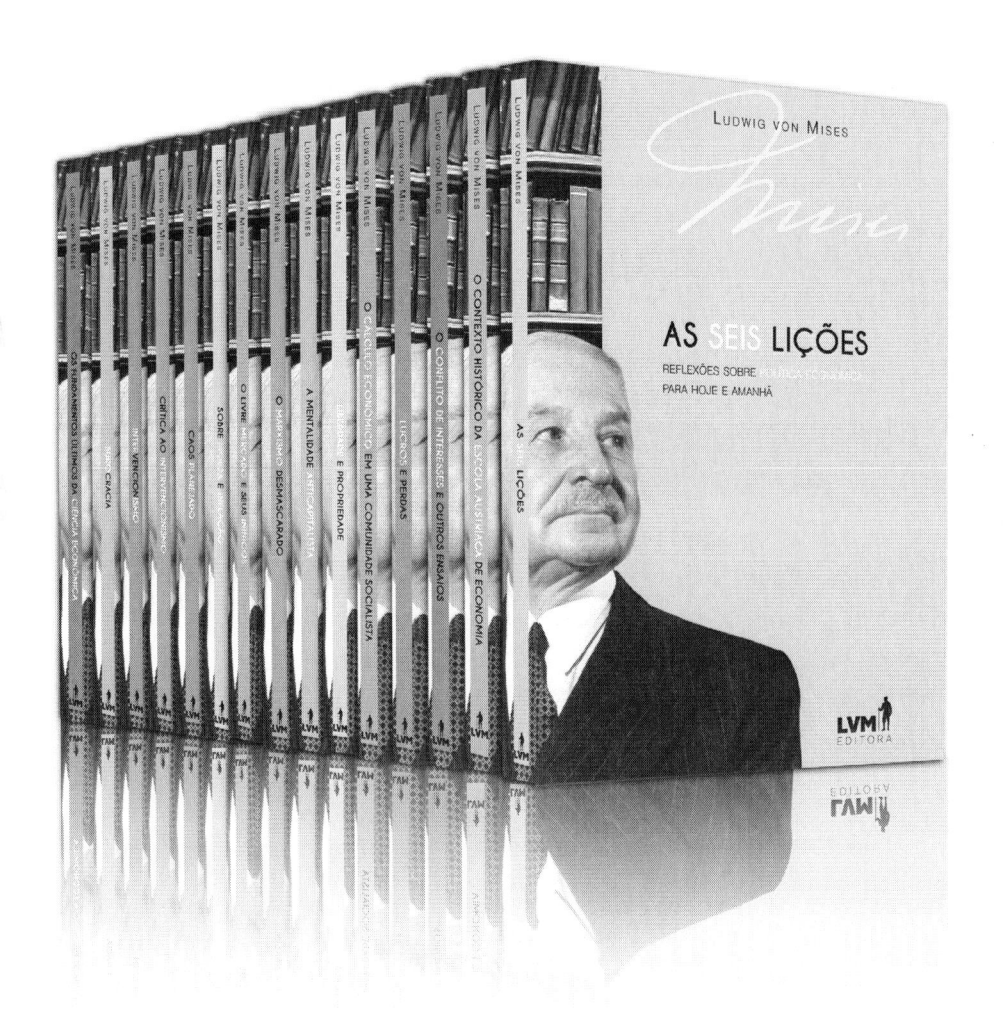

Liberdade, Valores e Mercado são os princípios que orientam a LVM Editora na missão de publicar obras de renomados autores brasileiros e estrangeiros nas áreas de Filosofia, História, Ciências Sociais e Economia. Merecem destaque no catálogo da LVM Editora os títulos da **Coleção von Mises**, que será composta pelas obras completas, em língua portuguesa, do economista austríaco Ludwig von Mises (1881-1973) em edições críticas, acrescidas de apresentações, prefácios e posfácios escritos por especialistas, além de notas do editor.

Esta obra foi composta pelo Sr. Aranda Estúdio em
Caxton (texto) e Euphorigenic (título) e impressa
pela Bok2 para a LVM em dezembro de 2017